Lunáticos
Loonshots

"É impossível parar de ler este livro recheado de histórias brilhantes sobre ideias que mudaram o mundo." - **DAVID EPSTEIN, autor de** *Por que os generalistas vencem em um mundo de especialistas*

"Uma obra revolucionária que abrange vários séculos e setores da economia." - **NEWSWEEK**

"Leitura obrigatória para pessoas e organizações que estão tentando aumentar sua capacidade de catalisar a inovação." - **FORBES**

"Uma exploração espirituosa e revigorante das descobertas e do comportamento humano." - **NATURE**

"Safi Bahcall cria uma maneira inteiramente nova de pensar por que alguns têm sucesso e outros fracassam. Deve ser lido por todos aqueles que desejam melhorar o mundo." - **ROBERT LAUGHLIN, vencedor do Prêmio Nobel de Física**

"Bahcall conseguiu escrever um livro que é original, inteligente, útil e divertido, tudo ao mesmo tempo. Sua escrita maravilhosa fará você virar as páginas sem parar." - **ROBERT SUTTON, autor de** *Potencializando a excelência*

"*Lunáticos* oferece uma solução para o desafio de fomentar a inovação sem sacrificar recursos essenciais nem vantagens operacionais. Brilhante, perspicaz e imediatamente aplicável, é leitura obrigatória para líderes experientes e emergentes em todos os lugares." - **DOUGLAS WICKERT, coronel da Força Aérea dos Estados Unidos**

"Um livro maravilhoso que explora a beleza, a peculiaridade e a complexidade das ideias." - **SIDDHARTHA MUKHERJEE, vencedor do Prêmio Pulitzer pelo livro** *O imperador de todos os males*

"Com histórias instigantes ambientadas nas épocas e nos lugares mais inesperados, este livro mostra como a dinâmica de grupo e a política do local de trabalho conspiram contra a segurança psicológica necessária para compartilharmos com ousadia nossas ideias mais loucas. Os novos conceitos e as soluções práticas de Bahcall – uma combinação incomum de psicologia e física – devem transformar a maneira como qualquer indivíduo ou equipe busca mudar o mundo." - **AMY C. EDMONDSON, autora de** *The Fearless Organization* **e professora da Harvard Business School**

"*Lunáticos* é um livro brilhante e maravilhosamente divertido, cheio de surpresas e rico em revelações sobre como as pessoas criam e nutrem ideias transformadoras." - **RICHARD PRESTON, autor de** *Zona quente* **e** *As árvores gigantes*

**COMO CULTIVAR IDEIAS INOVADORAS
CAPAZES DE MUDAR O MUNDO**

Lunáticos
Loonshots

SAFI BAHCALL

SEXTANTE

Título original: *Loonshots*

Copyright © 2019 por Safi Bahcall
Copyright da tradução © 2021 por GMT Editores Ltda.

Todos os direitos reservados. Nenhuma parte deste livro pode ser utilizada ou reproduzida sob quaisquer meios existentes sem autorização por escrito dos editores.

ilustrações: Antar Dayal
tradução: Beatriz Medina
preparo de originais: Melissa Lopes Leite
revisão: Luis Américo Costa e Pedro Staite
diagramação: DTPhoenix Editorial
capa: David Baldeosingh Rotstein e Jonathan Bush
adaptação de capa: Ana Paula Daudt Brandão
imagem de capa: © wanpatsorn | Shutterstock
impressão e acabamento: Lis Gráfica e Editora Ltda.

CIP-BRASIL. CATALOGAÇÃO NA PUBLICAÇÃO
SINDICATO NACIONAL DOS EDITORES DE LIVROS, RJ

B135L

Bahcall, Safi, 1968-
    Lunáticos / Safi Bahcall; [ilustração Antar Dayal]; [tradução Beatriz Medina]. – 1. ed. – Rio de Janeiro: Sextante, 2021.
    352 p.: il.; 23 cm.

    Tradução de: Loonshots
    Apêndice
    Inclui bibliografia
    ISBN 978-65-5564-201-8

    1. Criatividade nos negócios. 2. Sucesso nos negócios. 3. Empreendedorismo. I. Dayal, Antar. II. Medina, Beatriz. III. Título.

21-72190
CDD: 658.4036
CDU: 005.336

Leandra Felix da Cruz Candido – Bibliotecária – CRB-7/6135

Todos os direitos reservados, no Brasil, por
GMT Editores Ltda.
Rua Voluntários da Pátria, 45 – Gr. 1.404 – Botafogo
22270-000 – Rio de Janeiro – RJ
Tel.: (21) 2538-4100 – Fax: (21) 2286-9244
E-mail: atendimento@sextante.com.br
www.sextante.com.br

*Para meu pai,
John Bahcall,
que mostrou a mim e a muitos outros
como nos mantermos próximos da verdade e perseverarmos.*

Sumário

Prólogo   11
Introdução   15

PRIMEIRA PARTE: ENGENHEIROS DO ACASO

1. Como as missões lunáticas ganharam a guerra   29
   A vida no limite

2. A surpreendente fragilidade da missão lunática   58
   Akira Endo e o coração de pedra

3. Os dois tipos de missão lunática: Trippe versus Crandall   79
   Motores a jato versus programas de milhagem

4. Edwin Land e a Armadilha de Moisés   110
   Quando os líderes consagram a sagrada missão lunática

5. Como escapar da Armadilha de Moisés   138
   Buzz e Woody resgatam um 747, inventam o iPhone e explicam a mentalidade de sistema

SEGUNDA PARTE: A CIÊNCIA DA MUDANÇA SÚBITA

Interlúdio: A importância de ser emergente   171

6. Transições de fase I: Casamento, incêndio florestal e terroristas   177
   Quando mudanças graduais causam transformações súbitas

7. Transições de fase II: O número mágico 150 — 204
Por que tamanho é documento

8. A quarta regra — 222
Aumente o número mágico

TERCEIRA PARTE: A MÃE DE TODAS AS MISSÕES LUNÁTICAS

9. Por que o mundo fala inglês — 251

Posfácio: Missões lunáticas versus disrupção — 280

Apêndice A – As regras de Bush-Vail: um resumo — 287
Apêndice B – A equação da inovação — 294
Agradecimentos — 298
Glossário — 300
Créditos das imagens — 303
Notas bibliográficas — 305
Notas finais — 332

Missão lunar (*moonshot*): O lançamento de uma espaçonave à Lua; uma meta cara e ambiciosa que todos esperam ser de grande importância.

Missão lunática (*loonshot*): Um projeto negligenciado, desdenhado e que tem seu defensor descartado, tido como louco.

Prólogo

Há uns 10 anos, um amigo me levou para ver uma peça chamada *As obras completas de William Shakespeare (resumidas)*. Três atores apresentaram 37 peças em 97 minutos (inclusive *Hamlet* em 43 segundos). Eles pularam as partes chatas. Pouco depois, fui convidado para dar uma palestra num evento de negócios. O tópico ficava a meu critério, mas não poderia se relacionar com meu emprego. Apresentei "Três mil anos de física em 45 minutos" – as oito maiores ideias na história da área. Pulei as partes chatas.

Essa "apresentação dos grandes sucessos" foi repetida algumas vezes até 2011, quando meu passatempo pessoal atravessou o caminho de uma tarefa profissional. Fui convidado a participar de um grupo que desenvolvia recomendações para o presidente dos Estados Unidos sobre o futuro da pesquisa americana. No primeiro dia, nosso diretor anunciou a missão: o que o presidente deveria fazer para assegurar que a pesquisa nacional continuasse a aumentar o bem-estar e a segurança do país nos próximos 50 anos? Nossa tarefa, disse ele, era criar a próxima geração do relatório de Vannevar Bush.

Infelizmente, eu nunca tinha ouvido falar de Vannevar Bush nem de seu relatório. Logo descobri que, durante a Segunda Guerra Mundial, Bush desenvolveu um sistema para estimular inovações com uma rapidez impressionante, ajudando os Aliados a ganharem aquela guerra. Desde então, os Estados Unidos são líderes mundiais nos campos da ciência e da tecnologia. A meta de Bush era fazer com que o país fosse o pioneiro, e não a vítima, da surpresa inovadora.

A iniciativa de Bush e suas motivações estão relacionadas com uma das oito maiores ideias da física: as transições de fase.

Neste livro vou mostrar de que modo a ciência das transições de fase sugere uma nova forma surpreendente de pensar sobre o mundo que nos cerca

– sobre os mistérios do comportamento em grupo. Veremos por que boas equipes matarão grandes ideias, por que a sabedoria da multidão se torna a tirania da multidão quando há muita coisa em jogo e por que as respostas a essas perguntas podem ser encontradas num copo d'água.

Descreverei a ciência envolvida brevemente (pulando as partes chatas). Então veremos que pequenas mudanças de *estrutura*, mais que de *cultura*, podem transformar o comportamento dos grupos, do mesmo modo que uma pequena mudança de temperatura pode transformar o gelo em água corrente. E isso dará a todos nós as ferramentas para nos tornarmos os pioneiros, e não as vítimas, da surpresa inovadora.

Ao longo do caminho você aprenderá, por exemplo, como as galinhas salvaram milhões de vidas e de onde Isaac Newton e Steve Jobs tiravam suas ideias.

Sempre apreciei escritores que explicam seus objetivos de cara e com simplicidade. Portanto, eis o roteiro resumido:

1. As descobertas mais importantes vêm de *loonshots*, ou *missões lunáticas*, ideias amplamente desdenhadas cujos defensores costumam ser descartados, tidos como loucos.
2. São necessários grupos grandes para traduzir essas descobertas em tecnologias que ganham guerras, produtos que salvam vidas ou estratégias que mudam setores da economia.
3. A aplicação da ciência das *transições de fase* ao comportamento de equipes, empresas ou qualquer grupo com uma missão nos fornece regras práticas para nutrir missões lunáticas de maneira melhor e mais rápida.

Quando pensamos dessa forma sobre o comportamento de grupos grandes, nos unimos a um movimento crescente na ciência. Na última década, pesquisadores vêm aplicando as técnicas e ferramentas das transições de fase para entender como as aves formam bandos, os peixes nadam, o cérebro funciona, as pessoas votam, os criminosos se comportam, as ideias se espalham, as doenças surgem e os ecossistemas entram em colapso. Se a ciência do século XX foi configurada pela busca de leis fundamentais, como a mecânica quântica e a gravidade, o século XXI será configurado por esse novo tipo de ciência.

Nada disso muda o fato bem estabelecido de que a física raramente se mistura com o estudo do comportamento humano e muito menos se senta com ele para uma refeição completa, portanto algum tipo de explicação é necessário. Nasci nesse meio. Meu pai e minha mãe eram cientistas, e os acompanhei nos negócios da família. Depois de alguns anos, decidi que deveria ver outras coisas. Para decepção de meus pais, escolhi o mundo dos negócios. Eles reagiram à perda de minha carreira acadêmica com os cinco estágios do luto, começando com a negação (dizendo a amigos da família que era só uma fase), pulando rapidamente da raiva à negociação e à depressão antes de se instalarem na aceitação resignada. Mas senti tanta falta da ciência que acabei unindo forças com um punhado de químicos e biólogos para abrir uma empresa de biotecnologia e desenvolver novos medicamentos contra o câncer.

Meu interesse pelo comportamento estranho de grandes grupos de pessoas começou pouco depois, com uma visita a um hospital.

Introdução

Numa manhã de inverno de 2003, fui até o Centro Médico Beth Israel Deaconess, em Boston, para ver um paciente chamado Alex (nome fictício). Ele tinha 33 anos e o porte forte e elegante de um atleta. Recebera o diagnóstico de uma forma agressiva de câncer chamada sarcoma de Kaposi. Seis protocolos de quimioterapia não foram capazes de controlar a doença. Seu prognóstico era ruim. Alguns cientistas e eu havíamos passado dois anos nos preparando para esse momento. Tudo estava programado para que Alex fosse o primeiro paciente a receber nosso novo medicamento para tratar o câncer.

Quando entrei em seu quarto, Alex estava deitado no leito, ligado ao soro intravenoso, falando baixinho com a enfermeira. Um líquido amarelado, nosso medicamento, entrava devagar em seu braço. O médico tinha acabado de sair. Então a enfermeira, que fazia anotações, fechou a pasta, acenou e se retirou. Alex se virou para mim com um sorriso gentil e um olhar inquisidor. O frenesi de atividade para chegar a esse dia – discussões sobre licenciamento, financiamentos, estudos clínicos, experimentos sobre segurança, controle de fabricação, formulários da agência federal de saúde, minutas de protocolos e anos de pesquisa – desapareceu. Os olhos de Alex me perguntavam a única coisa que importava: o líquido amarelado salvaria sua vida?

Os médicos veem esse olhar o tempo todo. Eu, não.

Puxei uma cadeira. Conversamos por quase duas horas enquanto o medicamento pingava no braço de Alex. Restaurantes, esportes, os melhores lugares para pedalar em Boston. Perto do fim, depois de uma pausa, Alex me perguntou o que viria depois, caso nosso medicamento não funcionasse. Gaguejei uma não resposta. Mas ambos sabíamos a verdade. Apesar das dezenas de bilhões de dólares gastos todo ano em estudos de laboratórios nacionais e grandes empresas de pesquisa, havia décadas que o tratamento do sarcoma não mudava. Nosso medicamento era o último recurso.

Dois anos depois, eu me vi puxando uma cadeira ao lado de outro leito num hospital diferente. Meu pai desenvolvera um tipo agressivo de leucemia. Um médico mais velho me explicou, com tristeza, que o máximo que podia oferecer era a mesma quimioterapia que receitara quando residente, 40 anos antes. Segunda, terceira e quarta opiniões e dezenas de telefonemas desesperados confirmaram o que ele disse. Não havia novos medicamentos. Nem mesmo um estudo clínico promissor.

Há algumas razões técnicas para o desenvolvimento de medicamentos contra o câncer ser tão difícil. Tantas coisas já deram defeito dentro da célula cancerosa na hora em que ela começa a se multiplicar que não há conserto fácil. Os modelos de laboratório são reconhecidamente ruins para prever resultados em pacientes, o que leva a um nível elevado de fracassos. Os estudos clínicos demoram anos e podem custar centenas de milhões de dólares. Todas essas questões são verdadeiras. Porém há mais.

A PIRANHA DE MILLER

"Eles olharam para mim como se eu fosse um lunático", Richard Miller me contou.

Miller, um oncologista simpático de 60 e poucos anos, estava me descrevendo as reações das equipes de pesquisa das grandes empresas farmacêuticas à sua sugestão de tratar os pacientes com câncer com um novo medicamento em que ele estava trabalhando. Era uma substância originalmente projetada apenas para uso em experiências em laboratório – uma ferramenta, como água sanitária.

A maioria dos medicamentos funciona prendendo-se suavemente às proteínas hiperativas dentro das células que provocam a doença. Essas proteínas atuam como um exército de robôs com supercarga que deixa as células enlouquecidas. As células podem começar a se multiplicar de forma descontrolada, como no câncer. Ou podem atacar os tecidos do próprio corpo, como na artrite grave. Quando se prendem às proteínas hiperativas, os medicamentos reduzem sua atividade, aquietam as células e restauram a ordem no organismo.

O medicamento de Miller, porém, não se prendia suavemente; era uma piranha (um ligante irreversível, para os químicos). Ele se agarrava e não largava mais. O problema das piranhas é que não dá para retirá-las do organismo se algo der errado. Caso se agarrem à proteína errada, por exemplo, podem causar toxicidade grave e até fatal. Ninguém dá piranhas aos pacientes.[1]

Miller era o presidente executivo de uma empresa de biotecnologia em dificuldades. Seu primeiro projeto, desenvolvido uma década antes desse novo medicamento, não tivera sucesso. O preço das suas ações caiu a menos de 1 dólar e eles receberam da Nasdaq um aviso de baixa, ou seja, logo seriam banidos do mercado de empresas sérias e transferidos para o purgatório das não confiáveis, que não deram certo.

Perguntei a Miller por que ele insistia na piranha naquela situação precária apesar de tantas rejeições, sob risco até mesmo de ser ridicularizado. Ele disse que entendia todos os argumentos contra seu fármaco. Mas havia o outro lado: o medicamento era tão forte que podia ser ministrado em doses baixíssimas. Miller também trabalhava em meio expediente como médico na Universidade Stanford. Explicou que conhecia seus pacientes. Muitos só tinham meses de vida, procuravam, desesperados, por opções e entendiam os riscos. Nesse contexto, o potencial justificava o risco.

"Tem uma frase de Francis Crick que eu adoro", comentou Miller. Crick ganhou o Prêmio Nobel por descobrir, juntamente com James Watson, a estrutura de dupla espiral do DNA. "Quando lhe perguntaram o que é necessário para ganhar um Prêmio Nobel, ele disse: 'Ah, é simplíssimo. Meu segredo é que sei o que ignorar.'"

Miller compartilhou os primeiros resultados de laboratório de sua piranha com alguns médicos, que concordaram em realizar um estudo clínico em pacientes com leucemia avançada. Mas seus investidores não se convenceram. (Miller: "Até hoje, se você lhes perguntar como o medicamento funciona, eles não sabem.") Ele perdeu a batalha no conselho administrativo e renunciou ao cargo de presidente executivo da empresa.

No entanto, o estudo continuou. Pouco tempo depois da saída de Miller, chegaram os primeiros resultados. Eram promissores. A empresa iniciou então um estudo decisivo muito maior. Metade dos pacientes receberia a terapia-padrão, metade receberia o novo fármaco. Em janeiro de 2014, os médicos que acompanhavam aquele estudo, do qual participaram quase 400 pacientes, recomendaram que a experiência fosse interrompida. O resultado foi tão espetacular – um índice de resposta quase *10 vezes maior* em pacientes que receberam o medicamento de Miller, chamado ibrutinibe, do que nos que receberam a terapia-padrão – que negar ao grupo de controle o acesso ao fármaco foi considerado antiético.

A Food and Drug Administration (FDA), agência federal americana que regula alimentos e medicamentos, aprovou o ibrutinibe pouco tempo depois. Após alguns meses, a empresa de Miller, chamada Pharmacyclics, foi adquirida por uma daquelas grandes farmacêuticas que tinham ridicularizado a ideia.

O valor da transação: 21 bilhões de dólares.

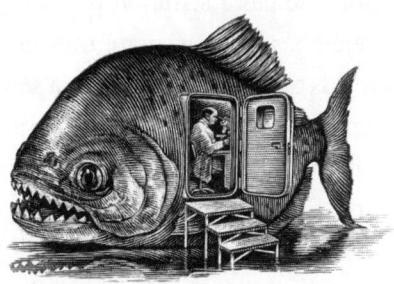

A piranha de Miller foi uma missão lunática clássica. É raro que as descobertas mais importantes sejam acompanhadas pelo som dos clarins e por um tapete vermelho, enquanto as principais empresas e autoridades do setor oferecem potes transbordantes de dinheiro e recursos. Elas são surpreendentemente frágeis. Passam por longos túneis escuros de ceticismo e incerteza, oprimidas ou negligenciadas, e seus defensores são em geral desdenhados como loucos – ou simplesmente demitidos, como aconteceu com Miller.

Os medicamentos que salvam vidas – e também as tecnologias que transformam setores da economia – quase sempre começam com inventores solitários que defendem ideias malucas. Mas são necessários grupos grandes de pessoas para traduzir essas ideias em produtos que funcionem. Quando equipes com meios para desenvolver essas ideias as rejeitam, como todas as grandes organizações de pesquisa rejeitaram a piranha de Miller, essas descobertas ficam enterradas dentro de laboratórios ou presas sob os escombros de empresas falidas.

Miller conseguiu salvar sua ideia por pouco. Muitas missões lunáticas jamais terão essa chance.

No âmago do comportamento dos grandes grupos há algo que simplesmente não entendemos, apesar das montanhas de textos enfadonhos escritos sobre o assunto. Todo ano, revistas importantes celebram a cultura vitoriosa das equipes inovadoras. As capas mostram funcionários sorridentes erguendo novos produtos brilhantes, como atletas levantando a tocha olímpica. Os líderes revelam seus segredos para o sucesso. Então, com muita frequência, essas empresas se esfarelam. As pessoas são as mesmas, a cultura é a mesma, mas, aparentemente da noite para o dia, elas dão meia-volta. Por quê?

Artigos e livros sobre *cultura* sempre me pareceram vagos. Por exemplo, um livro popular, típico do gênero, separa algumas grandes empresas com base no desempenho de suas ações e depois extrai de suas semelhanças lições vagas sobre a criação de uma cultura vencedora. Por acaso, uma dessas empresas é a Amgen, de biotecnologia, que conheço bem. Entre as lições extraídas da Amgen, temos esta: "Por aceitar a miríade de perigos possíveis, eles se colocam em posição superior."

A verdadeira história da Amgen é que, depois de alguns anos no mercado, a empresa estava quase falida, todos os projetos iniciais (inclusive um hormônio de crescimento para frangos e uma vacina para porcos) tinham fracassado e estava se esgotando o prazo do projeto final, um medicamento para estimular o crescimento de glóbulos vermelhos do sangue. Um punhado de empresas perseguia a mesma meta. A Amgen atingiu a linha de chegada um pouco antes das concorrentes. Boa parte disso se deveu a um professor da Universidade de Chicago chamado Eugene Goldwasser. Ele trabalhou 20 anos no problema e sabia o segredo para vencer a corrida: um frasco de 8 miligramas de proteína purificada, meticulosamente extraída de 2.550 litros de urina humana. A proteína purificada continha o código para fazer o medicamento. Ele decidiu dar aquele frasco à Amgen em vez de à sua principal concorrente, a Biogen. (Certa noite, o presidente executivo da Biogen se recusara a pagar a conta do jantar.)

O medicamento, chamado eritropoietina, ou EPO, para simplificar, se mostrou muitíssimo mais bem-sucedido do que todos imaginavam, inclusive a própria Amgen – e acabou gerando 10 bilhões de dólares de receita por ano. A Amgen ganhara na loteria da descoberta de medicamentos. Depois de obter o fármaco, processou todo mundo do setor (inclusive a parceira Johnson & Johnson, que salvara a Amgen quando estava em dificuldades) para impedir a concorrência. Durante os 15 anos seguintes, porém, a empresa foi incapaz de repetir o sucesso.[2] O mau resultado das pesquisas, medido pelo número de patentes obtidas, foi observado pelo tal livro de análise de culturas, que concluiu que "ser inovador parece não importar muito".

A Amgen talvez não fosse boa em pesquisas, mas tinha bons advogados. Ganhou todos os processos e seus concorrentes desistiram. Internamente, a empresa era chamada de "escritório de advocacia com um remédio".

As lições úteis da história da Amgen incluem pagar a conta do jantar e contratar bons advogados. Fora isso, extrair dicas de cultura da empresa a partir do desempenho incrível nas bolsas é como pedir ao sujeito que acabou de ganhar na loteria que descreva as meias que usava quando comprou o bilhete vencedor.

Minha resistência a análises da cultura em retrospecto vem de minha formação de físico. Na física, identificamos pistas que revelam verdades fundamentais. Construímos modelos e vemos se eles explicam o mundo que nos cerca. E é isso que faremos neste livro. Veremos por que a *estrutura* pode ser mais importante do que a *cultura*.

Depois de alguns meses de tratamento no Beth Israel, Alex se recuperou.[3] Está vivo até hoje, enquanto escrevo este livro. Meu pai não se recuperou. Nenhum tratamento que encontrei, nenhum dos telefonemas desesperados, nenhum dos amigos e colegas especialistas, nenhum trabalho que fiz, nada fez qualquer diferença. Ele morreu alguns meses depois do diagnóstico, mas, durante muitos anos, senti que ainda travava aquela batalha; que, se trabalhasse o suficiente, conseguiria encontrar alguma coisa para o que ele teve e que isso seria importante. Que eu pararia de sentir que o tinha desapontado. Num sonho recorrente, entrego um frasco à enfermeira junto a seu leito. Ela o põe no soro. A doença desaparece.

Dezenas de drogas promissoras para tratar a doença do meu pai foram enterradas então. Continuam enterradas até hoje.

Para liberar esses medicamentos e outros produtos e tecnologias valiosos que permanecem enterrados, precisamos começar entendendo por que boas equipes, com a melhor das intenções e pessoas excelentes, matam grandes ideias.

QUANDO AS EQUIPES DÃO MEIA-VOLTA

Na década de 1970, a Nokia era um conglomerado industrial famoso principalmente pelas botas de borracha e pelo papel higiênico. Nas duas décadas seguintes, ela seria a pioneira em vários setores: a primeira rede celular internacional, o primeiro telefone para carros e o primeiro e muitíssimo bem-sucedido celular GSM. No início dos anos 2000, era responsável por *metade* das vendas de smartphones do planeta. Logo se tornou a empresa mais valiosa da Europa. Uma reportagem de capa da revista *BusinessWeek* declarou: "A Nokia se tornou sinônimo de sucesso." A *Fortune* revelou o segredo da Nokia: ela era "a grande empresa menos hierárquica do mundo". O CEO explicou que a razão era a cultura: "Temos permissão para nos divertirmos um pouco, para pensarmos fora das normas [...] para cometermos erros."

Em 2004, alguns engenheiros empolgados da Nokia criaram um novo tipo de celular: pronto para a internet, com um grande visor colorido sensível ao toque e uma câmera de alta resolução. Eles propuseram outra ideia maluca para acompanhar o aparelho: uma loja de aplicativos on-line. A equipe de liderança – a *mesma* equipe de liderança tão admirada nas capas de revista – derrubou ambos os projetos. Três anos depois, os engenheiros viram suas ideias malucas se materializarem num palco de São Francisco. Steve Jobs revelava o iPhone. Cinco anos depois, a Nokia era irrelevante. A empresa vendeu a divisão de celulares em 2013. Entre o pico e a desistência, o valor dela caiu cerca de um quarto de *trilhão* de dólares.

Uma equipe loucamente inovadora dera meia-volta.

Durante décadas, a Merck foi a empresa mais reverenciada no ramo da pesquisa médica. De 1987 a 1993, ficou em primeiro lugar na lista de empresas mais admiradas segundo a revista *Fortune*, um heptacampeonato só igualado pela Apple em 2014. Ela lançou o primeiro medicamento para baixar o colesterol. Desenvolveu o primeiro remédio para a oncocercose (cegueira dos rios) e depois o doou, sem custo algum, para muitos países da

África e da América Latina. Nos 10 anos seguintes, contudo, a Merck não participou de quase nenhum avanço importante na descoberta de medicamentos. Negligenciou não só os fármacos criados pela engenharia genética, que transformaram o setor (falarei mais sobre isso adiante), como os medicamentos contra o câncer, as doenças autoimunes e os transtornos mentais, as três maiores áreas de sucesso da década de 1990 e do início dos anos 2000.

Em todos os campos criativos, vemos equipes lendárias darem meia-volta de forma repentina e misteriosa. Nas memórias maravilhosas de seu período na Pixar, Ed Catmull escreve sobre a Disney:

Depois do lançamento de *O Rei Leão*, em 1994, que acabou gerando 952 milhões de dólares de receita no mundo inteiro, o estúdio começou seu lento declínio. A princípio, foi difícil deduzir por quê; houve algumas mudanças na liderança, mas o grosso das pessoas ainda estava lá e ainda tinham o talento e o desejo de fazer um excelente trabalho.

Mesmo assim, a estiagem que então começou continuaria pelos próximos 16 anos: de 1994 a 2010, nenhum desenho animado da Disney estrearia como campeão de bilheteria. [...] Eu sentia uma urgência de entender os fatores ocultos por trás disso.

Vamos falar desses fatores ocultos.

MAIS É DIFERENTE

O padrão de mudanças súbitas no comportamento de equipes e empresas – de repente, as mesmas pessoas se comportam de maneira muito diferente – é um mistério nos negócios e nas ciências sociais. Os empreendedores, por exemplo, costumam dizer que as grandes empresas fracassam porque os funcionários são conservadores e avessos a riscos. As ideias mais empolgantes vêm de empresas pequenas porque, dizemos, somos nós os verdadeiramente apaixonados que correm riscos. Mas ponha esse sujeito da grande empresa numa startup: a gravata vai sumir e ele socará a mesa defendendo alguma ideia louca. A *mesma* pessoa pode agir como um conservador que mata ideias num contexto e um empreendedor que agita bandeiras em outro.

A mudança de comportamento pode ser um mistério nas empresas, mas um padrão similar é a essência de uma esquisitice da matéria chamada *transição de fase*. Imagine uma banheira grande cheia de água. Bata na superfície com um martelo: a água espirra e o martelo mergulha no líquido. Então baixe a temperatura até a água congelar. Bata de novo e a superfície se estilhaça.

As *mesmas* moléculas se comportam como um líquido num contexto e como um sólido em outro.

Por quê? Como as moléculas "sabem" mudar seu comportamento de repente? Em outras palavras, que nos deixam ainda mais perto do mistério do sujeito da grande empresa supostamente avesso a riscos: se largarmos uma molécula de água num bloco de gelo, o que acontece? Ela congela. Se largarmos essa mesma molécula num reservatório de água, o que acontece? Ela circula com todas as outras. Como explicar isso?

O físico Phil Anderson, ganhador do Nobel, captou certa vez a ideia central por trás das respostas a essas perguntas com a frase *Mais é diferente*: "O todo se torna não só mais do que a soma das partes como muito diferente dela." Ele estava descrevendo não apenas o fluxo dos líquidos e a rigidez dos sólidos, mas até mesmo comportamentos mais exóticos dos elétrons nos metais (e por isso ganhou seu Prêmio Nobel). Não há como analisar uma única molécula de água ou um único elétron de metal e explicar esses comportamentos coletivos. Os comportamentos são algo novo: as fases da matéria.

Vou lhes mostrar que o mesmo acontece com equipes e empresas. Não há como analisar o comportamento de um indivíduo qualquer e explicar o grupo. Ser bom em alimentar missões lunáticas é uma fase da organização humana, da mesma maneira que ser líquido é uma fase da matéria. Ser bom em desenvolver franquias (como sequências de filmes) é uma fase *diferente*

da organização, da mesma maneira que ser sólido é uma fase diferente da matéria.

Quando entendermos essas fases, começaremos a entender não só *por que* as equipes dão meia-volta de repente como também o modo de *controlar* essa transição, da mesma forma que a temperatura controla o congelamento da água.

A ideia básica é simples. Tudo que você precisa saber está naquela banheira.

QUANDO OS SISTEMAS MUDAM DE REPENTE

As moléculas de um líquido se movem em todas as direções. Pense nas moléculas de água na banheira como um pelotão de cadetes correndo aleatoriamente no campo de treinamento. Quando a temperatura cai abaixo do ponto de congelamento, é como se o sargento tocasse o apito e, de repente, os cadetes entrassem em formação. A ordem rígida do sólido repele o martelo. A desordem caótica do líquido o deixa passar.

Os sistemas mudam de repente quando o fluxo vira um cabo de guerra microscópico. As forças de ligação tentam travar as moléculas de água numa formação rígida. A entropia, a tendência dos sistemas a se tornarem mais desordenados, incentiva o movimento das moléculas. Conforme a temperatura cai, as forças de ligação vão ficando mais fortes e a entropia, mais fraca.

Quando essas duas forças se cruzam, o sistema muda de repente. A água congela.

Todas as transições de fase resultam de duas forças rivais, como o cabo de guerra entre a ligação molecular e a entropia da água. Quando as pessoas se organizam numa equipe, numa empresa ou em qualquer tipo de grupo com uma missão, também geram duas forças rivais – duas formas de incentivo. Podemos pensar informalmente nelas como *aposta* e *posto*.

Quando os grupos são pequenos, por exemplo, a *aposta* de todos no resultado do projeto é alta. Numa pequena empresa de biotecnologia, se o medicamento funcionar, todos virarão heróis milionários. Se fracassar, todos terão que procurar outro emprego. As vantagens do *posto* – cargos na empresa ou aumentos de salário com as promoções – são pequenas quando comparadas a essas apostas altas.

Quando as equipes e as empresas crescem, as apostas no resultado diminuem, enquanto as vantagens do posto aumentam. Quando os dois vetores se cruzam, o sistema muda de repente. Os incentivos começam a estimular comportamentos indesejados. Aqueles mesmos grupos, com as mesmas pessoas, começam a rejeitar as missões lunáticas.

A má notícia é que as transições de fase são inevitáveis. Todos os líquidos congelam. A boa notícia é que compreender as forças nos permite controlar a transição. A água congela a 0°C. Quando neva, joga-se sal nas calçadas para baixar a temperatura de congelamento. Queremos que a neve derreta, não que endureça como gelo. Preferimos molhar os sapatos numa poça a escorregar e passar uma semana no hospital.

Usamos o mesmo princípio para projetar materiais melhores. Acrescentar um pouco de carbono ao ferro cria um material muito mais forte: o aço. Acrescentar níquel ao aço cria ligas que estão entre as mais fortes que conhecemos: os aços usados em motores a jato e reatores nucleares.[4]

Veremos como aplicar um princípio similar para projetar organizações mais inovadoras. Identificaremos as pequenas mudanças de *estrutura*, e não de *cultura*, que podem transformar uma equipe rígida.

Os líderes passam muito tempo pregando a inovação. Mas uma molécula desesperada não consegue impedir que o gelo se cristalize em torno dela quando a temperatura cai. No entanto, pequenas mudanças de estrutura podem derreter o aço.

Este livro é dividido em três partes. A primeira conta cinco histórias de cinco vidas extraordinárias. Elas ilustram uma ideia central: por que ser bom em missões lunáticas (como filmes originais) e ser bom em franquias (sequências) são fases do comportamento de um grande grupo – fases distintas e separadas. Nenhum grupo consegue fazer as duas coisas ao mesmo tempo, porque nenhum sistema pode estar em duas fases ao mesmo tempo. Mas há uma exceção. Quando a água da banheira já mencionada estiver exatamente a 0°C, blocos de gelo vão coexistir com poças de líquido. Um pouco abaixo ou acima dessa temperatura, tudo vai congelar ou se liquefazer. Mas, bem no limite da transição, duas fases podem coexistir.

As duas primeiras regras para nutrir missões lunáticas, descritas na primeira parte, são os dois princípios que governam a vida no limite. Uma terceira regra explica como manter esse limite a longo prazo. Ela recorre ao xadrez em vez de à física: o campeão de xadrez que reinou por mais tempo na história atribuiu boa parte de seu sucesso ao domínio dessa ideia.

A segunda parte descreve a ciência subjacente. Veremos que a ciência das transições de fase nos ajudou a entender a propagação dos incêndios florestais, melhorar o fluxo do tráfego e caçar terroristas na internet. Aplicaremos ideias semelhantes para ver por que equipes, empresas ou qualquer grupo com uma missão mudarão de repente entre duas fases, exatamente como a água da banheira muda de repente de líquida para sólida.

Juntar essas peças revelará a ciência por trás do "número mágico 150": uma equação que descreve quando equipes e empresas darão meia-volta. Essa equação nos levará a uma regra adicional que nos mostra de que modo *cultivar* o número mágico – uma mudança que deixará mais poderoso qualquer grupo de missões lunáticas. (As quatro regras, assim como quatro lições pessoais para qualquer um que esteja defendendo qualquer tipo de missão lunática, estão resumidas no final.)

O último capítulo descreve o que poderíamos chamar de mãe de todas as missões lunáticas. Ampliaremos essas ideias sobre o comportamento dos grupos para o comportamento das sociedades e nações e veremos de que maneira isso nos ajuda a compreender o curso da história: por que a minúscula Grã-Bretanha, por exemplo, derrubou os impérios muito maiores e mais ricos da Índia e da China.

Isso pode soar um pouco... lunático.

Essa é a ideia.

★ ★ ★

Para começar, veremos como um engenheiro lidou com uma crise nacional.

Vamos voltar à iminência de guerra mundial.

PRIMEIRA PARTE

ENGENHEIROS DO ACASO

1

Como as missões lunáticas ganharam a guerra

A vida no limite

Se houvesse mercados preditivos em 1939, a maioria das apostas estaria na Alemanha nazista.

Na batalha que despontava entre as potências mundiais, os Aliados estavam muito atrás da Alemanha no que Winston Churchill chamava de "guerra secreta": a corrida por tecnologias mais poderosas. Os novos submarinos alemães ameaçavam dominar o Atlântico e estrangular as linhas de suprimento da Europa. Os aviões da Luftwaffe, prontos para bombardear a Europa até subjugá-la, superavam os de todas as outras forças aéreas. E a descoberta da fissão nuclear no início daquele ano por dois cientistas alemães pôs ao alcance de Hitler uma arma com poder quase intangível.

Se a corrida da tecnologia fosse perdida, escreveu Churchill, "toda a bravura e todo o sacrifício do povo teriam sido em vão".

Quando Vannevar Bush, decano de engenharia do Instituto de Tecnologia de Massachusetts (MIT, na sigla em inglês), largou o emprego, mudou-se para Washington e conseguiu marcar uma audiência com o presidente no verão de 1940, a Marinha dos Estados Unidos já tinha o segredo para ganhar aquela corrida. Ela o tinha havia 18 anos. Só não sabia disso.

Para encontrar esse segredo e vencer aquela corrida, Bush inventou um novo sistema para cultivar descobertas revolucionárias.

Era a receita secreta para vencer a guerra secreta.

O *DORCHESTER*

No fim de setembro de 1922, dois entusiastas do radioamadorismo da Estação Aérea da Marinha dos Estados Unidos, perto de Washington, montaram um transmissor de ondas curtas na extremidade da estação que dava para o rio Potomac. Leo Young, de 31 anos, nascido em uma cidadezinha rural do estado de Ohio, vinha construindo aparelhos de rádio desde a escola secundária. Seu colega Hoyt Taylor, de 42 anos, ex-professor de física, era o cientista sênior de rádio da Marinha. Eles tinham se unido para testar se o rádio de alta frequência poderia ajudar os navios a se comunicarem no mar com mais confiabilidade.

Young alterou o transmissor de rádio para operar a 60 mega-hertz, frequência 20 vezes maior do que o nível para o qual fora projetado. Ele mudou a sensibilidade do receptor usando uma técnica que descobrira numa revista de engenharia. Com o equipamento adequadamente ajustado, os dois ligaram o transmissor, carregaram o receptor num caminhão e foram para Hains Point, um parque no outro lado do rio Potomac bem em frente à Estação Aérea da Marinha.

Eles puseram o receptor no paredão de pedra na beira do parque e o voltaram para o transmissor no outro lado do rio. O receptor emitiu o tom constante de um sinal claro. De repente o tom dobrou de volume. Então sumiu completamente por alguns segundos. Em seguida, voltou no dobro do volume por um instante antes de se acomodar de volta no tom constante original. Eles ergueram os olhos e viram que um navio, o *Dorchester*, passara entre o receptor e o transmissor.

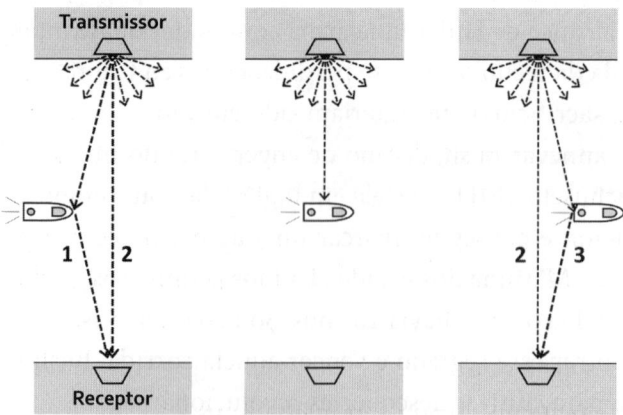

O Dorchester *passa entre o transmissor e o receptor de rádio no rio Potomac*

Para os dois pesquisadores, o volume dobrado era o sinal inconfundível da chamada interferência de ondas de rádio: duas ondas sincronizadas que se somam. Quando o casco do *Dorchester* chegou ao "ponto ideal" de distância da linha de mirada entre transmissor e receptor, a onda que se refletia no casco (onda nº 1 à esquerda na figura da página anterior) percorreu um caminho que era mais longo do que a onda da linha de mirada exatamente na metade do comprimento da onda de rádio (onda nº 2). Nesse momento, as duas ondas se sincronizaram com perfeição, o que explicava por que o volume do tom do receptor dobrou. Quando passou pela linha de mirada, o navio bloqueou completamente o sinal. Depois de sair dessa linha (à direita na figura), o tom voltou. Quando a popa do navio chegou ao mesmo ponto ideal de distância da linha de mirada, as ondas direta e refletida (nº 3) voltaram a se sincronizar com precisão. Isso explicava a segunda vez que o volume dobrou.

Young e Taylor estavam testando uma ferramenta de comunicação. Mas, sem querer, descobriram uma ferramenta de detecção.

Os dois pesquisadores repetiram a experiência várias vezes com sucesso e, alguns dias depois, em 27 de setembro, mandaram uma carta a seus superiores descrevendo um novo modo de detectar navios inimigos. Uma linha de navios americanos com receptores e transmissores poderia perceber imediatamente "a passagem de uma embarcação inimiga [...] havendo ou não neblina, escuridão ou cortina de fumaça".

Essa foi a primeira proposta conhecida do uso do radar em combate. Mais tarde, um historiador militar escreveria que essa tecnologia mudou a face da guerra "mais do que todos os outros avanços desde o avião".[1]

Só que a Marinha a ignorou.

Sem apoio à proposta e com o pedido de verba recusado, Young e Taylor abandonaram a ideia. Trabalharam em outros projetos de rádio da Marinha, mas não esqueceram o que haviam aprendido. Oito anos depois, no início de 1930, Young e Lawrence Hyland, outro engenheiro do laboratório, resolveram testar uma nova ideia para guiar o pouso de aviões. Um transmissor em terra, perto da pista de pouso, emitiria um sinal de rádio para o céu; o piloto, ao se aproximar, faria seu avião seguir o sinal e pousar. Numa tarde quente e abafada de junho, num campo a 3 quilômetros do transmissor voltado para cima, Hyland começou a testar o receptor que planejavam usar. Enquanto ajustava o equipamento, o som do aparelho de repente aumentou de volume. Então silenciou. Alguns momentos depois, ficou ruidoso outra vez.

E se acalmou de novo. O padrão persistiu. Ele verificou e voltou a verificar o equipamento e não achou problema algum. Enquanto se preparava para devolver ao laboratório o receptor quebrado, notou algo estranho: o sinal ficava mais alto sempre que um avião passava no céu.

Hyland contou a Young, que logo percebeu a conexão com o que vira anos antes no rio Potomac. A onda virada para o céu se refletia num avião no alto e chegava ao receptor de Hyland. As ondas de rádio refletidas, como logo confirmaram, podiam indicar não só navios como aviões voando a até 2.400 metros de altitude, mesmo quando as aeronaves estavam a quilômetros de distância. Eles realizaram testes detalhados e, mais uma vez, apresentaram uma proposta de algo nunca visto na guerra: um sistema de alerta precoce de aviões inimigos.

Nada aconteceu. A solicitação de 5 mil dólares de verba foi rejeitada porque o tempo para obter resultados "pode exceder dois ou três anos". Outro chefe burocrático escreveu com desdém que a ideia era "um sonho louco praticamente sem nenhuma probabilidade de sucesso real" e listou um punhado de razões pelas quais seria impraticável. Os militares levaram cinco anos para designar uma pessoa em tempo integral para o projeto.

Um oficial de carreira que travou uma batalha praticamente perdida dentro da Marinha para acelerar o desenvolvimento do radar recordou depois: "Realmente foi doloroso pensar até que ponto dois anos de experiência da frota com o radar antes de 1941 poderiam ter salvado vidas, aviões, navios e batalhas na fase inicial da Guerra do Pacífico."

O sistema de radar de alerta precoce ainda estava sendo testado em campo no Havaí na manhã de 7 de dezembro de 1941.

O ataque-surpresa a Pearl Harbor por 353 aviões inimigos matou 2.403 pessoas.

COMO NÃO TRAVAR UMA GUERRA

Da mesma forma que a piranha de Miller descrita na introdução, a descoberta de Young e Taylor foi uma clássica missão lunática. A ideia que mudaria o rumo da guerra passou por um túnel de negligência e ceticismo que durou uma década.

Nesse túnel entrou um homem com a capacidade incomum de ver além das dúvidas comuns – Vannevar Bush, o filho íntegro de um pregador que praguejava como um marinheiro e se vestia como um alfaiate. Quando a Primeira Guerra Mundial começou, Bush tinha acabado de concluir a pós-graduação em engenharia. Ele foi voluntário na estação de pesquisa submarina de New London, no estado de Connecticut.

Sua experiência lá seria semelhante à de Young e Taylor oito anos depois. A Marinha enterrou sua ideia mais valiosa: um aparelho magnético para detectar submarinos submersos. Com a experiência, Bush escreveu que aprendera "como não travar uma guerra". Na competição acirrada entre armas e dispositivos de defesa, o elo fraco não era o suprimento de ideias novas. Era a transferência dessas ideias para o campo de ação.

A transferência exige confiança e respeito de ambos os lados. Mas os oficiais "deixavam absolutamente claro que os cientistas ou engenheiros empregados nesses laboratórios eram de uma casta inferior da sociedade", escreveu Bush, referindo-se a New London e a outros centros similares. No início daquele conflito, o primeiro em que se usou gás venenoso, o secretário de Guerra rejeitou a oferta de ajuda da Sociedade Química Americana porque "tinha examinado a questão e descobrira que o Departamento de Guerra já tinha um químico".

Apesar desse atrito, Bush resolveu manter seu vínculo com a Marinha depois da guerra. Isso o forçou a aprender uma habilidade: aceitar pessoas diferentes dele, algo que, mais tarde, se mostraria valiosíssimo. Bush serviu oito anos na Reserva Naval, mesmo enquanto sua carreira de acadêmico, engenheiro e empresário decolava. Foi nomeado professor de engenharia do MIT, inventou um dos primeiros computadores (uma máquina analógica) e ajudou a fundar uma empresa que se transformaria na Raytheon, a gigante fabricante de eletrônicos.

Em meados da década de 1930, Bush chegou a segundo no comando depois do presidente do MIT e ainda dava assessoria à Marinha. O que viu no meio militar o alarmou. Apesar da ameaça crescente do fascismo na Europa e na Ásia, as Forças Armadas americanas, em 1936, reduziram os recursos para pesquisa de novas tecnologias a um vigésimo do custo de um encouraçado. Um memorando do Exército explicou que a única força que importava era "a infantaria com fuzil e baioneta". Bush alertou para a distância tecnológica crescente em relação à Alemanha, mas pouca coisa mudara desde sua experiência em New London. Os generais não tinham interesse nas opiniões dos "malditos professores", uma expressão deles para designar os cientistas civis.

Em 1938, Hitler anexou a Áustria e os Sudetos; Franco e seus nacionalistas tinham dominado quase toda a Espanha; Mussolini detinha o controle total da Itália; e o Japão invadira a China e tomara Pequim. Bush e alguns outros líderes científicos – inclusive James Conant, químico e presidente da Universidade Harvard – acreditavam que a guerra se aproximava e que os Estados Unidos estavam perigosamente despreparados. Todos eles tinham assistido à tendência dos generais de travar a guerra com as armas e táticas do conflito anterior e compreendiam que o mesmo erro diante de uma ameaça alemã muito maior poderia ser fatal dessa vez.

Bush sabia que as Forças Armadas estavam se preparando para produzir mais do mesmo: mais aviões, mais navios, mais armas. Como um grande estúdio de cinema que produz continuação atrás de continuação, os militares funcionavam na chamada fase de franquia.* No entanto, para inventar a tecnologia radicalmente nova necessária para derrotar os alemães, precisariam operar numa fase bem diferente, que oferecesse aos cientistas e engenheiros, como escreveu Bush, "independência e oportunidade de explorar o bizarro".

Em outras palavras, Bush compreendia intuitivamente que ser bom em franquias e ser bom em missões lunáticas são fases da organização. E a mesma organização não pode estar em duas fases ao mesmo tempo, pela mesma razão que a água não pode ser sólida e líquida ao mesmo tempo – em condições normais.

As condições normais não se aplicavam a 1938. Os generais realmente precisariam produzir munição num ritmo sem precedentes, distribuir unidades e suprimentos em quatro continentes e comandar milhões de soldados em combate. Mas as Forças Armadas também precisariam vencer a guerra secreta de Churchill: a corrida para criar tecnologias que ainda não existiam.

Para sobreviver, o país necessitava de ambas as iniciativas.

Uma molécula não pode transformar gelo sólido em água líquida berrando com as vizinhas para que relaxem um pouco. Foi por isso que Bush não tentou mudar a *cultura* militar. Era necessário um tipo de pressão diferente. Assim, Bush criou uma nova *estrutura*. Ele adotou os princípios da

---

* "Franquia" é um termo conveniente usado no cinema, na descoberta de medicamentos e em alguns outros setores. A razão de seu uso ficará mais clara adiante.

vida no limite de uma transição de fase: as condições únicas em que duas fases podem coexistir.

Em abril de 1944, um perfil entusiasmado da revista *Time* descrevia Vannevar Bush como o general de um exército secreto de cientistas que "é visto quase com assombro" em Washington. Em outubro de 1945, a Comissão de Orçamento da Câmara dos Deputados dos Estados Unidos declararia que, sem a organização de Bush, "é seguro dizer que a vitória ainda aguardaria sua conquista".

Mas, em 1938, as batalhas de Bush estavam apenas começando.

TEMPESTADE EM FORMAÇÃO

Em meados da década de 1930, Bush ficara muito conhecido pela habilidade de formar pontes entre ciência, empresas e governo. Assim, não foi surpresa quando, em 1938, o Instituto Carnegie – centro de estudos sediado em Washington que apoia a pesquisa científica – lhe ofereceu seu cargo mais alto. Em resposta, o presidente do MIT se propôs a renunciar e ceder o cargo a Bush caso ele ficasse.

Bush declinou. Embora uma carreira de prestígio e gerações de laços de família na Nova Inglaterra o enraizassem em Boston, ele entendia que a defesa da nação seria comandada em Washington. E ninguém mais tinha sua habilidade de criar pontes entre os mundos. Ele sabia que era o único qualificado para mobilizar os cientistas do país para a guerra.

"Todos os meus ancestrais recentes foram comandantes de navios, que têm um jeito de gerenciar as coisas sem esboçar dúvida", disse Bush anos depois. "Portanto, pode ter sido isso, em parte, e em parte minha ligação com meu avô, que era comandante de baleeira, o que me deixava inclinado a comandar o espetáculo depois que entrava nele."

Bush largou o emprego, aceitou a oferta do Carnegie e se mudou para Washington.

Com a ajuda dos administradores do Carnegie, um deles tio do presidente Franklin Roosevelt, Bush montou um plano. "Eu sabia que não dava para fazer nada naquela maldita cidade", recordou, "a não ser que fosse organizado sob as asas do presidente."

Um lugar para Bush sob aquelas asas parecia improvável. O presidente, um advogado cercado de planejadores sociais, tinha demonstrado pouco interesse pela ciência ou por cientistas. Bush, conservador por natureza e criação, via com ceticismo tanto Roosevelt quanto seus assessores do New Deal. Ele crescera desconfiando de "inovadores sociais", que via como "um monte de idealistas ou humanitários de cabelo comprido".[2]

Bush recorreu ao tio do presidente para conseguir uma audiência com Harry Hopkins, o assessor mais próximo de Roosevelt. Hopkins, ex-assistente social e humanitário da mais alta ordem, era um aliado igualmente improvável. Anos depois, Bush escreveu: "O fato de Harry e eu irmos com a cara um do outro está na esfera dos pequenos milagres."[3] Mas eles se deram bem – Hopkins tinha gosto por ideias ousadas.

Em 12 de junho de 1940, às 16h30, Bush e Hopkins se reuniram com Roosevelt no Salão Oval. A mensagem: o Exército e a Marinha americanos estavam muito atrás da Alemanha nas tecnologias que seriam fundamentais para ganhar a guerra iminente. Por si sós, as Forças Armadas eram incapazes de se recuperar a tempo. Bush propôs a Roosevelt que autorizasse a criação de um grupo de ciência e tecnologia dentro do Governo Federal, com ele no comando e se reportando diretamente ao presidente.

Roosevelt escutou, leu a proposta de Bush – quatro parágrafos curtos numa única folha de papel – e assinou "OK – FDR". A reunião durou 10 minutos.

O novo órgão, que acabou se chamando Escritório de Pesquisa e Desenvolvimento Científico (OSRD), criaria a oportunidade que Bush buscava para que cientistas, engenheiros e inventores de universidades e laboratórios privados explorassem o bizarro. Seria um departamento nacional de missões lunáticas, semeando e abrigando ideias promissoras porém frágeis do país inteiro. O grupo desenvolveria as tecnologias não comprovadas que os militares não se dispunham a financiar. Seria comandado por um *maldito professor*.

As Forças Armadas e seus partidários, como seria de esperar, fizeram objeção. Disseram a Bush que seu novo grupo era "um artifício, um golpe pelo qual uma pequena equipe de cientistas e engenheiros, agindo fora dos canais estabelecidos, assumiu o controle da autoridade e do dinheiro do programa de desenvolvimento de novas armas".

A resposta de Bush: "Na verdade, foi exatamente isso."

A VIDA A ZERO GRAU

Imagine fazer com que aquela banheira fique à beira do congelamento. Um pouquinho para lá ou para cá e a coisa toda congela ou se liquefaz. Mas, bem no vértice, blocos de gelo coexistem com bolsões de líquido. A coexistência das duas fases na beira de uma transição se chama *separação de fases*. As fases se separam, mas continuam conectadas.

A conexão entre as duas fases assume a forma de um ciclo equilibrado de um lado para outro: moléculas dos pedaços de gelo se derretem nas poças de líquido adjacentes. Moléculas de líquido boiando junto de um pedaço de gelo se fixam na superfície e congelam. Esse ciclo em que nenhuma fase supera a outra é denominado *equilíbrio dinâmico*.

Como veremos, a *separação de fases* e o *equilíbrio dinâmico* foram os principais ingredientes da receita de Bush. "A essência de uma organização militar sólida é que seja rígida. Mas uma organização rígida não se presta a inovações", ele escreveu. "E afrouxá-la em tempo de guerra seria perigosíssimo." Mas, continuou, deveria haver "colaboração íntima entre as Forças Armadas e alguma organização com estrutura propositalmente flexível".

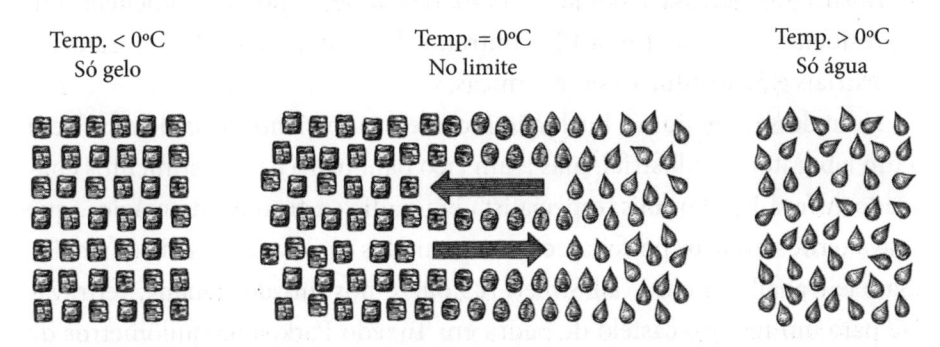

Temp. < 0ºC	Temp. = 0ºC	Temp. > 0ºC
Só gelo	No limite	Só água

A vida no limite

Em outras palavras, as duas fases têm que *se separar* enquanto *ficam conectadas*.

A tentativa de Bush de aplicar o primeiro desses dois princípios, a separação de fases – um novo órgão totalmente sob seu controle –, não começou bem. Um oficial explicou a Bush que "nenhum maldito civil conseguiria entender um problema militar". A reação de Bush: "Fui até ele e disse que, infelizmente, ainda existiam alguns oficiais tão tapados que não percebiam que a arte da guerra estava sendo revolucionada em torno deles."

Outro oficial de alta patente, ao ver a proposta do grupo de Bush de um novo tipo de caminhão anfíbio, disse-lhe que o Exército não queria aquilo e não usaria se o recebesse. (Bush o ignorou. O caminhão, chamado de DUKW, seria amplamente usado na segunda metade da guerra.) Os cientistas universitários ex-colegas de Bush viam com o mesmo ceticismo a criação de laços com as Forças Armadas. Eles interpretavam qualquer supervisão federal como interferência.

Bush uniu os dois grupos. Ele usou sua credibilidade acadêmica para tranquilizar os cientistas quanto à independência. Mas, ao mesmo tempo, explicou que sua meta ia além de ideias engenhosas. A meta eram produtos que funcionassem. Quando entrevistava novos cientistas para a equipe, ele propunha um desafio: "Você está prestes a desembarcar no meio da noite num bote de borracha numa praia ocupada pelos alemães. Sua missão é destruir uma instalação de rádio vital para o inimigo, defendida por guardas armados, cães e holofotes. Você pode levar consigo qualquer arma que puder imaginar. Descreva essa arma." Os cientistas entenderam a mensagem. Ser prático era uma questão de vida ou morte.

Bush agiu depressa. No final de 1940, seis meses depois da audiência com o presidente, o OSRD tinha 126 contratos de pesquisa com 19 laboratórios industriais e 32 instituições acadêmicas.

Num desses contratos, Bush não recorreu a um cientista acadêmico nem a um laboratório industrial, mas a um rico banqueiro de investimentos chamado Alfred Lee Loomis, especialista em xadrez e truques de mágica, que usava ternos brancos perfeitamente engomados e levava uma vida dupla. De dia, ele trabalhava em Wall Street. À noite e nos fins de semana, retirava-se para um imenso castelo de pedra em Tuxedo Park, a 65 quilômetros de Nova York. Tratava-se de um laboratório privado e semissecreto de pesquisa lotado de equipamentos construídos ou comprados para satisfazer a curiosidade do dono. Em meados da década de 1930, os convidados que visitassem o castelo de Loomis podiam ser levados a uma cadeira confortável enquanto um assistente vinha com tesourinhas, cortava uma mecha de cabelo, passava álcool no couro cabeludo, fixava eletrodos e os incentivava a relaxar. Eles se tornavam participantes de sua pesquisa. (Loomis foi um dos pioneiros do eletroencefalograma.)

De Albert Einstein, Enrico Fermi e outros cientistas europeus que visitaram seu laboratório, Loomis recebeu notícias perturbadoras sobre a avançada ciência alemã aplicada a armas de guerra, além de pistas sobre uma terrível descoberta na física nuclear. Como Bush e Conant, Loomis tinha trabalhado com as Forças Armadas americanas durante a Primeira Guerra Mundial. Também como eles, concluíra que o Exército e a Marinha eram incapazes de superar sozinhos a vantagem alemã. Assim, quando recebeu o convite para se unir ao novo órgão de Bush, Loomis abandonou todos os outros projetos. Por sugestão de Bush e seus assessores, começou a trabalhar em tempo integral numa nova tecnologia: o radar de micro-ondas.

No final de 1940, Loomis tinha reunido dezenas dos melhores físicos e engenheiros do país num prédio anônimo do MIT.[4] A meta era desenvolver um sistema de radar de ondas curtas (10 centímetros, chamadas micro-ondas) em vez de ondas longas (dezenas ou centenas de metros, as chamadas ondas de rádio). Quando mais curta a onda, maior a resolução. O sistema de ondas de rádio desenvolvido no laboratório naval (e depois descoberto de forma independente na Grã-Bretanha) era capaz de detectar navios e aviões. O sistema de micro-ondas poderia perceber o periscópio de um submarino ou acompanhar um míssil depois de lançado. Porém, uma vantagem ainda mais importante tinha a ver com o tamanho. O comprimento de onda determina o tamanho da antena necessária, e é por isso que fornos de micro-ondas cabem em sua cozinha, mas torres de rádio, não. Um sistema de radar de micro-ondas, caso conseguissem construí-lo, seria portátil. Qualquer navio, avião ou mesmo caminhão poderia levar um deles.[5]

Enquanto Loomis começava seu trabalho no radar, uma equipe da Grã-Bretanha estava quase terminando um sistema de defesa nacional usando o radar. (A descoberta britânica se deveu, em parte, a exigências públicas de que o Ministério do Ar investigasse o uso de armas com raios letais. As solicitações mais insistentes vieram de uma ex-autoridade do governo dada a vociferar sobre futuros ataques aéreos imaginários a Londres. Seu nome era Winston Churchill.) No final da década de 1930, uma série de antenas de radar circundava o litoral britânico.[6]

Depois que a Alemanha marchou pela Polônia no outono de 1939 e seguiu invadindo outros países da Europa na primavera de 1940, Hitler voltou sua atenção para o Reino Unido. Em junho, Churchill anunciou ao Parlamento: "A batalha da Grã-Bretanha está prestes a começar [...] Hitler sabe que terá que acabar conosco nesta ilha ou perder a guerra."

Churchill continuou com uma das frases mais famosas do século XX: "Portanto, vamos nos escorar em nosso dever e nos comportar de modo que, se o Império Britânico e sua Commonwealth durarem mil anos, os homens ainda digam: 'Este foi seu melhor momento.'"

Em julho, Hitler atacou. Seus generais previram que a Luftwaffe, que tinha o dobro de aviões da Real Força Aérea britânica (RAF), obteriam a superioridade aérea em duas a quatro semanas, como tinha acontecido na Europa continental. Eles desenvolveram planos para a invasão terrestre da Grã-Bretanha, a chamada Operação Leão-Marinho, para ocorrer após a vitória no ar.

Essa vitória nunca aconteceu. A série de antenas de radar da Grã-Bretanha possibilitou à RAF detectar os aviões inimigos antes que se aproximassem do litoral. As informações permitiam que os britânicos concentrassem suas forças limitadas contra cada onda de ataque.[7] Em 15 de setembro, comemorado na Inglaterra como o Dia da Batalha da Grã-Bretanha, 144 pilotos e tripulantes alemães foram derrubados, contra apenas 13 da RAF. Um piloto de bombardeiro alemão cuja unidade perdeu um terço de seus aviões em uma hora escreveu que, "se houvesse mais alguma missão como aquela, nossa probabilidade de sobrevivência seria nula".

Dois dias depois, Hitler adiou indefinidamente a invasão terrestre da Grã-Bretanha. No fim de outubro, o ataque alemão estava praticamente encerrado. Era a primeira derrota da Alemanha na guerra.

Na época, as relações entre britânicos e americanos eram delicadas. Oficialmente, os americanos ainda eram neutros e Roosevelt sofria pressão dos isolacionistas para ficar fora da guerra. Joseph Kennedy, embaixador dos Estados Unidos em Londres, tinha divulgado amplamente sua opinião de que a Inglaterra cairia rapidamente sob um ataque alemão (um diplomata britânico descreveu Kennedy como um "espécime imundo de traidor e derrotista"). E um funcionário da embaixada americana em Londres, com total acesso à correspondência mais secreta entre Churchill e Roosevelt, fora denunciado como espião alemão.

No entanto, em 6 de agosto de 1940, Churchill autorizou a ida de uma missão científica britânica aos Estados Unidos. Eles revelariam tudo que sabiam sobre o radar a Alfred Loomis e sua equipe.

A tecnologia que revelaram deu a partida ao trabalho de Loomis. E a necessidade urgente de algo novo logo ficou dolorosamente clara.[8]

MASSACRE

Em fevereiro de 1941, quatro meses depois da derrota alemã na batalha aérea sobre a Grã-Bretanha, Hitler emitiu uma nova diretiva. Se a Alemanha não conseguia subjugar a Inglaterra com bombardeios, então a mataria de fome: faria um cerco. A principal arma desse cerco seria o submarino. Infelizmente para os Aliados, o radar de ondas longas usado na Batalha da Grã-Bretanha era inútil contra submarinos. As antenas de longo alcance exigiam muitíssima energia e eram pesadas demais para serem montadas em navios ou aviões. O sonar também pouco fazia para deter os submarinos de Hitler: o alcance era muito pequeno e ele não podia detectar submarinos na superfície.

As perdas aliadas causadas por submarinos cresceram rapidamente: de 750 mil toneladas de carga em 1939 para 4,3 milhões em 1941. Todo mês eles afundavam navios mais depressa do que os Aliados conseguiam construí-los. E os prejuízos continuavam aumentando.

No fim daquele ano, em 11 de dezembro, quatro dias depois de Pearl Harbor, Hitler declarou guerra aos Estados Unidos. Ele mandou o vice-almirante Karl Doenitz, seu comandante da frota de submarinos, disparar à vontade em navios americanos no Atlântico.

Ao contrário da Grã-Bretanha, os Estados Unidos não tinham experiência recente no combate a submarinos. As luzes fortes de parques de diversões e cassinos à beira-mar clareavam a noite escura do oceano, refletindo sobre as ondas e guiando os comandantes de submarinos até o litoral. Um oficial alemão, espantado com o contraste do blecaute imposto na Europa, escreveu: "Estávamos passando por silhuetas de navios reconhecíveis em todos os detalhes [...] eles nos eram apresentados formalmente numa bandeja: sirvam-se!"

Em 13 de janeiro, o capitão Reinhard Hardegen, que comandava o submarino de longo curso Tipo IX *U-123*, entrou no porto de Nova York. Pouco depois da meia-noite, notou um navio se aproximar a bombordo, as luzes e lanternas brilhando. Ele ergueu o binóculo. "É um navio-tanque", disse ao oficial de vigia. "Enorme." Ele se virou para o sul a fim de ficar em ângulo reto com a rota da embarcação. A 800 metros, ordenou o lançamento de dois torpedos. Por um minuto silencioso, eles cortaram a água. Então a onda de choque da explosão balançou o submarino. As chamas do navio-tanque dispararam para o céu e se transformaram numa "nuvem em cogumelo, negra e sinistra, com 150 metros de altura". Esse era o *Norness*, de 9.577 toneladas, que se tornou a primeira baixa numa onda de destruição ao largo da costa americana – um punhado de submarinos destruiu ou avariou quase 400 navios e matou quase 5 mil passageiros e tripulantes.

Em suas memórias da guerra, Churchill descreveu a capacidade dos Aliados de proteger suas frotas como "desesperadamente inadequada [...] semana a semana, crescia a escala desse massacre".

As perdas de navios aliados chegaram a espantosos 7,8 milhões de toneladas em 1942. No início de 1943, o suprimento de alimentos à Grã-Bretanha tinha se reduzido a dois terços do nível normal. O governo foi forçado a racionar produtos básicos. Restavam menos de três meses das reservas de combustível comercial – 10 meses se fossem incluídas todas as reservas militares de emergência. O suprimento de combustível não era discutido publicamente, mas todos os comandantes, nos dois lados do Atlântico, estavam atentos. A escassez implicaria não poder usar nenhum avião, nenhum navio, nenhum transporte. Nenhuma capacidade de resistir à máquina alemã.[9]

No início de março de 1943, os decodificadores alemães decifraram as transmissões aliadas que indicavam dois grandes comboios, mais de 100 navios no total, seguindo para leste. Quarenta e três submarinos correram para interceptá-los. Em 48 horas, eles afundaram 20 navios sem sofrer nenhuma perda.[10]

O *Canadian Star* britânico foi atingido em 18 de março. Um sobrevivente recordou a cena: "O mar simplesmente varreu o navio de ponta a ponta. Pude ver os homens, um a um, os olhos ficando vidrados e, finalmente, per-

A Batalha do Atlântico

dendo as forças e sendo levados para cima e para baixo pelo barco e finalmente para fora [para o mar]."

Em Berlim, Doenitz e seu estado-maior comemoraram: tinham causado a maior perda marítima da guerra.

Seria sua última comemoração.

No mesmo mês em que o *Canadian Star* naufragou, os bombardeiros B-24 Liberator da Força Aérea do Exército dos Estados Unidos, equipados com dois novos aparelhos criados por Loomis e sua equipe de lunáticos, se distribuíram sobre o Atlântico. O primeiro aparelho era um poderoso radar de micro-ondas. Desenvolvido em menos de 30 meses, conseguia perceber o periscópio de submarinos à superfície, de dia ou de noite, com nuvens ou neblina.

No entanto, caçar submarinos no vasto oceano exigia aviões para localizá-los rapidamente e voar até os comboios quando convocados. Navegar pelas estrelas seria impossível, principalmente com mau tempo. Loomis e sua equipe tiveram outra ideia: uma grade de pulsos de rádio que cobrisse o Atlântico. Com um decodificador especialmente projetado, o piloto poderia calcular sua localização na grade sem alertar um navio inimigo.[11]

Na primavera de 1943, os bombardeiros Liberator de longo alcance, com radar de micro-ondas e navegação por pulsos de rádio, estavam totalmente operacionais e patrulhavam o Atlântico.

UM DE CADA VEZ

Em 11 de maio, um comboio de 37 navios, designado como SC-130, partiu do Canadá e foi para leste rumo à Inglaterra. Seis dias depois, a espionagem alemã identificou a rota por mensagens interceptadas e avisou uma matilha de 25 submarinos. Na noite de 18 de maio, bem no meio do Atlântico, o comboio encontrou os primeiros submarinos. Peter Gretton, comandante dos navios da escolta do comboio, pediu apoio pelo rádio. Os bombardeiros Liberator chegaram em poucas horas. O radar de micro-ondas atravessava a escuridão e a neblina. Submarinos antes invisíveis iluminavam as telas dos osciloscópios.

Gretton e os bombardeiros caçaram todos os submarinos que apareceram. Para escapar dos canhões e das cargas de profundidade, os submarinos afundavam no instante em que viam um avião ou um contratorpedeiro. O *U-645* enviou uma mensagem por rádio a Berlim: "ATÉ AGORA PREso sob a água continuamente por aviões nas nuvens baixas e contratorpedeiros." E o *U-707*: "mantido o tempo todo dentro d'água." Quando o Liberator P/120 chegou e logo avistou um punhado de submarinos, o piloto pediu a Gretton a prioridade dos alvos. O comandante respondeu com uma lista. O piloto brincou: "Como disse Mae West, um de cada vez, cavalheiros, por favor."

Durante os três dias de batalha, os submarinos alemães não conseguiram realizar um único ataque bem-sucedido.[12] Em Berlim, Doenitz recebeu mensagens semelhantes de comandantes de submarinos em todo o Atlântico: estavam sendo continuamente caçados debaixo d'água por bombardeiros, com as baixas aumentando.

Eles passaram de caçadores a caça.

Em 20 de maio, Doenitz avisou à matilha de submarinos que combatiam o comboio SC-130: "interromper operações contra comboio." A batalha terminara. Nenhum navio aliado se perdeu. Três submarinos afundaram, com todos a bordo perdidos no mar, incluindo um oficial de 21 anos em sua primeira missão: o filho de Doenitz.

No total, os aviões e navios aliados afundaram 41 submarinos em maio, mais em um *mês* do que em qualquer um dos três anos anteriores da guerra. As baixas representaram quase um terço da frota operacional total de Doenitz. Em 24 de maio, ao reconhecer o inevitável, o comandante retirou os submarinos do Atlântico. Naquele mesmo ano, ele escreveria: "Há alguns meses o inimigo tornou a guerra submarina ineficaz. Alcançou esse objetivo não por tática ou estratégia superiores, mas por meio da superioridade no campo da ciência, que encontra seu expoente na moderna arma de combate: a detecção."

Em 90 dias, as perdas de navios aliados se reduziram em 95%: de 514 mil toneladas em março para 22 mil toneladas em junho. "Perdemos a Batalha do Atlântico", escreveu Doenitz.

Os submarinos alemães nunca mais ameaçaram a passagem de um comboio. As rotas estavam abertas para a invasão aliada da Europa.

★ ★ ★

O radar teve um impacto muito maior sobre o curso da guerra do que se costuma reconhecer e vai bem além da batalha contra os submarinos alemães. O uso do radar por aviões permitiu que os Aliados destruíssem suprimentos, pontes e meios de transporte inimigos com ataques de bombardeio de precisão, dia e noite, sob qualquer clima. Os canhões antiaéreos controlados por radar foram essenciais para defender os porta-aviões e isso criou uma vantagem decisiva na Guerra do Pacífico.

Em junho de 1944, a Alemanha lançou em Londres suas "bombas zumbidoras" V-1, os primeiros mísseis com propulsão a jato, reconhecidas na mesma hora pelo zumbido apavorante, como o de um inseto, que as vítimas ouviam quando elas se aproximavam. Desenvolvidas a um custo elevado e anunciadas por Hitler como uma arma maravilhosa que não podia ser tocada por aviões inimigos e que dizimaria os Aliados, foram a última esperança de ataque aéreo da Alemanha. O avistamento pelo radar dos canhões permitiu que os mísseis fossem rastreados e rapidamente derrubados.

O radar também teve papel decisivo na Batalha das Ardenas, na Bélgica, no final de 1944 – a última esperança de ofensiva terrestre da Alemanha, que pegou os Aliados de surpresa. O Exército usou granadas de artilharia com novas espoletas equipadas com radar. As espoletas, projetadas para explodir quando a granada se aproximasse do alvo, aumentaram em até sete vezes a eficiência do disparo (equivalente a disparar sete vezes o mesmo número de armas). Mais tarde, depois da vitória aliada, o general Patton disse: "Aquela espoleta esquisita venceu a Batalha das Ardenas para nós."[13]

★ ★ ★

A capacidade do sistema de Bush de alimentar missões lunáticas com rapidez e eficiência extraordinárias não se limitou ao radar. O trabalho do OSRD nos estudos da penicilina, da malária e do tétano contribuiu para reduzir as baixas de soldados por doenças infecciosas à razão de 1 para 20 em comparação com a Primeira Guerra Mundial. Os avanços dos cientistas do OSRD na transfusão de plasma salvaram milhares de vidas no campo de batalha e fizeram com que ela se tornasse um procedimento hospitalar padrão depois da guerra.

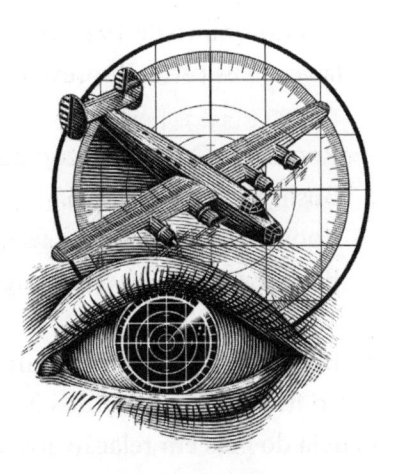

"Por meio da superioridade no campo da ciência"

No entanto, uma invenção, recebida com espanto na época e horror pouco depois, superou todas as outras.

Nos dois primeiros anos depois da descoberta, em 1939, da fissão nuclear – quando o núcleo do átomo se divide em dois –, a maioria dos físicos acreditou que ela não teria aplicações práticas, militares ou não. Um comitê científico nomeado pelo presidente Roosevelt depois de receber a famosa carta de Einstein alertando sobre a ameaça de um novo tipo de bomba concluiu a mesma coisa.[14]

Em 1941, novos resultados de um grupo de cientistas atômicos da Inglaterra convenceram Bush do contrário. Ele defendeu, junto a Roosevelt e a Henry Stimson, seu secretário de Guerra, que, embora a probabilidade de construção de uma arma nuclear fosse pequena, os Estados Unidos não podiam correr o risco de a Alemanha ou o Japão a obterem primeiro. Roosevelt aceitou o argumento e pôs Bush no comando da iniciativa. Bush lançou um agressivo programa de pesquisa, conseguiu o apoio das Forças Armadas e de líderes políticos e, então, entregou-o aos militares na forma do Projeto Manhattan.

A bomba atômica, quando chegou três anos depois, não contribuiu para ganhar a guerra na Europa. Seu papel no término da Guerra do Pacífico ainda é controverso oito décadas depois.[15]

FRONTEIRA SEM FIM

Em novembro de 1944, depois que a vitória sobre a Alemanha se tornou cada vez mais certa, Roosevelt chamou Bush a seu gabinete.

Roosevelt: O que vai acontecer com a ciência depois da guerra?
Bush: Vai ser um fiasco.
Roosevelt: O que vamos fazer para evitar isso?
Bush: É melhor fazermos alguma coisa logo.

Bush sabia que a ciência americana fora mal apoiada antes da guerra e que o futuro bem-estar dos Estados Unidos dependia de reverter a dependência do país em relação aos outros na área da pesquisa básica. "Não podemos mais contar com a Europa devastada como fonte de conhecimento fundamental", ele escreveu depois.

Logo após essa conversa, Roosevelt mandou a Bush uma carta oficial requisitando que ele delineasse um plano nacional de apoio à ciência. Dizia que não havia razão para que o sistema criado por Bush durante a guerra "não possa ser lucrativamente empregado em tempos de paz".

Embora Bush não soubesse, Roosevelt sofria de cardiopatia grave e, possivelmente, câncer metastático. Em sua carta, o presidente enfatizou a pesquisa médica:

> O fato de as mortes anuais neste país por apenas uma ou duas doenças serem muito maiores do que o número total de vidas que perdemos em combate durante esta guerra deveria nos tornar conscientes do dever que temos com as futuras gerações [...].
>
> Novas fronteiras da mente estão diante de nós e, se forem desbravadas com a mesma visão, ousadia e ímpeto com que travamos a guerra, podemos criar empregos mais plenos e proveitosos e uma vida mais plena e proveitosa.

O relatório de Bush, chamado *Science: The Endless Frontier* (Ciência: a fronteira sem fim), apresentado ao presidente Truman em junho de 1945, dois meses depois da morte de Roosevelt, e publicado no mês seguinte, causou sensação. O país não tinha uma política científica nacional, ele declarou. Não se poderia confiar na filantropia e no setor privado para financiar a pesquisa básica, que é "a referência do progresso tecnológico", essencial para a segurança nacional, o crescimento econômico e o combate às doenças. O relatório delineava a arquitetura de um novo sistema nacional de pesquisa.

Dias depois da publicação, o relatório de Bush foi aclamado pelos principais veículos da imprensa. No entanto, o *The New York Times* questionou suas conclusões e, pacientemente, explicou a Bush (e a seus 41 coautores médicos e doutores) a natureza da ciência: "O método científico é sempre o mesmo, quer se trate do radar, quer das doenças. O relatório do Dr. Bush ignora esse fato." O jornal concluiu sugerindo um modelo melhor: "A Rússia soviética abordou essa tarefa de maneira mais realista."

A *BusinessWeek* descreveu Bush elogiosamente como "um homem de negócios prático, além de acadêmico" e afirmou que *The Endless Frontier* era o marco de uma nova era e "leitura obrigatória para os empresários americanos".[16]

No fim das contas, a *BusinessWeek* foi mais profética do que o *The New York Times*. Desde o fim da Segunda Guerra Mundial, centenas de descobertas originadas nos Estados Unidos e que mudaram ou criaram setores inteiros – como o GPS, os computadores pessoais, a biotecnologia, a internet, o marca-passo, o coração artificial, os exames de ressonância magnética, a cura quimioterápica da leucemia infantil e até o algoritmo de pesquisa original do Google – brotaram do sistema que o relatório de Bush inspirou. Muitos outros foram filhos conjuntos da pesquisa pública e privada. Sem o investimento federal na teoria de bandas em sólidos, por exemplo, e nas técnicas para obter cristais de germânio e silício de alta qualidade, não haveria transístores para lançar a era da eletrônica (falarei mais sobre transístores adiante).

Quantificar o impacto dessas descobertas e separar a contribuição dos investimentos públicos e privados é difícil. Mas, para dar uma ideia, os economistas atribuíram cerca de *metade* dos trilhões de dólares de crescimento do PIB americano desde o fim da Segunda Guerra Mundial aos avanços da tecnologia.

Embora nem Bush nem Roosevelt pudessem prever o crescimento que se geraria lucrativamente empregando as ideias de Bush em tempos de paz, ambos tinham experiência prática em negócios. Na verdade, o sistema de Bush veio do mundo dos negócios.

OITO PRÊMIOS NOBEL

Vannevar Bush resgatou uma grande organização dominada por uma franquia poderosa e mergulhada em uma crise causada pela incapacidade de inovar: as Forças Armadas americanas. Em 1907, outra grande organização dominada por uma franquia poderosa passou por uma crise profunda pela mesma razão.

Trinta anos depois de Alexander Graham Bell e seu sogro fundarem a Bell Telephone Company, sua sobrevivência era incerta. As finanças se deterioravam rapidamente, havia a concorrência crescente dos milhares de novas empresas telefônicas criadas depois que a patente do telefone de Bell expirou e o público estava furioso com a queda da qualidade do sistema telefônico. Os líderes da empresa vinham se aproveitando da licença da patente de Bell, praticamente só recolhendo seus cheques e sem fazer mais muita coisa.

Em 1907, um grupo bancário comandado pelo financista J. P. Morgan assumiu o controle da empresa, rebatizada de AT&T, e se livrou da diretoria. Morgan nomeou Theodore Vail, de 62 anos, novo presidente executivo.

Pouco depois de assumir, Vail prometeu que logo os americanos seriam capazes de telefonar para qualquer pessoa em qualquer lugar do país, de Nova York a São Francisco. Poucos dentro da AT&T acreditaram nele. Mesmo as ligações numa fração daquela distância funcionavam mal. Os sinais elétricos perdiam potência ao viajar pelos fios e ninguém sabia explicar direito por quê. O elétron fora descoberto apenas 10 anos antes. A mecânica quântica, que tinha a resposta, ainda estava a 20 anos de distância. A meta de Vail exigia tecnologia que ainda não existia, baseada em ciência que ainda não era conhecida.

Ele convenceu a nova diretoria de que, para resolver esses problemas, a empresa deveria criar um grupo isolado que trabalhasse na pesquisa "fundamental". Como Bush, entendia a necessidade de separar e proteger ideias radicais – a necessidade de um departamento de missões lunáticas comandado por lunáticos, com liberdade para explorar bizarrices. Vail pôs Frank Jewett, físico do MIT, no comando. Nos anos seguintes, o grupo de Jewett se concentrou na ciência e acabou resolvendo o problema do sinal que sumia. Eles inventaram a válvula eletrônica: o primeiro amplificador do mundo e antecessor de toda a eletrônica moderna.

Menos de oito anos depois de Vail assumir, em 25 de janeiro de 1915, várias centenas de pessoas se reuniram em sua sala de conferências no 15º andar, em Nova York. Alexander Graham Bell, convencido a interromper sua aposentadoria, telefonou para Thomas Watson em São Francisco. Fazia 39 anos desde sua primeira conversa por fio entre dois prédios em Boston. Watson atendeu.

– Sr. Watson, venha cá. Preciso do senhor – disse Bell.

– Vou levar uma semana para chegar aí desta vez – respondeu Watson.

Nos 50 anos seguintes, a organização de Vail – finalmente chamada de Bell Telephone Laboratories (Bell Labs) – produziu o transístor, as células solares ou fotovoltaicas, o sensor CCD (usado em todas as câmeras digitais), o primeiro laser de operação contínua, o sistema operacional Unix, a linguagem C de programação e oito prêmios Nobel. Vail criou o laboratório de pesquisa industrial mais bem-sucedido da história e a AT&T se tornou a maior empresa do país.

Frank Jewett, o protegido de Vail e presidente dos Bell Labs, conheceu Bush quando trabalharam na detecção de submarinos para a Marinha durante a Primeira Guerra Mundial. Nas três décadas subsequentes, Jewett se tornou amigo íntimo e mentor de Bush. Na Segunda Guerra, Bush escolheu Jewett como um dos cinco principais integrantes de sua equipe. Muitos dos 37 princípios que Bush aplicou durante a guerra tinham sido aplicados antes por Vail e Jewett nos Bell Labs.

Bush mudou a pesquisa nacional do mesmo jeito que Vail mudou a pesquisa comercial. Ambos reconheciam que as grandes ideias – os avanços que alteram o curso da ciência, dos negócios e da história – fracassam muitas vezes antes de ter sucesso. Às vezes elas sobrevivem pela força de uma habilidade e uma personalidade excepcionais. Outras vezes, sobrevivem por pura sorte. Ou seja, os avanços que mudam nosso mundo nascem do casamento da genialidade com o acaso.

A magia de Bush e Vail estava em arquitetar as forças da genialidade e do acaso para trabalhar por eles, e não contra eles. A sorte é subproduto do planejamento.[17]

Agora vamos olhar essa magia um pouco mais de perto.

Vannevar Bush, James Conant, Karl Compton e Alfred Loomis no campus de Berkeley da Universidade da Califórnia (1940)

AS REGRAS DE BUSH-VAIL

Existe o mito generalizado do empreendedor genial que constrói um império duradouro com base em suas ideias e invenções. (Nos próximos capítulos examinaremos esse mito e a armadilha que ele cria.) Mas os que alcançam verdadeiro sucesso – os engenheiros do acaso – desempenham um papel mais humilde. Em vez de defender uma missão lunática individual qualquer, eles criam uma *estrutura* extraordinária para cultivar muitas missões lunáticas. Em vez de inovadores visionários, eles são jardineiros cuidadosos. Asseguram que tanto missões lunáticas quanto franquias sejam bem cuidadas, que nenhum dos lados domine o outro e que cada lado alimente e sustente o outro.

As estruturas que esses jardineiros criam têm um conjunto de princípios em comum. Vou chamá-los de regras de Bush-Vail.

As duas primeiras regras são as mencionadas anteriormente, o segredo da vida a 0°C: separar as fases (os grupos que trabalham com missões lunáticas e os que trabalham com franquias) e criar equilíbrio dinâmico (assegurar que projetos e feedback transitem facilmente entre os dois grupos). Separados embora conectados.

1. SEPARAR AS FASES

Separe os artistas e os soldados

As pessoas responsáveis por desenvolver ideias de alto risco em estágio inicial (vamos chamá-las de "artistas") precisam ser protegidas dos "soldados" responsáveis pela parte já bem-sucedida da organização, com crescimento constante. Os projetos em estágio inicial são frágeis. "Embora os oficiais militares estivessem ávidos por novos avanços depois de terem se provado em campo", Bush escreveu, eles desdenhavam qualquer arma "embrionária", como fizeram com o radar, o caminhão DUKW e quase todas as inovações iniciais, que quase sempre chegam repletas de defeitos. Sem um casulo forte para proteger essas ideias, elas serão anuladas ou enterradas, como a descoberta precoce do radar por Young e Taylor.

Em todos os setores, os líderes de franquias poderosas menosprezam rotineiramente os projetos em estágio inicial apontando para seus defeitos (os incentivos por trás disso serão discutidos na Segunda Parte). As principais empresas farmacêuticas deixaram de lado a ideia de tratar o câncer bloqueando o suprimento de sangue do tumor; os vasos sanguíneos que, sabidamente, cercam os tumores foram desdenhados como inflamação irrelevante. Os grandes estúdios cinematográficos desprezaram a ideia de um espião britânico metrossexual que salva o mundo (entre os defeitos, um roteiro em que o principal vilão era um macaco). Eles também deixaram de lado um roteiro que, em certo momento, era intitulado *As aventuras de Luke Starkiller*, com uma trama incompreensível e um personagem principal chamado Mace Windy.

Como veremos adiante, ambos os setores acabaram desenvolvendo uma *estrutura* para resgatar e nutrir missões lunáticas, apesar da dominação dos grandes e poderosos. Os defeitos foram removidos. Bloquear o suprimento de sangue dos tumores – a chamada terapia antiangiogênica – se tornou uma das grandes descobertas sobre o câncer nos últimos 20 anos. O Avastin, primeiro medicamento a fazer isso, gerou 7 bilhões de dólares em vendas por ano. Os dois projetos de filmes improváveis se tornaram as duas franquias de maior sucesso do cinema em todos os tempos: *007* e *Star Wars*.[18]

A meta da separação de fases é gerar um *criadouro de missões lunáticas*. Ele protege os projetos embrionários. Permite que os cuidadores construam um ambiente abrigado onde eles possam crescer, se desenvolver e ter os defeitos eliminados.

Ajuste as ferramentas à fase

Apenas separar os grupos de missões lunáticas e de franquias não basta. É fácil desenhar um retângulo num organograma e alugar um prédio novo. Mas a lista de empresas falidas com laboratórios de pesquisa reluzentes é grande. A verdadeira separação de fases exige lares sob medida para atender a necessidades sob medida: sistemas separados ajustados às demandas de cada fase.

Bush isolou a equipe que trabalhava com o radar em prédios de escritórios anônimos no MIT. Ele reconheceu que a já mencionada organização rígida de que as Forças Armadas precisavam não é propícia a cientistas que estudam o bizarro, assim como "uma boa organização para um laboratório de pesquisa não funcionaria bem num regimento de combate em campanha".

Vail isolou a equipe que trabalhava com a tecnologia de telefonia a distância num prédio de escritórios em Lower Manhattan. Como Bush, ajustou o sistema sob medida. Ele "se afastou da alocação rígida de tarefas" das operações telefônicas rumo a um estilo semelhante mais frouxo.

Tanto Bush quanto Vail entenderam intuitivamente, décadas atrás, o que vem sendo redescoberto repetidas vezes hoje. Os sistemas de eficiência como Seis Sigma ou Gestão da Qualidade Total podem ajudar os projetos de franquia, mas sufocarão artistas. Quando a 3M, por exemplo, inventora do Post-it e da fita adesiva Scotch, pôs um sumo sacerdote do Seis Sigma como CEO em 2000, a inovação despencou. E só se recuperou bem depois que ele saiu e um novo CEO ressintonizou o sistema. O novo presidente executivo descreveu o sistema de eficiência como um erro: "Não se pode dizer: bem, estou ficando para trás em invenções, então vou me programar para ter três boas ideias na quarta-feira e duas na sexta." Art Fry, inventor do Post-it, disse que sua ideia nunca teria surgido sob a nova abordagem.

Isso não significa que os sistemas de eficiência não tenham seu lugar. Metas frouxas e reuniões de metas podem ajudar os artistas. Mas prejudicarão a coerência de um exército.

2. EQUILÍBRIO DINÂMICO

Ame igualmente seus artistas e seus soldados

Manter o equilíbrio de modo que nenhuma fase prevaleça sobre a outra exige algo que parece piegas mas que é muito real e com frequência desprezado. Os artistas que trabalham em missões lunáticas e os soldados que trabalham em franquias têm que se sentir igualmente amados.

Depois de criar o laboratório que acabou se tornando os Bell Labs, Vail escreveu: "Nenhuma divisão, nenhum departamento, filial ou grupo pode ser ignorado ou favorecido às custas dos outros sem desequilibrar o todo." No entanto, a armadilha para a maioria dos grupos é que, naturalmente, os soldados favorecem os soldados e os artistas favorecem os artistas.

O respeito à igualdade de oportunidades é uma habilidade rara e valiosa. Vannevar Bush, embora já fosse um acadêmico veterano no início da guerra, respeitava genuinamente as Forças Armadas. "Eu gostava mais de me associar aos militares do que a todos os outros grupos, cientistas, empresários, professores", escreveu anos depois.[19] A deferência com que Bush tratava os oficiais o ajudou a entender e, em última análise, a influenciar muito mais as Forças Armadas do que os muitos cientistas e engenheiros que tentaram e fracassaram antes dele.

A história menos famosa de um ícone ultrafamoso exemplifica a evolução de uma pessoa rumo a esse equilíbrio. No primeiro período de Steve Jobs na Apple, ele chamava seu pessoal de missões lunáticas que trabalhava com o Mac de "piratas" ou "artistas" (é claro que ele se via como o supremo artista-pirata). Jobs desdenhava o grupo que trabalhava na franquia Apple II, chamando-o de "Marinha convencional". A hostilidade que criou entre os dois grupos, paparicando os artistas e depreciando os soldados, foi tão grande que a rua entre os dois prédios era chamada de "zona desmilitarizada". Isso prejudicou os dois produtos. Steve Wozniak, que fundou a Apple com Jobs e trabalhava na franquia Apple II, saiu da empresa junto com outros funcionários importantes; o lançamento do Mac fracassou comercialmente; a Apple sofreu grave pressão financeira; Jobs foi exilado; e John Sculley assumiu o comando (e acabou resgatando o Mac e restaurando a estabilidade financeira).

Doze anos depois, quando retornou, Jobs tinha aprendido a amar igualmente seus artistas (Jony Ive) e seus soldados (Tim Cook).

Embora o respeito à igualdade de oportunidades seja por natureza uma habilidade rara, ele pode ser cultivado com a prática (mais sobre isso no Capítulo 5).[20]

Administre a transferência, não a tecnologia

Bush, embora inventor e engenheiro brilhante, ficava visivelmente fora dos detalhes de qualquer missão lunática. "Não dei nenhuma contribuição técnica ao esforço de guerra", escreveu. "Nenhuma ideia técnica minha jamais teve valor nenhum. Algumas vezes fui chamado de 'cientista atômico'. Seria igualmente correto me chamar de psicólogo infantil."[21]

Vail, do mesmo modo, ficou fora dos detalhes do programa técnico. Tanto Bush quanto Vail viam seu trabalho como *administrar o contato e o equilíbrio entre missões lunáticas e franquias* – entre os cientistas que exploravam o insólito e os soldados que reuniam munição; entre a pesquisa etérea dos Bell Labs e a labuta diária das operações telefônicas. Em vez de mergulhar fundo numa ou noutra, eles se concentravam na transferência entre as duas.

Quando o equilíbrio se desfazia, eles intervinham. Como já mencionado, na cadeia de criação de um avanço inovador, a transferência entre os dois lados é o elo mais fraco. Os cientistas podem dar pouca atenção a soldados ou marqueteiros. Soldados e executivos podem desdenhar o blá-blá-blá dos nerds. Bush e Vail miraram nesse elo. Um aparelho de detecção por radar enterrado num prédio cheio de físicos não afundaria nenhum submarino. Um interruptor minúsculo feito de semicondutores enterrado nos Bell Labs continuaria a ser uma curiosidade e não se transformaria no transístor, a invenção do século.

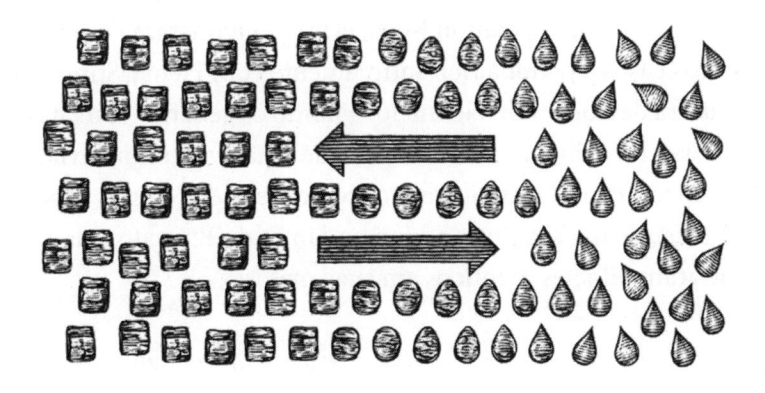

Como veremos nos próximos capítulos, gerenciar o contato e o equilíbrio é uma arte. Exagerar na gestão dessa transferência causa um determinado tipo de armadilha. Subgerenciar a transferência causa outro.

Uma transferência imperfeita dos inventores para o campo de ação não é o único perigo. A transferência no outro sentido é igualmente importante. Nenhum produto funciona perfeitamente de primeira. Se o feedback do campo de ação for ignorado pelos inventores, o entusiasmo inicial pode se esvair depressa e o programa promissor será abandonado. Os primeiros radares em aviões, por exemplo, eram praticamente inúteis: os pilotos os ignoravam. Bush assegurou que os pilotos fossem até os cientistas e explicassem *por que* não o usavam. A razão nada tinha a ver com a tecnologia: no calor da batalha, os pilotos não tinham tempo de operar os interruptores complicados dos primeiros aparelhos de radar. A interface com o usuário era ruim. Os cientistas logo criaram uma tecnologia personalizada para a visualização: a linha de varredura e os pontos em movimento do atual indicador de posição no plano. Os pilotos começaram a usar o radar.

Em alguns casos, como na já mencionada espoleta de granadas de artilharia controlada pelo radar, Bush atuou sozinho quando sentiu um elo fraco. A princípio, o Exército deu pouca atenção à espoleta. Então Bush pegou um avião e foi direto para o quartel-general do campo de batalha na Europa. Foi recebido pelo general Walter Bedell Smith, chefe do estado-maior de Eisenhower.

– Que diabos você está fazendo aqui? – perguntou Smith a Bush. – Já não temos civis suficientes sem você aparecer?

– Vim a um denso leito de ignorância – respondeu Bush – tentar prevenir a destruição de uma das melhores armas da guerra.

Depois dessa conversa, contou Bush, eles se entenderam com facilidade.

Em outros casos, ele trabalhou intimamente com Henry Stimson, secretário de Guerra de Roosevelt. No início, quando os generais se recusaram até a olhar o radar, Bush ligou para Stimson, que então voou num avião experimental equipado com a tecnologia e observou o radar avistar rapidamente alvos distantes. No dia seguinte, os comandantes do Exército e da Força Aérea encontraram bilhetes idênticos em suas mesas:

Vi o novo equipamento de radar. Por que o senhor não viu?

O segredo desse equilíbrio dinâmico – e da capacidade de Bush de falar livremente com os generais – era o apoio vindo de cima. Em meio à gestão de um conflito difícil, Bush escreveu: "Eu disse a Roosevelt que ele me entregara uma batata quente e que eu teria que brigar com algumas pessoas. Lembro-me bem de sua resposta: 'Pois brigue e conte com meu apoio.'"

Não muito depois, uma dessas pessoas procurou Roosevelt e começou um discurso raivoso sobre Bush e sua operação. O presidente, de acordo com um assessor que estava presente, assinava cartas. Ele parou um pouco para escutar, voltou ao serviço e falou: "Veja, pus isso nas mãos de Bush. É ele que está no comando, e você, saia já daqui."

★ ★ ★

Pode ser útil visualizar essas duas primeiras regras e o que se segue nos próximos capítulos, como mostrado abaixo:

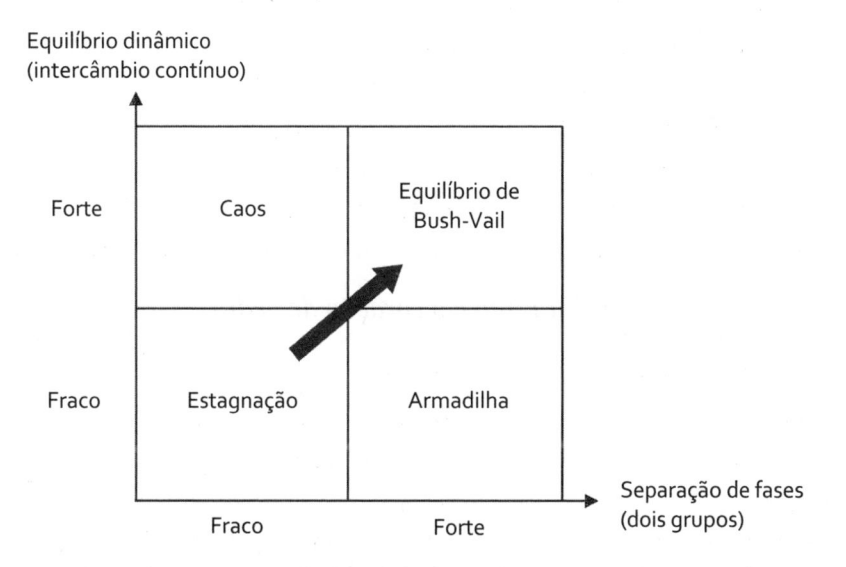

	Fraco	Forte
Forte	Caos	Equilíbrio de Bush-Vail
Fraco	Estagnação	Armadilha

Eixo vertical: Equilíbrio dinâmico (intercâmbio contínuo)
Eixo horizontal: Separação de fases (dois grupos)

Bush e Vail conseguiram levar organizações estagnadas diretamente ao quadrante superior direito: grupos bem separados e igualmente fortes de missão lunática e de franquia (separação de fases) trocando continuamente projetos e ideias em ambas as direções (equilíbrio dinâmico).

No entanto, muitas empresas, principalmente quando diante de uma crise, tentam estabelecer a criatividade e a inovação em toda parte. ("O presidente executivo precisa ser o diretor de inovação!") Em geral, isso resulta em caos, o quadrante superior esquerdo.

Nem todo recepcionista tem que ser um grande inovador. Às vezes a gente só precisa que eles atendam o telefone.

A armadilha mais comum, porém, é ir direto para o quadrante inferior direito. Como já mencionado, os líderes desenham com orgulho um retângulo num organograma, alugam um prédio novo e penduram uma placa anunciando um novo laboratório de pesquisa. Nos Capítulos 3 a 5 veremos por que isso fracassa com tanta frequência e como voltar aos trilhos do quadrante superior direito.

Mas antes precisamos entender um pouco melhor a *natureza* das missões lunáticas. Por que elas precisam ser protegidas com tanto cuidado? Por que são tão frágeis?

2

A surpreendente fragilidade da missão lunática

Akira Endo e o coração de pedra

James Black ganhou o Prêmio Nobel de Medicina de 1988 por introduzir a moderna abordagem da descoberta de medicamentos. Durante cinco ou seis anos, ele vinha periodicamente da Grã-Bretanha para se reunir com uma pequena equipe de nossa empresa de biotecnologia nos Estados Unidos e nos orientar em nossa pesquisa. Certa vez, tarde da noite, depois de uma maratona de reuniões científicas o dia inteiro, quando eu estava perto de desmoronar de exaustão e me perguntava como um homem de 82 anos que acabara de viajar quase 5 mil quilômetros e falara o dia inteiro se aguentava em pé com mais vigor do que eu, murmurei algo sobre um projeto que parecia sem salvação depois de alguns fracassos no laboratório.

James se inclinou, deu um tapinha no meu joelho e disse: "Ah, meu garoto... não é um bom medicamento se não tiver sido morto pelo menos três vezes."

AS TRÊS MORTES

Os livros didáticos e os folhetos coloridos das empresas farmacêuticas costumam contar uma história diferente, uma história feliz em linha reta da ideia à cura. Por exemplo, a maior parte das pesquisas do câncer de hoje está centrada em terapias-alvo – medicamentos que se concentram nas células cancerosas e deixam as células normais em paz. Os livros e as reportagens das revistas glorificaram o desenvolvimento rápido do primeiro desses fármacos "mágicos": o Gleevec, uma das maiores descobertas da história do tratamento do câncer. De fato, ele terminou seu programa clínico com rapidez espantosa, ainda recorde: 35 meses desde o primeiro paciente tratado (junho de 1998) até a aprovação pela FDA (maio de 2001). Mas, antes desses experimentos, Brian Druker, o cientista por trás do medicamento, viu sua estabilidade de cátedra na universidade ser negada porque os comitês de pesquisa acharam que seu trabalho não tinha potencial; as principais revistas científicas rejeitaram o artigo que descrevia os resultados; e ele lutou durante anos para convencer a empresa onde acabou trabalhando a fazer o projeto andar. Um executivo daquela empresa anunciou que o projeto de Druker só avançaria "por cima do meu cadáver".

No mundo real, as ideias são ridicularizadas, os experimentos falham, os orçamentos são cortados e pessoas boas são demitidas por razões absurdas. As empresas desmoronam e seus melhores projetos ficam soterrados, às vezes para sempre. As Três Mortes contam a história sincera, ao contrário da história revisionista de quase todas as descobertas importantes que conheço ou vivenciei pessoalmente (é comum as Três se estenderem para Quatro, Cinco ou Dez). A necessidade de nutrir e proteger as frágeis missões lunáticas para que possam sobreviver a esses tropeços e reveses, sejam autoinfligidos ou causados por terceiros, é a ideia central por trás dos sistemas de Bush e Vail.

Como veremos, deixar de entender a surpreendente fragilidade da missão lunática – supondo que as melhores ideias derrubarão barreiras, alimentadas pelo poder de seu brilhantismo – pode ser um erro caríssimo. Pode significar deixar passar uma das descobertas mais importantes da medicina do século. E uma oportunidade de 300 bilhões de dólares.

★ ★ ★

Teerã, 28 de novembro de 1943. Roosevelt, Churchill e Stalin se encontraram pela primeira vez para discutir uma estratégia grandiosa: se os Aliados deveriam iniciar a invasão terrestre da Europa ocidental. O jantar foi bife com batatas. Stalin esboçava cabeças de lobo num bloco de papel com um lápis vermelho. Churchill acendeu charutos. Às 22h30, no meio de uma frase, Roosevelt "ficou pálido e grandes gotas de suor começaram a se formar em seu rosto; ele levou a mão trêmula à testa". O presidente americano foi levado para o quarto e deixado aos cuidados de seu médico, que atribuiu o ataque a indigestão. No ano seguinte, a saúde de Roosevelt se deterioraria rapidamente. Os amigos notaram a aparência abatida e o emagrecimento drástico. Em 12 de abril de 1945, no que o cardiologista presente descreveu publicamente como "um ataque repentino", Roosevelt morreu de uma súbita hemorragia cerebral. No entanto, para seus assessores médicos o ataque não teve nada de repentino. Durante anos Roosevelt sofreu de cardiopatia crônica grave.

Na época, acreditava-se que a cardiopatia fosse um resultado inevitável do envelhecimento, sem causa nem tratamento conhecidos. Em 1768, falando ao Real Colégio de Médicos, em Londres, William Heberden descreveu uma "doença que até aqui mal teve lugar ou nome nos livros de medicina". Chamou-a de *angina pectoris*. "O término", disse ele, "é impactante. [...] De repente os pacientes caem e perecem quase de imediato."

Os ataques do coração têm sido documentados há milhares de anos – "ele sofreu um ataque e ficou paralisado como pedra" (I Samuel, 25:37) –, mas o estudo de Heberden com quase 100 pacientes foi a primeira tentativa sistemática de entender e tratar a doença subjacente. Ele concluiu que tinha pouco a recomendar aos pacientes: tranquilidade, bebida alcoólica e ópio.

A morte por cardiopatia do americano mais famoso do mundo fomentou o apoio à pesquisa. Em 1948, o presidente Truman assinou um projeto de lei que criava o Instituto Nacional do Coração. Com base nas ideias de Vannevar Bush em *The Endless Frontier*, o instituto concederia bolsas a cientistas de universidades, laboratórios de pesquisa e hospitais para investigar a doença e possíveis tratamentos. Também incluído no projeto estava o financiamento do que se tornou o maior estudo populacional já realizado: o Estudo do Coração de Framingham. Seus resultados, publicados em 1961 como "Fatores de risco no desenvolvimento da doença arterial coronariana", determinaram que o nível elevado de colesterol no sangue conferia um alto risco de infarto ou derrame (o artigo foi a origem da expressão "fator de risco").

A taxa de mortalidade por cardiopatia nos Estados Unidos, que vinha crescendo desde o início do século XX, teve um pico no fim da década de 1960. Desde então, reduziu-se em cerca de 75%, o que correspondeu a bem mais de 10 milhões de vidas salvas nos últimos 50 anos. Mudanças de estilo de vida – boa alimentação, exercícios físicos, redução do tabagismo – são responsáveis por parte dessa conquista. E outra boa parte se deve a um medicamento isolado de um mofo verde-azulado encontrado numa loja de cereais de Tóquio por um microbiologista japonês aficionado por cogumelos.

Eis a história desse medicamento.

FUNGOS NÃO FOGEM

O estudo de Framingham despertou o interesse pelo colesterol. Pesquisadores iniciaram dezenas de estudos clínicos para avaliar se novos medicamentos ou mudanças alimentares poderiam baixar o colesterol e reduzir infartos e derrames. Em 1964, Konrad Bloch e Feodor Lynen ganharam o Prêmio Nobel por explicar como o colesterol é criado e processado dentro das células. E, em 1966, um filho de fazendeiro de 33 anos, criado numa cidadezinha montanhosa no norte do Japão, chegou aos Estados Unidos decidido a saber mais sobre essa nova ciência. Akira Endo, cientista da divisão de processamento de alimentos do conglomerado japonês Sankyo, juntou-se a um laboratório especializado em pesquisa do colesterol do Albert Einstein College of Medicine, em Nova York.

Endo chegou aos Estados Unidos bem na época em que ganhava força a ideia de que a alimentação poderia afetar a doença cardíaca. Uma reportagem de capa da revista *Time* descrevia os resultados de um novo estudo de Ancel Keys, cientista da Universidade de Minnesota e o "homem que mais se envolveu com o problema" da alimentação e da saúde. Seu famoso estudo com 10 mil pessoas de sete países confirmou que o colesterol elevado no sangue tinha correlação com a doença cardíaca. Mas ele foi além e envolveu a alimentação. O consumo de gorduras, especificamente gorduras saturadas, disse ele, era o problema. A campanha de Keys acabou levando a diretrizes oficiais que recomendavam uma dieta rica em carboidratos e pobre em gorduras, apesar da falta de provas mais rigorosas (seis décadas se passariam até que as diretrizes oficiais abandonassem essa dieta, que agora não é mais considerada uma boa ideia).[1]

Num estudo separado e menos divulgado, Keys comparou as taxas de cardiopatia entre homens japoneses que moravam no Japão e os que tinham se mudado para o Havaí. Os japoneses do Havaí, que tinham uma alimentação ocidental, apresentavam um nível muito mais alto de colesterol e doença cardíaca do que aqueles que tinham ficado no Japão. Em Nova York, Akira Endo fez a conexão em primeira mão: ficou surpreso tanto com a incidência elevada de doença cardíaca quanto com a alimentação substancial americana ("Vi muita gente tão gorda quanto lutadores de sumô"). Como Keys, ele concluiu que, conforme o Japão se ocidentalizasse, a doença cardíaca ficaria mais comum. E voltou ao Japão decidido a encontrar um medicamento que baixasse o colesterol.

Para encontrar esse fármaco, Endo recorreu aos fungos – mofos e cogumelos. Quando criança, passeando por um bosque com o avô, Endo notou que certa espécie de cogumelo, segura para seres humanos, era venenosa para moscas. Havia moscas por toda parte depois da guerra, e Endo, num projeto de ciências do ensino médio, mostrou que o caldo feito com aquele cogumelo também era venenoso, provando que no cogumelo havia um composto solúvel em água que matava moscas.

Endo entendeu que os fungos não saem do lugar, mas são grandes agentes químicos. Como não podem fugir dos predadores, os cogumelos secretam substâncias químicas para desestimulá-los (e é por isso que tantos cogumelos são venenosos). Como não são capazes de correr atrás da comida, os mofos secretam substâncias químicas para tornar seus hospedeiros mais suculentos e nutritivos. Na verdade, um mofo melhorador de suculência valeu a Endo a viagem a Nova York. Ele tinha descoberto que o *Coniella diplodiella*, que causa a chamada podridão branca das uvas, produz uma enzima que decompõe contaminantes indesejados no suco e no vinho. A enzima purificadora se tornou um sucesso na Sankyo, que recompensou Endo com a viagem.

Como os fungos são grandes agentes químicos, raciocinou Endo, era lá que ele começaria sua busca. Endo sabia que as bactérias são predadoras naturais de mofos e cogumelos. Para se defender, os fungos desenvolveram muitas maneiras de matar bactérias. O *Penicillium notatum*, por exemplo, mata bactérias secretando um composto que desfaz as paredes celulares bacterianas. É assim que seu extrato, a penicilina, funciona.

Em Nova York, Endo aprendeu que muitas bactérias precisam de colesterol para sobreviver. Será que algum fungo secretava uma substância química para matar os predadores bloqueando seu colesterol? Em outras palavras, Endo não queria um mofo qualquer que matasse bactérias. Queria um matador que usasse uma arma específica: uma faca que bloqueasse cirurgicamente a produção de colesterol. Da mesma maneira que os peritos criminais usam ferramentas especiais para diagnosticar a arma usada por um assassino, Endo também precisaria de uma ferramenta especial – semelhante ao que fazem os peritos criminais, mas numa escala um milhão de vezes menor. Ele levou dois anos para construir e aperfeiçoar um sistema de detecção microscópica de última geração.

Finalmente, em abril de 1971 Endo começou a examinar os fungos. Ele testou pouco mais de 6 mil espécies. No verão de 1972, uma amostra alertou seu sistema – o que os desenvolvedores de medicamentos chamam de "acerto". Um mofo verde-azulado, descoberto no arroz de um armazém de grãos e cereais de Quioto, bloqueou uma enzima fundamental necessária para formar o colesterol. O mofo era o *Penicillium citrinum* (do mesmo gênero do que produz a penicilina, mas de outra espécie). Em um ano, Endo extraiu a molécula que baixava o colesterol. Ele a chamou de ML-236B. Hoje o fármaco se chama mevastatina. É a semente – a original – da qual brotaram o Lipitor, o Zocor, o Crestor e todas as outras estatinas. As estatinas se transformariam na franquia de medicamentos mais receitada da história e salvariam milhões de vidas.

Mas, antes, o medicamento de Endo teria que sobreviver às Três Mortes.

SALVO PELO FRANGO

Pouco depois de Endo começar a analisar fungos no Japão, os experimentos nos Estados Unidos sobre os efeitos de baixar o colesterol, iniciados com grande entusiasmo vários anos antes, não deram em nada. A intervenção dietética mostrou pouco ou nenhum benefício. Um editorial amplamente divulgado na revista *New England Journal of Medicine*, intitulado "Diet-Heart: End of an Era" (Dieta-coração: o fim de uma era), enterrou a ideia de que houvesse alguma conexão e descreveu o esforço de baixar o colesterol como "um levantamento de recursos para a Associação do Coração e muito trabalho para milhares de químicos da gordura".

Os estudos que avaliavam medicamentos que baixavam o colesterol tiveram resultado ainda pior do que os estudos dietéticos. Foi descoberto que três dos medicamentos mais estudados *aumentavam* a taxa geral de mortes em estudos. Outro causou catarata. Um editorial do *British Medical Journal*, escrito por um dos cardiologistas mais respeitados da Inglaterra, resumiu o ponto de vista predominante: "Todos os estudos bem controlados de dietas e medicamentos para reduzir o colesterol fracassaram em reduzir a mortalidade e a morbidade da doença arterial coronariana." Outro editorial declarou: "Os indícios de que eliminar os fatores de risco eliminaria a doença cardíaca chegam a pouco mais de zero."

Como o funcionamento normal da célula exige colesterol, os redatores de revistas científicas de prestígio invocaram o senso comum da biologia para explicar o fracasso. *Todo* medicamento que baixasse o colesterol tinha que ser perigoso porque interromperia o funcionamento normal das células. Os acadêmicos perderam o interesse e a maioria das empresas desistiu. Endo apresentou o resultado promissor de sua mevastatina numa conferência mais ou menos nessa época. Mas naquele momento a ideia de baixar o colesterol tinha sido esmagada pelo consenso. Quase ninguém foi assistir à palestra. Ele saiu do evento desalentado. (Morte número 1.)

A pequena equipe de Endo na Sankyo enfrentou ceticismo intenso dos colegas e da diretoria. Esperando o pior, ele perguntou à esposa se ela se disporia a sustentar a família só com sua renda caso ele fosse demitido. Ela concordou. Endo escreveu uma carta de demissão e a levava no bolso, pronto para apresentá-la a qualquer momento, se necessário. Ele sairia com dignidade.

Para surpresa de Endo, ninguém pediu a carta. A boa vontade que construíra com os sucessos anteriores, somada a um supervisor tolerante, o protegeu, pelo menos naquele momento. Logo a mevastatina chegou a um estágio fundamental: os testes em animais vivos. Em geral, os primeiros são feitos com roedores. Com grande empolgação, a equipe deu o medicamento a ratos e... nada aconteceu. Nenhuma redução do colesterol. No mundo da descoberta de medicamentos, o fracasso em estudos-padrão com animais quase sempre mata o projeto. Com aquele resultado, recordou Endo anos depois, não havia esperança de convencer os biólogos da Sankyo a continuar avaliando o fármaco. (Morte número 2.)

Endo implorou e recebeu mais tempo para descobrir *por que* seu medicamento não tinha funcionado. Num bar perto do laboratório, ele encontrou Noritoshi Kitano, colega de outro departamento que trabalhava com galinhas. Depois de alguns drinques, Kitano confidenciou que suas galinhas virariam um belo prato de *yakitori* quando o projeto de pesquisa terminasse no mês seguinte. Ocorreu a Endo que as galinhas podiam ter nível alto de colesterol no sangue, uma vez que seus ovos possuem uma quantidade grande da substância. Um nível inicial mais alto de colesterol tornaria mais fácil perceber o efeito de seu fármaco. Assim, Endo convenceu Kitano a testar a mevastatina em algumas galinhas sobressalentes. Eles começaram sem aprovação formal. Quando perguntei a Endo se conseguiram manter a experiência em segredo, ele riu e disse: "Galinhas cacarejam. É impossível escondê-las."

O resultado foi espetacular. A mevastatina baixou o colesterol quase à metade, os triglicerídeos mais ainda, sem nenhum efeito nocivo. Muito depois, os cientistas descobriram que os ratos têm principalmente HDL (o "colesterol bom") circulando no sangue e pouquíssimo LDL, o "colesterol ruim" que contribui para a doença cardíaca. Isso significa que os ratos são uma má escolha para avaliar as estatinas, que só baixam o LDL. As galinhas têm boas quantidades dos dois tipos, como os seres humanos.

Mais ou menos na época em que Endo descobriu que seu medicamento funcionava em galinhas – e, pouco depois, em cães e macacos –,[2] dois médicos pesquisadores da Universidade do Texas em Dallas começaram um dueto científico que logo se tornaria extraordinário. Michael Brown e Joseph Goldstein se conheceram em 1966, quando eram jovens residentes no Hospital Geral de Massachusetts, em Boston. Em 1968, ambos continuaram seu treinamento nos Institutos Nacionais de Saúde (NIH) em Maryland. Nos NIH, pediram a Goldstein que cuidasse de um menino de 6 anos e sua irmã de 8 que sofriam infartos repetidos. Os irmãos foram diagnosticados com hipercolesterolemia familiar (HF), uma doença genética herdada.

Cerca de 1 em 500 pessoas nasce com um defeito no gene da proteína que tira o colesterol LDL do sangue. A capacidade reduzida de tirar o colesterol do sangue faz o nível da substância subir para o dobro do normal. Geralmente, os pacientes começam a ter infartos com 30 e poucos anos. Uma em um milhão de pessoas herda o gene defeituoso de ambos os pais e nasce com HF, como as crianças que Goldstein atendeu. O nível de colesterol no sangue é 10 vezes maior que o normal e a pessoa costuma começar a ter infartos ainda na infância. Brown e Goldstein decidiram trabalhar juntos para achar um tratamento. Eles foram parar na Universidade do Texas, publicaram seu primeiro artigo juntos em 1973 e escreveram mais de *500* artigos conjuntos nos 40 anos seguintes.

Depois de chegar ao Texas, Brown e Goldstein assinaram um serviço computadorizado que os alertava sobre artigos publicados que citassem seu trabalho (algo nada raro antes da era da internet). Em julho de 1976, o serviço os avisou que um tal Akira Endo, de Tóquio, publicara um artigo numa revista científica japonesa revisando o resultado de um dos artigos deles. Ficaram contentíssimos ao ver que seu trabalho atravessara o oceano e acrescentaram o nome de Endo ao alerta. Vários meses depois, o serviço os avisou de dois artigos novos de Endo, publicados em dezembro de 1976. Os artigos descreviam a descoberta da mevastatina. Imediatamente Brown e Goldstein perceberam a importância para os pacientes com HF.

Goldstein escreveu a Endo e pediu uma amostra do medicamento, que o japonês prontamente forneceu. Os cientistas do Texas confirmaram os resultados de Endo em seu laboratório e o incentivaram a testar o medicamento em pacientes. Naquele mesmo verão de 1977, o médico japonês Akira Yamamoto também leu sobre o trabalho de Endo e lhe telefonou para falar de uma moça de 18 anos com HF em estado grave. Endo, estimulado pelo apoio de Brown e Goldstein, concordou que valia a pena testar seu medicamento. Em 2 de fevereiro de 1978, a paciente de Yamamoto, conhecida na literatura apenas pelas iniciais S.S., se tornou a primeira pessoa tratada com uma estatina.

Com duas semanas do experimento, Yamamoto ligou para a casa de Endo à meia-noite: o colesterol de S. S. caíra 30% – o medicamento funcionava! O experimento foi bem-sucedido e o medicamento se tornou a primeira grande esperança para os pacientes com colesterol perigosamente elevado. A Sankyo lançou um programa clínico oficial que, em 1979, se expandiu para um grande estudo em 12 hospitais. O resultado da mevastatina atraiu o interesse do mundo inteiro. Em maio de 1980, realizou-se na Itália um workshop especial sobre mevastatina. Oito médicos japoneses que tratavam pacientes com mevastatina apresentaram seus trabalhos.

S. S., primeira paciente a receber uma estatina, sete anos depois, com seu bebê no colo

Endo ficou satisfeito porque seu projeto de medicamento estava seguro nas mãos de médicos capazes que o fariam avançar pelos estudos clínicos e pela aprovação dos órgãos reguladores. Já cansado de batalhas empresariais, ele se aposentou da Sankyo e aceitou um cargo de pesquisa e ensino numa universidade de Tóquio.

No entanto, o entusiasmo mundial pela mevastatina teve vida curta. Três meses depois do evento na Itália, resultados de um estudo de segurança realizado pela Sankyo provocaram um nocaute: doses elevadas de mevastatina pareciam provocar câncer em cães. A Sankyo interrompeu o estudo e a pesquisa da mevastatina. Os boatos sobre o câncer como efeito colateral se espalharam rapidamente. Outros centros de pesquisa e empresas suspenderam a pesquisa de estatinas. Embora desconfiasse de que o estudo com cães tivesse falhas, Endo só pôde observar a distância o desmoronamento de seu programa. (Morte número 3.)

UMA "COINCIDÊNCIA" DE 90 BILHÕES DE DÓLARES

Poderia ter sido o fim das estatinas se não fosse uma descoberta surpreendente de um programa de pesquisa paralelo. Dois anos antes, a gigante farmacêutica Merck *também* iniciou um estudo de fungos, *também* descobriu um inibidor da mesma enzima que Endo encontrara e *também* constatou que servia para baixar o colesterol. O extraordinário era que o composto da Merck só diferia do de Endo por quatro átomos.[3]

Também foi extraordinário que os cientistas da Merck descobriram seu medicamento em novembro de 1978, *dias* depois de iniciarem o programa, comparados aos anos que Endo investiu. Roy Vagelos, chefe do laboratório de pesquisa da Merck na época, descreveu a descoberta "súbita" como "inacreditável". Em suas memórias, cujo destaque é a descoberta das estatinas por sua equipe, Vagelos descreve a energia de competir com a Sankyo: "Enquanto o ritmo se acelerava, a empolgação crescia sem parar. A competição com a Sankyo intensificou a emoção da descoberta."

No entanto, em geral uma competição requer que os participantes acreditem que estão competindo. Todos os relatos que li de cientistas da Merck sobre a descoberta das estatinas omitiram um detalhe relevante: dois anos e meio *antes* da súbita descoberta da Merck, a empresa abordou Endo e sua equipe para *colaborar*, e não competir, e pediu acesso a dados exclusivos e mais confidenciais. Com base nas declarações da Merck em cartas datadas do segundo trimestre de 1966 até o quarto trimestre de 1968 ("Parece evidente que uma aplicação terapêutica prática se desenvolverá a partir do programa de pesquisa do Dr. Endo", "Esperamos que, como resultado desse intercâmbio, encontre-se um produto adequado para licenciamento"), Endo e sua equipe, com a aprovação da Sankyo, não só ofereceram amostras do fármaco para testes, mas também compartilharam resultados de experiências fundamentais, incluindo a bioquímica, a farmacologia, a eficácia e a toxicidade da substância – informações inestimáveis. As cartas documentam que Endo e sua equipe visitaram os laboratórios da Merck em Nova Jersey, receberam cientistas da Merck no Japão e responderam a perguntas detalhadas dos cientistas da Merck sobre o medicamento. Nesse contexto, a descoberta "súbita" da Merck, dois anos depois, de um produto quase idêntico fica um pouco menos... "inacreditável".[4]

Mais ou menos na época em que a Sankyo encerrou seu programa, Vagelos ouviu os boatos de que o medicamento da empresa provocara câncer em cães. Assim, sabendo que os dois compostos eram muito semelhantes, ele também encerrou o programa da Merck.[5] No entanto, aqueles resultados dos boatos nunca foram publicados nem confirmados, nem na época nem em estudos subsequentes. Endo, então instalado na Universidade Tokyo Noko, mostrou-se cético e pediu à Sankyo que lhe mostrasse os dados. A empresa se recusou. Brown e Goldstein, na Universidade do Texas, também estavam céticos. Eles logo provaram que as doses altíssimas usadas em cães poderiam provocar uma doença inofensiva que parecia câncer mas não era: um falso positivo. Junto com vários outros médicos e com o apoio da FDA, Brown e Goldstein pressionaram a Merck a recomeçar o programa.

A farmacêutica aceitou seus argumentos e iniciou novos estudos de segurança. Depois que esses estudos não mostraram sinal de que a substância causasse câncer em cães, a Merck começou os grandes estudos clínicos exigidos pela FDA para determinar a segurança e a eficácia dos medicamentos. O resultado foi extremamente positivo, coerente com os primeiros dados observados por Endo e Yamamoto em seus estudos clínicos. Em fevereiro de 1987, uma comissão consultiva da FDA recomendou unanimemente a aprovação da primeira estatina: o Mevacor, da Merck.

Os primeiros estudos da Merck e de vários grupos médicos mostraram somente que as estatinas conseguiam baixar níveis perigosamente altos de colesterol. Era um *indicador* importante e animador de um benefício, mas ainda não era uma prova definitiva de melhora da saúde. Em seguida, centenas de pesquisadores iniciaram dezenas de estudos clínicos controlados e randomizados. Esses estudos, que até agora envolveram mais de 100 mil participantes, demonstraram que as estatinas são uma das grandes descobertas da medicina no século XX. Elas reduzem infartos e derrames e aumentam a sobrevida, não só em pacientes que tiveram infartos (prevenção secundária) como em pacientes com fatores de risco que nunca tiveram (prevenção primária). Nos Estados Unidos, as estatinas previnem cerca de meio milhão de infartos e derrames *por ano*. Um editorial recente do *New England Journal of Medicine*, de Goldfine, concluiu: "Poucos medicamentos tiveram efeito tão drástico sobre a saúde."[6]

O Mevacor e seu sucessor, o Zocor, se tornaram os medicamentos mais bem-sucedidos da história da Merck. As vendas acumuladas da franquia de estatinas da Merck excederam 90 bilhões de dólares. As vendas acumuladas de todas as estatinas ultrapassaram 300 bilhões.[7]

Vagelos foi promovido de chefe de pesquisa a presidente executivo da Merck em 1985. De 1987 a 1993, a empresa ganhou o primeiro lugar na competição de Empresa Mais Admirada da revista *Forbes*. Em 1985, pelo trabalho com o colesterol, Brown e Goldstein receberam o Prêmio Nobel.

Por outro lado, as contribuições de Endo ficaram praticamente sem reconhecimento fora da pequena área dos especialistas em cardiologia. No entanto, dentro desse mundo Endo recebeu alguma apreciação tardia. Em 2008 ele ganhou o prestigiado prêmio Lasker-DeBakey por descobrir as estatinas.

Brown e Goldstein dedicaram uma recente revisão histórica "a Akira Endo, descobridor da 'penicilina' do colesterol", e concluíram: "Os milhões de pessoas cuja vida será prolongada pela terapia com estatinas devem tudo a Akira Endo e a sua busca de extratos de fungos na Sankyo Co."

★ ★ ★

A história de Endo mostra que os caminhos sinuosos que levam às grandes descobertas são a regra, e não a exceção. E o mesmo vale para suas histórias revisionistas: os vitoriosos não só escrevem a história; eles a reescrevem.

A jornada de Endo, do começo até a suprema validação com a aprovação da primeira estatina pela FDA, durou 16 anos. A jornada de James Black pelas Três Mortes (para inventar os betabloqueadores, um tipo de medicamento para tratar pressão alta) durou sete.

Um homem sobreviveu a uma viagem muito mais longa e pessoalmente mais penosa ao defender uma missão lunática ridicularizada por colegas do mundo inteiro, inclusive muitos de sua própria instituição, durante *32 anos*.

Ele é a pessoa com quem mais aprendi sobre a longa jornada das grandes descobertas. Para encerrar este capítulo, contarei rapidamente sua história e depois explicarei o que o seu exemplo e o de Endo, juntos, nos revelam sobre como sobreviver às Três Mortes.

CONTANDO O NÚMERO DE FLECHAS

Em 2001 ou 2002, pedi a um amigo biólogo de Harvard informações sobre o homem por trás de uma ideia radical para tratar o câncer. Minha empresa e eu estávamos pensando em trabalhar com ele. Meu amigo, conhecido no mundo da pesquisa pelo caráter e pela generosidade, ficou meio sem graça, murmurou que talvez fosse melhor nos afastarmos dele porque "ninguém consegue reproduzir seus dados" e mudou rapidamente de assunto. Era o que se dizia na época sobre Judah Folkman.

Em 1971, Folkman propôs que as células cancerosas interagem com seus hospedeiros mandando mensagens que enganam os tecidos circundantes para que preparem o ambiente local para o crescimento do tumor. Os tumores, por exemplo, precisam de vasos sanguíneos que lhes levem oxigênio e outros nutrientes, do mesmo modo que uma casa precisa de canos que forneçam água e gás. Folkman sugeriu que as células cancerosas enviam mensagens aos tecidos circundantes para produzir esses vasos sanguíneos. Sua ideia era projetar um novo tipo de medicamento que bloqueasse essas mensagens e destruísse os canos. Em outras palavras, um medicamento que matasse o tumor de fome.

Na época, a única abordagem para tratar o câncer era a quimioterapia: inundar os tumores com veneno, quanto mais melhor, desde que não mate o paciente ao mesmo tempo. A ideia de interromper algum canal misterioso de comunicação entre os tumores e o tecido em volta foi recebida com desdém. O fato de Folkman ser cirurgião pediátrico e vir de fora do clube seleto dos doutores pesquisadores não ajudou. Em eventos científicos, ele se levantava para falar e a sala se esvaziava: "Todo mundo tinha que ir ao banheiro ao mesmo tempo", contou. Certo ano, a crítica foi tão intensa que o Boston Children's Hospital, onde ele trabalhava, convocou uma comissão externa para analisar sua atividade científica. A comissão concluiu que seu trabalho tinha pouco ou nenhum valor. Pediram-lhe que deixasse o cargo de chefe da cirurgia se quisesse continuar aquela pesquisa. Num discurso anos depois, Folkman disse: "Se você acha que já foi ridicularizado, escreva-me e vou lhe mandar os relatórios dos revisores que rejeitaram meus artigos e das comissões de bolsas de pesquisa de meados da década de 1970 que contêm a palavra 'palhaço'."

Durante três décadas, houve um ciclo de cerca de sete anos entre as mortes e os renascimentos espetaculares da ideia de Folkman. Em 1998, por exemplo, comprovou-se que uma droga promissora do laboratório de Folkman erradicava tumores em camundongos. Uma reportagem de primeira página no *The New York Times* citou o Prêmio Nobel James Watson dizendo: "Judah vai curar o câncer em dois anos." (Mais tarde Watson questionou a citação.) A cobertura da mídia explodiu. Os repórteres compararam Folkman a Alexander Fleming e a Louis Pasteur; um colunista ganhador do Prêmio Pulitzer que recebera o diagnóstico de câncer de cólon escreveu uma matéria anunciando "Talvez não tenhamos que morrer"; e pacientes acorriam ao hospital de Folkman querendo ter acesso ao medicamento, que ainda não estava em estudos clínicos. Como acontece com a maioria das ideias envolvendo a descoberta de medicamentos, a primeira versão não deu frutos. O interesse despencou.

Depois de alguns desses ciclos, a maior parte da comunidade científica descartou Folkman e suas ideias. Ele ouvia pessoas rindo pelos cantos durante suas apresentações. Colegas diziam: "Ah, estou vendo que Folkman curou o câncer de novo." Às vezes cientistas se levantavam no fim de suas palestras e anunciavam que sua ideia nunca daria certo. Folkman dava algumas boas respostas, mas ainda voltava para casa deprimido.

Em certo momento, Folkman discutiu com a esposa, Paula, a ideia de abandonar a pesquisa, fechar o laboratório e voltar à cirurgia em tempo integral. Com o incentivo dela, Folkman fez o contrário. Abandonou o trabalho clínico e começou a pesquisar em tempo integral. Recrutou um grupo de estudantes talentosos e, para superar os alertas que tinham ouvido para ficarem longe dele e de seu trabalho, lembrou-lhes "que eram tão bons que, mesmo que as coisas não dessem certo e eles saíssem dali a um ano, sua carreira não seria prejudicada", como recordou anos depois. Folkman se unia a eles no laboratório, trabalhando até a noite e nos fins de semana.

Em 1º de junho de 2003, diante de um auditório lotado no centro de convenções McCormick Place, em Chicago, 32 anos depois de Folkman propor um novo tipo de terapia do câncer, bem depois de os argumentos e apelos dele sumirem de muitas memórias, o Dr. Herbert Hurwitz, oncologista da Universidade Duke, revelou novos resultados do medicamento Avastin, projetado com base nas ideias de Folkman. Num estudo clínico com 813 pacientes, o Avastin teve o melhor resultado já visto em prolongar a vida de pacientes com câncer de cólon. Quando Hurwitz mostrou os dados de sobrevida, a sala explodiu em aplausos. Ficou instantaneamente claro que o medicamento e as ideias de Folkman transformariam o tratamento do câncer.

Uma pessoa na plateia comentou: "Gostaria que o Dr. Folkman estivesse vivo para ver isso." Sentado ali perto, Folkman apenas sorriu.

O medicamento foi rapidamente aprovado pela FDA; dezenas de empresas e centenas de laboratórios de pesquisa entraram em campo; e hoje a ideia de interromper o diálogo entre o tumor e o ambiente hospedeiro está por trás da terapia-alvo, da imunoterapia e de quase todos os programas ativos de pesquisa do câncer. A empresa que desenvolveu o Avastin chamava-se Genentech. Entre o dia em que ela anunciou os dados e o dia em que a FDA aprovou o medicamento, seu valor aumentou 38 bilhões de dólares, uma medida aproximada do valor do fármaco. (Folkman não possuía ações da empresa; normalmente ele doava a seu hospital todas as participações financeiras e os prêmios que recebia.)[8]

Mais tarde Folkman diria: "Podemos reconhecer o líder contando o número de flechas que tem na bunda."

Acabei não ligando para a sugestão de meu amigo e trabalhei alegremente com Judah em mais ou menos seus últimos sete anos de vida. Sinto falta dele.

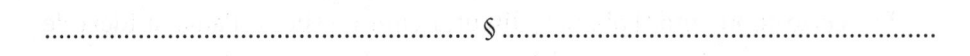

.... § ....

LIÇÕES DA SURPREENDENTE FRAGILIDADE

Atenção para o Falso Fracasso

As histórias de Endo e Folkman ilustram não só as Três Mortes como um *tipo* específico de morte comum às missões lunáticas. O fiasco do medicamento de Endo com ratos (Morte número 2), por exemplo, quase encerrou seu programa na Sankyo. O mesmo revés matou *permanentemente* um programa semelhante em outra empresa, a Beecham Pharmaceuticals. Mais tarde, a Beecham se fundiu com a SmithKline & French, depois com a Glaxo Wellcome, tornando-se a GlaxoSmithKline de hoje. Se a Beecham tivesse persistido, poderia ter compartilhado a receita de 300 bilhões de dólares das estatinas. Mas desistiu e acabou sem nada.

O resultado negativo na experiência com ratos foi um Falso Fracasso, um resultado erradamente atribuído à missão lunática, mas que, na verdade, se tratava de um defeito do teste. A Sankyo persistiu depois daquele contratempo por causa de Endo. Ela estava vencendo a corrida. Por causa de Endo, foi a primeira a descobrir uma estatina, a primeira a patentear uma estatina, a primeira a testar a substância em seres humanos e a primeira a ver o benefício clínico nos pacientes. Mas desistiu no Falso Fracasso seguinte, quando Endo já tinha ido embora: o resultado espúrio com cães. A empresa entregou à Merck seu quinhão dos 300 bilhões de dólares.[9]

Veremos o Falso Fracasso muitas e muitas vezes, tanto na ciência quanto nos negócios. Há muitas razões para a morte dos projetos: o financiamento se esgota, um concorrente vence, o mercado muda, uma pessoa-chave vai embora. Mas o Falso Fracasso é comum nas missões lunáticas. O risco desse tipo de morte jamais será totalmente eliminado; os resultados negativos não vêm com um letreiro luminoso avisando "Sua ideia tem defeitos" ou "Seu teste tem defeitos". Mas esse risco pode ser reduzido, e foi exatamente o que Endo e Folkman fizeram, como discutiremos adiante. As pessoas podem pensar em Endo e Folkman como grandes inventores, mas sua maior habilidade era investigar as falhas. Eles aprenderam a separar os Falsos Fracassos dos fracassos verdadeiros.

A habilidade de investigar as falhas, além de separar os bons cientistas dos grandes cientistas, também separa bons empresários de grandes empresários. Em 2004, por exemplo, quando o Facebook foi lançado, muitas redes sociais tinham tentado, sem sucesso, conquistar a lealdade dos usuários, que pulavam de uma rede a outra: Classmates, Sixdegrees, Care2, AsianAvenue, BlackPlanet, KiwiBox, LiveJournal, StumbleUpon, Elfwood, Meetup, Dodgeball, Delicious, Tribe, Hub Culture, hi5, aSmallWorld e outras. Quando Mark Zuckerberg se reuniu com investidores para levantar recursos para sua nova empresa, os usuários começavam a abandonar a mais recente história de sucesso das redes sociais, o Friendster, e ir para o MySpace. A maioria dos investidores concluiu que esses sites eram como uma moda passageira. Os usuários trocavam de rede como trocavam de jeans. Os investidores não se interessaram.

No entanto, Peter Thiel e Ken Howery, do Founders Fund, procuraram seus amigos do Friendster nos bastidores. Eles tentaram descobrir *por que* os usuários estavam saindo do site. Como outros usuários, Thiel e Howery sabiam que o Friendster caía com frequência. Também sabiam que a equipe por trás do Friendster tinha recebido e ignorado conselhos importantes sobre como fazer o site crescer – como transformar um sistema construído para alguns milhares de usuários em outro que pudesse atender milhões de usuários. Eles pediram e receberam uma cópia dos dados do Friendster sobre retenção de usuários. Ficaram espantados ao ver quanto tempo os usuários ficaram no site *apesar* das quedas irritantes.

Os dois concluíram que os usuários não iam embora porque as redes sociais eram um modelo de negócio fraco, como uma moda passageira. Eles iam embora por causa de um defeito do software. Era um Falso Fracasso.

Thiel entregou a Zuckerberg um cheque de 500 mil dólares. Oito anos depois, ele vendeu quase toda a sua participação no Facebook por cerca de 1 bilhão de dólares.

Thiel viu além do Falso Fracasso do Friendster, assim como Endo viu além dos Falsos Fracassos das estatinas e Folkman viu além dos Falsos Fracassos de seus inibidores de vasos sanguíneos.

Crie defensores de projetos

Projetos frágeis precisam de mãos fortes. Depois que Endo saiu da Sankyo, por exemplo, o programa de estatinas da empresa murchou e acabou desmoronando. Não havia ninguém internamente para investigar os Falsos Fracassos e responder a eles, ninguém para proteger o programa de críticos com outros interesses que queriam esse orçamento para programas próprios.

Endo foi tanto o inventor quanto o hábil defensor de uma ideia, assim como Judah Folkman. Mas essa combinação é incomum. É natural supor que o inventor de uma ideia também deveria ser seu principal promotor e defensor. Mas os melhores inventores não são, necessariamente, os melhores defensores. Os papéis exigem habilidades diferentes que raramente são encontradas na mesma pessoa.

No Capítulo 1 vimos que Hoyt Taylor e sua equipe, que descobriram os princípios do radar na década de 1920, eram bons inventores. Mas eram péssimos defensores. Não sabiam embalar e promover uma ideia nova, convencer líderes céticos, conseguir apoio dentro de uma organização relutante.

Os relatos da origem do radar nas Forças Armadas americanas quase sempre omitem a pessoa que mais merece crédito pela recuperação dos Estados Unidos a tempo de fazer diferença: o tenente (mais tarde, almirante) William "Deak" Parsons. Oficial de carreira da Marinha que lia a revista *Reviews of Modern Physics* nas horas vagas, Parsons, com 31 anos, voltou de sua segunda temporada no mar no segundo trimestre de 1933. Foi designado pelo Escritório de Material Bélico para o cargo de oficial de ligação do Laboratório de Pesquisa Naval. O que ele descobriu o deixou impressionado:

> Parsons imediatamente percebeu as possibilidades militares do trabalho experimental descrito por Taylor [...].
>
> Um aparelho de ecos de rádio capaz de detectar aeronaves além do limite da visão humana poderia proteger navios e portos de ataques-surpresa, salvar vidas e talvez significar uma virada nas batalhas. Mas, para seu desalento, ele soube que a pesquisa exploratória desse conceito radical se arrastava sem nenhuma prioridade, um esforço em meio período de apenas dois profissionais. Nem a Marinha nem os cientistas pareciam ter a mesma empolgação de Parsons [...].
>
> Ninguém parecia reconhecer o que, para ele, ficou imediatamente óbvio: que a descoberta dos ecos de rádio poderia revolucionar a indústria de armamentos.

Depois de interrogar Taylor e sua equipe para obter mais informações, Parsons imediatamente enviou uma proposta de 5 mil dólares de financiamento. Ficou espantado quando foi rejeitada. O mesmo ceticismo que silenciou Taylor atiçou Parsons. "Com a persistência de um vendedor porta a porta", Parsons levou a ideia a todos os chefes burocráticos da Marinha e fez sua defesa, pondo em risco a própria carreira. Parsons reenergizou os cientistas do laboratório naval, inspirou Taylor a designar o primeiro engenheiro dedicado ao projeto (Robert Page, que fez a descoberta fundamental de usar um sinal em pulsos em vez de contínuo) e convenceu oficiais superiores a defender o projeto e lutar por ele. Ele sondou e cutucou até o urso adormecido acordar.

Anos depois, tanto Vannevar Bush quanto o contra-almirante Frederick Entwistle, que supervisionaram a proteção antiaérea dos navios durante a guerra, creditaram a Parsons o fato de o radar operacional estar pronto no início da Segunda Guerra Mundial.

Esse é o defensor de um projeto.

Muitas das melhores empresas farmacêuticas e de biotecnologia de hoje aprenderam a separar os papéis do inventor e do defensor. Elas treinam pessoas para o serviço de defensor de projetos – o conjunto de habilidades de Deak Parsons – e elevam sua autoridade. Isso é ir contra a corrente. No lado criativo, inventores (artistas) com frequência acreditam que seu trabalho deveria falar por si. Muitos acham desagradável qualquer tipo de promoção. No lado empresarial, os gerentes de linha (soldados) não veem necessidade de alguém que não fabrique nem venda coisas – alguém cujo serviço seja apenas promover uma ideia internamente. Mas os grandes defensores de projetos são muito mais do que promotores. São especialistas bilíngues, fluentes tanto em artistês quanto em soldadês, capazes de unir os dois lados.

Embora criar o papel possa provocar reações negativas, as equipes ou empresas que fizerem isso direito reduzirão o risco do que aconteceu com o radar na Marinha. Evitarão enterrar uma grande ideia por falta de um grande defensor.

AFC: Assimile o Fracasso com Curiosidade

Em todo revés ou toda rejeição que sofro, o que ocorre com frequência, tento me lembrar de uma terceira lição da fragilidade das missões lunáticas. Foi como Endo, Folkman e Thiel passaram pelos Falsos Fracassos. Chamo de Assimilar o Fracasso com Curiosidade (AFC): superar a ânsia de se defender e entrar em negação quando atacado e, em vez disso, investigar o fracasso com a mente aberta.

Por exemplo, enquanto outros desistiram quando os modelos animais não deram certo, Endo perguntou *por que* não deram certo e começou a testar ideias. Bem antes de convencer seu amigo das galinhas a ministrar a estatina como extrema-unção, Endo passou muitos meses em experimentos tentando entender *por que* seu medicamento não se comportava como esperado. Ele já desconfiava da chamada diferença entre espécies (quando um medicamento se comporta de modo muito distinto entre espécies animais). Soube agir depressa quando a oportunidade apareceu.

Enquanto outros supunham que o Friendster era apenas mais um exemplo da moda das redes sociais, Thiel e Howery investigaram mais profundamente *por que* os usuários saíam e encontraram uma resposta contestatória na qual tiveram confiança.

Já mencionei que um amigo biólogo me aconselhou a manter distância de Judah Folkman porque "ninguém consegue reproduzir seus dados". Na verdade, a princípio alguns realmente não conseguiram fazer isso. Pouco depois de Folkman publicar um artigo fundamental em 1997, outros laboratórios lhe escreveram pedindo material e instruções para confirmar e expandir seus resultados. Ele prontamente os mandou. Em alguns laboratórios as experiências não deram certo (em outros, deram). Um repórter ouviu falar dos fracassos. O título de sua reportagem de 1998 no *The Wall Street Journal* dizia: "Nova abordagem contra o câncer tropeça porque outros não conseguem repetir o sucesso". No meio acadêmico, resultados impossíveis de reproduzir acabam com carreiras – ainda mais quando viram manchete em jornais de circulação nacional.

Em vez de descer a lenha nos críticos, porém, Folkman investigou. Ele tentou entender exatamente o que os outros laboratórios estavam fazendo e *por que* suas experiências fracassavam. Finalmente descobriu que parte do delicado material das amostras que seu laboratório enviou foi danificada pelo processo de congelamento usado para remetê-las a longa distância. Então ele mudou a forma de enviar amostras. As experiências começaram a dar certo e laboratórios do país inteiro apoiaram seu trabalho.

Foi com Judah que vi, pela primeira vez, a AFC em ação de maneira consistente. Ele (geralmente) superava o impulso de questionar seus questionadores quando atacado. Mantinha a mente aberta e investigava em silêncio, com interesse genuíno e desejo de aprender.

Por que o C de AFC? Tenho sido receptor frequente, às vezes de bom grado, de workshops de treinamento de gestão. O mantra da "escuta ativa" é enfiado em nossa cabeça. *Repita o que acabou de ouvir para mostrar que entendeu.* Mas, quando os investidores rejeitam sua proposta, os clientes rejeitam seu produto ou um parceiro vai embora, indicar que você recebeu aquela mensagem em si não basta. Se você pôs sua alma num projeto, a tentação de desdenhar o mau resultado é grande. Você anseia é pela reafirmação de que está no caminho certo. Assim, ignora ou ataca os questionadores e busca reafirmação nos seus amigos, nos seus mentores, na sua mãe.

Michael Brown, Akira Endo e Joseph Goldstein

AFC significa não só assimilar o Fracasso e confirmar que recebeu a mensagem, mas também sondar sob a superfície, com curiosidade genuína, *por que* algo não está funcionando, *por que* as pessoas não estão comprando. É difícil ouvir que ninguém gosta do seu bebê. E é mais difícil ainda continuar perguntando por quê.

AFC também é a resposta que dou à pergunta mais angustiada que costumo ouvir de empreendedores ou de qualquer defensor de qualquer tipo de missão lunática. É uma pergunta que tende a surgir tarde da noite, após alguns drinques, depois que a discussão sobre as lutas do dia acaba e a conversa ganha um tom existencial, e o cansaço de anos de golpes contra o corpo emerge. "Como saber quando desistir?"

Como é que a gente sabe a diferença entre persistência e teimosia?

Para mim, AFC é um sinal. Quando alguém desafia o projeto em que investiu anos, você se defende com raiva ou investiga com curiosidade genuína?

Descubro que é quando menos questiono que mais preciso me preocupar.

3

Os dois tipos de missão lunática: Trippe versus Crandall

Motores a jato versus programas de milhagem

Em 1968, quando seu fundador e presidente executivo se aposentou, a Pan Am era a maior e mais lucrativa companhia aérea do mundo e a marca mais reconhecida depois da Coca-Cola. Ela foi a primeira empresa aérea americana a realizar voos transatlânticos, a primeira a oferecer voos transpacíficos, a primeira a completar um voo de volta ao mundo, a primeira a usar jatos.

James Bond voou na Pan Am em *Moscou contra 007*. Os Beatles fizeram sua primeira entrevista coletiva nos Estados Unidos diante de um Boeing Clipper da Pan Am. Os comandantes da Pan Am davam autógrafos como se fossem astros do cinema. O prédio da Pan Am em Nova York, concluído em 1963, com globos azuis de 7,5 metros de diâmetro no alto, era o maior edifício comercial do mundo. O filme *2001: uma odisseia no espaço*, de 1968, mostrava uma elegante aeromoça da Pan Am deslizando por uma espaçonave da Pan Am com pantufas da Pan Am e servindo petiscos deliciosos. Na Terra, a Pan Am começara a aceitar reservas para os primeiros voos comerciais à Lua.

No ano seguinte, a Pan Am registrou perdas. Nos 22 anos seguintes, ela só não foi deficitária em quatro.

Na manhã de 4 de dezembro de 1991, o comandante Mark Pyle, do Boeing 727 *Pan American Clipper Goodwill*, aguardava a liberação para decolagem na pista de Barbados quando o gerente de operações da companhia aérea andou até o avião e lhe fez um sinal para encontrá-lo na cabine. Minutos depois, Pyle saiu e comunicou aos comissários: a Pan Am encerrara suas atividades. Todos caíram em prantos. Algumas horas depois, Pyle pousou no aeroporto de Miami. Enquanto o avião taxiava devagar rumo ao portão, os funcionários da pista e da companhia aérea ficaram em formação e bateram continência. Canhões d'água jogaram torrentes sobre o avião. Alguns meses depois, os globos azuis saíram do prédio em Nova York, substituídos pelas grandes letras brancas de uma seguradora.

O que aconteceu?

★ ★ ★

Nos dois capítulos anteriores vimos as *necessidades* por trás do sistema Bush-Vail. Por causa da surpreendente fragilidade das missões lunáticas, precisamos protegê-las e alimentá-las. Precisamos equilibrar missões lunáticas e franquias, porque elas fortalecem umas às outras. Essas necessidades deram origem às duas primeiras regras: separação de fases e equilíbrio dinâmico.

Neste capítulo e nos próximos dois veremos uma terceira necessidade: distinguir dois *tipos* de missão lunática.

Deixar um tipo de missão lunática passar despercebido derrubou a companhia aérea mais fascinante do mundo. Deixar de ver o outro tipo derrubou a empresa de tecnologia de consumo mais fascinante do mundo. As duas empresas aprenderam, de forma irreversível, o que Vannevar Bush e Theodore Vail já sabiam.

Não enxergar missões lunáticas pode ser fatal.

OS DOIS TIPOS

Vamos chamar um avanço surpreendente de um *produto* – uma tecnologia que era muito desdenhada antes e que acaba triunfando – de missão lunática do *tipo P*. "Para o mundo dos negócios, o telefone era apenas um brinquedo", lê-se em uma biografia de Theodore Vail escrita em 1921. Os investidores "sorriam ou faziam observações jocosas quando convidados a investir nas ações". Essa seria a Bell Telephone Company. Ela cresceria até se tornar a empresa mais valiosa do país, mais dominante, em seu ponto máximo, do que Apple, Microsoft e GE somadas em seus respectivos pontos máximos.[1]

Nas missões lunáticas do tipo P as pessoas dizem "Não tem como isso dar certo" ou "De jeito nenhum isso vai decolar". E então dá e decola.

Vamos chamar um avanço surpreendente de *estratégia* – uma maneira nova de fazer negócios ou a aplicação nova de um produto existente sem envolver tecnologia nova – de missão lunática do *tipo E*. Sam Walton estabeleceu suas imensas lojas longe das grandes cidades e vendeu lingerie feminina de US$ 1,20 por US$ 1,00. Não houve novas tecnologias. Ele descobriu um jeito diferente de fornecer os mesmos produtos um pouquinho mais baratos. Em 2018, o Walmart era o maior varejista do planeta. Se fosse um país, seu PIB ficaria em 25º lugar no mundo. Seus maiores ex-concorrentes – Woolworth, Federated, Montgomery Ward, Gibson's, Ames – sumiram faz tempo.

Nas missões lunáticas do tipo E as pessoas dizem: "Não tem como isso dar dinheiro." E então dá.

O Facebook não inventou as redes sociais e o Google não inventou a busca na internet, assim como o Walmart não inventou o preço baixo. Os primeiros investidores menosprezaram o Facebook porque todo mundo sabia que não dava para ganhar dinheiro com redes sociais. Fizeram pouco do Google porque todo mundo sabia que não dava para ganhar dinheiro com buscas on-line. Ambos tiveram sucesso por causa de pequenas mudanças de estratégia que ninguém achou que fariam muita diferença. Ambos tiveram sucesso por causa de missões lunáticas do tipo E.*

A morte das missões lunáticas do tipo P tende a ser rápida e dramática. Surge uma nova tecnologia deslumbrante (a transmissão de vídeo on-line ou *streaming*) que logo substitui o que havia antes (aluguel de filmes), emergem campeões (Netflix, Amazon) e a velha guarda desmorona (Blockbuster). A morte das missões lunáticas do tipo E tende a ser mais gradual e menos óbvia. Foram necessárias três décadas para o Walmart dominar o varejo e para diversos mercados sumirem. E ninguém conseguia entender bem o que o Walmart estava fazendo nem por que continuava ganhando.

---

* Para os teóricos da administração: os dois tipos de missão lunática não têm relação com o que Louis Galambos chamou, em 1992, de inovações "adaptativas" e "formativas", nem com o que Clayton Christensen chamou, em 1997, de inovações "sustentadoras" e "disruptivas". Veja a distinção no Posfácio.

As missões lunáticas do tipo E são tão difíceis de perceber e entender, mesmo em retrospecto, porque, com muita frequência, são mascaradas pelo comportamento complexo de compradores, vendedores e mercados. Na ciência, as complexidades costumam mascarar verdades profundas: montanhas de ruído escondem um pedregulho de mensagem. Projetamos experiências em laboratório para remover essas complexidades e revelar as verdades ocultas. Mas, às vezes, eventos raros da natureza fazem o serviço por nós.

Um eclipse solar é um exemplo de experiência natural rara. A Lua bloqueia a luz do Sol e nos permite ver durante o dia a luz fraca das estrelas distantes. Em 1919, durante um eclipse solar, uma equipe britânica mediu a curvatura que o Sol causava na luz das estrelas distantes. E mostrou que a teoria da gravidade de Einstein, proposta só quatro anos antes, explicava a deflexão da luz muito melhor do que a de Newton. Em 1978, quando desregulamentou o setor aéreo comercial, o Congresso americano criou o equivalente a um eclipse solar no mundo dos negócios: uma experiência rara.

Durante 50 anos o Governo Federal regulamentara, nos mínimos detalhes, para onde as companhias aéreas podiam voar e quanto podiam cobrar: o preço de um drinque, o custo do aluguel do fone de ouvido. De repente, a remoção dessas restrições deflagrou um maremoto de missões lunáticas do tipo E, pequenas mudanças de estratégia. Essas mudanças não foram glamourosas: programas de milhagem, novos sistemas de voos centrados em *hubs* em vez de voos diretos, sistemas de reservas computadorizados para agências de viagens. As missões lunáticas do tipo P – motores a jato, aviões jumbo – chegam às manchetes. As pequenas mudanças de estratégia mal são percebidas. Por um breve momento, a desregulamentação deixou brilhar a luz fraca e oculta das missões lunáticas do tipo E.

A maior parte dessas missões lunáticas do tipo E foi inventada ou aperfeiçoada por Bob Crandall, CEO da American Airlines. Crandall era um mestre inovador do tipo E. No setor, a maior parte das missões lunáticas do tipo P foi inventada ou aperfeiçoada por Juan Trippe, fundador e presidente executivo da Pan Am. Trippe era um mestre inovador do tipo P. De 1978 a 2008, a desregulamentação ajudou a tirar de cena ou levar à falência 170 empresas aéreas, inclusive a Pan Am e quase todas as grandes empresas americanas, com exceção de uma – a American Airlines.

Hoje poucos setores são tão regulamentados quanto as companhias aéreas eram até 1978. Mas choques súbitos acontecem o tempo todo. Quando o Google anunciou, certa manhã, que distribuiria de graça seu novo sistema operacional para celulares – o Android –, as regras do mundo móvel mudaram de repente. Como a desregulamentação, aquele anúncio provocou um maremoto de missões lunáticas do tipo E que pegou de surpresa todas as empresas despreparadas.

E é por isso que aprender a alimentar as missões lunáticas mais sutis do tipo E, e não só as reluzentes missões lunáticas do tipo P, é importante. Muita gente, assim como muitas equipes e empresas, tem um ponto cego. E deixar de enxergar o sutil é muito mais fácil do que deixar de enxergar o reluzente.

Se você é criativo ou do tipo empreendedor, aprender a ser bom nos dois tipos de missão lunática pode ajudar a expandir sua ideia. Pode ajudá-lo a transformar algo bom em algo grande. O Google, por exemplo, começou com um novo algoritmo para classificar os resultados de buscas na internet, uma boa missão lunática do tipo P. Mas ele era o 18º mecanismo de busca. Então acrescentou várias missões lunáticas inteligentes do tipo E para atrair anunciantes. Essas missões lunáticas do tipo E ajudaram o Google a se transformar no site de maior presença no mundo.

Se você quer desafiar seu setor, aprender a ser bom em ambos os tipos pode ajudá-lo a derrotar concorrentes maiores e mais fortes, como um peso-médio que dá um surpreendente gancho de esquerda para nocautear um peso-pesado.

E, se é um inovador extremamente bem-sucedido, se construiu um império maravilhoso, você precisa aprender a tomar cuidado com seu ponto cego – e dar atenção às missões lunáticas que vêm a toda em sua direção.

Você precisa saber como não ser a Pan Am.

JT E CRANDO

A Pan Am, durante quase toda a sua existência, foi Juan Terry Trippe, assim como a American Airlines, durante 18 anos, foi Robert Lloyd Crandall.

Trippe, que fundou a Pan Am em 1929, detestava o primeiro nome espanhol (em homenagem à meia-irmã de sua mãe, Juanita) e trocou-o por JT. Ele era filho de um banqueiro de investimentos de Nova York cuja família tinha raízes americanas desde 1663; cresceu com os Whitney, Vanderbilt e Rockefeller; estudou em Yale. Não falava uma palavra de espanhol. Mas, quando a Pan Am tomou forma na América Latina, ele voltou a ser Juan e contratou um assistente bilíngue que escrevia cartas em seu nome, em espanhol fluente, a presidentes e ditadores locais. Em cinco anos, ele possuía o ar sobre o continente. Em 10 anos, dominava os voos internacionais. Franklin Roosevelt o descreveu como "o gângster de Yale mais fascinante que já conheci". Um colega o descreveu como "o homem mais educado e menos compassivo que já vi".

Enquanto Trippe era a impassibilidade aristocrática e bem-educada, Crandall era a pura testosterona do fumante inveterado.

Crandall acreditava numa filosofia que chamava de raiva competitiva: "É preciso ter raiva do adversário, e é preciso ter raiva de si mesmo caso você não vença." Ele foi chamado de Átila, o Huno; de Bob, o Açougueiro; de Darth Vader. Nos fins de semana, ia para o escritório e deixava bilhetes nas mesas: "Estive aqui. Onde você estava?" Em 1987, num vídeo da empresa, ele invadiu a tela de farda militar, a cara pintada e uma bandana na cabeça, com uma metralhadora plástica de brinquedo: Crando.[2] Um biógrafo observou sua obsessão pela ordem: "Se visse a bolsa da esposa em cima da bancada da cozinha, ele talvez a abrisse para inspeção [...] despejasse tudo e arrumasse, jogando fora as sujeirinhas que se acumulam nas dobras do fundo. 'Isso a deixa doida', observava ele com uma risada rascante de nicotina."

Embora os estilos diferissem, tanto Trippe quanto Crandall eram implacáveis e ambiciosos. Ambos queriam dominar o céu. Ambos odiaram a desregulamentação quando ela finalmente aconteceu em 1978. Eis Bob Crandall falando nas sessões do Senado americano para explicar sua opinião aos economistas e advogados presentes: "Seus cabeças de ovo acadêmicos filhos da p***, vocês vão destruir o setor!"

No entanto, depois da desregulamentação, como já mencionado, a companhia aérea de Crandall sobreviveu e prosperou, enquanto a de Trippe murchou e morreu. Parece que o oposto deveria ter acontecido. Ao contrário de Trippe, Crandall não era aviador. Nunca pilotara um avião. Não tinha "querosene no sangue". Tinha um MBA, era uma pessoa de finanças. Antes da American, trabalhara na Hallmark e na Bloomingdale's.

Crandall, porém, era um gênio para achar maneiras criativas de arrumar a bagunça – sacudir o conteúdo de uma bolsa, reorganizá-lo, torná-lo mais eficiente. E não se importava se alguém se irritasse enquanto ele agia. Em outras palavras, Crandall era um inovador do tipo E.

Trippe era um piloto que entendia de motores, adorava voar e projetava aviões como um engenheiro. Depois que terminou a faculdade, conseguiu arrecadar dinheiro com amigos ricos (o pai tinha morrido e a herança era pequena), comprou alguns aviões que tinham sobrado da guerra e abriu sua companhia aérea com o nome de Long Island Airways. Era Long Island em 1922 – o verão sobre o qual F. Scott Fitzgerald escreveu: Jay Gatsby e Daisy Buchanan, jazz e melindrosas. Os casais ricos pagavam para ir de avião até a ilha. Os aviões de Trippe estavam entre os melhores disponíveis, mas só podiam levar um piloto e um passageiro. Nada de casais. Então Trippe modificou seus aviões. Achou um motor francês top de linha que gerava mais potência, reduziu suas hélices imensas, passou os tanques de combustível para o lado de fora da fuselagem e acrescentou mais uma poltrona. Os negócios cresceram.

Nas quatro décadas seguintes, Trippe aplicou essa estratégia várias vezes. Projetou e encomendou aviões maiores e mais velozes que ninguém achava que poderiam ser construídos, desde seu táxi aéreo de três lugares até o Boeing 747. A Pan Am lançou a Era do Jato, levou às massas as viagens internacionais e se tornou a maior companhia aérea do mundo. Trippe era um inovador do tipo P que dominava em silêncio.

Você se lembra de que a American Airlines criou o programa de milhagem? Ou as passagens baratas SuperSaver? Ou faz alguma ideia do que é emprego em duas camadas? Se não for um historiador do setor de aviação, provavelmente não lembra. Mas, se tiver idade suficiente, é provável que se recorde da Pan Am e de sua elegância. A emissora de TV americana ABC fez uma série sobre a vida dos pilotos e aeromoças da Pan Am. Ninguém faria uma série de TV sobre sistemas de reserva de passagens. No entanto, a desregulamentação criou uma situação especial que, por pouco tempo, bloqueou a luz forte das mudanças no estilo de Juan Trippe e favoreceu o brilho fraco das mudanças no estilo de Bob Crandall. A desregulamentação criou um momento tipo E.

Vamos entender um pouco melhor uma dessas mudanças de Bob Crandall, aquela que ele, numa entrevista anos depois, descreveu como a mais fundamental para o sucesso da American. Também foi a mudança menos charmosa e mais óbvia de todas, tão técnica que precisamos imaginar uma empresa diferente só para explicá-la.

A INDÚSTRIA DE TORTAS: UM BREVE INTERLÚDIO

Digamos que você tenha um negócio de tortas na cidade fictícia de Smalltown, nos Estados Unidos. As leis de Smalltown exigem que os donos de confeitarias paguem 15 dólares por hora aos confeiteiros. Você e todos os outros proprietários assinam contrato com os confeiteiros concordando em lhes pagar 15 dólares por hora durante anos, talvez décadas. Certo dia, você está cuidando de sua vida quando o prefeito de Smalltown decide: "Ora, vocês aí das tortas que se virem. Façam o que quiserem." No dia seguinte, mamães e papais de toda a Smalltown decidem que o setor de tortas é esplêndido. Surge uma casa de tortas nova em cada esquina. Elas não têm contratos antigos e podem pagar aos confeiteiros 8 dólares por hora! O que você faz? Como o custo dos donos das novas casas de tortas é mais baixo, eles podem cobrar muito menos do que você pelos produtos. Você não pode baixar seu preço. Está preso a contratos de longo prazo com um valor altíssimo. E vai fechar sua empresa rapidinho.

Foi mais ou menos isso que as grandes companhias aéreas enfrentaram em 1978. Estavam presas a contratos de longo prazo, pagando salários muito mais altos do que pagavam as concorrentes novinhas em folha.

Crandall inventou seu jeito de contornar o problema. Ele criou o primeiro sistema de pagamento em duas camadas entre as empresas americanas. Estabeleceu uma escala A para funcionários contratados antes de 1978 e uma escala B para novos contratados. Convenceu os sindicatos extremamente céticos de que duas pessoas que fizessem o mesmíssimo serviço podiam receber salários muito diferentes. Em troca, a escala B, a custo de mercado, lhe permitiu expandir a empresa e comprar mais aviões. A expansão trouxe mais empregos e oportunidades de promoção, e disso os sindicatos gostaram. A expansão baixou o custo *médio* de mão de obra da American para um nível equilibrado em que os benefícios de ser grande, com mais alcance, compensavam o custo mais baixo das iniciantes com alcance menor. Deu certo. A American evitou a falência, expandiu-se e acabou se tornando a empresa aérea número 1 do país. Não houve tecnologia nova e cintilante. Só uma estratégia criativa com os salários.

Eis outra missão lunática de Bob Crandall. Imagine Smalltown antes do Google e do Yelp. Como os moradores saberiam onde encontrar a casa de tortas melhor e mais próxima? Aquela que servisse exatamente a fatia de torta que queriam? Nas páginas amarelas? Ligando para cada uma usando um aparelho chamado telefone? Nada eficiente, certo?

Assim, como fornecedor consciencioso de tortas e para ajudar os habitantes de Smalltown, você constrói um aparelho computadorizado que, numa tela, mostra todas as casas de tortas da cidade – o que servem, quanto cobram – e permite que qualquer usuário peça a torta que quiser em qualquer lugar. Generoso, você entrega essa ferramenta localizadora de tortas a todas as residências da cidade *gratuitamente*. Mas espere! Os donos das concorrentes *nunca* deixariam você fazer isso, porque é claro que você só vai listar a sua loja, e não as deles. Mas você quer mostrar *todas* as casas de tortas, senão ninguém em Smalltown aceitaria a ferramenta. Seus concorrentes ficam incrédulos. Mas você vence. Logo quase toda Smalltown usa a sua ferramenta.

Você prometeu ser justo. Mas, misteriosamente, sua casa de tortas cresce. E muito. E as vendas de tortas de seus concorrentes caem. E muito. Quem diria? Será que tem algo a ver com *posicionamento*, com suas tortas sempre listadas no alto de todas as telas?

Embora a American não fosse a primeira a desenvolver um sistema de reservas computadorizado, ela desenvolveu o mais funcional, que listava todos os preços, e depois distribuiu seu sistema Sabre entre as agências de viagens de todo o país. Um estudo mostrou que a American conseguiu *pelo menos* 50% mais vendas nas agências de viagens que usavam o Sabre do que em outros canais. Num setor onde um ponto percentual pode fazer a diferença entre cobrir a folha de pagamento e ir à falência, isso é importantíssimo.

Crandall descreveu o setor aéreo como "a coisa mais parecida que existe com uma guerra legalizada". Um concorrente descreveu a estratégia de Crandall como "canibal. A meta dele é matar os fracos". O Sabre deu à American uma vantagem imensa no campo de batalha.

Mas a vantagem mais importante do Sabre surpreendeu Crandall e sua equipe. Logo eles se viram inundados de informações que antes ninguém via: anos de dados de reservas, como um analista observou, "a partir das quais a American pôde deduzir com quanta antecedência quem saía de férias tentava reservar passagens para San Juan, com quanta antecedência os viajantes a negócios reservavam passagens para Detroit, em maio ou em setembro, na terça ou na sexta-feira". Trinta anos antes que *big data* se tornasse uma expressão da moda no Vale do Silício, a American os descobriu.

Crandall criou uma divisão para usar esses dados e extrair o máximo de dólares por assento. Como esperado, a técnica recebeu um nome muito sem graça: gestão da oferta (*yield management*).

O programa de milhagem que a American inventou nessa mesma época para incentivar a fidelidade dos clientes e o programa SuperSaver, que encheu assentos vazios com passagens vendidas na última hora, foram muito mais visíveis. Outras companhias aéreas logo copiaram essas ideias. Mas o canal de distribuição fixo do Sabre e as técnicas de gestão da oferta dos *big data* foram quase impossíveis de copiar durante muitos anos. E essas mudanças salvaram a American.[3]

Poucas pessoas vão ao delírio com um sistema de reservas. A maioria só tem olhos para os tipos mais glamourosos de missão lunática. Inclusive gângsteres educados de Yale chamados Juan Terry Trippe.

JT E LINDY

Alguns anos depois de projetar seu táxi aéreo monomotor de três lugares em Long Island, Trippe fundou uma nova empresa. Ele trabalhou com um projetista holandês de aviões chamado Anthony Fokker para construir por encomenda um trimotor de oito lugares. Em 16 de janeiro de 1928, com o Fokker F-VIIa/3m, a Pan American Airways lançou seu primeiro serviço de passageiros, que ia de Key West, na Flórida, a Havana, em Cuba. O folheto de Trippe exibia amplas poltronas de vime e janelas de vidro de correr e perguntava: "Quantas vezes você ficou no convés de um navio a vapor, jogado de um lado para outro no mar revolto? [...] E quanto desejou o voo suave e rápido das gaivotas?"

Os negócios cresceram, mas devagar. Trippe precisava entusiasmar o público com os voos. Foi aí que ele teve o maior golpe de sorte de sua carreira. Conheceu e recrutou Lucky Lindy.

Às 7h51 da manhã de 20 de maio de 1927, no Roosevelt Field, Long Island, Charles Lindbergh, de 25 anos, puxou o manche de seu monomotor para dar a partida, fazendo o avião carregadíssimo cambalear pela pista. O aparelho, o *Spirit of St. Louis*, nunca voara com tanto peso. No ponto de abortamento, pouco depois da metade da pista, o avião ainda não alcançara velocidade de voo, mas Lindbergh sentiu "a carga passar das rodas para as asas". Ele escapou por 6 metros dos fios telefônicos à beira do campo.

Assim começou a tentativa lendária de Lindbergh de ganhar o prêmio de 25 mil dólares pelo primeiro voo sem escalas entre Nova York e Paris. Ele foi o único a tentar o voo solo, o único num monomotor. Levou cinco sanduíches, uma jarra de água e, como equipamento de navegação, apenas um mapa e uma bússola. O Lloyd's, de Londres, não ofereceu apostas sobre seu voo porque o risco era grande demais. Dezoito pessoas tinham morrido naquele ano tentando atravessar o oceano.

Lindbergh empolgou o público de um jeito que hoje é difícil imaginar. Quanto mais ele recusava entrevistas, mais sua fama crescia. No dia anterior ao voo, um cinegrafista pediu à mãe de Lindbergh que lhe desse um beijo para uma foto. Ela declinou, sorrindo. "Não me importaria se estivéssemos acostumados a isso, mas somos de uma raça nórdica pouco dada a demonstrações de afeto." Os repórteres abandonaram toda pretensão de neutralidade. "Um garoto americano esguio, alto, tímido e sorridente está em algum ponto acima do oceano Atlântico, onde nenhum ser humano solitário já se aventurou", escreveu um colunista. "Se ele se perder, será a perda mais universalmente lamentada que já tivemos." Na noite em que o avião de Lindbergh sobrevoou o Atlântico, 40 mil fãs de boxe, reunidos para assistir a uma luta no Yankee Stadium, pararam um momento para fazer uma oração silenciosa. "Nem mesmo Colombo navegou sozinho", escreveu um biógrafo. "Praticamente todo mundo que morava nos Estados Unidos durante o voo de Lindbergh recordaria seus exatos sentimentos naquela primeira noite."

Os jornais americanos publicaram 250 mil reportagens sobre o voo. Quando Lindbergh pousou perto de Paris, 33 horas e meia depois, uma multidão de cerca de 150 mil pessoas cercou a ele e seu avião, quase dilacerando ambos num maremoto de adulação. Trinta milhões de pessoas, mais de um quarto da população americana, saíram para ver Lucky Lindy durante sua turnê de três meses por 82 cidades para promover a aviação. Ele foi bombardeado por ofertas de emprego e patrocínio, de estúdios de cinema a cremes de barbear. Lindbergh resistiu, dizendo que queria se concentrar em promover a aviação.

Dwight Morrow, embaixador americano no México, convidou Lindbergh a fazer uma turnê de boa vontade pela América Latina para ajudar a reparar as relações políticas tensas. Lindbergh, ansioso para escapar de uma torrente de convites sociais, aceitou. No dia em que chegou à Cidade do México, Anne, a filha do embaixador, escreveu em seu diário: "Vi, em pé junto ao grande pilar de pedra, um rapaz alto e magro de roupa formal – muito mais magro, muito mais alto e muito mais confiante do que eu esperava." Eles se casaram 18 meses depois.

Na turnê de boa vontade, numa escala em Havana, Lindbergh entrou em contato com outro piloto americano jovem e patriota com sonhos grandiosos para a aviação internacional. Lindbergh recusara todos os estúdios de cinema e fabricantes de creme de barbear. Mas aceitou a oferta de Juan Terry Trippe. Concordou em trabalhar com ele para construir e promover a Pan American Airways. O relacionamento duraria quatro décadas e mudaria a vida dos dois.

Lindbergh começou assessorando Trippe na escolha dos aviões para os voos para a América Latina. Recomendou um projeto anfíbio, por causa da falta de pistas terrestres na região. Com Igor Sikorsky, engenheiro russo emigrado, Lindbergh projetou um avião sob medida: o "barco voador" S-38. O avião ajudou a expandir o alcance da Pan Am de dois aeroportos para mais de três dúzias de cidades e portos da América Central, da América do Sul e do Caribe.

Charles Lindbergh e Juan Trippe planejam a conquista da América Latina pela Pan Am (1929)

Mas onde Lindbergh mais ajudou Trippe foi em Washington. Na época, o serviço postal americano contratava fornecedores privados para transportar a correspondência. A pedido de Trippe, Lindbergh fez lobby a favor da contratação da Pan Am para as rotas latino-americanas. Imagine que você fosse um burocrata de carreira dos correios e o rapaz mais adorado do planeta entrasse em sua salinha. A Pan Am conseguiu *todos* os contratos postais americanos na região. Três viagens de ida e volta dos correios a Buenos Aires pagavam um barco voador Sikorsky S-38. Sem os contratos dos correios, os concorrentes de Trippe – outras empresas aéreas iniciantes de olho nas mesmas rotas – fecharam as portas.

Agora Trippe tinha as rotas e os aviões. Só havia um problema: a navegação.

Como Lindbergh, os pilotos de Trippe voavam por navegação estimada – bússola, mapa e globo ocular. Embora muito mais curto do que o voo transatlântico de Lindbergh, o voo pelos estreitos da Flórida ainda era perigoso. As ilhas e o arquipélago de Florida Keys eram alvos muito menores do que o litoral da Europa, e os aviões comerciais tinham autonomia muito menor do que o monomotor de Lindbergh. Em suas memórias, o aviador descreveu um voo noturno partindo de Havana no início de 1928:

Sobre o estreito da Flórida, minha bússola magnética rodava sem parar [...]. Eu não fazia ideia se voava para norte, sul, leste ou oeste. Algumas estrelas bem acima eram fracamente visíveis através da neblina, mas não formavam nenhuma constelação que eu conseguisse reconhecer.

Comecei a subir rumo ao céu claro que tinha que existir em algum lugar acima de mim. Se conseguisse ver Polaris, aquele ponto de luz ao norte, poderia me orientar por ela com exatidão razoável. Mas a neblina ficou mais espessa quando minha altitude aumentou.

Lindbergh voou em círculos até o amanhecer. Com as primeiras luzes, ele verificou os mapas e descobriu: "Eu voara quase em ângulo reto em relação à rota correta [...] isso me deixou quase 500 quilômetros fora da rota!" Ele estava sobre as Bahamas, e não sobre a Flórida. Lindbergh sobreviveu por causa do combustível extra que levava no *Spirit of St. Louis*. (Foi o penúltimo voo de seu famoso avião. Dois meses depois, Lindbergh voou até Washington e o doou ao Instituto Smithsonian, onde pode ser visto hoje.) No entanto, ao contrário do *Spirit*, o S-38 tinha autonomia máxima de 1.000 quilômetros. Um piloto que se desviasse 500 quilômetros da rota correria grave perigo.

Às 15h55 de 15 de agosto, oito meses depois do primeiro voo de passageiros da Pan Am, um ex-piloto do Exército de 33 anos chamado Robert Fatt, recém-contratado pela empresa, partiu de Havana para Key West com dois passageiros e um navegador. Fatt tinha um total de quatro horas e 20 minutos de experiência num avião multimotor. O receptor de rádio do avião estava no conserto, portanto Fatt só podia transmitir. Com uma hora de voo, ele se comunicou com Key West: a visibilidade era ruim. Chovia. Eles procuravam sinais de terra, mas não viam nada. Sem preocupações. Outra hora; ainda sem visibilidade. E nada de terra. Sem preocupações.

Pouco menos de três horas depois, Fatt fez a última transmissão e caiu no oceano. Estava cerca de 500 quilômetros fora da rota. Felizmente, havia um petroleiro ali perto. Três deles foram resgatados, inclusive Fatt e o navegador. O quarto, um dos passageiros, sumiu no mar. O acidente e a morte abalaram a confiança do mundo inteiro não só na Pan Am como no futuro da aviação comercial. Com sua fala mansa, Trippe deu um jeito de se safar da confusão. Mas sabia que precisaria resolver bem depressa o problema da navegação.

Em busca de respostas, Trippe recorreu a uma nova ideia: a navegação por rádio. Em casos de pouca visibilidade, os aviões transmitiam um sinal a um operador em terra, que daria um jeito de decodificar sua posição e depois enviar de volta pelo rádio instruções sobre a rota em tempo real. Os pilotos detestaram a ideia: não queriam confiar o controle de seu avião a alguém a quilômetros de distância. E, de qualquer modo, o único equipamento de rádio da época, usado em navios, era pouco confiável e pesava centenas de quilos – peso excessivo para um avião.

As pessoas dizem: "Não tem como isso dar certo." E então dá.

Trippe convidou Hugo Leuteritz, engenheiro de rádio da empresa de eletrônica RCA, a largar o emprego e trabalhar com ele em tempo integral na Pan Am. Trippe sabia que Leuteritz propusera um navegador portátil por rádio para aviões, mas a RCA rejeitara a ideia. Leuteritz, de 31 anos, ficou curioso com o convite de Trippe, mas tinha um emprego seguro e uma jovem família para sustentar.

– Você só tem alguns aviões – disse ele a Trippe. – Isso não é suficiente para me manter ocupado.

– Teremos uma grande frota – respondeu Trippe. – Voaremos para a América Latina no ano que vem e depois disso cruzaremos o Atlântico e o Pacífico.

(Trippe tinha 28 anos e estava no negócio havia quase um ano.)

Leuteritz saiu de sua empresa e se uniu a Trippe. Mostraram-lhe seu novo escritório: uma cadeira e seu colo. Dali a um ano, Leuteritz deu a Trippe a peça final do quebra-cabeça. No fim de 1929, a Pan Am tinha 25 receptores de rádio em terra orientando a frota de 60 aviões, cada um deles equipado com um sistema leve de navegação por rádio inédito no setor. Naquele ano, a Pan Am transportou 20.728 passageiros por 4.430.200 quilômetros entre 60 aeroportos em 28 países. Não houve mais aviões perdidos no mar. E a Pan Am se tornou a maior companhia aérea internacional do mundo.

Então Trippe acrescentou mais um elemento: o glamour. No outono de 1929, Lindbergh e sua esposa, Anne, percorreram a América Latina com Trippe e a esposa, Betty, em um S-38. As mulheres usavam branco e serviam chá. Os homens usavam óculos de voo e posavam para fotos com políticos. Em cada cidade, multidões recebiam com vivas os dois jovens casais. O espetáculo aumentou quando foi revelado que o enjoo ocasional de Anne Lindbergh durante os voos se devia à gravidez. O público seguiu a gestação como se fosse a chegada de um herdeiro real.

O PERIGOSO CÍRCULO VIRTUOSO

A estratégia de Trippe para alimentar as missões lunáticas de tipo P e apostar no tripé mais, maior e mais veloz – com uma pitada marqueteira de glamour – funcionou brilhantemente. Os aprimoramentos tecnológicos reduziram os custos e trouxeram mais dinheiro para investir em mais aprimoramentos tecnológicos. Aviões maiores levavam mais clientes mais longe e mais depressa. Esse círculo virtuoso fez sua franquia crescer sem parar, impelindo Trippe muito à frente dos concorrentes, atraindo fama e celebridade, assim como um círculo virtuoso semelhante impeliria as empresas de tecnologia no restante do século, da Polaroid à IBM e à Apple. As missões lunáticas do tipo P alimentam uma franquia crescente, que alimenta mais missões lunáticas do tipo P. E, conforme o ímpeto aumenta, cresce também a visão de túnel: continue girando a roda cada vez mais depressa.

A cada giro do círculo, conforme os aviões e a influência da Pan Am cresciam, o mesmo acontecia com a ambição de Trippe. Viajar entre o Novo e o Velho Mundos não seria mais apenas para as elites: a Pan Am ofereceria a todos viagens baratas e rápidas sobre o oceano.

Trippe começou com planos de atravessar o Atlântico, a rota aérea mais lucrativa. Um milhão de passageiros e 34 milhões de quilos de carga faziam anualmente os 10 dias de viagem oceânica em navios a vapor. Um volume muito maior que o negócio da Pan Am na América Latina. Mas, depois que quatro anos de negociações pelo direito de voar e pousar na Europa terminaram em acordos frustrados, Trippe passou sua atenção para o Pacífico. A meta dos voos comerciais sobre o Atlântico era considerada ambiciosa e desafiadora. A ideia de sobrevoar o Pacífico, por outro lado, era considerada suicida.

Na época, a rota aérea mais longa do mundo era um voo dos correios de 3 mil quilômetros entre a África e o Brasil. Trippe propunha levar passageiros, não só correspondência, por 14 mil quilômetros sobre um oceano mal mapeado. Numa competição amplamente divulgada pelo primeiro voo sem escalas até somente o Havaí, alguns anos antes, três dos seis aviões que tentaram se perderam no mar. E chegar ao Havaí era a parte fácil. A distância entre Honolulu e China, duas vezes a largura do Atlântico, não tinha bases conhecidas para reabastecimento. O avião de Trippe com mais autonomia, o Sikorsky S-42, podia voar, totalmente carregado, menos de um quinto dessa distância.

Quando Trippe anunciou publicamente que a Pan Am faria voos para a China, dois integrantes da diretoria da empresa se demitiram, convencidos de que Trippe os levaria à tragédia. O presidente do comitê federal que supervisionava a aviação, amigo de Trippe, se ofereceu para fazer o governo se contrapor publicamente, por preocupações com a segurança, para que Trippe pudesse voltar atrás sem passar vergonha. Trippe rejeitou a oferta.

Diante de chances mínimas, da oposição pública e da ameaça de um desastre nacional, por onde começar? Pela Biblioteca Pública de Nova York, é claro. Trippe pesquisou os diários de bordo dos navios *clipper* do século XIX que viajavam pelo Pacífico. Enterradas nos antigos documentos manuscritos, Trippe achou referências a uma ilha deserta no meio do caminho entre Honolulu e Xangai chamada ilha Wake. Uma expedição americana reivindicara a ilha em 1899. Trippe perguntou em Washington; ninguém sabia quem a administrava. Alguns telefonemas e cartas de Trippe resultaram numa ordem executiva presidencial. Dali a alguns meses, a Marinha auxiliava a Pan Am a construir uma base aérea na ilha Wake e, logo depois, em dois outros territórios americanos desertos a oeste do Havaí: Midway e Guam. As três ilhas completavam as escalas para uma rota aérea viável entre os Estados

Unidos continental e a Ásia. Mais tarde, durante a Segunda Guerra Mundial, elas teriam papel fundamental.

Em seguida, Trippe encomendou à Glen Martin Company, de Baltimore, no estado de Maryland, "um barco voador multimotor de alta velocidade com autonomia de cruzeiro de 4 mil quilômetros contra ventos de 50 quilômetros por hora". Em 11 de novembro de 1935, o maior avião anfíbio do mundo – 25 toneladas, 40 metros de envergadura, 4 motores Pratt & Whitney de 830 cavalos – chegou à baía de São Francisco, recém-vindo de Baltimore. O reluzente Martin M-130 azul e prateado atracou no píer Alameda, diante de Oakland, balançando nas ondas. Trippe o batizou de *China Clipper*.

O governador da Califórnia declarou 22 de novembro como Dia da Pan American Airways. Às 14h45, um locutor descreveu as dezenas de milhares de pessoas reunidas ao longo da costa, com outros milhões ouvindo pelo rádio, "prestes a testemunharem conosco um dos eventos mais dramáticos na história de nosso mundo moderno". O diretor-geral dos correios leu um telegrama do presidente Roosevelt e declarou que o dia "marcará para sempre um novo capítulo na história gloriosa de nossa nação, uma nova era do transporte mundial, um novo laço que ligará, pela primeira vez na história, os povos do Oriente e do Ocidente". Enquanto os sete tripulantes surgiam no píer e andavam rumo ao avião como jogadores de futebol saindo do vestiário, o locutor dizia o nome e a biografia de cada um sob gritos e aplausos.

A tripulação embarcou e as portas se fecharam. Uma a uma, as bases aéreas de cada escala do caminho avisaram pelo rádio: Honolulu, Midway, Wake, Guam, Manila – no aguardo. Trippe avisou que todas as bases estavam prontas; o diretor-geral dos correios deu a ordem de prosseguir; os motores do *Clipper* rugiram; o hino nacional foi tocado; centenas de motoristas buzinaram; e 22 bombas aéreas explodiram em saudação. Trinta aviõezinhos desceram em círculos, minúsculos consortes para acompanhar o voo inaugural da rainha das abelhas.

O *Clipper* subiu, mas, carregado com quase 2 toneladas de correspondência, teve dificuldade para ganhar altura. Com velocidade crescente, seguia diretamente para os cabos da Bay Bridge, a ponte entre São Francisco e Oakland, ainda inacabada. No último instante, o piloto abandonou o plano de sobrevoar a ponte, baixou o nariz e passou por baixo. "Todos nos abaixamos", disse depois um dos oficiais de engenharia. O locutor e a multidão acharam que aquilo fazia parte do espetáculo e deram vivas. No píer, Trippe sabia que não e se contraiu. Ao sair de baixo da Bay Bridge, o avião pegou ímpeto, subiu acima da ponte Golden Gate (também em construção) e depois se estabilizou para o voo de 21 horas até Honolulu. O restante da viagem foi tranquilo.

Uma semana depois, quando o *Clipper* retornou, o comandante Ed Musick, como Lindbergh, se tornou o piloto mais famoso do país, e a Pan Am, a companhia aérea mais famosa. As revistas publicaram fotos glamourosas da cabine de jantar com toalhas brancas; comissários de bordo de smoking serviam passageiros como Ernest Hemingway; e a Warner Brothers lançou o filme *O titã dos ares*, sobre um jovem empresário que constrói um avião para cruzar o Pacífico. O papel do comandante, o quarto mais importante, coube a um ator de filmes B de 37 anos chamado Humphrey Bogart.

O China Clipper *mergulha sob a Bay Bridge de São Francisco (1935)*

O ciclo de dinheiro que jorrava de uma franquia crescente, financiando as missões lunáticas do tipo P que a alimentavam ainda mais, se acelerava rapidamente. Aquele ímpeto continuaria a aumentar durante mais 20 anos extraordinários, levando ao sucesso mais espetacular da Pan Am, a glória máxima da visão de Trippe.

GUERRAS, MISSÕES LUNÁTICAS E RELÓGIOS DE CUCO

> Na Itália, durante 30 anos sob os Bórgias, houve guerra, terror, homicídios e derramamento de sangue, mas produziram-se Michelangelo, Leonardo da Vinci e o Renascimento.
> Na Suíça, houve amor fraterno, 500 anos de paz e democracia – e o que foi produzido? O relógio de cuco.
>
> – Orson Welles como Harry Lime em *O terceiro homem* (1949)

Em maio de 1939 a Pan Am finalmente cruzou o Atlântico. No entanto, restavam apenas quatro meses de paz. Hitler invadiu a Polônia em setembro daquele ano. Pediram a Trippe que assumisse o serviço ativo como general da Aeronáutica. Ele declinou, mas mesmo assim a Pan Am foi arrastada para a guerra. Trippe logo descobriria o que Harry Lime, personagem representado por Orson Welles que prosperou no caos de Viena no pós-guerra, explicou com tanta paciência a Holly Martins, seu amigo mais inocente: as guerras aceleram as missões lunáticas do tipo P.

Em junho de 1940 Roosevelt pediu a Trippe que construísse 25 novos aeroportos na América do Sul que também servissem de bases americanas, sob o disfarce de uma necessidade comercial da Pan Am. Oficialmente, os Estados Unidos eram neutros, mas Roosevelt conhecia os fortes laços alemães com o continente. Trippe concordou. Um ano depois, em Londres, num jantar particular na residência do primeiro-ministro, Churchill pediu a Trippe que criasse uma rota para enviar suprimentos a soldados britânicos isolados na África. Mais uma vez, Trippe concordou.

Porém o pedido mais estranho talvez tenha acontecido numa reunião secreta na China, pouco depois da guerra, quando Trippe passava por Xangai, numa escala do primeiro voo comercial de volta ao mundo. Enquanto descansava no quarto de hotel depois do jantar, ele ouviu uma batida à porta. Ao abrir, deu de cara com Chang Kia-ngau, ministro da Fazenda da China. Chang pediu desculpas pela interrupção tarde da noite e disse a Trippe que, pela manhã, haveria um táxi com um O vermelho no para-brisa esperando por ele na rua. O motorista levaria Trippe até a porta dos fundos de uma residência particular. Lá, Chang lhe apresentaria "o plano". Ele fez uma reverência e se foi.

Trippe achou que poderia ser piada. Mas, na manhã seguinte, lá estava o táxi com um O vermelho esperando por ele, que embarcou e foi levado à residência. Conduziram-no então ao ministro, que explicou a Trippe que o generalíssimo Chiang Kai-shek, líder do país, gostaria que os Estados Unidos salvassem a China dos comunistas. Os Estados Unidos indicariam um alto-comissário para governar a China, como tinham feito no Japão, e treinariam o Exército nacionalista chinês para combater os comunistas de Mao. As forças de Mao eram pequenas, mas estavam crescendo depressa, financiadas pela União Soviética.

Chiang pediu a Trippe que levasse verbalmente o plano ao presidente Truman. Ele explicou que acreditava que Trippe teria mais influência do que o embaixador americano. Trippe, descrente, pediu o plano por escrito. Assinado.

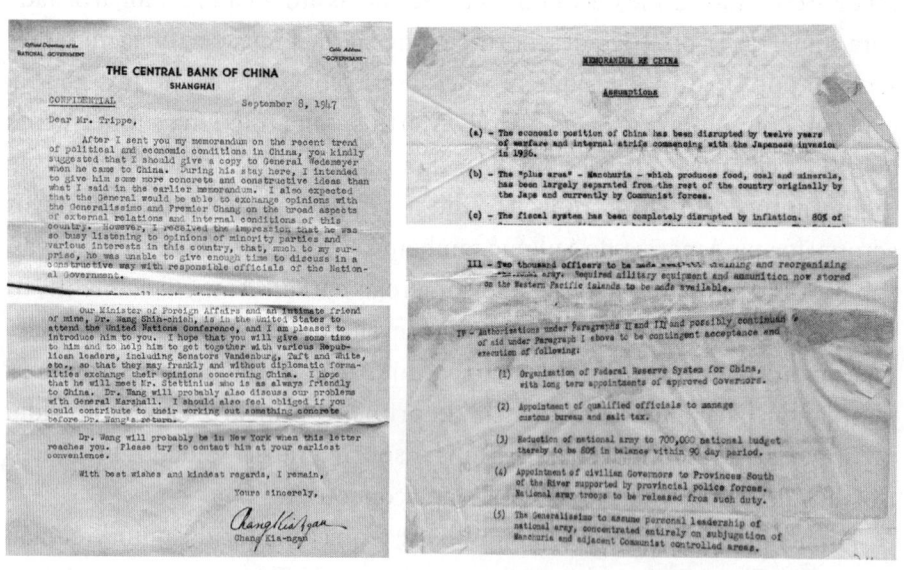

Chang Kia-ngau pede a Juan Trippe que salve a China dos comunistas (trecho de carta de Chang a Trippe de 8 de setembro de 1947)

Na manhã seguinte, o ministro da Fazenda surpreendeu Trippe novamente em seu hotel. Ofereceu-se para acompanhá-lo até o campo de pouso onde o avião aguardava. Quando chegaram, Chang lhe pediu que mostrasse o interior da aeronave. Trippe concordou. Mas Chang parecia desinteressado e lhe sussurrou que fossem para o banheiro minúsculo. A centímetros do corpo robusto de mais de 1,80 metro do desconfortável Trippe, o ministro da Fazenda sacou o plano escrito. Apontou a assinatura de Chiang Kai-shek e pediu que o entregasse pessoalmente a Truman.

Trippe fitou a assinatura em chinês. Pediu que Chang também assinasse. Nenhum deles tinha caneta, então Trippe foi à cabine, pegou uma emprestada e voltou ao lavatório. O ministro assinou o documento sobre a pia minúscula. Quando voltou a Washington, Trippe entregou pessoalmente o plano a Truman.[4]

A viagem de Trippe pelo *film noir* na Ásia não mudou o destino da China nem da Pan Am, no final das contas. Foi o surgimento de uma nova e perigosa missão lunática na Europa, perto do fim da guerra, que mudaria não só a vida de Trippe como as viagens mundiais mais do que todas as invenções desde o avião.

★ ★ ★

Em 25 de julho de 1944, um piloto da RAF que sobrevoava Munique num Mosquito DH-98 observou um novo tipo de avião alemão vir em sua direção. Não tinha hélices e voava 200 quilômetros por hora mais depressa do que qualquer avião britânico ou americano. Depois da perseguição de perto, ele conseguiu escapar entre as nuvens.

Sete semanas depois, Bernard Browning, de 28 anos, engenheiro do Exército britânico, caminhava pela Staveley Road, em Londres, a caminho de visitar a namorada, quando houve uma explosão na rua. Só o que restou onde ele estava foi uma cratera de 9 metros. As autoridades britânicas atribuíram a explosão a uma tubulação de gás. Os repórteres não acreditaram na explicação oficial e adivinharam a verdade: um novo tipo de míssil alemão.

Dois séculos depois do motor a vapor, 80 anos depois do primeiro motor de combustão interna a gasolina, os alemães tinham destravado uma nova fonte de potência: o motor a jato. O que o piloto A. E. Wall, da RAF, avistara foi o primeiro avião a jato, o Messerschmitt Me 262. E Browning tinha sido morto pelo primeiro míssil balístico, o foguete V-2.[5]

Os princípios e o projeto por trás dos foguetes e motores a jato tinham sido estabelecidos 25 anos antes pelo físico americano Robert Goddard. Ele foi o primeiro a descrever a matemática do voo dos foguetes (1912), o primeiro a projetar e construir um foguete a combustível líquido (1926) e o primeiro a demonstrar a estabilização giroscópica dos foguetes (1932). Suas ideias foram desdenhadas por acadêmicos e pelas Forças Armadas dos Estados Unidos.[6] Um editorial do *The New York Times* afirmou que parecia faltar a Goddard "o conhecimento distribuído diariamente nas escolas secundárias", ou seja, a lei de ação e reação de Newton, que impossibilitava o voo dos foguetes. (Quarenta e nove anos depois, no dia seguinte ao sucesso do lançamento do foguete da missão Apollo XI à Lua, o jornal publicou uma retratação e anunciou que, na verdade, os foguetes não violam as leis da física e que "o *Times* lamenta o erro".)

Cientistas da Alemanha, porém, tinham levado a sério as ideias de Goddard. Eles começaram o programa depois de ler seus artigos. Anos depois, um oficial alemão, ao ser interrogado por oficiais americanos sobre o programa de foguetes V-2, retrucou: "Por que vocês não perguntam ao próprio Dr. Goddard?"

Nos Estados Unidos, um famoso especialista em aviação também levara a sério a ideia da propulsão de foguetes. Charles Lindbergh incentivara Goddard e o apresentara aos doadores que financiaram sua pesquisa. Lindbergh era coronel da Aeronáutica, mas não conseguiu fazer as Forças Armadas se interessarem pelos foguetes de Goddard. Boa parte disso se devia a uma campanha sem precedentes de ataques pessoais do presidente Roosevelt a Lindbergh.

O conflito entre as duas gigantes personalidades públicas já fervilhava havia anos antes da guerra. Tudo começou quando Roosevelt cancelou os contratos de entrega de correspondência e fez o Corpo Aéreo do Exército transportar o correio. Lindbergh se opôs intensa e publicamente à mudança, destacando a perigosa falta de experiência do Exército em voos nas péssimas condições climáticas de várias rotas postais. Os pilotos do Corpo Aéreo caíram 66 vezes, resultando em 12 mortes. Roosevelt foi forçado a reverter a decisão, humilhação que chegou às primeiras páginas. A briga "manchou o mito da invulnerabilidade de Roosevelt", escreveu um historiador, e "revelou em Charles Lindbergh um homem que talvez cativasse os corações americanos mais do que qualquer um depois de Franklin Roosevelt".

Em 1939 Lindbergh começou a se opor publicamente a qualquer intervenção americana na Europa. Ele discursou em imensos comícios contra a guerra e atacou Roosevelt. A multidão acorria a Lindbergh e gritava: "Nosso próximo presidente!" Roosevelt, que tinha ótima memória, começou uma campanha para solapar Lindbergh. Publicamente, chamava Lindbergh de "derrotista e apaziguador". Em particular, prometeu "cortar as asas daquele rapaz". Lindbergh logo foi banido: a imprensa o crucificou como traidor e simpatizante nazista; as ruas batizadas em sua homenagem tiveram o nome trocado. Uma cidade ameaçou queimar os livros de Lindbergh em praça pública.

"Em apenas 15 anos", disse a irmã de Lindbergh, "ele foi de Jesus a Judas." Não tinha mais influência entre os militares para recomendar os foguetes de Goddard nem nenhuma tecnologia.[7]

Lindbergh também se viu em busca de emprego pela primeira vez em 20 anos. Embora não trabalhasse oficialmente para Trippe e para a Pan Am havia muitos anos, ele entrou em contato; foi calorosamente recebido e lhe ofereceram o cargo que quisesse. Alguns dias depois, Trippe telefonou para retirar a oferta. Explicou que a Casa Branca tinha insistido com veemência que a Pan Am não tivesse nenhuma conexão com Lindbergh.[8]

Em abril de 1945, um mês antes da rendição da Alemanha, Roosevelt morreu. A resistência a Lindbergh nos círculos oficiais desapareceu e a Marinha o chamou a Washington. Havia boatos de novos tipos de avião e míssil na Alemanha. Algo como os foguetes que ele mencionara seis anos antes. Ele participaria de uma missão secreta à Alemanha para investigar?

Lindbergh logo recebeu a aprovação do Departamento de Estado para uma missão técnica naval secreta. Na Europa, Lindbergh procurou Willy Messerschmitt, que lhe passou detalhes de seu famoso avião. Na fábrica da BMW que produzia motores a jato, um engenheiro alemão que parecia "um pouco pálido e trêmulo" procurou Lindbergh. Antes da chegada dos soldados americanos, disse, tinham lhe dado desenhos de um dos motores a jato, com ordens de destruí-los. Em vez disso, ele os enterrara numa caixa de arquivo embaixo de um grande pinheiro ali perto. Lindbergh gostaria de ficar com os arquivos? Os dois foram até a árvore, estacionaram e começaram a cavar. Logo a pá bateu numa caixa de metal. Lindbergh tinha as plantas dos motores a jato da Alemanha.

Quando voltou aos Estados Unidos, Lindbergh fez seu relatório e ligou para Trippe. Este o recontratou imediatamente. Estava na hora da próxima rodada do ciclo de franquia e missões lunáticas.

Estava na hora de construir um tipo novo de avião.

A ERA DO JATO

Trippe logo iniciou discussões com a Boeing, que era então uma montadora de aviões militares mas buscava um jeito de entrar no mercado comercial dominado pelas concorrentes Lockheed e Douglas. A Boeing disse a Trippe que construiria um jato comercial para a Pan Am se ele fizesse uma boa encomenda. Mas a autonomia proposta pela Boeing era pequena demais para Trippe, e o consumo de combustível, alto demais. Trippe recusou.

Lindbergh e Trippe descobriram que o Reino Unido estava muito à frente dos Estados Unidos na construção de jatos. A empresa aérea nacional britânica (BOAC) já encomendara um jato comercial à montadora também britânica De Havilland Aircraft. Em 1952, o De Havilland Comet entrou em serviço. O presidente da BOAC declarou: "Esta atual era elisabetana repete no ar o que a primeira era elisabetana viu no mar." A comemoração durou menos de dois anos. Em 1953 e 1954, três explosões inexplicáveis de Comets em pleno ar mataram todos os passageiros a bordo. O governo pôs no chão a frota inteira.

As explosões do Comet afastaram dos jatos a maior parte dos participantes do setor. Caso houvesse mais alguma dúvida, um relatório da Rand Corporation, principal empresa americana de consultoria sobre política e segurança, dizia que as viagens a jato nunca seriam economicamente viáveis (os jatos da BOAC voavam com prejuízo). Os presidentes da American Airlines e da Trans World Airlines (TWA) anunciaram que não usariam aviões a jato.

As pessoas dizem: "Não tem como isso dar certo." E então dá.

Depois de incontáveis discussões com engenheiros e uma revisão dos dados do Comet, Trippe concluiu que os problemas financeiros e de segurança dos jatos Comet podiam ser resolvidos. As explosões do Comet foram falhas trágicas. Mas, na linguagem do capítulo anterior, foram Falsos Fracassos. Assim como Thiel e Howery investigaram a morte do Friendster e chegaram a uma visão contestatória das redes sociais, Trippe e Lindbergh chegaram a uma visão contestatória sobre aviões de carreira a jato.

Uma investigação do governo britânico acabou confirmando a opinião de Trippe sobre a segurança: a fadiga do metal causada por um projeto da janela tinha provocado os acidentes. Fadiga do metal era um problema de engenharia passível de solução. A economia seria atendida por um projeto diferente de avião: a autonomia do Comet era pequena demais, a capacidade de passageiros (44 assentos), baixa demais e o consumo de combustível, alto demais.

Trippe voltou à Boeing, que nesse meio-tempo tinha desenvolvido um protótipo de jato comercial chamado 707. Ele viu imediatamente que o 707 tinha os mesmos problemas do Comet. Trippe queria um jato que pudesse fazer voos transatlânticos sem escala. Educadamente, insistiu na reforma do projeto. A Boeing não aceitou. Já investira milhões na construção do avião e não o jogaria fora.

Assim, Trippe e sua equipe foram a Santa Monica para convencer Donald Douglas, principal concorrente da Boeing, a construir o jato que Trippe queria. Douglas também se recusou. Todas as outras empresas aéreas encomendavam o DC-7, seu avião a hélice líder do mercado, e Douglas não via razões para construir um jato. Trippe insistiu e acabou convencendo Douglas a ouvir uma proposta. O projeto era semelhante ao da Boeing. Não era suficiente. Trippe percebeu que o problema era o motor: o J-57 da Pratt & Whitney, o melhor do setor, não suportaria um voo transatlântico sem escalas. Assim, ele mandou sua equipe, que incluía Lindbergh, à Pratt & Whitney.

Na fábrica de motores, eles souberam de um motor experimental com uma nova tecnologia de alta compressão que produzia até 50% mais potência e melhorava drasticamente a eficiência do uso de combustível. Ele poderia fazer o serviço. Mas não estava pronto e ainda figurava na lista secreta das Forças Armadas.

Trippe pediu a Frederick Rentschler, fundador e presidente da empresa, que liberasse o novo motor. Ele, Trippe, conseguiria a aprovação dos militares. A resposta foi um retumbante não. O motor ainda era experimental e Rentschler tinha muitos pedidos de seus motores atuais.

Foi aí que Trippe realizou um pequeno milagre dos negócios, o último e talvez o maior de sua carreira. Três dos fabricantes mais bem-sucedidos do mundo, comandados por empresários e empreendedores lendários, tinham recusado seu projeto. Ele obrigou todos a rever essa decisão.

Primeiro, Trippe começou a conversar com a Rolls-Royce, fabricante britânica de motores, que também trabalhava num motor a jato secreto da próxima geração. Como Trippe planejara, Rentschler, da Pratt & Whitney, soube de suas conversas e convocou uma reunião interna de emergência. A empresa podia se dar ao luxo de perder os negócios com a Pan Am? Eles conseguiriam acelerar o desenvolvimento?

Pouco tempo depois, Trippe ligou. Tinha uma nova oferta a fazer a Rentschler: a Pan Am compraria seus motores diretamente. Uma empresa aérea comprando motores sem os aviões onde seriam instalados? Exatamente. E Trippe queria 120 deles, um pedido de 40 milhões de dólares. (Era uma quantia enorme na década de 1950, quatro vezes a receita anual da Pan Am.) Rentschler tomou a decisão final. Sim. Trippe teria seus motores novos.

Em seguida, Trippe foi para Seattle. A Boeing construiria os aviões que ele queria, agora que tinha os motores? Caso contrário, ele procuraria outro fabricante. Bill Allen, o presidente, achou que era um blefe. A resposta ainda era não. Então Trippe foi para Santa Monica. Douglas construiria o avião agora que Trippe tinha os motores? Douglas percebeu que, com os motores, Trippe estava com a faca e o queijo na mão e, provavelmente, encontraria uma montadora em algum lugar para fazer o avião que seria o melhor do mundo. Ele cedeu. A Douglas construiria um avião, o DC-8, segundo o projeto de Trippe. Este se comprometeu com 25 aviões, mas pediu a Douglas que não anunciasse nada ainda.

Trippe voltou a Seattle, reuniu-se com a equipe da Boeing e concordou com sua oferta: ele compraria 20 de seus aviões menores, os 707, que não poderiam fazer o voo transatlântico. Não lhes falou do pedido feito à Douglas. A equipe da Boeing comemorou: tinham conseguido convencer o teimoso Trippe a ser sensato.

Trippe sincronizou o horário de ambos os comunicados à imprensa. Em 14 de outubro de 1955, Allen e Douglas abriram o *The Wall Street Journal* e souberam dos pedidos um do outro. Mais tarde o presidente da Boeing disse que se sentiu "como uma vítima de terremoto". Apostara tudo num avião novo que estava instantaneamente obsoleto. A mensagem foi clara para quem lesse o jornal: um pedido de 25 aviões superiores da Douglas contra 20 do avião inferior da Boeing. Allen ligou para Trippe e cedeu. Teria seu projeto novo. A Boeing não podia se dar ao luxo de ficar na segunda classe.

Agora os dois fabricantes competiam para construir para Trippe o melhor avião possível segundo seu projeto. As outras companhias aéreas abandonaram os contratos de aviões com propulsão a hélice e correram para encomendar os novos jatos. Trippe possivelmente tinha feito a aposta mais alta da história empresarial até então – uma encomenda de 45 aviões a jato comerciais inéditos no valor de 269 milhões de dólares – e vencera.

Quando chegaram, tanto o Boeing 707 quanto o Douglas DC-8 transformaram as viagens aéreas. Pela primeira vez na história, agora uma família de classe média poderia pagar por viagens internacionais ou transcontinentais convenientes e rápidas.

A Pan Am inicia a Era do Jato

A Pan Am e Trippe comandaram a Era do Jato, girando a roda da franquia cada vez mais depressa. Em 1965, sete anos depois do primeiro voo do Boeing 707, o tráfego crescera mais de 400% e a receita líquida, mais de 1.000%. Trippe abriu uma divisão de hotéis, a Intercontinental Hotels, e um setor de jatinhos executivos. Mandou construir o maior prédio comercial do mundo na Park Avenue. A Força Aérea dos Estados Unidos solicitou orçamentos para trabalhar em mísseis de longo alcance, então Trippe acrescentou uma divisão de mísseis teleguiados e pouco depois uma divisão aeroespacial, que apoiou o pouso da Apollo na Lua. De 1968 a 1971, a Pan Am aceitou 93.005 reservas para o planejado serviço lunar.

A franquia crescia literalmente rumo à Lua.

MAIS UM GIRO DA RODA

Então, é claro, Trippe soube de um novo tipo de motor. Mais uma missão lunática. Uma tecnologia que *quadruplicava* o peso máximo na decolagem. Um avião com o novo motor a jato turbofan poderia levar quase 500 passageiros, duas vezes e meia mais do que o Boeing 707. A música da Era do Jazz, agora Era do Jato, continua a tocar. A roda no céu continua a girar. A franquia alimenta as missões lunáticas do tipo P que alimentam a franquia. Mais, maior, mais veloz. Trippe precisava ter aquilo.

Em agosto de 1965, dez anos depois do primeiro negócio lendário entre eles, Trippe e Bill Allen, ainda presidente da Boeing, foram pescar salmão com as esposas no Alasca. Trippe lhe falou do motor e do avião que queria.

– Se você construir – disse Trippe –, eu compro.

– Se você comprar, eu construo – respondeu Allen.

Mais uma dança. Em 22 de dezembro eles assinaram, novamente, o maior negócio empresarial da história até aquela época: 525 milhões de dólares por 25 modelos de um avião novo, o primeiro de seu tipo. Allen lhe deu um nome: Boeing 747.

Para encher duas vezes e meia mais assentos, uma companhia aérea precisa de duas vezes e meia mais passageiros. No entanto, o domínio das viagens internacionais pela Pan Am estava enfraquecendo. Na década de 1950 o Congresso americano iniciara uma investigação antitruste do monopólio de rotas da Pan Am para o exterior. Vozes populistas se queixavam de que os reguladores protegiam os gigantes do setor, e não os consumidores. Algumas das reclamações mais vociferantes vinham de iniciantes – Texas Air, Braniff e, finalmente, Southwest Airlines.

As iniciantes também levaram ideias novas ao setor. *Hub-and-spoke* (voos distribuídos a partir de grandes centros). Voar para aeroportos secundários. Reduzir a 20 minutos o tempo que o avião passa parado no aeroporto. Como as superlojas de Sam Walton bem longe das cidades, nenhuma das ideias envolvia novas tecnologias. Eram todas mudanças pequenas de estratégia que ninguém achava que teriam muita influência. Eram todas missões lunáticas do tipo E.

A Boeing entregou o primeiro 747 em janeiro de 1969. A música parara de tocar, mas a Pan Am não notou. Encomendou mais oito 747s por mais 200 milhões de dólares. Depois esbanjou 100 milhões de dólares num novo terminal no aeroporto Kennedy, em Nova York. Enquanto os concorrentes nutriam missões lunáticas do tipo E, a Pan Am dobrava a aposta na franquia. O brilho fraco daquelas missões lunáticas do tipo E era eclipsado pela missão lunática do tipo P mais glamourosa da década: o jumbo 747.

Até chegar a desregulamentação. De repente as pequenas mudanças que aumentavam a eficiência e reduziam os custos – nada glamourosas, até meio sem graça – se tornaram o segredo da sobrevivência. Essas missões lunáticas do tipo E, alimentadas por empresas novas como a Southwest ou grandes como a American de Bob Crandall, propagaram-se rapidamente pelo setor. Aniquilaram todas as companhias aéreas despreparadas.

A Pan Am começou o declínio constante do qual nunca se recuperou. Depois da desregulamentação, perdeu dinheiro durante oito anos seguidos. Só permaneceu viva vendendo partes suas. O prédio comercial de Nova York. Os hotéis. As rotas mágicas para a China. O novo terminal no aeroporto Kennedy. Até que, finalmente, não restou mais nada para vender.

Trippe se aposentou de repente no segundo trimestre de 1968, antes da chegada do primeiro 747. Talvez, aos 68 anos, estivesse cansado. Ou talvez tenha erguido o olhar dos motores e franquias e percebido que a música-tema do filme que estrelou durante 41 anos não tocava mais. Morreu em 1981. Assistiu ao declínio, mas não ao fim.

Uma ciranda de presidentes executivos veio e se foi, mas a empresa já enrijecera, já passara pela transição de fase. Só podia criar franquias, não alimentar missões lunáticas. Um CEO gastou 374 milhões para adquirir uma companhia aérea doméstica americana, a National, acrescentando dezenas de novas rotas para tentar aumentar a franquia. Outro tentou comprar a Northwest Airlines por quase 3 bilhões de dólares. Não fez diferença.

Em dezembro de 1991 a Pan American World Airways deixou de existir.

.... § ....

CUIDADO COM SEU PONTO CEGO

A morte da Pan Am foi uma história extraordinária, mas não única. Quase todas as empresas comandadas por um mestre inovador do tipo P como Trippe sofrem abalos. Alguma mudança súbita, seja de um órgão regulador, seja de um novo concorrente, faz a música parar. O ciclo de missão lunática e franquia deixa de funcionar. A roda gira mais uma vez e, de repente, há uma frota de 747s na qual ninguém quer voar. Os concorrentes que alimentaram suas missões lunáticas, das quais uma ou mais se encaixam no novo mundo mudado, passam à frente.

As missões lunáticas do tipo E da American Airlines de Bob Crandall e de outras ultrapassaram Trippe pelo seu ponto cego. O mesmo pode acontecer a equipes ou empresas inteiras.

O colapso, por exemplo, do lendário negócio de 80 anos de hardware da IBM na década de 1990 soa como uma história clássica do tipo P. Novas tecnologias (computadores pessoais) substituem as velhas (mainframes) e acabam com os ocupantes do mercado (IBM). Mas não foi. A IBM, ao contrário de *todos* os seus concorrentes em mainframes, dominava a nova tecnologia. Três anos depois de lançar seu primeiro PC em 1981, a IBM obteve 5 bilhões de dólares em vendas e a alcançou a primeira posição, com o resto todo muito atrás dela ou totalmente fora do negócio (Apple, Tandy, Commodore, DEC, Honeywell, Sperry, etc.).

Durante décadas a IBM dominou os computadores como a Pan Am dominou as viagens internacionais. Seus 13 bilhões de dólares em vendas no ano de 1981 formaram um valor maior do que o dos sete concorrentes seguintes *somados* (o setor dos computadores era chamado de "IBM e os Sete Anões"). A IBM pulou no novo PC como Trippe pulou nos novos motores a jato. A IBM era dona do mundo dos computadores, então terceirizou dois componentes do PC, o software e o microprocessador, a duas empresas minúsculas: Microsoft e Intel.

A Microsoft tinha um total de 32 funcionários. A Intel precisava desesperadamente de uma injeção de dinheiro para sobreviver. No entanto, a IBM logo descobriu que os compradores davam mais importância a trocar arquivos com os amigos do que à marca do computador. E, para trocar arquivos facilmente, o que importa é o software e o microprocessador dentro do gabinete, não o logotipo da empresa que montou o gabinete. A IBM não percebeu uma mudança do tipo E – uma mudança no que os clientes acham importante.

Os clones de PC com chips Intel e software Microsoft drenaram a participação da IBM no mercado. Em 1993 ela perdeu 8,1 bilhões de dólares, seu maior prejuízo na história. Naquele ano, 100 mil funcionários foram dispensados, a maior demissão da história empresarial. Dez anos depois, a IBM vendeu para a Lenovo o que restava de seu setor de PCs.

Hoje o valor de mercado somado da Microsoft e da Intel, os dois fornecedores minúsculos que a IBM contratou, chega perto de 1,5 trilhão de dólares, mais de 10 vezes o valor da IBM. Esta previu corretamente uma missão lunática do tipo P e ganhou a batalha. Mas deixou de ver uma missão lunática fundamental do tipo E, um padrão de software, e perdeu a guerra.

Aprender a cuidar do ponto cego é uma lição importante. Mas há outra bem maior. É o segredo do quarto quadrante identificado no fim do Capítulo 1: a Armadilha.

Durante 41 anos Juan Trippe ficou no alto de sua montanha e consagrou missões lunáticas. Via uma nova tecnologia, uma missão lunática do tipo P, que fizesse sua franquia crescer – um motor mais veloz, um sistema de navegação – e tinha que obtê-la. Mesmo quando nenhuma estratégia sensata justificasse o tripé mais, maior e mais veloz, ele tinha que obtê-la.

Vamos chamar isso de *Armadilha de Moisés*. Quando as ideias só avançam pela vontade de um líder sagrado, e não pelo intercâmbio equilibrado de ideias e feedback entre soldados em campo e artistas criativos na bancada selecionando missões lunáticas pelo mérito, é exatamente aí que as equipes e empresas caem na armadilha. O líder levanta seu cajado e separa o mar para abrir caminho para a missão lunática escolhida. O perigoso círculo virtuoso gira cada vez mais depressa: missão lunática alimenta franquia que alimenta o tripé mais, maior e mais veloz. O líder todo-poderoso começa a agir por amor às missões lunáticas, e não pela força da estratégia. E então a roda gira mais e mais.

O líder e seus seguidores podem tentar chegar à Lua, como a Pan Am, e ter suas asas cortadas. Ou podem subir ainda mais, como no caso de nosso próximo Moisés.

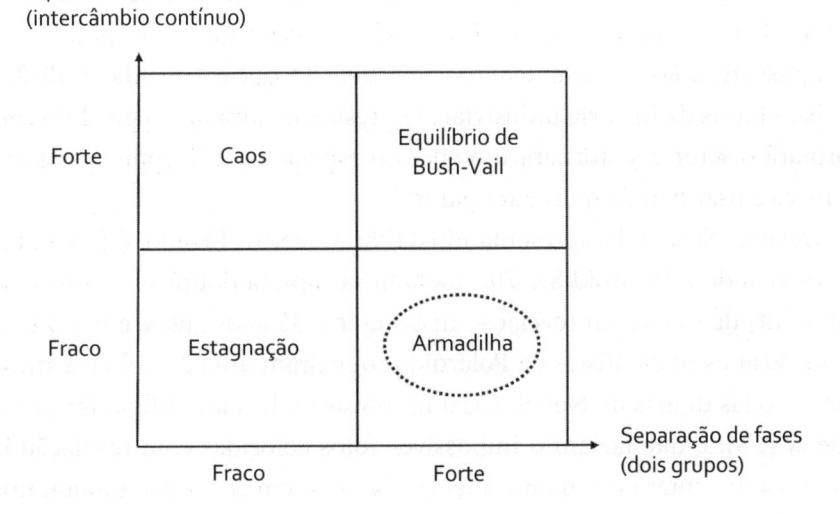

	Fraco	Forte
Forte	Caos	Equilíbrio de Bush-Vail
Fraco	Estagnação	Armadilha

Eixo Y: Equilíbrio dinâmico (intercâmbio contínuo)
Eixo X: Separação de fases (dois grupos)

4

Edwin Land e a Armadilha de Moisés

Quando os líderes consagram a sagrada missão lunática

Imagine a cena: um enorme armazém repleto de seguidores fiéis de uma empresa superpopular de tecnologia de consumo. O carismático presidente executivo da empresa sobe ao palco segurando o novo produto secreto que vem sendo insinuado há mais de um ano. A multidão silencia quando ele ergue o produto no ar. Nos bastidores, os assistentes que passaram semanas preparando esse evento prendem a respiração. O presidente aperta um botão. A demonstração funciona, a multidão enlouquece. O produto e o presidente viram capa de revista: a *Time* declara que o produto é "uma conquista tecnológica estonteante"; a *Fortune* diz que é "uma das realizações mais notáveis da história industrial". O presidente jura que o produto transformará o setor e se tornará um sucesso espetacular: "Depois que a gente começa a usar não dá mais para parar!"

Deve ser Steve Jobs apresentando o iPhone, certo? Errado. É Edwin Land apresentando a Polaroid SX-70, sua famosa câmera dobrável, em forma de pirâmide, de fotos com revelação instantânea, 35 anos antes, em 1972. Durante 30 anos os cientistas da Polaroid produziram uma descoberta atrás da outra, todas dignas de Nobel. Criaram novas moléculas, diferentes de tudo que já se vira, que faziam o impossível: fotos coloridas com revelação instantânea. Inventaram uma nova teoria da visão em cores que mudou nosso entendimento do cérebro. Resolveram o antigo problema de separar a luz em seus componentes, tecnologia usada em todas as telas de smartphone e monitor de computador. As ações da empresa eram as mais glamourosas de sua época, atingindo novas alturas todo ano, enquanto fãs incondicionais não paravam de comprar.

Então algo mudou. A mágica se desfez. A Polaroid declinou, endividou-se e acabou pedindo falência.

Juan Trippe começou com um pequeno serviço de táxi aéreo e construiu um grande império. Edwin Land começou com uma propriedade oculta da luz e construiu um império famoso por algo completamente diferente. Os dois impérios seguiram ciclos semelhantes com fim semelhante. As missões lunáticas alimentaram uma franquia crescente que, por sua vez, alimentava mais missões lunáticas.

No entanto, como mostram documentos recentemente divulgados, Land levava outra vida. Essa vida lança uma nova luz sobre a armadilha no fim do ciclo – e sobre como escapar dela.

A FUGA DE HAN SOLO

Um raio de luz tem três propriedades conhecidas: direção, intensidade e cor. Também tem uma quarta propriedade oculta chamada polarização. Imagine um drone voando junto ao solo. Ele pode estar com as asas paralelas ao solo, viradas em 90° ou em qualquer ângulo entre 0° e 90°. A polarização da luz age como as asas do drone. Um raio de luz que viaja paralelo ao solo pode ser polarizado horizontalmente, verticalmente ou em qualquer ângulo intermediário. Nossos olhos não percebem a polarização, por isso não a vemos.[1]

Embora o nome da empresa tenha se tornado sinônimo de outra coisa, Edwin Land construiu a Polaroid Corporation inventando usos notáveis para essa propriedade oculta da luz.

Quem é fã de *Star Wars* talvez se lembre da cena do asteroide em *O império contra-ataca* (1980). Os caças TIE perseguem a *Millennium Falcon*, pilotada por Han Solo com Chewbacca e Leia ao lado. Han entra num campo de asteroides, mergulha numa grande caverna num asteroide e pousa a nave para esperar os caças TIE passarem. Os três desembarcam para dar uma olhada. E logo percebem que a "caverna" não é bem o que pensavam. Correm de volta para a *Falcon*, dão a partida e saem voando a toda rumo aos maxilares do grande verme (tecnicamente, um *exogorth*) que se fecham rapidamente com suas grandes presas – eles tinham pousado dentro de sua boca. A *Falcon* é horizontal. Os dentes do verme são verticais. No último segundo, Han gira a nave a 90° e escapa pelas fendas estreitas entre os dentes. Os maxilares se fecham atrás dele.

Os filtros polarizadores funcionam como os dentes do verme: um filtro vertical só deixa passar a luz com polarização vertical. A *Falcon* vertical passa. A *Falcon* horizontal, não.[2]

Land queria fazer seu próprio polarizador desde os 13 anos, quando, como orientador de um acampamento de verão, usou um bloco de espato da Islândia ou calcita ótica (um polarizador natural) para fazer sumir o brilho do tampo de uma mesa. Durante um século tentava-se criar um polarizador prático para revelar os mistérios da luz, mas ninguém tinha conseguido. Anos depois, Land ficou famoso por uma frase: "Só inicie um programa se a meta for visivelmente importante e sua conquista, quase impossível." Ele começou naquele verão. Dormia com um livro chamado *Óptica física* embaixo do travesseiro. Ele lia o livro "à noite, como nossos ancestrais liam a Bíblia".

Com 17 anos, Land se matriculou em Harvard. Alguns meses depois, saiu, entediado com os garotos ricos sem ambição que o cercavam. Ele se mudou para Nova York e convenceu seu cético pai a continuar lhe pagando a mesada da faculdade enquanto tentava realizar seu sonho (como parte do acordo, concordou em se matricular na Universidade de Nova York por um semestre). Alugou um quarto perto da Times Square, montou um pequeno laboratório no porão e começou a trabalhar sem descanso em sua ideia. Anos depois, ele disse: "Há uma regra que não ensinam na Harvard Business School: se vale a pena fazer alguma coisa, vale a pena fazê-la em excesso." Ele persistiu, mas não teve sorte com sua ideia de polarizador.

Diante de desafios impossíveis, para onde ir? Como vimos no capítulo anterior, à Biblioteca Pública de Nova York, na 42nd Street. Ali Land estudou todos os livros de óptica que encontrou, frequentemente com uma jovem assistente de pesquisa que tinha contratado chamada Helen (Terre) Maislen. Assim como Trippe, Land achou uma pista no final de um livro antigo.

Cães doentes que recebiam quinino para tratar parasitas apresentavam na urina um tipo de cristal incomum. Esses cristais microscópicos de herapatita eram os polarizadores de maior qualidade já encontrados. Durante décadas os cientistas tentaram, desde meados do século XIX, produzir os cristais e fazer polarizadores úteis com eles. Mas fracassaram – os cristais minúsculos são extremamente frágeis – e acabaram desistindo. A descoberta fora retirada dos livros didáticos de física e da *Encyclopædia Britannica*. O dicionário Webster's listava "herapatita" em "palavras obsoletas". O cemitério das experiências inexplicadas, como Land logo demonstraria, é um ótimo lugar para encontrar Falsos Fracassos.

Land teve uma ideia maluca: incorporar milhões daqueles cristais minúsculos em algum tipo de gosma (ele usou uma laca de nitrocelulose) e dar um jeito de alinhá-los. Depois de alguns fracassos, ele decidiu tentar usar um campo magnético para o alinhamento, como o ímã que alinha a limalha de ferro. Sabia que no laboratório de física da Universidade Columbia havia um ímã de alta potência. Como não era aluno e não tinha privilégios na universidade, Land se esgueirou no prédio, escalou uma plataforma até o sexto andar e entrou no laboratório pela janela. Ele tinha posto uma camada fina de sua mistura escura de gosma e cristais numa célula plástica com 2,5 centímetros de diâmetro. Assim que a pôs perto do ímã, a célula escura ficou transparente. O ímã fizera a mágica; alinhara os cristais em miniatura, permitindo que a luz passasse: luz polarizada. Milhões de pequeninos *Millennium Falcons* correram para a célula plástica, mas só os que estavam no ângulo vertical conseguiram passar.

Ele disse depois que foi "o acontecimento mais empolgante da minha vida". Aos 19 anos, criara o primeiro polarizador artificial.

No ano seguinte Land voltou a Harvard. Dois meses depois, casou-se com Terre. Agora tinha acesso a um laboratório – mas Terre, não; naquela época não eram permitidas mulheres em laboratórios. Assim, Land fazia Terre entrar escondida no laboratório de física para ajudá-lo nas experiências. Novamente, depois de um curto período, Land ficou impaciente. Após dois anos abandonou o mundo acadêmico para abrir uma empresa que logo seria conhecida como a Polaroid Corporation.

O SUMIÇO DO PEIXE

A primeira grande ideia de Land foi usar sua nova tecnologia para reduzir o brilho ofuscante dos faróis nos carros. Na época, o ofuscamento por faróis causava milhares de fatalidades nas estradas todo ano. Land percebeu que revestir os faróis e os para-brisas de todos os carros com um filtro em 45° permitiria que os motoristas vissem a luz de seus faróis mas não a dos motoristas em sentido contrário. Para entender por quê, imagine uma criança correndo à frente, fingindo ser um avião, a asa do braço esquerdo apontando para o chão em 45 graus, a asa do braço direito apontando para o céu no mesmo ângulo. Os braços de outra criança que corre na direção da primeira e faz exatamente a mesma coisa são exatamente perpendiculares (os quatro braços formam um "X"). A luz polarizada do carro que vem não pode passar pelo para-brisa do motorista que vai, do mesmo modo que uma nave horizontal não passará por uma fenda vertical. Embora tenha passado duas décadas argumentando com as montadoras de automóveis, Land nunca conseguiu convencê-las a adotar a ideia.[3]

Enquanto isso, ele descobriu um benefício surpreendente das lentes polarizadas. A luz do sol refletida por superfícies horizontais – um lago calmo ou um campo de neve, por exemplo – tende a ter polaridade horizontal. As lentes revestidas com uma película com aberturas verticais bloqueiam esses reflexos com muito mais eficácia do que as lentes escuras comuns. O resultado pode ser drástico.

Em julho de 1934, enquanto as montadoras debatiam e recusavam sua ideia dos faróis, Land marcou uma reunião com a fábrica de óculos American Optical no Hotel Copley, em Boston. Land chegou cedo. Um hóspede observaria um rapaz muito bem-vestido de olhar penetrante – um funcionário antigo descreveu como conheceu Land e como sentiu que ele "conseguia ver dentro de minha cabeça. Era interessante a sensação de ter o conteúdo da mente rapidamente vasculhado". Com os olhos brilhantes, o queixo firme e o cabelo escuro bem repartido, parecia um astro do cinema. Imagine um jovem Cary Grant representando o papel de gênio obcecado: eis Edwin Land.

Land chegou ao Hotel Copley levando um aquário com um peixinho dourado. Pediu à recepção um quarto voltado para oeste, virado para o sol poente. Um jornalista descreveu o que aconteceu em seguida:

> Depois que o carregador foi embora, Land pôs o aquário no parapeito da janela, onde recebesse sol, recuou, inspecionou-o e o deslocou para que o brilho do reflexo ficasse mais intenso. Então andou nervosamente de um lado para outro, esperando uma batida à porta.

Assim que chegou o visitante, um representante da American Optical Company, ele o levou à janela e pediu que olhasse dentro do aquário.

– Está vendo o peixe? – perguntou.

O homem forçou a vista e fez que não. O reflexo da água era ofuscante demais.

– Olhe outra vez – disse o rapaz, segurando diante do aquário o que parecia uma folha de celofane fumê.

O reflexo sumiu num passe de mágica e cada detalhe do peixe, que nadava devagar, pôde ser visto com clareza. O visitante [...] estava familiarizado com todos os tipos de óculos de sol do mercado, mas nunca vira nada como aquilo.

Land fechou seu primeiro contrato. Marinheiros, pilotos, esquiadores e outros praticantes de atividades ao ar livre logo adquiriram os novos óculos de sol "polarizados", o primeiro grande sucesso da Polaroid.

Então as Forças Armadas dos Estados Unidos descobriram que eliminar os reflexos do sol melhorava a capacidade de artilheiros mirarem aviões, tanques e submarinos na superfície. O Exército e a Marinha encomendaram milhões de óculos polarizados. Durante a Segunda Guerra Mundial, o general Patton apareceu na capa da *Newsweek* usando óculos Polaroid. Uma reportagem da revista *Life* observou que "um em cada dois homens em combate" os usava.

As sementes da franquia estavam crescendo.

Land logo percebeu que pôr dois filtros polarizadores juntos produz alguns efeitos espantosos e úteis. Cubra a frente de um par de óculos com um filme de polarização vertical; na parte de trás, ponha um polarizador que possa girar dentro da armação. Uma alavanquinha presa a esse polarizador traseiro sai do alto da armação. Quando a alavanquinha está na vertical, os dois filtros se alinham e toda a luz que vem pela frente sai por trás. Mas, se você girar o polarizador traseiro, deslizando a alavanquinha até 90 graus, cada vez menos luz vai passar. Exatamente a 90 graus, quando o filtro dianteiro for vertical e o traseiro, horizontal, nenhuma luz passa. Os óculos de brilho ajustável, que permitiam aos pilotos adequar-se rapidamente a condições de pouca luz e luz forte, foram outro grande sucesso Polaroid.

Hoje, ao usar um laptop ou smartphone ou assistir a alguma coisa numa tela de LCD, você usa uma variação desse truque, tudo possibilitado pela invenção de Edwin Land.

DOS PEIXES AOS CELULARES

Pense num galpão com portas de correr em lados opostos. A porta dos fundos desce do teto e sobe do chão até se encontrar no meio, fechando-se numa fenda horizontal. A porta da frente vem da esquerda e da direita e se fecha com uma fenda vertical no meio. Um drone entra voando pela abertura traseira com as asas na horizontal, gira 90° dentro do galpão e sai voando pela abertura dianteira com as asas na vertical.

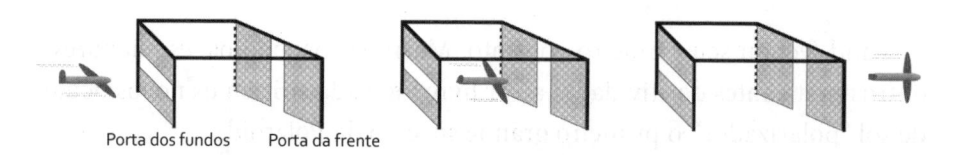

Porta dos fundos   Porta da frente

Agora suponha que o galpão tenha um interruptor. Ligar o interruptor obstrui toda a eletrônica. Os drones não conseguem girar dentro do galpão. Qualquer drone que entre pela fenda horizontal dos fundos permanecerá na horizontal e vai se chocar com a porta da frente. Nenhum drone consegue passar.

Os pixels de LCD funcionam como esse galpão.

A traseira do pixel na tela de LCD tem um filtro horizontal. A frente, um filtro vertical. Ao contrário do drone, a luz não pode girar por conta própria enquanto percorre o espaço vazio. Ela precisa de ajuda. Assim, os pixels são envoltos por um tipo de gosma chamada cristal líquido, feita de bilhões de bastões microscópicos, como palitinhos de dente minúsculos – como o polarizador original de Land. Mas, nesse caso, a gosma é o recheio de um sanduíche e as fatias de pão são a porta dos fundos do filtro horizontal e a porta da frente do filtro vertical. Os palitinhos alinham-se automaticamente na horizontal perto dos fundos e na vertical perto da frente. No meio, eles formam um tipo de escada em espiral que se torce um quarto de círculo e liga os fundos com a frente. A escada em espiral faz o serviço de girar a luz. A luz entra pela abertura horizontal de trás, percorre a escada, sua polarização girando um quarto de volta, e sai pela abertura vertical da frente para chegar a seus olhos, exatamente como o drone que atravessa o galpão.

No entanto, cada pixel tem um interruptor digital minúsculo. Ligar o interruptor dispara um pequenino campo elétrico que mistura os palitos e derruba a escada em espiral. Nenhuma luz consegue passar. O pixel escurece. Desligar o interruptor restaura a escada em espiral. O pixel se acende. E aí está: um pixel de luz que liga e desliga, controlado digitalmente.

A tela do iPhone original espremia 320 desses pixels digitais na largura e 480 na altura. As telas dos smartphones e dos televisores de alta definição de hoje têm mais de 2 milhões de pixels.[4]

Mencionei no início do capítulo que nossos olhos não percebem a polarização. Acontece que muita gente consegue treinar os olhos para notar um sinal sutil. Se olhar uma área branca num monitor de LCD e girar a cabeça, talvez você veja uma forma de ampulheta amarela, pequena e tênue surgir e sumir. Essa imagem, um estranho efeito óptico chamado pincel de Haidinger, vem de uma sensibilidade minúscula do fundo do olho à luz polarizada.

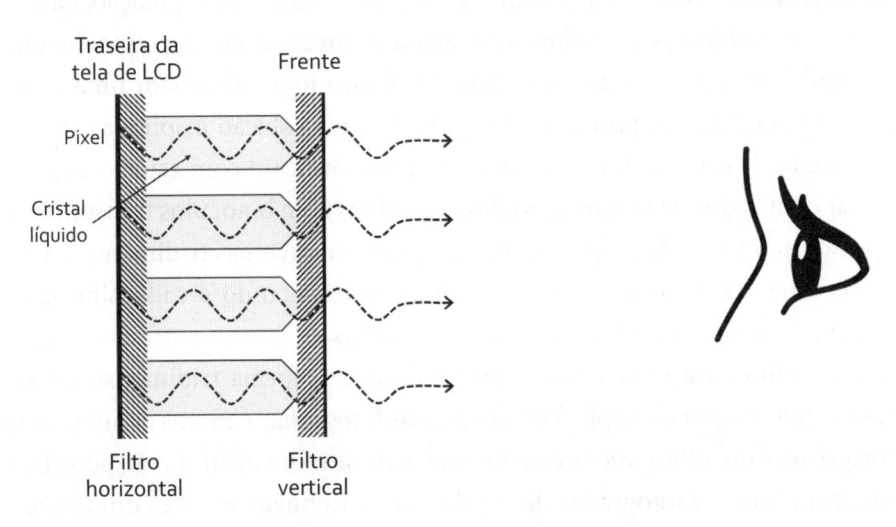

As LCDs usam a luz polarizada e dois filtros para criar pixels de luz que ligam e desligam

Os filtros polarizadores de Land deram origem não só às telas inteligentes e a truques esquisitos, mas também a uma tecnologia que empolgou, estranhamente, tanto artistas quanto militares. Essa descoberta guiou Land para a invenção mais famosa da Polaroid e para uma jornada de 30 anos que se tornaria o exemplo supremo da Armadilha de Moisés.

DA ARTE À GUERRA

Nas décadas de 1920 e 1930, Clarence Kennedy, professor de história da arte da Smith College, uma faculdade para mulheres no oeste de Massachusetts, produziu fotografias assombrosas de esculturas, principalmente obras-primas italianas. Alguns afirmaram que as fotos eram mais belas do que as obras originais. Kennedy catalogou coleções famosas e assessorou museus em Nova York, Boston e São Francisco. Cidades italianas o contrataram para restaurar monumentos antigos (quando os Aliados começaram a invasão da Itália na Segunda Guerra Mundial, o comando de bombardeiros americano pediu a Kennedy uma lista de monumentos a evitar).

Na década de 1930, Kennedy ficou obcecado com o aprimoramento da tecnologia da fotografia de esculturas. Uma imagem bidimensional poderia captar a beleza e a profundidade de uma forma tridimensional? Ele conversou com cientistas da Eastman Kodak, principal empresa fotográfica da época. Eles o encaminharam a um jovem inventor de Boston cuja reputação, baseada num novo filtro polarizador que acabara de inventar, crescia rapidamente.

Land logo percebeu que seus filtros polarizadores ofereciam uma solução surpreendente ao problema de Kennedy, uma solução inspirada por um brinquedo de criança. Quando menino, Land brincara com estereoscópios. Espiar dentro dos pequenos aparelhos parecidos com binóculos transportava a pessoa a um mundo mágico de barcos, pontes e cavernas tridimensionais.

Os estereoscópios criam esses mundos apresentando a cada olho uma imagem ligeiramente diferente. O cérebro usa as diferenças entre as imagens de cada olho para reconstruir a profundidade: a forma tridimensional de uma escultura, por exemplo. Percebemos as fotografias comuns como planas porque os dois olhos veem exatamente a mesma imagem. Land percebeu que, para "ver" as fotografias de esculturas de Kennedy em três dimensões, era preciso apenas oferecer a cada olho um instantâneo tirado de um ângulo um pouquinho diferente. E ele conseguiria isso usando sua propriedade oculta da luz favorita.

Primeiro Land inventou um método para fundir duas imagens polarizadas – uma verticalmente, outra horizontalmente – numa fotografia só. Depois fez óculos baratos com polarizadores verticais numa lente, horizontais na outra. O olho esquerdo veria a primeira imagem; o direito, a segunda. Ao demonstrar a técnica no evento da Sociedade Óptica pouco tempo depois, no meio de uma campanha presidencial, Land projetou uma imagem desfocada na tela. Ele instruiu o público a pôr os óculos Polaroid especiais e pediu aos democratas que fechassem o olho esquerdo e aos republicanos, o olho direito. Cada grupo viu seu candidato.

Em seguida Land pediu a Kennedy uma escultura para fotografar. Land tirou uma foto, moveu a câmera alguns centímetros e tirou outra. A mudança do ângulo da câmera registrou a diferença entre o que nossos olhos veriam. Land polarizou uma imagem na vertical, a outra na horizontal e fundiu as duas numa só cópia da foto. Quando alguém punha seus óculos polarizados especiais, a foto plana pulava da página em gloriosa tridimensionalidade. Land chamou seu novo sistema de vectografia.

Em Washington, pouco depois do primeiro encontro com Roosevelt, Vannevar Bush soube da vectografia de Land. Dentro de um ano o Exército e a Marinha usavam mapas do terreno em 3-D para se prepararem para batalhas na Europa. Os aviões sobrevoavam os campos e praias de desembarque e tiravam fotos a 400 metros de distância uma da outra. Com as fotos fundidas, os soldados conseguiam ver árvores ou valas que poderiam usar como abrigo, o contorno dos morros que precisariam subir e até as sombras falsas pintadas como camuflagem em fábricas inimigas.

Plateia assistindo ao filme em 3-D Bwana, o demônio *(1952)*

Essa tecnologia foi, provavelmente, o primeiro e, talvez, o único exemplo de um projeto de história da arte transformado em arma para uso militar.

As imagens tridimensionais de Land logo foram convertidas para uso em filmes, o que virou uma febre. (Em seu pico, em 1953, a Polaroid fazia 6 milhões de pares de óculos 3-D por semana.) Embora a novidade dos primeiros filmes em 3-D de baixa qualidade tenha passado, os filmes em 3-D de hoje usam a mesma base científica que Land desenvolveu em 1940.

A influência de Kennedy sobre Land e a Polaroid continuou depois da fotografia em 3-D. Ele ajudou a cultivar o interesse de Land pelo mundo da arte. Kennedy apresentou Land ao fotógrafo Ansel Adams, que se tornou assessor próximo da Polaroid e amigo da família de Land, e também aos artistas Andy Warhol, Robert Mapplethorpe, Chuck Close e muitos outros. O endosso do mundo da arte acrescentou uma pitada de glamour à tecnologia, o mesmo que Lindbergh e as fotos coloridas em página dupla de celebridades viajando em aviões a jato fizeram com Juan Trippe e a Pan Am.

Kennedy também contribuiu com mais uma ideia incomum: contratar alunas de história da arte da Smith College. Poucas empresas recrutavam mulheres para cargos técnicos nas décadas de 1940 e 1950. Menos ainda contratavam estudantes de história da arte e as treinavam. Kennedy incentivou Land a quebrar os dois tabus, o que se tornou uma grande vantagem para a empresa; décadas antes de a ideia se tornar popular, tanto Kennedy quanto Land compreenderam que a diversidade aumentava a criatividade. Uma das descobertas tecnológicas mais importantes da Polaroid veio de uma formanda em história da arte da Smith College chamada Meroë Morse que tocava cravo e chegou a comandar um importante laboratório de pesquisa de Land. (Morse e Land ficaram íntimos. Um biógrafo escreveu que, quando Morse morreu sem se casar, depois de trabalhar 20 anos na empresa, Land "perdeu uma alma gêmea, uma colega de trabalho e uma protetora. Suas maiores brigas com os lados técnicos e não técnicos da empresa surgiram depois que ela se foi".)

Meroë Morse

Mas a contribuição singular de Kennedy para a história dos negócios e da tecnologia, além de inspirar o interesse de Land pelas imagens tridimensionais e pela diversidade no local de trabalho, foi voltar a atenção de Land para a fotografia.

UMA PERGUNTA ÓBVIA

Em dezembro de 1943, numa viagem de férias com a família a Santa Fé, Land foi dar uma caminhada com Jennifer, a filha de 3 anos. Depois que tirou algumas fotos dela, a menina perguntou: "Por que não posso ver as fotos agora?" Espantado com a pergunta, Land mandou Jennifer ficar com a mãe e continuou a caminhada sozinho, pensando no problema, girando a questão na mente, aplicando ideias que aprendera no desenvolvimento da fotografia em 3-D. Trinta anos depois, ele recordou a história de sua invenção diante de uma plateia de cientistas e engenheiros: "Estranhamente, no fim daquele passeio, a solução do problema [da fotografia de revelação instantânea] estava praticamente formulada. Eu diria que estava toda formulada, a não ser por alguns detalhes que levaram de 1943 a 1972 para serem implementados."

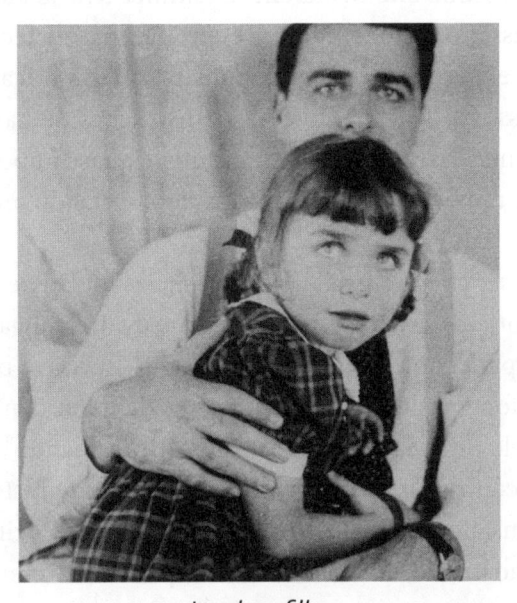

Land e a filha

Na fotografia com filme tradicional, partículas de luz chamadas fótons pousam no filme e deixam resíduos – uma memória química. Pense em pequenos asteroides que atingem a superfície da Lua e deixam crateras minúsculas. Mergulhar o filme no revelador aumenta esses resíduos um bilhão de vezes até surgir o conhecido negativo. É uma imagem negativa porque os resíduos de onde a luz bateu são escuros. Para inverter a imagem e criar a conhecida foto positiva, passa-se luz pelo filme sobre papel branco; o ponto escuro fica branco e o ponto branco fica escuro. A ideia de Land foi combinar esses dois passos para revelar o negativo e o positivo ao mesmo tempo, *dentro* da câmera, usando um truque químico engenhoso.

Na fotografia instantânea da Polaroid, as camadas de impressão negativa e positiva são unidas como um sanduíche dentro da câmera, separadas por menos de um quarto de milímetro. Preso ao fundo do sanduíche há um saquinho selado de fluido revelador chamado "*pod*" (vagem). Ao sair da câmera, o *pod* passa por um rolo que rompe o saquinho. O fluido se espalha uniformemente pelo pequeno espaço entre as duas camadas. A química desse fluido é tal que as moléculas não expostas no negativo, que são claras, são sugadas pelo pequeno espaço e ficam escuras. As moléculas expostas do negativo ficam onde estão. Em 60 segundos as duas camadas podem ser separadas; pronto, uma foto instantânea. Jennifer tem sua fotografia.

É claro que esse "pronto" exigiu inventar dezenas de tecnologias e realizar milhares de experiências, a imensa maioria delas fracassada – dezenas de Falsos Fracassos e de Três Mortes. As instruções de Land de atacar somente os problemas visivelmente importantes e quase impossíveis eram sua versão de "não é um bom medicamento se não tiver sido morto pelo menos três vezes".

A primeira a ser encarregada das experiências foi Doxie Muller, uma das recrutas de história da arte de Clarence Kennedy. Land ligava para ela toda manhã às 6h30 para conferir os projetos do dia. Revisava os relatórios dela toda noite. Telefonemas de Land na madrugada eram comuns. "Tive uma ideia sobre aquele problema em que estamos trabalhando", dizia ele. "Você pode vir me encontrar às cinco?" Outra estudante de história da arte que virou química instalou uma linha telefônica extra na cozinha: "Quando o telefone vermelho tocava, eu olhava em volta para ver se meus filhos estavam se matando; se não estivessem, eu atendia."

Dois anos depois, no início de 1946, o resultado parecia promissor, mas Land achou que as experiências avançavam muito devagar. Ele anunciou à equipe que a Polaroid demonstraria uma câmera em funcionamento ao setor e à imprensa na conferência da Sociedade Óptica em 21 de fevereiro de 1947, em Nova York. Sua horrorizada equipe principal fez objeção; ainda havia centenas de obstáculos técnicos. Land desdenhou as objeções. Eles apresentariam uma câmera completa em fevereiro. A equipe encontrou outro ritmo.

O prazo de Land pretendia mais do que injetar urgência na equipe do projeto. Depois que decidiu encerrar os contratos militares no fim da guerra, as vendas despencaram de 17 milhões de dólares em 1945 para menos de 5 milhões em 1946 e pareciam ser menos da metade disso em 1947, ameaçando a sobrevivência da empresa. Um alto executivo recordou: "Havia pouquíssima receita e muito mais despesas." Land apostara a empresa na fotografia de revelação instantânea.

Em 20 de fevereiro, véspera da conferência da Sociedade Óptica, a neve começou a cair em Nova York às 16h30. Na manhã do encontro, transformara-se na maior nevasca dos últimos seis anos. A maioria dos estabelecimentos comerciais da cidade estava fechada; eventos em toda a Costa Leste foram cancelados. Land e a equipe esperavam ansiosos para ver se o caminhão que vinha de Boston com a câmera conseguiria chegar a tempo. Conseguiu, por pouco.

Edwin Land mostra a primeira fotografia com revelação instantânea

Fotografias Polaroid de William Wegman e Andy Warhol

Life: "Um gênio e sua câmera mágica" – A SX-70

A equipe logo montou a câmera para a apresentação da tarde. Depois de uma breve introdução, Land pediu ao presidente da entidade que subisse ao palco. Land apontou, apertou o botão do obturador, separou as camadas e revelou a foto instantânea.

"Todos enlouqueceram", recordou um observador. A revista *Scientific American* descreveu a tecnologia como "um dos maiores avanços da história da fotografia". O *The New York Times* publicou uma longa reportagem e um editorial anunciando que todas as invenções fotográficas anteriores eram "grosseiras comparadas ao que o Sr. Land fez".

Naquele mesmo dia, numa sessão especial para a imprensa, Land tirou um autorretrato do pescoço para cima com a nova câmera. Ele separou as camadas da foto e a segurou junto ao rosto. Com 20 centímetros de largura por 25 de altura, era quase de tamanho real. A reportagem do *Times* exibia uma foto ocupando duas colunas, o inventor fitando a distância, sem sorrir, maxilar firme. Sua cabeça sem corpo na página observa tristemente você, leitor. A imagem assombrosa foi republicada vezes sem fim.

★ ★ ★

As vendas de pouco menos de 1,5 milhão de dólares em 1948 da Polaroid cresceram para *1,4 bilhão* em 1978. Durante 30 anos a empresa dominou as fotos de revelação instantânea como a Pan Am dominou as viagens internacionais: lançando descobertas espetaculares ano após ano, encantando os clientes. Em ambos os casos, um mestre inovador do tipo P no comando alimentava essas missões lunáticas que faziam a franquia crescer, o que, por sua vez, alimentava mais missões lunáticas. A roda da câmera continuava girando. O perigoso círculo virtuoso se movia cada vez mais depressa.

Depois das primeiras fotos sépia de 1947, a Polaroid lançou as fotos em preto e branco (1950); a exposição automática (1960); o instantâneo colorido (1963); o filme em uma só camada (1971); a câmera dobrável multifuncional SX-70 (1972); o sistema de autofoco Sonar (1978); e incontáveis outros avanços intermediários. Para os interessados em tecnologia, a história dessas invenções é fascinante. Para obter as fotos coloridas instantâneas, por exemplo, Land e sua equipe inventaram uma molécula nova. Como projeto secundário, estimulado por uma observação casual no laboratório, Land inventou uma nova teoria da visão em cores, hoje chamada de constância de cor, que explica por que vemos as maçãs vermelhas como vermelhas mesmo quando a cor da luz que refletem muda. Land parecia produzir todo ano uma ou duas descobertas que outros ficariam empolgados se conseguissem no decorrer de uma vida inteira. Um cientista admirador escreveu: "Prêmios Nobel foram dados por menos."

Com a melhora da tecnologia, veio a respeitabilidade. A fotografia de revelação instantânea, a princípio considerada um brinquedo por artistas sérios, tornou-se uma nova forma de arte. A exposição de Ansel Adams em 1974 no Metropolitan Museum of Art incluía 20 fotos Polaroid. Ele usou uma Polaroid tanto para a primeira encomenda fotográfica presidencial (Jimmy Carter) quanto em sua obra-prima, as fotos de El Capitan. Os cães de William Wegman, o pop de Andy Warhol, os rostos de Chuck Close foram todos Polaroids.

A tecnologia criou não só uma nova arte, mas também novos mercados. Os casais perceberam que suas fotos não seriam vistas por técnicos nos laboratórios de revelação. E assim nasceu o que a Polaroid chamava delicadamente de fotos de "intimidade". O crescimento da empresa foi auxiliado por um surto na demanda dessas fotos de intimidade, assim como, anos depois, o crescimento rápido da internet seria alimentado pela pornografia.

Fosse qual fosse a fonte da demanda, os investidores recompensaram a receita crescente. Os analistas de Wall Street anunciavam rotineiramente que as ações da Polaroid estavam supervalorizadas. Mas o preço não parava de subir. Os fãs continuavam comprando e acreditando.

Então, como Juan Trippe e o 747, o mestre inovador no alto, criando e consagrando missões lunáticas, girou a roda vezes de mais.

POLAVISION

Em 1888 Thomas Edison escreveu: "Estou experimentando um instrumento que faz pelos olhos *uma segunda revolução*." Alguns anos depois, ele usou esse instrumento de imagens em movimento para produzir os primeiros curtas-metragens americanos. (Os curtas mostravam gatos num ringue de boxe, estabelecendo um princípio duradouro da natureza humana: vídeos com gatos são sempre engraçados.) Nos cerca de 100 anos seguintes, o filme de cinema era revelado mais ou menos como o filme fotográfico. Uma câmera de cinema de 35 milímetros registra 24 quadros por segundo num rolo de negativo. O negativo é revelado em laboratório. A maior diferença é que o filme de cinema é convertido em transparências pelas quais projetamos a luz, e não em fotografias em papel que seguramos nas mãos.

Em meados da década de 1960, Land começou a pensar em levar ao cinema sua tecnologia de revelação instantânea. Em vez de uma imagem, mais de *mil* imagens teriam que ser processadas instantaneamente, sem erros, para cada 60 segundos de filme. O processo exigiria reinventar a química da revelação em cores e das transparências em filme.[5] Uma fábrica com equipamento totalmente novo precisaria ser construída em escala comercial imensa. Vários anos antes, Land dissera: "Só inicie um programa se a meta for visivelmente importante e sua conquista, quase impossível." A ciência e a tecnologia por trás dos filtros polarizadores, das fotos com revelação instantânea e dos instantâneos coloridos pareciam todas quase impossíveis quando Land mergulhou nelas. Esse novo desafio era exatamente o tipo de missão lunática do tipo P digna de sua mente e de sua energia. Assim, Land iniciou um projeto que duraria 10 anos e custaria meio bilhão de dólares para criar filmes de revelação instantânea.

★ ★ ★

Em 1977, na assembleia de acionistas da Polaroid em Needham, no estado de Massachusetts, cercado de mímicos e dançarinas, num espetáculo que um repórter do *The Wall Street Journal* afirmou que merecia um Oscar, Land apresentou o Polavision ao mundo e anunciou "a primeira demonstração de uma nova ciência, uma nova arte e um novo setor [...] *transformar em equipamento conceitos impossíveis* na fotografia". Uma dançarina de cabelo comprido, numa roupa branca de marinheiro com lenço e chapéu vermelhos, surgiu no palco e, aos poucos, começou a dançar. Land pegou uma câmera pequena e elegante – menos de 700 gramas, do tamanho de um livro – pelo cabo em ângulo e começou a filmar. Depois de cerca de um minuto, ele tirou um cassete e o inseriu numa caixa retangular com uma tela de 12 polegadas, o reprodutor de Polavision. O reprodutor rebobinou e, ao mesmo tempo, revelou o filme. Noventa segundos depois, a dançarina apareceu na tela.

É preciso parar para apreciar isso, mesmo hoje, no século XXI: revelar um negativo de filme inteiro, milhares de imagens, dentro de um aparelho doméstico, sem erros, enquanto ele rebobina, em *90 segundos*.

As revistas de tecnologia deliraram: "A empresa que parece ter se especializado em transformar em equipamento conceitos impossíveis fez isso de novo", escreveu a *Popular Science*. "A tela de repente se iluminou e, para meu espanto, vi o filme que acabara de fazer", comentou a *Popular Mechanics*. "Nenhum 'copião' de Hollywood jamais chegou tão rápido à sala de projeção. E nenhum filme jamais foi mostrado sem antes passar por um laboratório de revelação." O *The Washington Post* anunciou: "Para o extraordinário Land [...] o Polavision talvez seja o ponto alto da carreira."

A nova fábrica produziu mais de 200 mil máquinas Polavision. A linha de montagem começou a cuspir cassetes. Andy Warhol filmou curtas Polavision em suas festas de celebridades. John Lennon e Yoko Ono fizeram um filme doméstico Polavision com o filho Sean. O marketing nacional começou no segundo trimestre de 1978.

Então por que você nunca ouviu falar do Polavision? Porque, dentro de um ano, o produto morreu. Os clientes não compravam. A resolução e a qualidade eram superiores ao videotape magnético, e a câmera, como a SX-70, era uma máquina bonita e vistosa. Mas os clientes não precisavam daquela resolução extra em filmes domésticos. O projeto elegante não superava a conveniência das alternativas. Videotapes e o filme Super-8 eram mais baratos, mais fáceis e, no caso da fita de vídeo, apagáveis. Com a fita, era possível gravar por cima da cena do gato tossindo uma bola de pelos na semana passada. Com o filme de revelação instantânea, você possuiria uma representação gloriosa daquela cena, com lindos detalhes artísticos, e poderia assisti-la vezes e mais vezes em tempo real ou na surrealista câmera lenta. Mas depois teria que comprar mais filme, que era caro. A câmera Polavision custava quase 2.500 dólares em valores de 2018, e cada cassete de três minutos, mais 30. Era caro demais.

Um analista de Wall Street resumiu: "Esse produto tem muito mais apelo científico e estético do que importância comercial."

Em 1979, a empresa de contabilidade da Polaroid insistiu que todo o estoque não vendido de Polavision fosse registrado como prejuízo. Numa empresa de capital aberto, era o equivalente a levantar a bandeira branca. Land fez objeções ferozes. A declaração dos auditores de que "o resultado maravilhoso da pesquisa científica embutida no Polavision não tem utilidade", disse Land, "era jargão contábil, um uso cruel e indevido da linguagem". O conselho de administração, é claro, seguiu a recomendação dos contadores.

Pouco tempo depois a Polaroid encerrou permanentemente a produção do Polavision. O custo total do projeto naquele último ano passou um pouco dos 200 milhões de dólares. Alguns meses mais tarde, por insistência do conselho, Land renunciou ao cargo de presidente executivo, embora continuasse como diretor de pesquisa. Dois desconfortáveis anos depois, renunciou também a esse cargo. Vendeu suas ações e cortou todos os laços com a empresa que fundara.

Como na Pan Am, uma série de CEOs tentou restaurar a imagem e a posição da empresa para acompanhar as missões lunáticas nutridas por outras. No caso da Pan Am, foram missões lunáticas do tipo E: novas estratégias para baixar custos ou aumentar a receita por poltrona. No caso da Polaroid, foram missões lunáticas do tipo P: câmeras de vídeo, impressoras domésticas a jato de tinta e, é claro, fotografia digital. Como no caso da Pan Am, era tarde demais.

FÓTONS, ELÉTRONS E RICHARD NIXON

A fotografia tradicional tira proveito de uma reação química. Quando fótons (partículas de luz) suficientes atingem as moléculas de prata no filme, estas mudam de forma. Isso cria uma memória *química* de onde os fótons caíram. No entanto, sob determinadas condições especiais, ao cair, o fóton pode arrancar um elétron de um átomo (o efeito fotoelétrico). Esse elétron solto pode ficar preso bem onde o fóton pousou, como um vaga-lume preso num pote de vidro. Os elétrons presos assinalam sua presença com voltagem. A voltagem forma uma memória *elétrica* de onde os fótons caíram.

Em 1969, uma pequena equipe da Bell Labs criou uma grade de pixels com as condições certas para prender elétrons arrancados dos átomos por fótons. Era uma grade microscópica de potes de vidro de pegar vaga-lumes. Deram-lhe o nome de chip CCD (*charge-coupled device*, ou dispositivo de carga acoplada). Os chips se mostraram até 100 vezes mais sensíveis do que os filmes. Em poucos anos os astrônomos estavam usando chips CCD para registrar imagens de estrelas distantes. As primeiras câmeras comerciais com CCD, para empresas e profissionais, surgiram na década de 1970. As primeiras câmeras digitais para o consumidor que usavam CCD surgiram em meados da década de 1980.[6]

A Polaroid acabou lançando uma câmera digital em 1996, uma década depois de haver câmeras semelhantes da Sony, da Canon, da Nikon, da Kodak, da Fuji, da Casio e de outras. Era tarde demais. Em 2001, a Polaroid pediu falência.

Na superfície, parece que um empreendedor brilhante mas envelhecido se mostrou cego para uma missão lunática: a fotografia digital.

Mas não foi bem isso que aconteceu.

★ ★ ★

De 2011 a 2015, o Escritório Nacional de Reconhecimento (NRO) dos Estados Unidos divulgou uma preciosa coleção de documentos relativos a satélites espiões. Os documentos revelam um drama secretíssimo e com apostas altas em torno da tecnologia do registro de imagens. Bem *antes* de os primeiros astrônomos começarem a usar CCD, *antes* das primeiras câmeras CCD comerciais e *antes* que Sony e Kodak sequer começassem a pensar no mercado consumidor, uma pessoa convenceu o presidente dos Estados Unidos, contra a oposição unânime do comando militar e de seus assessores políticos, a investir em satélites espiões digitais. Essa pessoa foi Edwin H. Land.

Foi a ameaça de guerra nuclear que levou Land a servir ao governo. Em 1949 a União Soviética detonou sua primeira bomba atômica. Um ano depois, a Guerra Fria esquentou quando forças norte-coreanas, apoiadas pelos soviéticos, invadiram a Coreia do Sul, apoiada pelos Estados Unidos. O temor de uma Terceira Guerra Mundial nuclear se intensificou. Pouco depois de assumir o cargo em 1953, o presidente Eisenhower montou uma comissão de especialistas comandada por James Killian, presidente do MIT, para estudar a possibilidade de um ataque-surpresa soviético com mísseis nucleares. A comissão logo concluiu que o país não tinha dados seguros sobre a capacidade soviética – mísseis, bases, movimentos de tropas – e necessitava urgentemente de novos meios de adquirir essas informações. A comissão precisava de alguém que, além de dar assessoria sobre a vanguarda da ciência das imagens, também previsse ou até projetasse tecnologias que ainda não existiam. Alguém que tivesse personalidade forte a ponto de confrontar generais.

Personalidade forte não era problema para Land. Ele foi logo escolhido.[7]

Em 1954, Land propôs a Eisenhower a ideia de um avião de um só tripulante com uma câmera potente que voasse alto e com velocidade. Ele ajudou a selecionar a tecnologia da câmera (Itek, Kodak) e do aeroplano (Lockheed) que se tornou o primeiro avião espião do mundo, o U-2. O avião teria um papel fundamental durante a Guerra Fria. Foram as fotos do U-2, por exemplo, que identificaram os mísseis russos em Cuba em 1962.

Em 1957, Land e Killian propuseram uma nova ideia a Eisenhower. Eles estavam preocupados com o risco de aviões tripulados sobrevoarem território hostil. (A preocupação foi profética. Em 1960, os soviéticos derrubaram um avião U-2 que sobrevoava a Rússia e capturaram o piloto.) Land e Killian sugeriram que, em vez de mandar aviões tripulados ao território inimigo, o país desenvolvesse e usasse satélites com câmeras e lentes telescópicas gigantescas apontadas para a Terra.

Tirar fotos no espaço parece uma boa ideia, mas como as fotos voltariam à Terra? Land e Killian recomendaram um sistema em que os satélites ejetariam o filme exposto em cilindros presos a um paraquedas. Então pilotos da Força Aérea pescariam esses cilindros no céu em aviões com anzóis.

Eisenhower deu luz verde ao programa. O presidente também aceitou a recomendação de Land e Killian de um novo órgão, o Escritório Nacional de Reconhecimento, a ser dirigido em conjunto pela Força Aérea e pela CIA.

Enquanto a Guerra Fria e a expansão soviética continuavam, uma limitação do programa de satélites ficou cada vez mais clara. Em 20 de agosto de 1968, a União Soviética invadiu a Tchecoslováquia. O filme do satélite mostrava claramente um grande acúmulo de tanques e aviões soviéticos junto à fronteira antes da invasão. Mas era notícia velha quando a Força Aérea recuperou o filme: a invasão já tinha acontecido.

Richard Nixon, eleito em novembro, deixou claro à equipe que queria imagens em tempo real, não de semanas atrás, e queria que estivessem disponíveis em "seu segundo mandato". A correria logo evoluiu para um combate acirrado.[8]

Em um lado estavam quase todo o comando militar e membros do gabinete, inclusive o secretário de Defesa (Melvin Laird), seu vice (David Packard), o chefe de engenharia de defesa (John Foster), o secretário da Força Aérea (Robert Seamans), além dos futuros secretário de Defesa (James Schlesinger) e secretário de Estado (George Shultz). Os militares defendiam uma solução incremental: acrescentar scanners, como máquinas de fax, aos satélites existentes com filme. As câmeras tirariam fotos usando filme comum. Essas fotos seriam escaneadas a bordo e transmitidas a estações na Terra. Para eles, a ideia da fotografia digital sem filme usando um chip CCD era fantasiosa demais, incerta demais. Uma missão lunática demais.

No outro lado, Edwin Land.[9]

Não surpreende que os militares estivessem vencendo. No segundo trimestre de 1971, um programa de 2 bilhões de dólares para escanear filmes dentro de satélites ganhava ímpeto. Em abril, numa reunião da comissão consultiva de inteligência, Land abordou o presidente diretamente. Disse a Nixon que a ideia do scanner de filmes era um "passo cauteloso" e que a tecnologia digital era um "salto quântico que daria aos Estados Unidos a liderança tecnológica inquestionável nesse campo". Declarou que os burocratas "não se dispunham a assumir um grande risco financeiro sem forte apoio presidencial". Explicou por que a fotografia digital daria certo, por que os riscos eram gerenciáveis e por que o programa era superior à proposta dos generais.

Vamos fazer uma pausa: era o *segundo trimestre de 1971*. Os primeiros artigos que descreviam os CCDs tinham sido publicados meses antes. A Sony (que produziu a primeira câmera digital comercial), a Canon e a Nikon não tinham sequer começado a trabalhar com a fotografia digital. Land a defendia antes de *todas* elas.

Em setembro, Henry Kissinger, assessor de segurança nacional de Nixon, informou a todos os interessados que o presidente tinha decidido prosseguir com a solução do salto quântico de Land. O programa de 2 bilhões de dólares das Forças Armadas seria encerrado. (Um historiador do Escritório Nacional de Reconhecimento atribuiu o sucesso final de Land a sua "compreensão total do desejo do presidente Nixon de ser lembrado como um tomador de decisões mais enérgico, incisivo e astuto do que os antecessores mais próximos".)

Em 11 de dezembro de 1976, nos dias que teriam sido os últimos do segundo mandato de Nixon (ele renunciou em agosto de 1974), a Força Aérea lançou o KH-11, o primeiro satélite digital. Às 15h15 de 21 de janeiro, um dia depois da posse de Jimmy Carter, Hank Knoche, diretor da CIA em exercício, reuniu-se com Carter e Zbigniew Brzezinski, seu assessor de segurança nacional, na Sala dos Mapas da Casa Branca. Knoche espalhou na mesa um punhado de fotos em preto e branco. Eram as primeiras fotos ao vivo tiradas do espaço. Mostravam a cerimônia de posse do presidente. Melhor do que quaisquer palavras num memorando, as fotos explicaram o salto quântico de Land. Agora os Estados Unidos podiam ver acontecimentos no mundo inteiro "bem de pertinho, praticamente enquanto ocorrem, como um anjo faria".

A disponibilidade de informações visuais em tempo real mudou o modo como os Estados Unidos podiam reagir a crises, direcionar operações de segurança nacional e analisar tratados de controle de armas. A sensibilidade muito maior dos CCDs, quando comparada à dos filmes, forneceu imagens que excediam e muito o que seria possível com satélites baseados em filmes: os chips podiam registrar a placa de um caminhão em vez de apenas o contorno de uma cidade. Sob muitos pontos de vista, os mais de 300 satélites geradores de imagens digitais lançados pelo NRO provaram ser a fonte mais valiosa de informações obtidas pelos Estados Unidos nos últimos 60 anos.

Land não foi surpreendido pela fotografia digital. Ele defendeu essa missão lunática diante do presidente dos Estados Unidos. E fez isso antes que houvesse qualquer outra pessoa no jogo. Em 1988, numa cerimônia em homenagem a Land, William Webster, diretor da CIA, declarou: "As contribuições do Dr. Land à segurança nacional são inúmeras e a influência que teve em nossa capacidade atual de obter informações é inigualável."

Então, o que aconteceu com a Polaroid? Por que Land não pulou no barco digital com sua própria empresa, não aproveitou o impulso de suas ligações com o serviço nacional de inteligência e não usou essa vantagem para chegar na frente de Sony, Canon e Nikon?

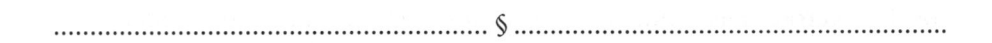

.... § ....

A PAIXÃO

A Armadilha de Moisés: quando as ideias só avançam ao bel-prazer de um líder sagrado, que age por amor às missões lunáticas, e não pela força da estratégia

A conhecida história do declínio dos Golias de um setor começa com décadas de sucesso, depois das quais a empresa antiga e orgulhosa fica estagnada. Ela perde o apetite. Uma jovem iniciante, um pequeno Davi, surge e mata o gigante lento com uma arma inesperada. É uma nova ideia ou tecnologia que todos os outros ignoraram. Algum tipo de missão lunática.

Os Golias construídos por Edwin Land, Juan Trippe e, como veremos no próximo capítulo, Steve Jobs 1.0 não se encaixam nesse quadro. Land, Trippe e Jobs eram todos mestres inovadores do tipo P que *nunca* perderam o apetite, o gosto por projetos arriscados e audaciosos. Seus Golias desapareceram (ou quase desapareceram, no caso de Jobs) porque os três seguiram o mesmo padrão rumo à mesma armadilha.

Cada um desses líderes visionários desenvolveu um criadouro brilhante de missões lunáticas: cumpriram a primeira regra de Bush-Vail, a separação de fases. Mas permaneceram como juiz e júri das ideias novas. Ao contrário de Bush e Vail, que viam seu papel como o de jardineiros que cuidavam do contato e do equilíbrio entre missões lunáticas e franquias, incentivando a transferência e o intercâmbio, aqueles três mestres inovadores do tipo P se viam como Moisés erguendo o cajado e consagrando a missão lunática escolhida. Em outras palavras, erraram na segunda regra de Bush-Vail: o equilíbrio dinâmico.

Vejamos o que aprendemos sobre a Armadilha de Moisés e como ela seduz até os melhores dentre os melhores.

Primeiro: O perigoso círculo virtuoso ganha ímpeto

As missões lunáticas do tipo P alimentam uma franquia crescente, que por sua vez alimenta mais missões lunáticas do tipo P. Os novos motores ajudaram Trippe a voar mais longe e mais depressa com mais passageiros. Isso gerou mais renda, que alimentou o projeto de motores maiores e mais rápidos. As fotos em preto e branco de revelação instantânea se tornaram fotos coloridas de revelação instantânea, que criaram uma imensa demanda popular, que financiou a SX-70, com fotos mais rápidas, incentivando mais fotos, que alimentaram uma expansão ainda maior. Mais, melhor, mais rápido.

Segundo: Os antolhos da franquia enrijecem

Só aquelas missões lunáticas do tipo P que continuam a fazer a roda girar têm importância. Trippe viu as novas maneiras de fazer negócios, as missões lunáticas do tipo E de Bob Crandall e outras grandes companhias aéreas e de companhias locais de baixo custo como a Pacific Southwest Airlines – mas as ignorou.[10] Além de ver a fotografia digital, Edwin Land mergulhou fundo nela. Mas a ignorou em sua empresa a favor do Polavision. O filme instantâneo continuava a fazer girar a roda da revelação instantânea. A fotografia digital, não.

A missão lunática do tipo P da fotografia digital derrubou a Polaroid. Mas houve mais coisas aí. Essa nova tecnologia vinha com missões lunáticas ocultas do tipo E. Land, como acabamos de ver, compreendia perfeitamente a tecnologia. Ele embarcou em seu potencial e defendeu seu valor diante de generais e líderes políticos dos mais altos escalões antes que qualquer um no setor tivesse ouvido falar dela.

Land e sua equipe administrativa desdenharam a fotografia digital porque, durante 30 anos, tinham ganhado dinheiro vendendo filmes: as câmeras geravam muito menos receita do que os cartuchos de revelação instantânea. Com a fotografia digital não havia filme. "Não há como ganhar dinheiro com isso", disseram. Land desdenhou a nova tecnologia porque não procurou as missões lunáticas ocultas do tipo E: todas as maneiras pelas quais a fotografia digital poderia habilitar novas fontes de receita. Em outras palavras, assim como Juan Trippe, ele se apoiou em seu lado forte – as missões lunáticas de tipo P – e não cuidou do lado fraco: as missões lunáticas do tipo E.

Terceiro: Moisés fica todo-poderoso e consagra missões lunáticas por decreto

Bush e Vail gerenciaram a *transferência*, e não a *tecnologia*. Preocupavam-se com o contato e o equilíbrio entre missões lunáticas e franquias. Land, por outro lado, foi "o principal porta-voz e animador de torcida" do projeto Polavision.

Um dos admiradores de Land, que comandou vários grupos de pesquisa na Polaroid durante 20 anos na empresa, escreveu sobre ele:

> Ele era o chefe não só no sentido empresarial como também na área de pesquisa, e suponho que isso tenha ficado mais claro com o passar do tempo. Além de presidente do conselho administrativo e presidente executivo, ele também tinha o título de diretor de pesquisa – o que indicava

onde estava seu verdadeiro interesse. Suas decisões de pesquisa sempre seriam determinantes, nunca as minhas.

Pouco depois do fracasso do lançamento do Polavision e do fim do produto, Land levou um projetista autônomo de iluminação para visitar um depósito cheio de câmeras de cinema instantâneo. O projetista perguntou por que Land o levara para ver "essa triste paisagem".
Land respondeu: "Queria que você visse qual é a imagem da arrogância."

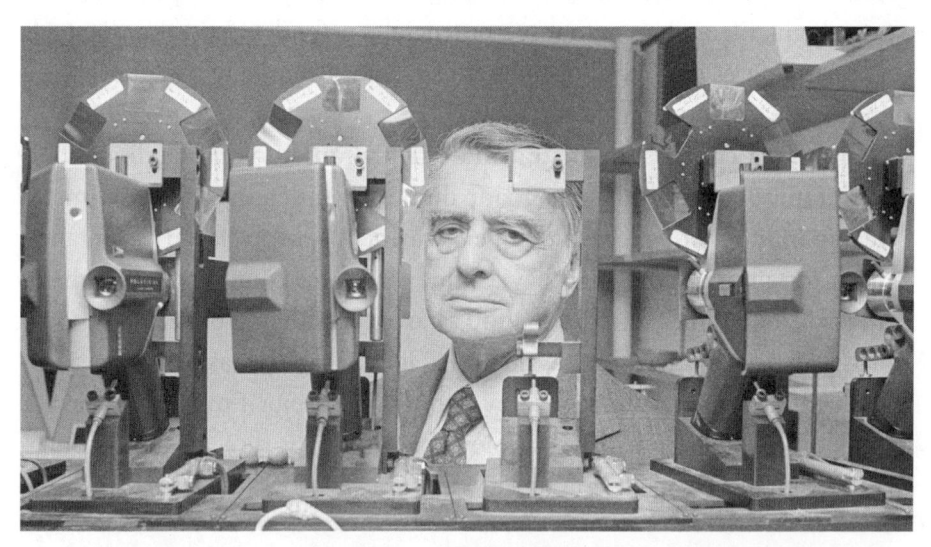

Land e suas máquinas Polavision

★ ★ ★

No Capítulo 1 usamos o diagrama mostrado a seguir para ilustrar o que Bush e Vail realizaram. Eles levaram organizações envelhecidas, com franquias orgulhosas que se estagnavam rapidamente, para o quadrante superior direito. Grupos de pesquisa e franquia igualmente fortes (separação de fases) trocavam continuamente projetos e ideias, sem que nenhum dos lados superasse o outro (equilíbrio dinâmico).
Land e Trippe tiveram sucesso em sair do quadrante inferior esquerdo, mas só até o inferior direito, diretamente para a Armadilha de Moisés.
Land isolou do resto da empresa seu criadouro de missões lunáticas. Baniu Bill McCune, chefe de engenharia, assim como todo mundo que não

estivesse diretamente envolvido em sua pesquisa, de seu laboratório privado no nono andar. Seu criadouro produziu descobertas em nível de prêmios Nobel. O grupo de franquia vendeu milhões de câmeras. Mas era Land que controlava completamente quais missões lunáticas surgiriam, em que momento e sob quais condições.

Passar para o quadrante inferior direito adia mas não impede a transição de fase e o declínio. Um Moisés pode apontar para uma missão lunática e lhe soprar vida. Mas essa magia só dura pouco tempo até a roda parar de girar.[11]

A escola austro-germânica do fatalismo (Spengler, Schumpeter) diz que o declínio é inevitável. Os impérios sempre se petrificarão, sempre surgirá um Davi para matar Golias e assim por diante. Esse ciclo de destruição criativa é verdadeiramente inevitável? O que o império deve fazer?

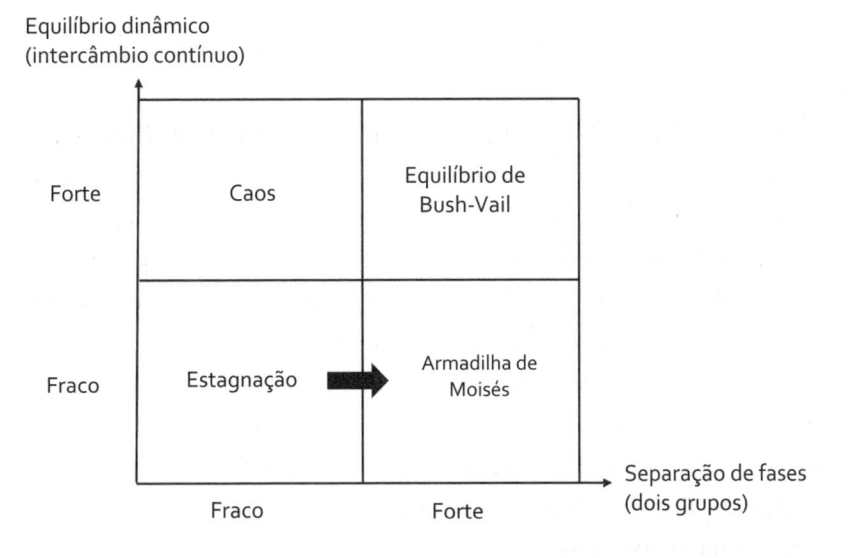

	Fraco	Forte
Forte	Caos	Equilíbrio de Bush-Vail
Fraco	Estagnação	Armadilha de Moisés

Eixo vertical: Equilíbrio dinâmico (intercâmbio contínuo)
Eixo horizontal: Separação de fases (dois grupos)

Bush e Vail compreenderam que o ciclo do Juízo Final *não é* inevitável e que a maior probabilidade de obter criatividade e crescimento renováveis e sustentáveis vem de levar a empresa para o quadrante superior direito: fases separadas conectadas por um equilíbrio dinâmico.

Mas como chegar lá?

5

Como escapar da Armadilha de Moisés

*Buzz e Woody resgatam um 747, inventam o iPhone
e explicam a mentalidade de sistema*

"Steven P. Jobs está de volta", declarou o *The New York Times* em 13 de outubro de 1988 ao descrever o lançamento do primeiro produto da nova empresa de Jobs, a NeXT Inc. Três anos antes, Jobs se separara, num divórcio feio, da empresa que ajudara a fundar: a Apple Computer.

Três mil pessoas se reuniram no Davies Symphony Hall, em São Francisco, para ver Jobs apresentar o computador NeXT.

"Acho que vamos vivenciar juntos um daqueles momentos que só ocorrem uma ou duas vezes por década na computação", anuncia Jobs, dando início ao evento. Ele usa um terno escuro e largo, gravata estreita, cabelo despenteado. "Esta é uma revolução", diz.

A reportagem continua:

O Sr. Jobs é conhecido pelas apresentações dramáticas dos produtos, e ele e sua empresa aproveitaram o intenso interesse da comunidade da informática por ele e por sua nova máquina.

Sozinho no palco escuro, com apenas o computador e um vaso de flores, uma tela imensa atrás de si, ele levava a nova máquina enquanto andava. Demonstrou que ela podia gravar e enviar mensagens de voz, tocar música com qualidade de CD e encontrar citações instantaneamente nas obras completas de Shakespeare armazenadas em seu disco óptico.

Para encerrar as duas horas de demonstração de processadores, portas e programação orientada a objetos, Jobs une os dedos compridos na posição de saudação zen e faz uma pausa.

"Um de meus heróis sempre foi o Dr. Edwin Land, o fundador da Polaroid", declara. "Ele disse que queria que a Polaroid ficasse na interseção entre arte e ciência. Sentimos o mesmo sobre o NeXT. E, de todas as coisas que vivenciamos juntos aqui hoje, acho que a que mais se aproxima da alma é a música."

Com isso, Jobs apresenta Dan Kobialka, violinista da Orquestra Sinfônica de São Francisco. Kobialka se aproxima do computador NeXT, dá umas batidinhas brincalhonas nele com o arco e começa um trovejante dueto de cinco minutos. A máquina se une ao homem no *Concerto para Violino em lá menor* de Bach. Quando Kobialka termina e ergue os olhos, um terceiro refletor ilumina Jobs segurando uma rosa vermelha. A multidão explode, aplaudindo de pé.

Substitua o violinista por uma dançarina de chapéu vermelho e temos o lançamento do Polavision.

OITO MEGABYTES DE SATISFAÇÃO SEXUAL

A imprensa popular derramou-se em elogios. A capa da *Newsweek* declarou que Jobs "devolveu o 'uau' aos computadores". O *Chicago Tribune* observou que o evento era "para as apresentações de produtos o que o Concílio Vaticano II foi para as reuniões da Igreja". Outra manchete dizia, simplesmente: "Oito megabytes de satisfação sexual!" O lançamento também inspirou muito deboche. Quando perguntaram a Bill Gates se a Microsoft criaria softwares para a nova máquina, ele não demonstrou interesse e desdenhou a tecnologia ("Qualquer um pode mandar um cheque para a Sony") e o projeto esguio e todo preto ("Se você gosta de preto, eu lhe arranjo uma lata de tinta").

Cinco meses depois do lançamento, a NeXT anunciou uma parceria com o maior varejista de computadores dos Estados Unidos, a Businessland. David Norman, presidente da rede de lojas, previa 150 milhões de dólares em vendas nos primeiros 12 meses, um número sem precedentes. Um funcionário da Businessland descreveu a cena com os gerentes de vendas pouco depois de uma reunião com Steve Jobs: "Imagine adultos crescidos e inteligentes em pé nas cadeiras, gritando de tão empolgados."

Para construir as máquinas, Jobs insistiu numa fábrica de vanguarda, totalmente automatizada, com paredes e iluminação de galeria de arte, banheiros com belo design e móveis de couro. Um jornalista descreveu a fábrica como digna da capa da revista *Architectural Digest*.

A IBM e a Apple vendiam milhões de computadores pessoais por ano. A Sun vendia mais de 100 mil estações de trabalho por ano. Jobs projetou sua fábrica para vendas de bilhões de dólares. No decorrer de um ano, a Businessland vendeu menos de 400 máquinas NeXT.

Como o Polavision e o Boeing 747, o NeXT Cube era uma máquina bonita, tecnologicamente extraordinária e caríssima – só que sem compradores. Os novos drives ópticos tinham uma memória várias vezes maior que a dos discos magnéticos ou a dos disquetes. Mas os concorrentes ofereciam mais conveniência, aplicativos mais úteis e custo mais baixo. O resumo do Polavision – "esse produto tem muito mais apelo científico e estético do que importância comercial" – aplicava-se igualmente ao computador NeXT.

"Vimos uma tecnologia nova e tomamos a decisão de apostar nossa empresa nela", anunciou Jobs no lançamento, falando dos discos ópticos. Scott McNealy era presidente executivo da Sun, um dos principais concorrentes da NeXT. McNealy reconheceu que máquinas de 10 mil dólares não eram compras de impulso influenciadas por faiscantes eventos de marketing e design elegante. Os grandes clientes que poderiam pagar por elas queriam máquinas práticas, com peças intercambiáveis e hardware confiável.

Jobs falava por amor às missões lunáticas. McNealy agia com a força da estratégia. A Sun chegou a mais de 3 bilhões de dólares em vendas. Dois anos depois do lançamento, a Businessland, varejista parceira da NeXT, fechou as portas. Sua grande aposta no NeXT não foi o único golpe, mas contribuiu.

Em abril de 1991, dois sócios de Jobs deixaram a NeXT. Em junho, Ross Perot, o maior investidor individual da NeXT, saiu do conselho de administração dizendo: "Eu não deveria ter dado tanto dinheiro a vocês, rapazes. O maior erro que cometi." Nos meses seguintes, a empresa fez empréstimos bancários para cobrir a folha de pagamento. Com a NeXT à beira da falência, Jobs procurou sua parceira e maior investidora, a empresa japonesa Canon, que fabricava tanto o disco óptico do computador quanto sua impressora. A Canon preencheu um cheque e fez isso de novo mais duas vezes no ano seguinte até que, finalmente, deu um basta. No início de 1993, quase todos os vice-presidentes da empresa, inclusive todos os cinco sócios originais de Jobs, tinham saído.

Um artigo da *Forbes* afirmou: "Há pouquíssimos milagreiros no mundo dos negócios, e agora está claro que Steve Jobs não é um deles."

QUANDO MOISÉS DOBRA A APOSTA

Os fatos da saída forçada de Jobs da Apple em 1985 e seu caminho até a encrenca da NeXT já foram bem delineados. Em 1975, Steve Wozniak combinou microprocessador, teclado e tela num dos primeiros computadores pessoais. Jobs convenceu Wozniak a largar o emprego e abrir uma empresa. No entanto, depois de algum sucesso inicial com os Apple I e II, os concorrentes logo a ultrapassaram. Em 1980, a Atari e a Radio Shack (TRS-80) venderam cerca de sete vezes mais computadores do que a Apple. Em 1983, a Commodore dominava o mercado com o IBM PC, lançado apenas dois anos antes. A participação da Apple no mercado tinha caído para menos de 10% e encolhia rapidamente.

As tentativas da empresa de voltar aos refletores com o Apple III e o Lisa, projetos comandados por Jobs até ele perder o interesse (num dos casos) ou ser chutado (no outro), foram frustradas. No início de 1984, o lendário anúncio de um novo produto Apple chamado Macintosh durante o Super Bowl, a final do campeonato nacional de futebol americano, criou uma publicidade tremenda e um surto inicial de vendas. Mas o computador era dolorosamente lento, não tinha disco rígido e superaquecia com frequência (Jobs insistira em não usar ventoinhas, para mantê-lo silencioso). Num ano em que a IBM e a Commodore venderam mais de 2 milhões de computadores cada, as vendas do Macintosh minguaram para menos de 10 mil por mês.

No entanto, ainda mais perigosa para o futuro da empresa do que a série de fracassos era a série de êxitos.

A saída de um grande número de funcionários assinala uma disfunção grave. Como já mencionado, depois de fundar o laboratório que se tornaria a Bell Labs, Theodore Vail disse que nenhum grupo "pode ser ignorado ou favorecido às custas dos outros sem desequilibrar o todo". Vannevar Bush, durante a Segunda Guerra Mundial, aproveitou todas as oportunidades que teve para enfatizar seu respeito pelos militares, embora passasse quase todo o tempo com cientistas como ele. Porém amar igualmente seus grupos de missão lunática e de franquia exige superar as preferências naturais. Artistas tendem a favorecer artistas. Soldados tendem a favorecer soldados.

Pública e orgulhosamente, Jobs chamava os membros da equipe que trabalhava no Macintosh de "artistas". E chamava o resto da empresa que desenvolvia a franquia Apple II de "bozos". Os engenheiros do Apple II passaram a usar bótons com um círculo e uma linha passando sobre uma imagem do palhaço Bozo. Wozniak era amplamente amado na empresa e no setor. Ele se demitiu, queixando-se abertamente dos ataques desmoralizantes.[1] As saídas do grupo do Apple II se tornaram tão comuns que uma piada dizia: "Quando seu chefe ligar, não esqueça de gravar o nome dele." A toxicidade se espalhou. Logo projetistas importantes do lado Macintosh também começaram a ir embora.

Não demorou para que a diretoria da Apple e John Sculley, o presidente executivo recém-contratado, concluíssem que a disfunção não era sustentável. No segundo trimestre, Jobs foi privado de responsabilidade operacional. Ele discutiu com os diretores a ideia de ficar e criar uma pequena unidade para desenvolver novas tecnologias de que ouvira falar – telas sensíveis ao toque; monitores de tela plana; um computador gráfico superpoderoso de um grupo de engenheiros peculiares de Marin County, logo ao norte de São Francisco. No final das contas, porém, Jobs decidiu partir. Ele se demitiu oficialmente para abrir a NeXT em setembro de 1985.

No entanto, a ideia de um computador gráfico superpoderoso permaneceu com ele.

Depois que Jobs saiu da Apple, a equipe remanescente, comandada por John Sculley, consertou os defeitos mais gritantes do Macintosh. Restauraram a ventoinha, acrescentaram um disco rígido e aumentaram a memória (o que melhorou a velocidade). As vendas cresceram e o produto virou um sucesso. Logo Jobs foi louvado retroativamente como um mestre inovador de produtos. Criara o Apple II e o Macintosh. Levara às massas a computação pessoal, a interface gráfica e o mouse. As revistas *Playboy* e *Rolling Stone* o entrevistaram. Ele foi capa da *Time*, da *Newsweek* e da *Fortune*. A revista *Inc.* o chamou de Empresário da Década.

Quando a NeXT começou a ter dificuldades, ainda que a estrela de Jobs estivesse em ascensão, vários funcionários da empresa, além de executivos da Compaq e da Dell, lhe deram uma ideia: sair do hardware. O software do NeXT era excelente. Sua interface gráfica e as ferramentas de programação eram mais elegantes e poderosas do que o DOS e o primeiro Windows da Microsoft. Jobs poderia oferecer aos fabricantes de PC uma alternativa à Microsoft, algo que eles desejavam ardentemente. Em troca, os fabricantes de PC poderiam oferecer ao NeXT algo de que ele precisava e muito: um futuro.

A ideia de passar de hardware a software era uma missão lunática clássica do tipo E. Jobs chegara à fama vendendo hardware. Mais, maior e mais veloz todo ano. Os astros da época – IBM, DEC, Compaq, Dell – vendiam máquinas reluzentes marcadas com seus logotipos famosos. Todo mundo sabia que não havia como ganhar dinheiro com software; o dinheiro estava no hardware.

E dezenas de reportagens louvavam Jobs como o mestre inovador do tipo P de sua geração. Assim como Edwin Land e Juan Trippe antes dele.

Abandonar o hardware? Não esse Moisés.

Na verdade, Jobs já dobrara sua aposta. Pouco depois de sair da Apple, ele voltou a entrar em contato com a equipe de engenheiros de Marin County que desenvolvia um computador gráfico. Por que apostar apenas numa máquina maior e mais veloz se você podia ter duas? Ele comprou a empresa deles e os deixou em paz para construir um computador ainda mais poderoso do que o NeXT.

Jobs não fazia ideia de que aqueles engenheiros conheciam o segredo para resgatá-lo da Armadilha de Moisés. E não teria nada a ver com sua máquina.

ISAAC NEWTON X STEVE JOBS: UM BREVE INTERLÚDIO

Os relatos de grandes descobertas tendem a se aglutinar em torno de uma pessoa, um gênio e, com frequência, de um momento. Essas histórias são divertidas de contar e fáceis de digerir. Às vezes são verdadeiras. O mais comum é conterem um núcleo de verdade mas omitirem um quadro muito mais rico e interessante.

Isaac Newton, por exemplo, costuma ser louvado por descobrir a gravitação universal, explicar o movimento dos planetas e inventar o cálculo. Mas, bem antes dos *Principia* de Newton, foi Johannes Kepler quem primeiro sugeriu a ideia de uma força do Sol que comandava o movimento dos planetas, Robert Hooke quem primeiro sugeriu um princípio de gravitação universal, Christiaan Huygens quem mostrou que o movimento circular gera uma força centrífuga, muitos que usaram a lei de Huygens para derivar a hoje conhecida fórmula da gravidade, Giovanni Borelli quem explicou o movimento elíptico das luas de Júpiter usando as forças gravitacionais, John Wallis e outros que criaram a matemática diferencial que Newton usou e Gottfried Leibniz quem inventou o cálculo na forma que usamos hoje. Essa história é mais difícil de contar do que a da maçã caindo na cabeça de Newton.

Hooke indicou a Newton de que modo a gravidade poderia explicar o movimento planetário. As sugestões de Hooke puseram Newton no caminho de sua obra-prima, os *Principia*.[2] Embora sugerisse alguma das ideias iniciais, Hooke não tinha a capacidade para criar um sistema completo. Newton tinha. Ele era um grande sintetizador, assim como Jobs.

Isaac Newton tinha Robert Hooke. Steve Jobs tinha Jef Raskin. Robert Hooke, nas horas vagas, projetou asas voadoras como as de morcego, desenvolveu sapatos com molas para saltitar em Londres com pulos de 3,5 metros e investigou os usos da maconha ("o paciente não entende nem recorda coisa alguma que viu... mas está muito alegre").[3] Jef Raskin, nas horas vagas, projetou e construiu kits de aviões de controle remoto, ensinou cravo, regeu uma companhia de ópera e registrou patentes de projetos de embalagem. Como Hooke, Raskin era meio amador, com múltiplos interesses.

Em 1967, Raskin, então um engenheiro de 24 anos, apresentou uma tese de doutorado defendendo que os computadores deveriam ter interface gráfica e que sua usabilidade era mais importante do que a eficiência. Ambas eram ideias radicais na época em que os mainframes monolíticos dominavam o cenário. No início da década de 1970, Raskin, como pesquisador visitante, foi parar em Stanford e no Xerox PARC. No PARC, viu cientistas criarem o primeiro computador pessoal habilitado para gráficos, o Alto, com tela em matriz de bits, interface gráfica, ícones e um mouse. (O PARC não conseguiu comercializar nenhuma dessas tecnologias. Saiba mais sobre o PARC como exemplo de como *não* escapar da Armadilha de Moisés no resumo do fim deste capítulo.)

Raskin entrou na Apple em 1978, um ano após Jobs e Wozniak abrirem a empresa. Não muito tempo depois, ele lançou o projeto de criar um computador fácil de usar, barato, compacto e habilitado para gráficos baseado no Alto. Chamou o projeto de Macintosh. Jobs e outros na Apple tentaram encerrar o projeto, e Raskin os incentivou a visitar o Xerox PARC e ver com os próprios olhos. Eles foram e mudaram de ideia. Um tempo depois, Jobs pôs Raskin de lado e assumiu o projeto.

Raskin lançou o projeto original do Macintosh e sugeriu a Jobs algumas ideias centrais. Mas ele não tinha a capacidade para desenvolver essas ideias num sistema completo. Jobs tinha. Ele era um grande sintetizador.

Newton e Jobs também trataram seus precursores de maneira parecida. Newton tentou esmagar Hooke e enterrar suas contribuições (inclusive, supostamente, perdendo o único retrato conhecido dele). Newton descreveu Hooke, numa linguagem que se manteve por três séculos, como "um homem de temperamento estranho e insociável". Jobs descreveu Raskin como "um idiota de merda".

Numa entrevista depois da morte de Jobs, Bill Gates disse: "Steve e eu sempre receberemos mais crédito do que merecemos, porque senão a história fica muito complicada." E acrescentou: "Mas a diferença entre ele e os mil seguintes, sabe... não é como se Deus nascesse e descesse da montanha com as tábuas." Acredito que Gates tenha misturado as metáforas de Jesus e Moisés. Mas o que disse ficou claro.

"E ele desceu da montanha com as tábuas"

As histórias mais ricas fazem mais do que corrigir os resumos caricatos – Newton descobriu a gravidade; Jobs criou o Mac – ou humanizar divindades.⁴ Elas nos ajudam a entender de que modo as forças do gênio e do acaso se juntam para produzir grandes descobertas. As histórias verdadeiras, mais do que as revisionistas, contêm as pistas com as quais aprendemos a fazer as forças do gênio e do acaso funcionarem a nosso favor em vez de contra nós.

A primeira dessas pistas, no caso de Steve Jobs, apareceu aos 36 minutos de um filme de 1976 estrelado por Peter Fonda e Blythe Danner.

OPERAÇÃO TERRA

Local: cabine de espaçonave. Cenário: década de 1970. Muitos computadores com luzes piscando.

Cientista 1, de jaleco branco, entra no quadro. Voz monótona de computador: "Leitura hialina e sinovial registrada."

```
Cientista 1: Situação?
Cientista 2, sentado, examinando o monitor: Estamos
completando a série geral do corpo. Começaremos os
estudos moleculares daqui a uma hora.
1: Tudo bem. Alterou a comida?
2: Sim, senhor. Teremos 4 a 6 horas.
1: Quero todas as radiografias térmicas e os estudos
eletroquímicos terminados até a noite.
2: Não é muito tempo.
1: Vai ter que bastar. O Sr. Browning está ficando
curioso demais.
2: Tenho um holograma na tela. Reestruturando.
```

A imagem branca, translúcida e tridimensional de uma mão esquerda aparece, os dedos estendidos para cima, e gira devagar. Os três dedos mais à esquerda se dobram. Então o pulso se dobra para baixo, o polegar se fecha e a mão gira até o indicador apontar diretamente para fora da tela, para você, espectador.

Em 2011, a Biblioteca do Congresso escolheu esse trecho como um dos 25 a serem acrescentados ao Registro Nacional do Cinema. Não o filme em si, *2003: Operação Terra* – que, de certo modo, reuniu numa só película robôs sexuais, cenas de justas medievais e Yul Brynner vestido como um caubói gay –, mas a mão tridimensional. A mão giratória foi a primeira imagem tridimensional gerada por computador a aparecer num filme. Foi feita por um estudante de física que virou programador de gráficos computadorizados na Universidade de Utah chamado Ed Catmull.

As disciplinas acadêmicas tendem a florescer em campi diferentes em épocas diferentes, como *flash mobs*. Na década de 1970, um grupo de jovens pioneiros da computação gráfica surgiu no campus da Universidade de Utah: Jim Clark, que criaria a Silicon Graphics; Nolan Bushnell, que iniciaria a Atari; John Warnock, que criaria a Adobe; e Alan Kay, que ajudaria a criar o primeiro computador habilitado para gráficos, o Alto, na Xerox. Junto a eles estava Catmull, um mórmon comedido e estudante de pós-graduação que seria um dos fundadores da maior empresa de animação de sua época.

Em Utah, Catmull criou a mão tridimensional para um projeto de aula. Ele e seu orientador de tese, um pioneiro dos gráficos chamado Ivan Sutherland, a levaram à Disney. Walt Disney tinha sido um ídolo de infância de Catmull, que sonhara em trabalhar com animações para a empresa. Ele se aproximou do prédio da animação como se visitasse um santuário. No entanto, Disney não se interessou pela tecnologia. E não houve oferta de emprego para Catmull.

Na década seguinte, a Disney, um império construído sobre a animação, desdenharia uma série extraordinária de tecnologias de animação inventadas por ex-alunos de computação gráfica de Utah; assim como a Xerox, império construído sobre a produtividade nos escritórios, desdenharia uma série extraordinária de missões lunáticas que transformaram a produtividade nos escritórios, inventadas por sua subsidiária Xerox PARC.

Enquanto isso, Catmull terminou seu doutorado e precisava de emprego. Ele inventou uma importante ferramenta matemática para mapear imagens e texturas sobre objetos, capaz de projetar uma imagem de Mickey Mouse, digamos, na superfície de uma bola de tênis. Criou a primeira imagem animada tridimensional a aparecer no cinema. Mas parecia que ninguém estava interessado. Catmull tinha 29 anos, era casado e pai de um menino de 2 anos. Acabou em Boston, numa empresa de softwares.

Até que um homem telefonou para falar de uma tuba.

DE TUBBY A PIC

Na década de 1960, Alex Schure, um milionário excêntrico que falava depressa, adquiriu um punhado de mansões perto do litoral norte de Long Island, no estado de Nova York, e as transformou no campus de uma escola técnica particular que chamou de Instituto de Tecnologia de Nova York (NYIT). A princípio, a escola pretendia atender a quem não conseguisse se matricular em outro lugar. Como muitos alunos precisavam de auxílio em matemática, Schure contratou um desenhista de quadrinhos para ilustrar as aulas da matéria. Deu tão certo que ele recrutou animadores para converter os desenhos em um filme. O filme ganhou medalha de ouro no Festival Internacional de Filmes para TV de Nova York. Como tendem a fazer os milionários excêntricos com um sucesso, Schure concluiu que era um especialista, um cineasta comprovado. Ele escreveria, dirigiria e produziria seu próximo projeto. E o chamou de *Tubby, a Tuba*.

Schure contratou 100 animadores para começar a trabalhar em *Tubby*, mas logo percebeu que desenhar cada quadro a mão era um processo chato e meticuloso. A busca de uma tecnologia melhor para *Tubby* o levou a Utah, que o levou a Catmull e a um telefonema. Catmull aceitaria uma grande quantia para montar um laboratório de pesquisa independente, contratar uma equipe, comprar o equipamento que fosse necessário, sem compromisso, só para desenvolver uma tecnologia de animação excepcional? Catmull largou o emprego e foi trabalhar com Schure em Long Island.

Um dos primeiros contratados de Catmull foi Alvy Smith, um texano grande de cabelo comprido com doutorado em ciência da computação. De-

Tubby, a Tuba

pois de dar aulas na Universidade de Nova York durante cinco anos, Smith decidiu largar a vida acadêmica e se mudar para Berkeley, na Califórnia, sem planos. Acabou indo parar no Xerox PARC, onde trabalhou em monitores coloridos e software gráfico (a primeira ferramenta de pintura em computador também foi desenvolvida no PARC). Menos de um ano depois, porém, a Xerox encerrou o projeto e o deixou partir. Seu supervisor explicou: "A cor não faz parte do escritório do futuro."

Nesse meio-tempo, Smith tinha se viciado no potencial da computação gráfica. Estava desesperado para dar um jeito de voltar ao setor. Logo ouviu falar de "um doido em Long Island" que estava montando um laboratório. Smith gastou o último dinheiro que tinha numa passagem de avião, visitou o NYIT e foi imediatamente contratado. O mórmon de Utah e o hippie do Texas se instalaram na garagem de dois andares e quatro carros convertida em laboratório e começaram a construir o mais avançado laboratório de computação gráfica do país. Isso marcou o início de uma dinastia da computação gráfica, "o casamento entre a casa de Xerox e a casa de Utah", escreveu Smith.

Na primavera de 1977, numa sala de cinema privativa em Manhattan, Alex Schure revelou com orgulho seu filme terminado à equipe. No fim da apresentação, um dos animadores disse baixinho: "Meu Deus, desperdicei dois anos da minha vida." Catmull descreveu o filme como um desastre de trem. A produção era amadora. Catmull e Smith viram que Schure não tinha talento para roteiro nem para personagens. Reconheceram que o milionário não seria nenhum Walt Disney e que seu sonho de filmes gerados em computador capazes de rivalizar com imagens filmadas jamais sairia daquela garagem.

Felizmente, pouco depois outro magnata que buscava uma tecnologia melhor para seus filmes telefonou. Seu longa tinha estreado uma semana depois de *Tubby* e ele já trabalhava numa continuação muito esperada. Mas desenhar sabres de luz à mão, quadro a quadro, duelo a duelo, estava levando tempo demais.

O litoral de Long Island tremeu quando o grupo de computação gráfica abandonou o criador de *Tubby* e o trocou pelo ídolo dos *geeks* do mundo inteiro, o criador de *Star Wars*. A equipe se reinstalou num prédio de escritórios comum em Marin County, na Califórnia, lar da produtora de cinema de George Lucas. Nos cinco anos seguintes, a Lucasfilm Computer Division, como logo passaram a ser conhecidos, originou boa parte dos softwares e equipamentos que transformaram o cinema nos últimos 40 anos: renderização tridimensional, edição digital, escaneamento óptico, impressão de filme a laser e, é claro, as imagens extremamente realistas geradas por computador – *computer-generated imagery*, ou CGI.

O poderoso computador gráfico construído pelo grupo Lucasfilm para criar esses efeitos precisava de um nome. Smith sugeriu "Pixer", de pixel + laser. Um colega do grupo gráfico sugeriu algo mais *high-tech*, como radar, ou astronômico, como quasar ou pulsar. Então chegaram a Pixar Image Computer, que logo passou a ser chamado simplesmente de PIC.

★ ★ ★

Em 1985, enquanto Steve Jobs estava no meio de seu infeliz e prolongado afastamento da Apple, seu colega Alan Kay sugeriu que ele desse uma olhada no PIC. Kay fora um dos pioneiros da computação pessoal no Xerox PARC antes de entrar na Apple. Tinha trabalhado com Catmull em Utah e com Smith na Xerox. Soubera por eles que Lucas, que se divorciara recentemente e precisava de dinheiro, estava tentando vender o grupo.

Jobs andava fazendo planos para o NeXT, mas de repente havia o PIC. Era grande, rápido, poderoso e extremamente sedutor (o grupo trabalhara com *os dois*, George Lucas e Steven Spielberg). Também era caríssimo: uma máquina de 100 mil dólares. No último trimestre de 1985, numa entrevista ao *The Wall Street Journal*, Lucas explicou os muitos usos potenciais do PIC: imagens na radiologia, exploração de petróleo e gás, projeto de automóveis e assim por diante. "O setor cinematográfico é um mercado minúsculo comparado a outros com os quais estamos envolvidos agora", disse ele.

"É como se projetássemos um carro de corrida sofisticadíssimo, capaz de realizar todo tipo de façanha complexa e espantosa na pista, e então descobríssemos que um segmento enorme da população quer usá-lo para ir trabalhar." Era uma boa história de um lendário contador de histórias que queria se livrar de uma empresa.

Jobs se convenceu. Primeiro tentou interessar os membros do conselho da Apple na compra do PIC para a empresa. Eles rejeitaram a ideia. Naquele mesmo verão, enquanto sua relação com a Apple se desintegrava, Jobs propôs a Catmull e Smith adquirir a empresa e administrá-la. Ao escutar Jobs, recordou Catmull, ficou claro que "sua meta era construir a próxima geração de computadores domésticos para competir com a Apple". Eles não tinham interesse nessa briga e recusaram.

Perto do fim de 1985, depois de quase duas dúzias de empresas (inclusive a Disney) recusarem, Doug Norby, presidente do estúdio de Lucas, decidiu que fecharia o grupo de computação no fim do ano se não encontrassem comprador. Felizmente, em novembro Catmull e Smith convenceram a Philips, empresa holandesa de eletrônica, que queria as aplicações médicas, e a fabricante de automóveis General Motors, que queria o negócio dos projetos auxiliados por computador, a comprarem conjuntamente o grupo de computação gráfica. No entanto, uma semana antes da assinatura o acordo se desfez. Ross Perot, chefe da divisão de informática da GM, liderara o impulso para adquirir o grupo. Bem na época do negócio, porém, a GM anunciou a aquisição da Hughes Aircraft por 5,2 bilhões de dólares. Perot ficou furioso e insultou a diretoria, tanto em particular quanto em público: "Como a GM vai justificar o gasto de bilhões na operação de um satélite de comunicação se não consegue nem montar um carro confiável?" Em troca, a diretoria da GM retirou o apoio à aquisição do grupo de computação (no ano seguinte, livraram-se de Perot).

Jobs soube do cancelamento da compra. Ligou para Norby e disse que ainda estava interessado. Jobs precisou convencer não só o chefe do estúdio de Lucas a lhe vender o grupo por um preço razoável como também Catmull e Smith a continuarem o projeto, trabalhando para ele. A essa altura, Jobs já abrira a NeXT. Ele disse a Catmull e Smith que poderiam comandar o próprio espetáculo. Ficariam em Marin County, algumas horas ao norte de Jobs e da NeXT. Catmull seria o presidente executivo. Catmull e Smith, que não tinham opção naquele momento, concordaram. Norby aceitou a oferta modestíssima de Jobs de comprar a unidade inteira.

Assim, Jobs se tornou o principal investidor e maior acionista da Lucasfilm Computer Division, que foi rebatizada de Pixar, Inc.

"Vejam o que Steve Jobs achou no cinema!", disse a manchete da *BusinessWeek*.

OS ANOS DO HIDRANTE

Jobs comprou o grupo pelo grande computador. "As imagens por computador explodirão nos próximos anos, assim como a supercomputação se tornou uma realidade comercial", disse ele ao anunciar a compra. "Toda essa coisa tem o mesmo sabor da indústria de PCs em 1978." Jobs encerrou o único projeto de filme em andamento na Pixar, dirigiu o grupo para abrir escritórios de vendas do PIC em sete cidades e acrescentou pessoal de venda de hardware, fazendo a empresa crescer de 40 para 140 funcionários.

Dois anos depois, menos de 200 máquinas tinham sido vendidas. A promessa do PIC se mostrou mais fantasia do que fato. Boa parte do trabalho de computação gráfica poderia ser feito usando o software da Pixar em estações de trabalho mais baratas e versáteis, como as feitas pela Sun ou pela Silicon Graphics. O hardware do PIC não era necessário. Em 1986, para destacar o potencial da animação gerada em computador, a Pixar criou seu famoso clipe *Luxo Jr*. O chefe de animação da Disney disse: "Luxo, a luminária, tinha mais emoção e humor num curta de cinco minutos do que a maioria dos filmes de duas horas." O clipe, hoje parte do logotipo da Pixar, foi feito em estações de trabalho em vez de no PIC.

Como o NeXT, como o Polavision, como o Boeing 747, o PIC era uma máquina linda, potente, absurdamente cara – sem compradores. Mais uma vez, o amor às missões lunáticas triunfara sobre a força da estratégia, como tinha acontecido com Juan Trippe e Edwin Land. Só que Jobs, ao contrário dos outros dois, dobrou a aposta na Armadilha de Moisés.

Depois de dois outros anos e mais de 50 milhões de dólares investidos, finalmente Jobs puxou a tomada do PIC. Em abril de 1990, a Pixar vendeu seu setor de hardware a uma empresa de tecnologia sediada na Califórnia, a Vicom Systems. A Vicom faliu pouco depois. Jobs encolheu a empresa de volta a 40 e poucos funcionários, demitindo todos os que insistira que a empresa contratasse.

A Pixar se esfarelava, a NeXT afundava e Jobs finalmente estava ficando sem dinheiro. Ele tentou encerrar o grupo de animação da Pixar, com apenas cinco funcionários, mas Catmull e sua equipe resistiram. Jobs tentou vender a Pixar, mas não conseguiu comprador em termos aceitáveis. Mais tarde ele descreveu essa época como estar "na merda até os tornozelos". Ficava em casa em vez de ir trabalhar.

Anos atrás, quando estava deprimido com as más notícias que eu e minha empresa tínhamos acabado de divulgar, um consultor que se aposentara depois de administrar por várias décadas uma grande empresa de capital aberto pôs o braço em meus ombros e disse: "Tem dias em que a gente é o cachorro. Tem dias em que é o hidrante." Para Jobs, esses foram os anos do hidrante.

No mundo da biotecnologia é comum as empresas iniciantes e esforçadas ganharem tempo vendendo ferramentas e serviços para as primas ricas muito maiores, as grandes empresas farmacêuticas. A meta é sobreviver o suficiente para a equipe interna criar um produto – um candidato a medicamento originalíssimo.

E foi exatamente o que a Pixar fez no mundo do cinema. Vendeu ferramentas e serviços a uma prima muito maior e mais rica, a Disney, e sobreviveu o suficiente para a equipe interna criar um produto originalíssimo.

No entanto, com a Pixar, Jobs não ganhou apenas tempo – e um produto que nunca esperaria –, mas uma ideia. Ele encontrou um jeito diferente de nutrir missões lunáticas.

BUZZ E WOODY SALVAM O DIA

Na noite anterior ao Dia de Ação de Graças de 1995, no cinema El Capitan, em Los Angeles, as luzes se apagaram e as cortinas se abriram para a animação de um astronauta de brinquedo chamado Buzz Lightyear e um caubói de brinquedo chamado Woody. *Toy Story*, da Pixar, primeiro longa-metragem totalmente gerado por computador, teve a maior bilheteria do país durante três semanas seguidas. O filme ainda tem uma pontuação de 100% no site de resenhas Rotten Tomatoes. Na época, o filme foi descrito como "visualmente espantoso", "o renascimento de uma forma de arte", "a aurora de uma nova era". Concebido e dirigido por John Lasseter, o mesmo artista por trás do clipe *Luxo Jr.* uma década antes, o filme deu início ao reinado de Catmull e Lasseter como os maiores animadores desde Walt Disney e deixou Jobs, que antes tentara se livrar da unidade de animação, *interessadíssimo* nessa nova forma de arte. O sucesso veio com outro efeito colateral: fez de Jobs um bilionário.

O filme foi o ápice de uma relação de 10 anos com a Disney. Enquanto ainda estavam na Lucasfilm, Catmull e Smith convenceram a Disney a comprar alguns PICs para automatizar a animação.[5] A Disney viu os clipes curtos da Pixar serem ovacionados em convenções de computação gráfica e concluiu que a equipe poderia fazer um longa-metragem. Em 1991, depois de não conseguir tirar Lasseter do grupo, a Disney assinou com a Pixar um contrato de três filmes. *Toy Story* foi o primeiro.

Nos meses anteriores à estreia, Jobs trabalhou com banqueiros para preparar a Pixar para a primeira oferta pública de ações. A preparação para a abertura de capital, entre outras coisas, consiste em redigir um prospecto, um documento distribuído entre investidores para descrever a empresa. A capa do prospecto da Pixar apresentava um sorridente Buzz Lightyear pulando da tela de um computador. Já redigi muitos prospectos e participei de muitos lançamentos de ações. Nenhum deles teve uma imagem gigante de um brinquedo adorável na capa. Nenhum teve um *timing* tão perfeito.

A oferta de ações da Pixar, uma semana depois da estreia do filme, explodiu num frenesi de investidores. A ação começou a ser comercializada 250% acima da estimativa inicial dos analistas. No fim do dia, a empresa estava avaliada em 1,5 bilhão de dólares. Jobs possuía 80% das ações. Sua participação valia 1,2 bilhão de dólares. Pouco antes, sua capacidade de continuar sustentando qualquer um de seus empreendimentos havia sido seriamente questionada.

Já mencionei que Newton e Jobs eram grandes sintetizadores. Newton reuniu a astronomia planetária, as leis do movimento, a matemática diferencial – ideias desenvolvidas por outras pessoas – e as sintetizou num todo coerente que o mundo nunca tinha visto. Jobs reuniu design, marketing e tecnologia num todo coerente, como poucos conseguiriam fazer. Mas lhe faltava um ingrediente fundamental. Como Land, que, antes dele, reunia habilidades semelhantes, Jobs só comandara como Moisés.

E foi por isso que a dádiva mais valiosa que Jobs recebeu, do ponto de vista dos amantes de produtos Apple de hoje, não foi a recompensa financeira de seu investimento na Pixar. Foi ver as regras de Bush-Vail em ação. Ele aprendeu um modelo diferente de liderança, de como alimentar missões lunáticas e cultivar franquias equilibrando as tensões entre as duas.

Esse ingrediente que faltava se tornou o segredo de seu terceiro ato, quando ele voltou ao hardware e reavivou sua antiga empresa – juntamente com todo o setor americano de eletrônicos de consumo.

FILMES E REMÉDIOS: UM BREVE INTERLÚDIO

A história da Pixar tem um ótimo roteiro: uma empresa pequena e esforçada, desdenhada por quase todos os principais participantes do setor, é salva por uma parceria. A parceria produz um sucesso que transforma o setor. O sucesso dá início a uma abertura de capital extraordinariamente bem-sucedida. Essa abertura de capital financia uma série impressionante de novos sucessos: *Monstros S.A.*, *Procurando Nemo*, *Os Incríveis*, *Carros*, *Ratatouille*, *Wall-E*, *Up – Altas aventuras*, *Divertida Mente* e outros.

A história da Pixar é um *remake* maravilhoso. Quinze anos antes, em 1978, uma empresa minúscula e não lucrativa chamada Genentech, que desenvolvia uma nova tecnologia ainda não comprovada chamada engenharia genética e que era desdenhada por quase todos os participantes estabelecidos no setor, assinou uma parceria com uma grande empresa farmacêutica.[6] A tecnologia da Pixar automatizou um processo manual e permitiu que os animadores criassem um novo tipo de filme. A tecnologia da Genentech automatizou um processo manual e permitiu que os cientistas criassem um novo tipo de medicamento.

A abertura de capital da Genentech foi agendada com perfeição e lindamente apresentada, como a da Pixar. A oferta excessivamente subscrita se encerrou em 14 de outubro de 1980. A ação começou a ser comercializada 200% acima da estimativa inicial dos analistas. A abertura de capital da Pixar marcou o nascimento de uma nova forma de arte. A abertura de capital da Genentech marcou o nascimento de um novo setor – o de biotecnologia. Essa bem-sucedida abertura de capital financiou uma série impressionante de sucessos: Herceptin (para câncer de mama), Avastin (para câncer de cólon, pulmão e cérebro), Rituxan (para os cânceres do sangue).

Tanto a Genentech quanto a Pixar, como qualquer boa empresa de pesquisa de medicamentos ou estúdio de cinema, aprenderam a equilibrar missões lunáticas e franquias porque *foram obrigadas*. Não há outro tipo de produto em filmes e medicamentos.

No mundo da biotecnologia, provavelmente nenhuma empresa fez isso melhor do que a Genentech. Em 2009, quando foi vendida para a Roche, a empresa era avaliada em pouco mais de 100 bilhões de dólares. No mundo do cinema, provavelmente nenhum estúdio fez isso melhor do que a Pixar. De 1995 a 2016, a Pixar lançou 17 longas-metragens. A *média* da bilheteria dos filmes foi de mais de meio bilhão de dólares. Sua pontuação média no site Rotten Tomatoes é de espantosos 96%.

EQUILIBRAR BEBÊS FEIOS E A FERA

Ed Catmull, da Pixar, chama as ideias de filmes em estágio inicial – as missões lunáticas – de *Ugly Babies*, ou "Bebês Feios". A linguagem é nova, mas a ideia tem séculos. Em 1597, o filósofo Francis Bacon escreveu: "Como no nascimento as criaturas vivas são a princípio malformadas, assim são todas as inovações, nascimentos do tempo." Aqui é Catmull descrevendo a necessidade de manter o equilíbrio entre missões lunáticas e franquias – *the Beast* ou "a Fera" – no cinema:

> A originalidade é frágil. E, em seus primeiros momentos, geralmente está longe de ser bonita. É por isso que chamo as primeiras bonecas dos filmes de "Bebês Feios". Não são versões bonitas em miniatura dos adultos que se tornarão quando crescerem. São realmente feios: esquisitos, malformados, vulneráveis e incompletos. Precisam de nutrição, sob a forma de tempo e paciência, para crescer. Isso significa que têm dificuldade de coexistir com a Fera [...].
>
> Quando falo da Fera e do Bebê, parece muito preto no branco – que a Fera é toda má e o Bebê, todo bom. Na verdade, a realidade está em algum ponto intermediário. A Fera é glutona, mas também uma motivadora valiosa. O Bebê é muito limpo e puro, cheio de potencial, mas também é muito carente, imprevisível e pode obrigar você a passar a noite em claro. O segredo é fazer com que sua Fera e seus Bebês coexistam em paz, e isso exige manter várias forças em equilíbrio.

Manter as forças em equilíbrio é difícil porque as missões lunáticas e as franquias seguem caminhos bem diferentes. Sobreviver a essas jornadas exige gente apaixonada e intensamente comprometida – com habilidades e valores muito diferentes. Artistas e soldados.

As muitas rejeições do primeiro filme de James Bond, *O satânico Dr. No*, por exemplo, são típicas dos filmes originais, assim como a história complicada da primeira estatina é típica dos medicamentos de vanguarda. Bond era britânico demais para os estúdios americanos; os romances de Fleming não eram "suficientemente bons nem para a televisão". Fleming desistiu de vender os direitos do filme para os estúdios depois de cerca de uma década – com nove romances na série – e concedeu-os a uma dupla de produtores duvidosos. Um tinha acabado de fazer sua produtora falir. O outro tinha experiência limitada no cinema. A parceria não começou bem. Os primeiros roteiristas transformaram o vilão de *O satânico Dr. No* num macaco de QI elevado empoleirado nos ombros de um corcunda. Outro roteirista ficou

Bond luta contra um macaco mau

tão pessimista com o roteiro final (sem macaco) que insistiu que seu nome fosse removido. Meia dúzia de astros rejeitaram o papel principal até que os produtores se decidiram por um ator pouco conhecido de 32 anos chamado Sean Connery (filmes anteriores: *A maior aventura de Tarzan*, *A lenda dos anões mágicos*). Connery tinha sido motorista de caminhão de leite antes de atuar. O distribuidor duvidou que conseguisse vender o filme nas principais cidades americanas porque havia "um motorista de caminhão inglês no papel principal", então o lançamento foi em drive-ins de Oklahoma e do Texas.

Desenvolver o 26º filme de James Bond ou a 10ª estatina é uma experiência completamente diferente. Os atores competem por papéis no 007 nº 26; os estúdios fazem fila pelos direitos de marketing; o dinheiro entra a rodo. Agora entendemos que um espião britânico vestindo Brioni consegue vender ingressos, assim como sabemos que a próxima estatina baixa o colesterol. Pode haver lombadas na estrada – o Baycol (a sexta estatina) foi retirado do mercado por conta da toxicidade elevada e inesperada; Timothy Dalton (o quarto James Bond) aconteceu –, mas a direção é clara. James Bond exige um vilão, um carro veloz, uma boa bebida, uma donzela traiçoeira e alguns duplos sentidos. Os medicamentos posteriores precisam passar por uma lista conhecida de barreiras de segurança e eficácia. Os projetos de franquia são mais fáceis de entender do que as missões lunáticas, mais fáceis de quantificar e de vender à cadeia de comando das grandes empresas. O desafio para essas continuações e evoluções não é passar pelo túnel comprido e escuro do ceticismo e da incerteza. Seu desafio é exceder o que veio antes.

É claro que James Bond e as estatinas sobreviveram muito bem a esses desafios. Os filmes de 007 se tornaram a franquia cinematográfica mais bem-sucedida da história. As estatinas se tornaram a franquia de medicamentos mais bem-sucedida da história.

Os inventores ou criadores que defendem missões lunáticas costumam ficar tentados a ridicularizar as franquias – como fez Steve Jobs 1.0 com os "bozos" que desenvolviam as continuações do Apple II. Mas os dois lados precisam um do outro. Sem a certeza das franquias, a taxa elevada de fracassos das missões lunáticas levaria empresas e setores à falência. Sem novas missões lunáticas, os desenvolvedores de franquias murchariam e morreriam. Se quisermos mais filmes como *Juno* e *Quem quer ser um milionário*, precisamos dos próximos blockbusters de super-heróis. Se quisermos medicamentos melhores contra o câncer e a doença de Alzheimer, precisamos da próxima estatina.

A Pixar, como descreveram Catmull e outros, criou um ambiente conhecido pelo que chamaríamos de separação de fases e equilíbrio dinâmico, por alimentar missões lunáticas enquanto mantinha um equilíbrio entre elas e as franquias. Mas talvez a lição mais interessante que estava facilmente visível na Pixar, o segredo para escapar da Armadilha de Moisés, fosse a diferença entre os dois modos de liderar, que chamarei de *mentalidade de sistema* e *mentalidade de resultado*.

Para uma explicação mais clara dessa diferença, vamos recorrer a um jogo de tabuleiro.

COMO GANHAR NO XADREZ

Garry Kasparov reinou como campeão mundial de xadrez durante 15 anos, o recorde mais longo da história do jogo. Em muitas listas, ele figura como o maior jogador de xadrez de todos os tempos. A diferença entre as mentalidades de sistema e de resultado é um princípio que adaptei de seu livro *Xeque-mate: a vida é um jogo de xadrez*. Kasparov descreve esse princípio como o segredo de seu sucesso.

Podemos pensar na análise de *por que* uma jogada é ruim – por que peão-come-bispo, por exemplo, perde o jogo – como estratégia de nível 1, ou mentalidade de resultado. No entanto, depois que uma jogada errada lhe custa uma partida, Kasparov não analisa apenas por que a jogada foi ruim, mas como mudar *o processo de decisão por trás da jogada*. Em outras palavras, *como* ele se decidiu por aquela jogada, naquele momento, no contexto daquele adversário e o que isso implica para que ele mude sua rotina de tomada de decisões e de preparação para o jogo no futuro. Chamarei essa análise do processo de decisão por trás da jogada de estratégia de nível 2, ou mentalidade de sistema.

Garry Kasparov

O princípio tem ampla aplicação. É possível analisar *por que* um investimento afundou. O balanço da empresa estava fraco demais, por exemplo. Essa é a mentalidade de resultado. Mas você ganhará muito mais se analisar o *processo* pelo qual chegou à decisão de investir. O que há em sua lista de verificação? Como você confere essa lista? Alguma coisa o distraiu ou o fez ignorar ou desprezar aquele item da lista? O que você deveria mudar na lista ou em como realiza sua análise ou em como tira conclusões – o *processo por trás da decisão de investir* – para assegurar que aquele erro não volte a ocorrer? Essa é a mentalidade de sistema.

Você pode analisar *por que* discutiu com seu cônjuge. Foi, digamos, seu comentário sobre o jeito como ele dirige. Mas você pode melhorar ainda mais as relações conjugais se entender o *processo* pelo qual decidiu que era uma boa ideia fazer aquele comentário. Qual era seu estado de espírito e em que pensava quando disse aquilo? Existem coisas diferentes que você poderia fazer caso volte àquele estado e tenha aqueles pensamentos? Não seria bom dormir em sua própria cama em vez de dormir no sofá?

Apliquemos o mesmo princípio às empresas. As equipes mais fracas não analisam nenhum fracasso. Elas só continuam avançando. Uma falta total de estratégia.

As equipes com mentalidade de resultado, nível 1, analisam por que um projeto ou uma estratégia falhou. O roteiro era previsível demais. O produto não se destacou o bastante dos concorrentes. O pacote de dados do candidato a medicamento era muito fraco. Essas equipes se comprometem a trabalhar mais no roteiro, nas características exclusivas do produto ou num pacote de dados melhor no futuro.

As equipes com mentalidade de sistema, nível 2, sondam o processo de tomada de decisões por trás do fracasso. Como chegamos a essa decisão? Deveríamos envolver uma mistura de pessoas diferente ou nos envolver de outra maneira? Deveríamos trocar nosso modo de analisar oportunidades antes de tomar decisões semelhantes no futuro? Como os incentivos em jogo afetam nossa tomada de decisões? Eles deveriam mudar?

A mentalidade de sistema significa examinar meticulosamente a qualidade das decisões, não só a qualidade dos resultados. Um resultado fracassado, por exemplo, não significa *necessariamente* que a decisão ou o processo decisório por trás dela tenha sido ruim. Há boas decisões com maus resultados. São riscos inteligentes, bem assumidos, que não deram certo. Por exemplo, se uma loteria paga 100 por 1 mas só se vendem três bilhetes, um dos quais será o vencedor, então, sim, comprar um desses três bilhetes é uma boa decisão, mesmo que você acabe com um dos dois que não venceram. Nas mesmas condições, você sempre deveria tomar essa decisão.

Avaliar decisões e resultados separadamente tem a mesma importância no caso oposto: más decisões podem, às vezes, acabar com um bom resultado. Você pode ter falhas de estratégia, mas seu adversário cometeu um erro não forçado e você acabou vencendo. Chutou a bola fraco rumo ao goleiro, mas ele escorregou na lama e você marcou o gol. E por isso sondar as vitórias criticamente é tão ou mais importante do que sondar as derrotas. Deixar de analisar as vitórias pode reforçar um processo ou uma estratégia ruim. Talvez você não tenha sorte na próxima vez. Ninguém quer ser a pessoa que faz um péssimo investimento, tem sorte por causa de uma bolha, conclui que é um gênio, aposta toda a sua fortuna e aí perde tudo na próxima vez.

Na Pixar, Catmull sondou tanto sistemas quanto processos, tanto depois dos êxitos quanto dos tropeços. Como, por exemplo, ajustar o processo de feedback para um diretor receber os dados mais valiosos de uma forma que tenha mais probabilidade de ser bem recebida? Os artistas tendem a detestar o feedback de gente de terno, marqueteiros ou qualquer um fora de sua espécie, mas o aceitam de bom grado de colegas ponderados. Assim, na Pixar, cada diretor recebe feedback privado sobre seu projeto de um grupo consultivo de outros diretores – e, por sua vez, participa de grupos semelhantes para outros diretores. E mais: como os incentivos dados a um diretor distorcem seu processo de tomada de decisões sobre orçamento, prazos e qualidade? Como combater essas distorções? Que hábitos da elaboração de filmes existem por razões desatualizadas e seriam desnecessários ou contraproducentes hoje?

Como Vannevar Bush, que insistia, como descrito no Capítulo 1, que não deu "nenhuma contribuição técnica ao esforço de guerra", Catmull considerava que seu trabalho era cuidar do *sistema*, e não gerir *projetos*.

Essa mensagem ecoou em Jobs. Ele tinha um papel no sistema – era um negociador e financista brilhante. Foi Jobs, por exemplo, que insistiu em marcar a abertura do capital da Pixar logo após o lançamento de *Toy Story* e negociou os acordos da Pixar com a Disney. Mas pediram que ficasse de fora dos primeiros circuitos de feedback sobre os filmes. O peso de sua presença poderia esmagar a delicada sinceridade necessária para alimentar os frágeis projetos em estágio inicial. Nas ocasiões em que era convidado a ajudar em filmes quase terminados, Jobs começava assim suas observações: "Não sou cineasta. Podem ignorar tudo que eu disser." Ele tinha aprendido a cuidar do sistema em vez de gerir o projeto.

Abrir mão do controle de um projeto e confiar no inventor, no artista ou em qualquer outro defensor da missão lunática não é o mesmo que abrir mão da atenção aos detalhes. Art Levinson, CEO da Genentech durante 14 anos, era famoso e temido pela insistência na precisão científica. Alguns anos antes, na maior convenção anual de biotecnologia, Levinson subiu ao palco para fazer a apresentação principal, apontou para o logotipo da organizadora da conferência atrás dele – a imagem gigante de uma espiral de DNA – e disse: "Esta é uma espiral levógira, que não existe na natureza." (As moléculas de DNA são espirais dextrógiras, ou seja, giram para a direita.) A multidão gargalhou. "Somos um setor importante", explicou ele, "deveríamos ter o DNA correto." Ele passou uma mensagem que inspirou todos os cientistas no auditório. A ciência é importante. A precisão é importante.

Costumo ouvir histórias de amigos gestores e cientistas sobre Levinson na Genentech. Como quando ligava para um técnico júnior no laboratório, por exemplo, e o interrogava sobre seus dados. Levinson e os primeiros fundadores da Genentech compreendiam, como Bush e Vail, e Catmull décadas depois, a necessidade de ajustar as ferramentas à fase. A atenção feroz aos detalhes científicos – ou à visão artística ou ao projeto de engenharia – é uma ferramenta ajustada à fase que motiva a excelência entre cientistas, artistas ou qualquer tipo de pessoa criativa.

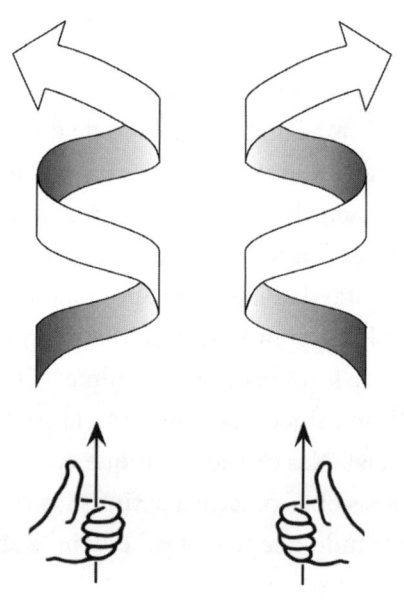

DNA levógiro e dextrógiro

A Genentech obteve o mais alto nível de respeito na comunidade científica. Só ficou atrás do MIT no número de citações por artigo. E fez isso *sem* sacrificar a excelência na franquia. Além de desenvolver quatro dos medicamentos mais importantes dos últimos 20 anos contra o câncer, também superou desafios fabris quase impossíveis para produzi-los a partir de organismos vivos em laboratório e então fornecê-los a milhões de pacientes do mundo inteiro. A empresa traduziu aquela especialização científica e fabril em produtos que geram mais de 10 bilhões de dólares por ano em vendas.[7] E o fez, em grande medida, equilibrando extraordinariamente bem missões lunáticas e franquias.

Em abril de 2000, três anos depois de retornar à Apple, Steve Jobs convidou Art Levinson a participar de seu novo conselho de administração. Depois que Jobs faleceu, em 2011, Levinson o substituiu como presidente do conselho.

OPERAÇÕES DE RESGATE

A história tão contada do retorno de Jobs à Apple e a subsequente ascensão dela a empresa mais valiosa do mundo é um exemplo extraordinário de como nutrir missões lunáticas numa corrida contra o tempo para resgatar uma franquia em crise. Mas a esta altura esse já deveria ser um exemplo batido.

Vannevar Bush chegou a Washington para resgatar uma franquia que ficava para trás na corrida tecnológica meses antes do começo de uma guerra mundial. Seu sistema ajudou a criar não só as forças armadas dominantes do mundo (como veremos no Capítulo 8) como também a economia nacional dominante. Theodore Vail retornou à AT&T para resgatar uma franquia em crise quando a patente do telefone expirou e os concorrentes mordiam seus calcanhares. O sistema de Vail, além de transformar a AT&T na empresa mais bem-sucedida do país, também produziu descobertas premiadas com o Nobel que deram início à era da eletrônica.

No caso da Apple, a operação de resgate começou em dezembro de 1996, quando a empresa anunciou a aquisição da NeXT e a indicação de Jobs como consultor. Foi a última tentativa, o último suspiro da empresa para se salvar. As máquinas e o sistema operacional da Apple estavam desatualizados. Três reformas anteriores do sistema operacional na pretensão de competir com o Windows fracassaram. A participação no mercado despencara para menos de 4%. Prejuízos financeiros imensos e dívidas pesadas tinham empurrado a Apple para a beira da falência. Meia dúzia de vezes a diretoria procurou e não encontrou comprador para a empresa. Elevar Jobs primeiro a presidente executivo interino, em meados de 1997, e depois a presidente executivo oficial no início de 1998 foi considerado um chute a gol do meio do campo, com probabilidade irrisória de salvar a empresa. As muitas promessas não cumpridas do NeXT tinham reduzido a credibilidade de Jobs como líder de tecnologia aos olhos de observadores e analistas do setor.

Quando ele finalmente assumiu, a atitude desdenhosa para com os soldados tinha desaparecido. Em março de 1998 ele contratou Tim Cook, da

Compaq, conhecido como "Átila, o Huno, do estoque", para gerenciar as operações.

Também sumiram os antolhos para as missões lunáticas do tipo E. Por exemplo, em 2001 a pirataria de música na internet era desenfreada. A ideia de uma loja on-line que vendesse o que poderia ser facilmente baixado de graça parecia absurda. E ninguém vendia música on-line que os clientes pudessem armazenar em seus computadores (na época, a música on-line só estava disponível por assinatura: mediante uma taxa mensal pela transmissão de música). Mais uma coisa maluca: ninguém vendia canções isoladas por 99 centavos de dólar cada em vez de discos inteiros. "Você é doido", diria alguém a Jobs. "Não tem como ganhar dinheiro com isso."

A ideia não pareceu tão maluca depois que 1 milhão de músicas foram baixadas da loja iTunes nos primeiros seis dias. Não havia nova tecnologia. Só uma mudança de estratégia que ninguém achou que daria certo.

É claro que as missões lunáticas do tipo P da Apple transformaram o setor: o iPod, o iPhone e o iPad. Mas, em última análise, o que as tornou tão bem-sucedidas, além da excelência do projeto e do marketing (a maior parte das tecnologias internas, embora não todas, tinha sido inventada por outros), foi uma missão lunática subjacente do tipo E. Foi uma estratégia rejeitada por quase todos os demais no setor: um ecossistema fechado.

Muitas empresas tentaram, sem conseguir, impor aos clientes um ecossistema fechado. A IBM construiu um computador pessoal com um sistema operacional exclusivo chamado OS/2. Tanto o computador quanto o sistema operacional desapareceram. Analistas, observadores e especialistas no setor concluíram que ecossistemas fechados nunca dariam certo: os clientes queriam escolher. A Apple, enquanto Jobs estava exilado na NeXT, seguiu o conselho de analistas e especialistas. Abriu seu sistema e licenciou o software e a arquitetura do Macintosh. Os clones proliferaram, como aconteceu com os PCs baseados no Windows.

Quando retornou à Apple, Jobs insistiu que a diretoria concordasse em encerrar os clones. Cancelar os contratos existentes custou à Apple mais de 100 milhões de dólares, numa época em que a empresa lutava desesperadamente contra a falência. Mas aquela missão lunática do tipo E, fechar o ecossistema, impulsionou a ascensão fenomenal dos produtos da Apple. O *sex appeal* dos novos produtos atraía os clientes; a "cerca" da restrição tornava difícil sair deles. Assim como o insucesso do Friendster antes do Facebook, das dietas e dos medicamentos para baixar o colesterol antes das estatinas de Endo ou dos Comets antes do Boeing 707, o fiasco da IBM com o OS/2 foi um Falso Fracasso.

Ao resgatar a Apple, Jobs demonstrou como escapar da Armadilha de Moisés. Ele aprendera a alimentar os dois tipos de missão lunática: o tipo P e o tipo E. Separou suas fases: o estúdio de Jony Ive, principal designer de produtos da Apple que só se reportava a Jobs, ficou inacessível. Ele tinha aprendido a amar tanto artistas quanto soldados; Tim Cook foi preparado para sucedê-lo como CEO. Jobs ajustou as ferramentas à fase e equilibrou as tensões entre produtos novos e franquias existentes de um modo descrito em muitos livros e artigos escritos sobre a Apple. Ele aprendeu a ser o jardineiro que cultiva as missões lunáticas, e não um Moisés a comandá-las.

"O conceito todo de como se constrói uma empresa é fascinante", disse Jobs a seu biógrafo, Walter Isaacson. "Descobri que às vezes a melhor inovação é a empresa, o modo como se organiza."

Jobs chegou à mesma conclusão que o historiador militar James Phinney Baxter meio século antes ao refletir sobre o sucesso do sistema de Bush ao mudar o rumo da Segunda Guerra Mundial: "Se um milagre se realizou em algum ponto da linha", escreveu Baxter, "foi no campo da organização, onde se criaram condições sob as quais era mais provável obter sucesso a tempo."

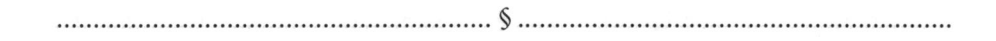

.... § ....

AS TRÊS PRIMEIRAS REGRAS

O exemplo do Xerox PARC apareceu aqui várias vezes. Antes de reunir o que aprendemos com as cinco histórias dos cinco capítulos da Primeira Parte, vale a pena abordar rapidamente o que aconteceu no PARC. Isso destaca outro lado – o inverso – da Armadilha de Moisés.

Em 1970, a Xerox era um símbolo reluzente de inovação. Ela foi a primeira empresa antes da Apple a chegar a 1 bilhão de dólares em vendas em menos de 10 anos por lançar uma única tecnologia: a fotocopiadora. Mas, em 1970, a franquia das fotocopiadoras tinha amadurecido e os líderes da empresa decidiram criar uma unidade separada em Palo Alto, na Califórnia, bem longe da sede em Nova York e da fábrica no Texas, para explorar novas tecnologias. Chamava-se Centro de Pesquisa de Palo Alto (PARC).

Ele atraiu os melhores e mais brilhantes. Os engenheiros do PARC acabaram ganhando muitos prêmios prestigiados da ciência da computação e abrindo ou transformando muitas das primeiras empresas pioneiras de computadores (inclusive a Apple).

Na década de 1970, os engenheiros do PARC inventaram o primeiro computador pessoal com capacidade gráfica (o Alto), o primeiro processador de texto que permite visualizar exatamente o que será impresso, a primeira impressora a laser, o primeiro sistema de rede local (ethernet), a primeira linguagem de programação orientada a objetos e uma meia dúzia de outros primeiros. Foi uma série incrível. Mas nenhuma dessas descobertas foi comercializada pela Xerox.

"Algumas empresas parecem lixões de inovação", escreveu um alto executivo da Apple que ajudou a atrair para a empresa alguns dos melhores engenheiros do PARC. "São depósitos de lixo aonde as grandes ideias vão para morrer. No PARC, os principais funcionários de desenvolvimento viviam saindo, porque nunca viam seus produtos chegarem ao mercado."

Um dos líderes do projeto Alto no PARC percebeu aos poucos que era a "estrutura da empresa, não a estimativa de custo nem a visão tecnológica", que afastava o grupo de missões lunáticas do PARC do grupo de franquia do Texas, que fazia máquinas de escrever e outros equipamentos de escritório. O grupo do Texas "teve que embarreirar o Alto III porque com ele não conseguiriam suas vendas e, portanto, não ganhariam seus bônus. Teria sido um fardo absolutamente impossível para eles ter sucesso na fabricação de máquinas de escrever e também lançar o primeiro computador pessoal do mundo. E nunca deveriam ter lhes pedido que fizessem isso. Portanto, o Alto foi derrubado".

Em outras palavras, como já mencionado, o elo fraco não é a oferta de ideias. É a transferência para o campo de ação. E por trás desse elo fraco está a estrutura – o desenho do sistema –, e não as pessoas nem a cultura.

★ ★ ★

O PARC foi um exemplo do *oposto* da Armadilha de Moisés. A separação de fases tem um brilhante sucesso. Mas, em vez de as missões lunáticas serem expulsas do grupo por Moisés, elas são ignoradas ou ativamente anuladas ("A cor não faz parte do escritório do futuro") e nunca emergem.

O PARC estava longe de ser o único exemplo. A Armadilha do PARC – as missões lunáticas ficam estacionadas e nunca saem – é comum. Em 1975, por exemplo, Steve Sasson, do laboratório de pesquisa da Kodak, desenvolveu uma das primeiras câmeras digitais. A Kodak a enterrou durante uma década.

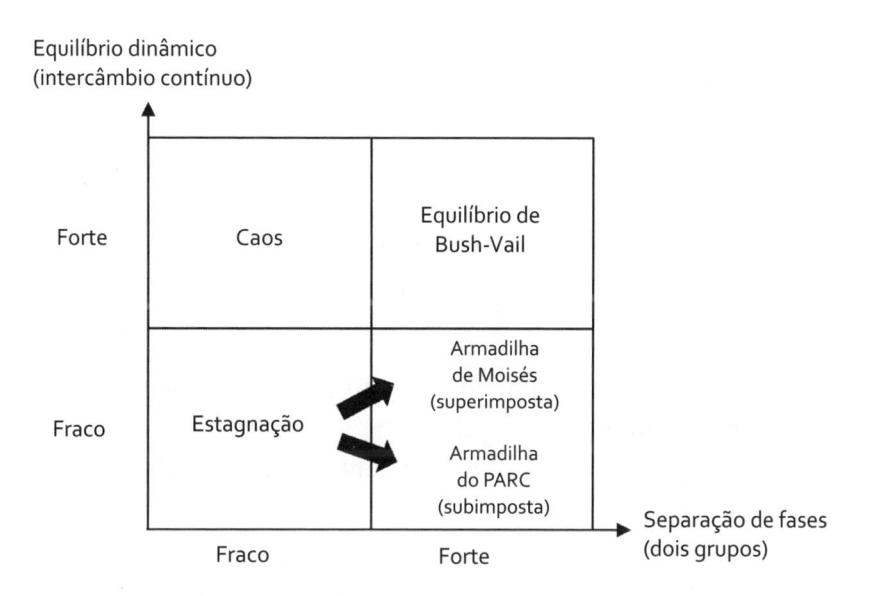

Equilíbrio dinâmico
(intercâmbio contínuo)

	Fraco	Forte	
Forte	Caos	Equilíbrio de Bush-Vail	
Fraco	Estagnação	Armadilha de Moisés (superimposta) / Armadilha do PARC (subimposta)	Separação de fases (dois grupos)

Líderes bem-intencionados podem criar um grupo de pesquisa isolado com elevado desempenho, como fizeram os líderes da Xerox, com um ambiente adequado à criatividade e à invenção. A empresa se desloca do quadrante inferior esquerdo da "estagnação" para a direita. Mas sempre haverá resistência às novas ideias nos grupos de franquia, como as Forças Armadas americanas, a princípio, resistiram a muitas tecnologias que surgiram no grupo de Vannevar Bush.

Obter o contato e o equilíbrio certos exige uma mão amiga e gentil para superar as barreiras internas – a mão de um jardineiro, e não o cajado de Moisés. Se a transferência for superimposta (um mandamento trovejante) ou subimposta (nenhuma mão amiga), as ideias e tecnologias promissoras vão definhar no laboratório. A empresa perderá as inovações, a corrida contra o tempo e a lealdade de seus inventores, que não ficarão muito tempo com ela.

As histórias da Primeira Parte ilustram as três primeiras regras de Bush-Vail:

1. **Separe as fases**
   - Separe artistas e soldados
   - Ajuste as ferramentas à fase
   - Tome cuidado com seu ponto cego: alimente os dois tipos de missão lunática (de produto e de estratégia)

2. **Crie equilíbrio dinâmico**
   - Ame igualmente seus artistas e seus soldados
   - Gerencie a transferência, não a tecnologia; seja um jardineiro, não um Moisés
   - Indique e treine defensores de projetos para transporem a divisória

3. **Dissemine uma mentalidade de sistema**
   - Não pare de perguntar *por que* a empresa fez as escolhas que fez
   - Não pare de perguntar *como* o processo de tomada de decisões pode melhorar
   - Identifique as equipes com mentalidade de resultado e ajude-as a adotar a mentalidade de sistema

Este livro começou com exemplos de grupos extremamente inovadores que, de repente, pararam de inovar. Entre esses exemplos, estava a descrição de Catmull do declínio da Disney: "A estiagem que então começou [depois de *O Rei Leão*] continuaria pelos próximos 16 anos [...] Eu sentia uma urgência de entender os fatores ocultos por trás disso."

As regras de Bush-Vail apresentadas antes descrevem *como* prevenir o declínio e a estagnação que se seguem à transição de fase, quando boas equipes começam a matar grandes ideias. Mas ainda não chegamos ao *quê* nem ao *porquê*: quais são essas forças ocultas e por que aparecem? Em outras palavras, o que causa a transição?

Portanto, agora vamos nos voltar ao quê e ao porquê. Entender essas forças revelará uma quarta categoria das regras de Bush-Vail.

Começaremos com um detetive lendário e um filósofo político igualmente famoso.

Ambos se especializaram em forças ocultas.

SEGUNDA PARTE

A CIÊNCIA DA MUDANÇA SÚBITA

Embora o homem como indivíduo seja um enigma insolúvel, no conjunto ele se torna uma certeza matemática.

– Sherlock Holmes, em *O signo dos quatro*

Interlúdio

A importância de ser emergente

Por que você acreditaria em qualquer regra ou generalização sobre equipes, empresas ou qualquer grupo? Cada pessoa é diferente. Cada equipe é diferente.

No entanto, algumas regras que descrevem o que acontece quando muita gente se reúne para cumprir tarefas parecem funcionar bastante bem: as regras dos mercados eficientes, da mão invisível e assim por diante. Elas já foram estabelecidas e testadas além de qualquer dúvida, não é?

Bom, mais ou menos. Este é Alan Greenspan, economista que presidiu o Federal Reserve, Banco Central americano, durante 19 anos, escrevendo para o *Financial Times* em 2011:

> Os mercados competitivos de hoje, reconheçamos ou não, são movidos por uma versão internacional da "mão invisível" de Adam Smith que é irremediavelmente opaca. Com raríssimas exceções (2008, por exemplo), a "mão invisível" global criou taxas de câmbio, juros, preços e salários relativamente estáveis.

Eis o problema: analisar os mercados sem considerar as "raríssimas exceções" das bolhas e dos colapsos é como analisar o clima sem considerar as secas e tempestades. Queremos *muito* entender as secas e tempestades. Gostaríamos de saber se precisaremos de um guarda-chuva.

Para ser justo, nem todos os economistas concordaram com Greenspan. Um estendeu a lógica dele para a análise da diplomacia: "Com raríssimas exceções, a Alemanha se manteve praticamente em paz com os vizinhos durante o século XX."

Mesmo assim, a opinião de Greenspan de que mercados eficientes e a mão invisível são leis fundamentais que raramente são violadas, quando são, é generalizada. Mas é uma falácia. Essa falácia é causa comum de desastres políticos (ou de oportunidades de investimento, se você negocia na bolsa).

Nem os mercados eficientes nem a mão invisível são leis fundamentais. Ambos são *propriedades emergentes*.[1]

As propriedades emergentes são comportamentos coletivos: a dinâmica do todo que não depende dos detalhes das partes, o macro que surge acima do micro. As moléculas fluirão em temperatura mais alta e se imobilizarão em temperatura mais baixa, sejam quais forem as diferenças de seus detalhes. Uma molécula de água tem três átomos e formato de triângulo. A amônia tem quatro átomos e formato de pirâmide. As moléculas de buckminsterfulereno têm 60 átomos e formato de bola de futebol. Mas *todas* exibem a *mesma* dinâmica de fluido em temperatura alta e dinâmica de sólido em temperatura baixa.

Uma das coisas que distinguem as propriedades emergentes, como o fluxo dos líquidos, de uma lei fundamental, como a mecânica quântica ou a gravidade, por exemplo, é que a propriedade emergente pode mudar de repente. Com uma pequena mudança de temperatura, os líquidos de repente se transformam em sólidos. Essa mudança súbita de um comportamento emergente para outro é *exatamente* o que queremos dizer com transição de fase.

Embora cada pessoa e cada equipe sejam diferentes, o que torna tão interessantes as propriedades emergentes e as transições de fase entre elas é serem muito previsíveis. Veremos por que as organizações *sempre* se transformarão acima de um determinado tamanho, assim como a água *sempre* se congelará abaixo de determinada temperatura, o trânsito *sempre* ficará engarrafado acima de uma densidade crítica de carros e uma árvore em chamas numa floresta *sempre* explodirá num incêndio florestal com vento forte. Todos são exemplos de transição de fase.[2]

Cada pessoa e cada equipe podem ser um enigma. Mas, no conjunto, como diria Sherlock Holmes, a probabilidade de qualquer grupo passar por uma transição de fase se torna uma certeza matemática.

O fantástico na ciência da emergência é que, assim que entendemos uma transição de fase, podemos começar a *administrá-la*. Podemos projetar materiais mais fortes, construir estradas melhores, criar florestas mais seguras – e desenvolver equipes e empresas mais inovadoras.

★ ★ ★

Então o que tudo isso nos diz sobre Alan Greenspan e a crença generalizada na todo-poderosa mão invisível? A confiança na infalibilidade da mão invisível é uma consequência – para voltar ao nosso tema Newton-Jobs do capítulo anterior – da falsa idolatria. Durante 200 anos nos curvamos ao físico *errado* do século XVII.

Para entender o que quero dizer, voltemos a um dia de verão na Grã-Bretanha dois séculos atrás.

No dia 11 de julho de 1790, um domingo, um reverenciado filósofo escocês, que jazia à morte em seu lar em Edimburgo e que ficaria famoso por ideias em que não acreditava e uma frase que não inventou, convocou dois amigos. Implorou-lhes que queimassem suas anotações e seus manuscritos não publicados, com exceção de um. Os dois vinham resistindo havia meses a pedidos semelhantes, na esperança de que ele mudasse de ideia. Naquele domingo, cederam. No total, eles queimaram 16 volumes. O estudioso, aliviado, jantou com os amigos. Às nove e meia, levantou-se para voltar à cama e anunciou: "Estimo sua companhia, cavalheiros, mas acredito que devo deixá-los para ir para outro mundo." Seis dias depois, morreu.

Adam Smith, que soube como sair de cena, se tornou um ícone envolto em nuvens, um herói dos libertários e defensores do livre mercado que gostam da economia arrumadinha, sem moralidade, por favor. (O verdadeiro Adam Smith defendeu restrições aos mercados e valorizava mais sua obra sobre ética do que a obra sobre economia.)[3] O manuscrito que Smith pediu aos amigos que poupassem nada tinha a ver com ética nem com economia. Era sua *História da astronomia*, escrita pouco depois de terminar a faculdade.

Na *História*, Smith afirma que a tarefa do filósofo é explicar "os princípios conectores da natureza [...] as cadeias invisíveis que unem" observações desconexas. Smith analisa teorias rivais do movimento planetário e termina com uma profunda reverência a Newton, cuja teoria da gravidade ele descreve como "a maior descoberta já feita pelo homem".

A ideia de uma força subjacente capaz de explicar comportamentos complexos, como a gravidade explicou o movimento dos planetas e das marés, fascinava Smith. Sua *Teoria dos sentimentos morais* (1759) propõe uma força subjacente que explica o modo como os seres humanos se comportam. Seu *A riqueza das nações* (1776) propõe uma força subjacente que explica como os mercados se comportam.

Smith não pretendia chamar a força subjacente dos mercados de *mão invisível*. Ele só usou essa expressão três vezes em todos os seus textos, de forma ambígua e inconsistente. (Na primeira vez, empregou-a como um ataque sarcástico às crenças supersticiosas, uma "piada levemente irônica".) A metáfora da mão invisível foi usada por muitos escritores e ignorada, no contexto dos mercados financeiros, durante 170 anos depois da morte de Smith, até que um livro de economia da década de 1950 a reviveu, a imbuiu de seu significado atual e atribuiu retroativamente esse significado a Smith.[4]

Seja qual for sua origem, o significado *atual* foi amplamente aceito como fato: indivíduos que agem por puro interesse próprio podem criar comportamentos de mercado complexos. Os preços se ajustarão à demanda, os recursos serão alocados com eficiência e assim por diante. Os lojistas vendem, as pessoas compram e esses comportamentos coletivos simplesmente... surgem. Os mesmos comportamentos aparecem se os açougueiros vendem frango ou carne, se os padeiros vendem pães ou bolos. São a dinâmica do todo, que não depende dos detalhes das partes.

Isso deveria soar familiar. Os líquidos fluirão do mesmo jeito, quer sejam água, quer amônia. O comportamento coletivo dos mercados é uma propriedade emergente como o fluxo dos líquidos, e *não* uma lei fundamental como a gravidade. Durante dois séculos, os economistas aspiraram a leis fundamentais no estilo de Newton (o "modelo da gravidade" do comércio internacional, a "modelo da teoria quântica da economia", as "leis da conservação" da economia, todos de laureados com o Prêmio Nobel).[5] Esses economistas se inspiraram em Newton, que se tornou o sumo sacerdote de um ramo da física; vamos chamá-lo de catolicismo físico. Esse ramo da física prega uma crença dogmática em leis fundamentais e a busca glamourosa para descobri-las.

No entanto, a obra de Adam Smith estava muito mais perto da ramificação protestante mais silenciosa e menos conhecida dessa área: o estudo dos fenômenos emergentes. O sumo sacerdote desse ramo foi Robert Boyle, admiradíssimo contemporâneo de Newton.

As batalhas entre os descendentes desses dois ramos continuam até hoje. Um lado acredita que a máxima prioridade deveria ser a busca de leis fundamentais e escreve frases como: "Estamos vivendo um período marcante da história humana em que a busca das leis supremas do universo finalmente se aproxima do encerramento."

O outro lado acredita que talvez não haja essas leis fundamentais. As leis da natureza podem ser como um arranha-céu infinito, com regras diferentes e fascinantes em cada nível, regras que se revelam aos poucos conforme você desce a escada até escalas de distância cada vez menores. O atual sumo sacerdote desse ramo escreve frases como "A existência desses princípios [emergentes] é tão óbvia que é um clichê não discutido em companhia bem-educada" e, sobre seus opositores, "A segurança que vem de reconhecer apenas os fatos de que gostamos é fundamentalmente incompatível com a ciência. Mais cedo ou mais tarde, será varrida pelas forças da história".[6] (Bob Laughlin, autor dessas duas últimas citações, tem um Prêmio Nobel e é discípulo de Phil Anderson, já mencionado. Ele exigiu que todos os seus alunos, eu entre eles, lessem o ensaio "More is Different" [Mais é diferente], de Anderson.)

Talvez pareça que a distinção entre ramos adversários da física teria pouco interesse para não especialistas, assim como a distinção entre ramos adversários da religião teria pouco interesse para ateus. Mas a distinção pode ter muita importância. Os mercados perfeitamente eficientes – uma crença fundamental do estilo Newton – não têm bolhas nem colapsos. Por outro lado, os mercados emergentes do estilo Boyle, com certos pressupostos sensatos, quase sempre têm.

O que nos leva à importância de ser emergente – ou, pelo menos, de entender a emergência. Isso pode nos ajudar a obter os benefícios da diversidade e reduzir o risco de desastres coletivos. Queremos nos beneficiar da sabedoria das multidões e, ao mesmo tempo, reduzir o risco de colapsos do mercado. Queremos nos beneficiar da pluralidade de crenças e, ao mesmo tempo, reduzir o risco de guerras religiosas.

Nos próximos capítulos aplicaremos a ciência do estilo Boyle para nos ajudar a entender o comportamento coletivo de indivíduos em empresas, assim como Smith aplicou a ciência do estilo Boyle (não do estilo Newton)

Missão lunática		Franquia
Ideia amplamente desdenhada ou ridicularizada		
1922	Um paciente diabético de 12 anos é tratado com um extrato de pâncreas moído	Insulina
1935	Uma carga de 35kg é acelerada a grande distância a 800km/h pela propulsão de um foguete	Mísseis balísticos de longo alcance
1961	Um ex-motorista de caminhão de leite de 32 anos faz o papel de um espião britânico metrossexual que salva o mundo	James Bond
1976	Um roteiro intitulado *As aventuras de Luke Starkiller* recebe o sinal verde	Star Wars

Transição de fase
Transformação súbita do comportamento de um sistema quando um ou mais parâmetros de controle cruzam um limiar decisivo

Água	De líquida a sólida quando a temperatura cai
Carros na estrada	De fluxo livre a engarrafado quando a densidade de carros aumenta
Incêndios florestais	De contidos a descontrolados quando a velocidade do vento aumenta
Indivíduos em empresas	Do foco nas missões lunáticas ao foco na carreira quando o tamanho da empresa cresce

para nos ajudar a entender o comportamento coletivo dos indivíduos nos mercados.

Entender esses comportamentos nos ajudará a aprender o que realmente queremos saber: como obter os benefícios que os grandes grupos levam às grandes metas – vencer guerras, curar doenças, transformar setores – ao mesmo tempo que reduzimos o risco de que esses grupos esmaguem missões lunáticas frágeis e valiosas.

Para ver como isso funciona, vamos começar com um passeio pela estrada.

6

Transições de fase I: Casamento, incêndio florestal e terroristas

Quando mudanças graduais causam transformações súbitas

Você está dirigindo para casa voltando do trabalho. Está ansioso, talvez correndo um pouco, mas o tráfego flui bem. De repente o trânsito para, aparentemente sem motivo. Não há desvios nem acidentes à vista. Você tenta não pensar em quanto ainda vai demorar para chegar e se pergunta: de onde vem esse engarrafamento?

Resposta: você acabou de passar por uma transição de fase, uma mudança súbita entre dois comportamentos emergentes. Esses dois comportamentos são *trânsito livre* e *engarrafamento*.

Eis como pensar sobre isso: imagine que a via esteja quase vazia. O motorista do carro à sua frente, a centenas de metros, pisa rapidamente no freio e solta – talvez tenha visto um animal na pista. Você vê as luzes vermelhas do freio piscar, mas, como o carro está muito longe, não há necessidade de desacelerar.

Numa estrada movimentada, o mesmo motorista está a uma distância de poucos carros. Assim que ele toca o freio, você mete o pé no seu. As luzes de freio à sua frente podem ter piscado por apenas dois segundos, só que, assim que o motorista à frente solta o freio, você solta o seu, mas leva mais de dois segundos para voltar à velocidade anterior. Talvez leve quatro segundos. Esse intervalo aumenta para o motorista atrás de você. Ele pode levar oito segundos para retornar à velocidade original. O motorista atrás dele,

16 segundos. Aquela pisadinha cresce exponencialmente até se transformar num engarrafamento.

No início da década de 1990, dois físicos demonstraram que, abaixo de uma densidade crítica de carros na estrada, o fluxo do tráfego é estável. Pequenas perturbações – motoristas que tocam no freio quando animais passam pela pista – não causam efeito nenhum. Os engenheiros de tráfego chamam isso de *fluxo livre* ou *contínuo*. Mas, acima desse limiar, de repente o fluxo do tráfego fica instável. As pequenas perturbações crescem exponencialmente. Esse é o estado de *fluxo congestionado*. A mudança súbita de fluxo livre para congestionado é uma transição de fase.

Quando a hora do rush se aproxima, a densidade de carros chega ao limite desse limiar decisivo. Alguns veículos a mais em algum trecho da via – uma fila, por exemplo, atrás de um caminhão lento – forçarão o fluxo além do limite.

Os engarrafamentos que aparecem misteriosamente, sem causa aparente, se chamam *congestionamentos fantasmas*. Eles foram confirmados não só pela observação cuidadosa de ruas e estradas como por experimentos. Em 2013, um grupo de pesquisadores do Japão acompanhou carros que circulavam dentro do Nagoya Dome, um estádio de beisebol coberto. Como previsto, eles descobriram que, quando a densidade de carros ultrapassava um limiar decisivo, engarrafamentos espontâneos surgiam de repente.

Nas últimas duas décadas, pesquisadores do fluxo do tráfego introduziram muitas variáveis no modelo básico lançado na década de 1990: motoristas

Teste da transição de fase do fluxo de tráfego no Nagoya Dome, no Japão

mais ou menos agressivos, tempo de reação maior ou menor, uma mistura de veículos grandes (caminhões) e carros pequenos, etc. Em todos os casos, eles encontraram a mesma transição de fase. Quando a densidade ultrapassa um limiar decisivo, o sistema passa repentinamente de fluxo livre para fluxo congestionado.

As transições de fase estão em toda parte.

★ ★ ★

Para entender o que as transições de fase nos dizem sobre nutrir missões lunáticas com mais eficácia, só precisamos saber duas coisas sobre elas:

1. No centro de toda transição de fase há um cabo de guerra entre duas forças rivais.
2. As transições de fase são provocadas quando pequenas mudanças das propriedades do sistema – por exemplo, densidade ou temperatura – alteram o equilíbrio entre essas duas forças.

E só.

Para ilustrar essas duas ideias, vamos deixar de lado por um momento o fluxo do tráfego, que pode ser complicado, e começar com algo muito mais simples: o casamento.

JANE AUSTEN, FÍSICA

> É uma verdade universalmente reconhecida que um homem solteiro em posse de boa fortuna deve estar necessitado de uma esposa.
>
> Jane Austen, *Orgulho e preconceito*

A Srta. Austen sugere que duas forças rivais puxam os homens solteiros. Os de fortuna modesta, em seus anos mais jovens e vigorosos, podem viajar muito em busca de fama, riqueza e glória. Chamemos essa força de "entropia".

Os com maior fortuna, em seus anos mais avançados e gentis, querem sossegar e se casar. Buscam família, estabilidade e TV a cabo. Chamemos essa força de "energia de ligação".

Certa vez o físico Richard Feynman disse: "Aprenda tentando entender coisas simples em termos de outras ideias, sempre sincera e diretamente." Nesse sentido, imagine a metade inferior de uma imensa embalagem de ovos. Para ser específico, imagine uma embalagem quadrada, com 20 × 20 cavidades, ou seja, 400 no total. Vamos fechar nossa embalagem dentro de uma cobertura protetora de vidro, para podermos espiar e inspecionar as cavidades. Em vez de imaginar ovos, já que vamos chacoalhar muito e isso causaria muita sujeira, visualizemos os homens de Jane Austen como bolinhas de gude que descansam dentro daquelas cavidades para ovos. Essas bolinhas de gude já sossegaram. Estão casadas e felizes, criando filhos.

Agora imagine sacudir suavemente a embalagem de ovos de um lado para outro. As bolinhas de gude balançam dentro de suas pequenas cavidades, mas ficam ali. Agora aumente aos poucos o vigor do sacolejo. As bolinhas sobem cada vez mais alto pelas laterais das cavidades, mas ainda ficam ali dentro. Finalmente, quando a força do sacolejo ultrapassa determinado limiar decisivo, de modo que cada bolinha de gude chegue ao topo da cavidade, vem o caos. As bolinhas saem de sua cavidade e vão parar na cavidade da vizinha; saem rapidamente dali e vão para a próxima; batem e ricocheteiam em outras bolinhas; vão para toda parte, em todas as direções. Em vez de descansarem quietinhas num padrão ordenado, as bolas de gude ricocheteiam aleatoriamente pela embalagem de ovos, criando um mar espalhado e desordenado de bolinhas.

Bem-vindo a um bar de solteiros em Manhattan.

Na linguagem da física, provocamos uma transição de fase: do sólido para o líquido das bolinhas.

A propriedade do sistema que mudamos aos poucos para provocar a transição de fase se chama *parâmetro de controle*. No exemplo do fluxo do tráfego, a densidade de carros na via é o parâmetro de controle. Nessa transição de sólido para líquido das bolinhas, o vigor do sacolejo é o parâmetro de controle. O vigor do sacolejo pode ser medido numa escala. Podemos chamar essa escala de "temperatura". Quanto mais alta a temperatura, mais a entropia domina (a ânsia de perambular por toda parte). Quanto mais baixa a temperatura, mais a energia de ligação domina (a atração para o fundo da cavidade). Quando a temperatura cruza um limiar – o ponto de equilíbrio entre entropia e energia de ligação –, o comportamento do sistema muda de repente. É a transição de fase.

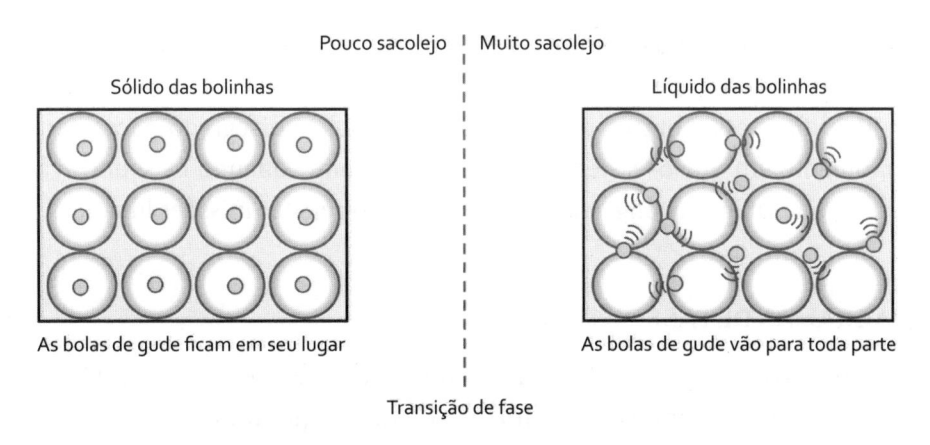

| Pouco sacolejo | Muito sacolejo |
| Sólido das bolinhas | Líquido das bolinhas |

As bolas de gude ficam em seu lugar | As bolas de gude vão para toda parte

Transição de fase

A transição de fase das bolinhas de sólido para líquido: quando a energia do sacolejo cruza o limiar, elas se libertam de repente

Em sólidos reais, a energia de ligação surge das forças entre moléculas, e não de uma paisagem fixa de pequenas cavidades. Mas, fora isso, o modelo está certo. Esse cabo de guerra microscópico entre entropia e energia de ligação está por trás de todas as transições de fase entre sólido e líquido.

★ ★ ★

No próximo capítulo mostrarei que, nas organizações, o tamanho da equipe tem o mesmo papel da temperatura nos sólidos e líquidos. Quando o tamanho da equipe ultrapassa um "número mágico", o equilíbrio dos incentivos passa de estimular o foco nas missões lunáticas para estimular o foco na carreira.

Mas o número mágico não é universal. As equipes se transformam com tamanhos diferentes, assim como os sólidos derretem em temperaturas diferentes. A razão é a ideia fundamental por trás de nossa quarta regra. É por isso que podemos *mudar* o número mágico. Os sistemas têm mais de um parâmetro de controle.

No exemplo da embalagem de ovos, imagine que as cavidades fossem 100 vezes mais fundas. Seria preciso sacudir com 100 vezes mais força para tirar as bolinhas de gude das cavidades. Podemos pensar na cavidade mais funda como um sólido com mais energia de ligação. Por exemplo, a energia de ligação do ferro é quase 100 vezes maior que a da água. Por isso o ferro derrete a mais de 1.500ºC, enquanto o gelo derrete a 0ºC. A energia de ligação é outro parâmetro de controle.

Identificar esses outros parâmetros de controle é o segredo para alterar o momento em que os sistemas mudam de repente: quando os sólidos vão derreter, o tráfego vai engarrafar, as equipes vão rejeitar missões lunáticas.

DIAGRAMAS DE FASE

Vamos voltar ao nosso exemplo do fluxo do tráfego e a uma técnica útil que os cientistas usam para ajudar a pensar nessas questões.

As duas forças rivais para os motoristas na estrada são velocidade e segurança. O motorista acelera para chegar à velocidade ideal, mas freia para não bater no para-choque à sua frente. O espaço entre os carros – a densidade média dos carros – é um parâmetro de controle, como vimos antes. Mas não é o único. Sua decisão de meter o pé no freio ao ver as luzes de freio piscarem no carro à frente depende não só da distância em relação àquele carro como também da velocidade a que você avança. A 50 quilômetros por hora, a distância até parar é de cerca de seis comprimentos do carro. A 130 quilômetros por hora, é mais próxima de 30 comprimentos do carro. Ao decidir se freia ou não, seu cérebro estima intuitivamente a distância até parar e a compara com a distância até o para-choque à frente. *Tanto* a velocidade média dos carros *quanto* a densidade média deles contribuem para provocar a transição.

O *diagrama de fase* registra esses dois parâmetros de controle num só gráfico. No diagrama a seguir, a distância média entre os carros é medida no eixo vertical e a velocidade média dos carros, no eixo horizontal. Com velocidade baixa ou quando há poucos carros na via, acima e à esquerda da linha tracejada (1), o tráfego flui livremente. Quando o fluxo do tráfego cruza a linha de transição pelo aumento da densidade de carros (2) ou da velocidade maior dos carros (3), pequenas perturbações crescem exponencialmente até causar um engarrafamento. A linha tracejada da transição se inclina para cima e para a direita porque a distância de frenagem fica maior conforme os carros andam mais depressa, significando que uma separação média maior entre os carros é necessária para evitar o congestionamento.

Os engenheiros de tráfego usam essas ideias para projetar rodovias melhores. *Reduzir o limite de velocidade* no tráfego pesado pode parecer ilógico,

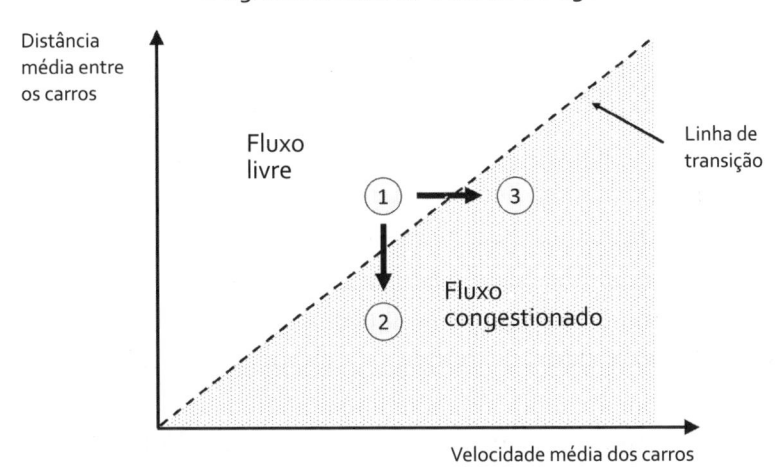

Diagrama de fase do fluxo de tráfego

(Eixo vertical: Distância média entre os carros; Eixo horizontal: Velocidade média dos carros. Região inferior: Fluxo congestionado; região superior: Fluxo livre; linha tracejada diagonal: Linha de transição. Setas: 1 → 2 (para baixo) e 1 → 3 (para a direita).)

Quando a distância média entre os carros cai abaixo da linha de transição (1 → 2) ou a velocidade média sobe acima dela (1 → 3), o fluxo livre se congestiona de repente

mas reduz a probabilidade de que uma pequena perturbação provoque um engarrafamento (faz o fluxo passar do ponto 3 do diagrama para o 1). Algumas rodovias usam uma mensuração das vias de acesso: quando a densidade e a velocidade começam a se aproximar da linha tracejada de transição de fase da figura acima, os semáforos das vias de acesso podem reduzir temporariamente o fluxo de novos carros na rodovia. Isso afasta da linha tracejada o fluxo na estrada. A política de proibir caminhões de ultrapassar outros caminhões reduz as filas atrás deles. Essas filas aumentam, temporariamente, a densidade de carros e podem forçar o fluxo do tráfego para o outro lado da linha tracejada e provocar um engarrafamento. Estudos sobre as Autobahns alemãs mostraram que a proibição de ultrapassagem de caminhões dá certo. Ela melhora o fluxo dos veículos de passageiros, embora reduza levemente o fluxo de caminhões.

★ ★ ★

A ciência das transições de fase, como podemos ver no exemplo do fluxo do tráfego, se expandiu muito além da curiosidade acadêmica. Identificar os parâmetros de controle de uma transição nos ajuda a *administrar* essa transição. E é exatamente o que faremos com equipes e empresas: identificar o que podemos ajustar para projetar organizações que sejam melhores em nutrir missões lunáticas.

Algumas das ideias mais criativas para ajustar os parâmetros de controle, como veremos, vêm das conexões entre sistemas que *parecem* não estar relacionados mas que têm em comum a mesma categoria de transição de fase.

As transições de sólido a líquido anteriormente descritas – tanto das bolinhas de gude quanto dos sólidos reais – caem numa categoria de transições *que rompem simetrias*. Um líquido tem simetria no sentido em que, na média do tempo, parece o mesmo de qualquer ângulo. É a chamada simetria de rotação. O sólido, não: ele "rompe" a simetria de rotação. Isso porque a visão da molécula observada diretamente do eixo x será muito diferente da visão a 5 ou 10 graus desse eixo. Mais de uma dúzia de Prêmios Nobel foram conferidos por descobertas explicadas, em última análise, por esse mesmo princípio da transição que rompe simetrias.[1]

A mudança súbita do fluxo do tráfego pertence a uma segunda categoria de transições de fase, chamada de *instabilidade dinâmica*. Uma mudança dos parâmetros de controle transforma um tipo de movimento (carros que fluem livremente) em outro tipo de movimento (fluxo congestionado) por tornar o fluxo livre muito sensível a pequenas perturbações (motorista tocando o freio). Os fluidos e gases também sofrem de instabilidade dinâmica. Fluem livremente, mas só em velocidade abaixo de um limiar decisivo. Acima desse limiar, o fluxo fica turbulento de repente.

Imagine, por exemplo, um barco se deslocando lentamente rio abaixo. A água se abre suavemente na frente do barco. Na popa, quando a água se apressa para preencher o espaço deixado para trás, o fluxo forma uma grande esteira confusa e turbulenta. Ou imagine a fumaça subindo de um cigarro no ar parado. Na foto a seguir, a fumaça do cigarro de Bogart se espalha alguns centímetros acima da brasa. A princípio, a fumaça sobe numa coluna reta; quando as partículas de fumaça pegam velocidade (o ar quente que sai da ponta do cigarro se acelera para cima), a coluna se desfaz subitamente numa confusão turbulenta. Tanto o fluxo da água em torno do barco quanto a fumaça do cigarro subindo pelo ar são exemplos de transição para a turbulência. Como a turbulência está intimamente ligada às forças de arrasto, entender esse tipo de transição nos ajuda a projetar melhores navios, aviões e até bolas de golfe. (As bolas de golfe têm covinhas porque um pouco de turbulência perto de uma camada superficial reduz o arrasto – e é por isso que, se tiver um bom *swing*,

Humphrey Bogart demonstra a transição do fluxo livre para o fluxo turbulento

você consegue lançar uma bola de golfe moderna a mais de 400 metros. Bolas de golfe lisas percorreriam cerca de metade dessa distância.)

★ ★ ★

Em 1957, dois matemáticos britânicos identificaram uma nova categoria de transição de fase. Ela nos ajudou a entender a propagação dos incêndios florestais, a prever a formação de jazidas de petróleo e, mais recentemente, a antever e talvez prevenir ataques terroristas analisando o comportamento de candidatos a terrorista na internet. Graças à mágica do comportamento emergente – de "mais é diferente" –, agora temos uma ferramenta de caça ao terrorismo que pode ser usada *sem* violar a privacidade on-line.

Tudo começou com o enigma da máscara de gás.

DAS MÁSCARAS DE GÁS AOS INCÊNDIOS FLORESTAIS

Em 1954, um matemático chamado John Hammersley apresentou um artigo incomum numa reunião realizada na sede da Real Sociedade Estatística, em Londres. Ele descreveu novas técnicas estatísticas para avaliar a probabilidade de que determinados padrões se devessem puramente ao acaso.

Hammersley apresentou o exemplo dos círculos de pedra neolíticos do oeste da Escócia. Construídos por druidas há mais de 3 mil anos, mediam de 3 a 30 metros de diâmetro. Um engenheiro chamado Alexander Thom estudou-os e afirmou que cada um deles foi construído em múltiplos de uma determinada unidade de comprimento. Os arqueólogos profissionais riram. Um integrante do público descreveu o fato como uma controvérsia: deveríamos pensar no homem neolítico como selvagem ou como colega? Mas os métodos estatísticos de Hammersley sustentaram a declaração de Thom. Os druidas eram mais sofisticados do que se acreditava. Eram mesmo colegas.

Na plateia daquele dia, Simon Broadbent, um engenheiro de 26 anos que também publicava poesia, ficou curioso. Ele trabalhava para a Associação Britânica de Utilização de Carvão, analisando a produção carvoeira. Tinham lhe pedido que descobrisse como projetar máscaras de gás melhores para os mineiros de carvão. As máscaras de gás usam materiais cheios de poros pequenos e grudentos para prender partículas perigosas quando o ar os atravessa. Os poros desses materiais têm tamanho e distribuição aleatórios. Para que a máscara funcione, esses poros aleatórios precisam criar pelo menos um canal *interligado* que permita ao ar atravessar a máscara toda, de um lado a outro, sem interrupção, para que o mineiro consiga respirar.

Durante a sessão de discussão depois do artigo, Broadbent perguntou a Hammersley se suas técnicas para analisar a aleatoriedade em dados poderiam prever que materiais com poros aleatórios conteriam pelo menos um canal interligado. Em outras palavras, se soubesse o tipo de material, Hammersley conseguiria prever se um mineiro de carvão usando uma máscara feita daquele material sufocaria?

Logo Hammersley percebeu que ninguém jamais propusera, ou pelo menos respondera a, um problema estatístico desse tipo. Os dois iniciaram uma parceria. Hammersley, de 34 anos, meio que fazia bico de estatístico em Oxford (a área ainda não se desenvolvera como disciplina independente). Seu trabalho era atacar qualquer problema que a administração ou o corpo docente da universidade sugerissem. Num ano, pediram-lhe que desse um curso no Departamento de Engenharia Florestal sobre como os pesquisadores deveriam coletar e analisar dados sobre o crescimento das árvores. Não demorou para Hammersley perceber que a pergunta de Broadbent tinha aplicação muito mais ampla do que o projeto de máscaras de gás. Também se aplicava às florestas.

Imagine uma floresta como uma distribuição aleatória de árvores. Agora suponha que um incêndio comece num dos lados da floresta. Presuma que o fogo só possa se propagar para uma árvore vizinha se essa árvore estiver tão perto que uma fagulha caia nela. O fogo se propagará de um lado a outro da floresta?

Broadbent e Hammersley descobriram que a resposta, tanto para o enigma das máscaras de gás quanto para o dos incêndios em florestas, era descrita por uma transição de fase. Abaixo de um limiar de densidade de poros da máscara de gás, o ar não poderia passar. Acima dessa densidade decisiva, sempre haveria um canal ligando um lado a outro. Nas florestas, abaixo de um limiar de densidade de árvores, o fogo se extinguiria. Acima dessa densidade decisiva, o fogo engoliria a floresta inteira.

Mas a densidade de árvores não é o único parâmetro de controle. Assim como os carros na estrada, a transição do incêndio florestal tem mais de um parâmetro. Suponha que o vento seja forte. Em termos realistas, as fagulhas poderiam se espalhar mais e atingir mais de uma árvore. Portanto, com a velocidade do vento alta, o limiar de contágio ocorreria com uma densidade

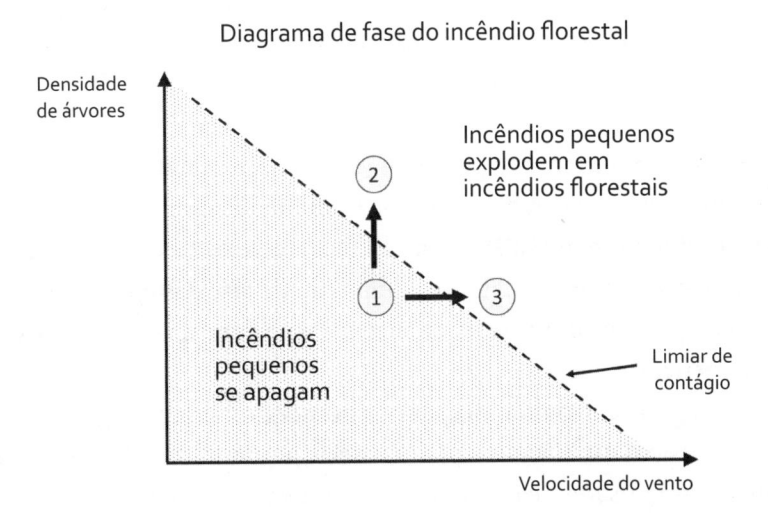

Quando a densidade de árvores excede o limiar de contágio (1 → 2) ou a velocidade do vento ultrapassa o mesmo limiar (1 → 3), incêndios pequenos explodem em grandes incêndios florestais

menor de árvores. Em outras palavras, a linha tracejada da transição no diagrama de fase se inclinaria para baixo e para a direita.

O ar que procura um canal pelos poros de uma máscara ou o fogo que procura um caminho pelas árvores de uma floresta lembraram a Hammersley a água percolando o pó de café. Se o pó estiver compactado demais, a água talvez não encontre um caminho para passar. Se estiver mais solto, começará a pingar. Então Hammersley chamou suas técnicas e ideias de "teoria da percolação".

Como o rompimento da simetria, a teoria da percolação interliga uma variedade estonteante de sistemas aparentemente não relacionados.

Quando as pedras quebram? Com o tempo, as pedras acumulam uma coletânea aleatória de tensões e fraturas. Quando essas pequenas fraturas se coalescem numa grande fratura única que vai de uma ponta a outra, a pedra se quebra em duas. Esse é o limiar de percolação.

Quando furar para encontrar petróleo? As fissuras profundas do solo se formam aleatoriamente, como os poros da máscara de gás. Abaixo do limiar de percolação dessas fissuras, seu poço provavelmente encontrará um aglomerado pequeno e desconectado de petróleo preso. Mau investimento. Acima do limiar de percolação, o poço provavelmente encontrará um reservatório gigantesco e interligado de petróleo. Bom investimento.

Quando o pequeno surto de uma doença se transformará em epidemia? Volte ao modelo do fogo que se propaga de árvore em árvore. A velocidade elevada do vento na floresta, soprando fagulhas rapidamente de árvore em árvore, é como um vírus muito contagioso. A elevada densidade de árvores é como pessoas que vivem muito próximas (em cidades grandes, por exemplo). Quando a infecciosidade e a densidade cruzam um limiar decisivo, pequenos surtos explodem em epidemias. Quando ficam abaixo desse limiar, pequenos surtos logo se extinguem. Essa é a transição de fase das epidemias.[2]

E como os pesquisadores reais de incêndios reagiram a esses novos modelos matemáticos?

Não muito bem. Levou tempo para os bombeiros serem, digamos, calorosos com os físicos estatísticos e para as ideias pegarem. Eis uma história de um manual muito usado de controle de incêndios:

> Os mais antigos entre os bombeiros [com frequência] deixam de perceber quanta coisa pode se manter desconhecida para o homem que

nunca teve a oportunidade de observar pessoalmente eventos semelhantes.

Para demonstrar essa falta de conhecimento devida à falta de experiência, um homem de meia-idade conta uma historinha de algo que aconteceu com ele há mais de 20 anos. Naquele dia, o rapaz chegou facilmente a um ponto de observação perto do incêndio, antes que o guarda-florestal mais velho chegasse. Lá, diante dele, estava um inferno ondulante de chamas como ele nunca vira. Com fascínio e medo, ele disse a si mesmo que todo o poder do Homem jamais conseguiria interromper aquele incêndio.

O velho guarda-florestal bufou, enrolou um cigarro e murmurou: "Em meia hora a cabeça do incêndio vai chegar àquela velha parte queimada e, ao entardecer, o vento vai morrer e poderemos ir atrás dela." Então virou-se lentamente para um mensageiro e disse: "Joe, ligue para o quartel-general e avise que o incêndio está sob controle."

Esse não é o tipo de gente que ficaria boquiaberto com equações diferenciais.

COMO SER SIMPLES

Na década de 1990, um punhado de grupos de pesquisa finalmente conseguiu deflagrar o interesse pelos usos práticos da percolação. Durante décadas os órgãos de proteção florestal usaram modelos de simulação de incêndios que registravam o *micro*: as propriedades de combustão do *Eucalyptus sieberi* comparadas às do *Pinus ponderosa*, a taxa de propagação do fogo em função do ângulo do aclive, etc. Esses modelos são úteis para prever o comportamento local de um incêndio de hora em hora. Seguirá para a esquerda ou para a direita, vai aumentar ou diminuir a velocidade? Mas eles não ajudam nos padrões globais, no *macro*: a frequência, por exemplo, de grandes incêndios.

Para fisgar o interesse de sujeitos como o rapaz e o velho guarda-florestal da história anterior, um grupo de pesquisa composto de geólogos, ecologistas da paisagem e físicos encontrou um meio-termo entre o micro e o macro. O modo como o fizeram é a base do que faremos no próximo capítulo com equipes e empresas.

Os primeiros modelos de incêndio florestal não interessaram aos bombeiros experientes porque eram macro *demais*, simplistas demais. Por exemplo, supunham que as árvores rebrotam em todos os pontos da floresta em ritmo igual. Não é assim. As áreas queimadas levam décadas para se recompor. Os modelos também presumiam que as árvores em chamas sempre põem fogo nas vizinhas. Mas, nas florestas reais, muitas coisas afetam a propagação do fogo: umidade do ar, umidade do solo, espécie de árvore, declividade do terreno. O incêndio se propagará duas vezes mais depressa, por exemplo, num aclive de 30%. Os pequenos incêndios quase sempre saem do controle quando a umidade cai abaixo de 25%. Mas registrar *todos* esses microdetalhes para cada uma das florestas impossibilitaria prever padrões macro.

Os pesquisadores encontraram um meio-termo com a criação de um modelo que era *simples mas não simplista*. Jogue fora detalhes demais e você não explica nada. Retenha todos os detalhes... e dá no mesmo. Precisamos saber a diferença entre as propriedades de combustão do *Eucalyptus sieberi* e do *Pinus ponderosa* de modo a extrair princípios gerais para projetar florestas mais seguras? Não. Precisaremos peneirar 137 exemplos de casos e dezenas de teorias para extrair princípios gerais e projetar equipes e empresas mais criativas? Não. Queremos um modelo que seja *apenas simples o bastante* para extrairmos noções macro com confiança de sua origem micro.

Em outras palavras, queremos um modelo que descreva a floresta mas que se baseie nas árvores.

Acontece que, para entender os padrões macro de incêndios florestais, só precisamos de dois parâmetros principais. Chamei o eixo horizontal do diagrama de fase dos incêndios florestais, na página 187, de "velocidade do vento". Mas um termo melhor, que transmite o que realmente importa na propagação do fogo, talvez seja "viralidade". A alta velocidade do vento, o solo seco e a baixa umidade do ar aumentam a viralidade: tornam mais provável a propagação do fogo. A baixa velocidade do vento, o solo úmido e a elevada umidade do ar reduzem a viralidade: tornam menos provável a propagação do fogo.

Em 1988, um incêndio no Parque Nacional de Yellowstone queimou mais de 320 mil hectares, 36% da área total do parque – o maior incêndio em sua história. Foi na análise da política do parque que a teoria da percolação mostrou pela primeira vez o que é capaz de fazer. Até 1972, a política do Yellowstone exigia que os guardas-florestais apagassem imediatamente todos os pequenos incêndios, causados por seres humanos (uma guimba de cigarro acesa jogada fora) ou pela natureza (a queda de um raio). Às vezes a frequência de pequenos incêndios numa floresta é chamada de *taxa de ignição*. A política dos administradores do parque para reduzi-la, embora bem-intencionada, tinha permitido que a floresta se adensasse com árvores velhas. Sem querer, eles empurraram a floresta para o outro lado da linha tracejada do diagrama anterior. Sua política tornou o contágio – um surto imenso como o incêndio de 1988 – inevitável.[3]

Hoje a maioria dos serviços de proteção florestal reconhece o "efeito Yellowstone" de baixar artificialmente a taxa de ignição. Eles permitem que incêndios pequenos ou médios ardam sob vigilância, na chamada política de queima controlada. Em alguns casos, se a floresta estiver perto demais do limiar de contágio (a linha tracejada no diagrama de fase), os administradores de incêndios iniciarão pequenos focos, chamados de "incêndio prescrito", para afastar a floresta do limiar.

Agora a ideia de incêndio controlado parece sensata, quase intuitiva. Os modelos de percolação ajudaram a disseminar essa intuição embasando a ideia na ciência. Mas o sucesso mais interessante desses modelos, que levou a um desdobramento totalmente inesperado, veio da comparação de suas previsões com registros históricos da frequência de incêndios de vários tamanhos.

Os modelos de percolação preveem algo que nós *nunca* adivinharíamos pela intuição, pela experiência ou por microssimulações com tipos diferentes de árvore e vegetação. É uma previsão exclusiva da ciência da emergência e das transições de fase. De acordo com esses modelos, quando a floresta se aproxima perigosamente de uma transição de fase, da explosão, a *frequência* dos incêndios deveria assumir uma forma específica. A frequência deveria variar na proporção inversa do tamanho: os incêndios de 10 hectares deveriam ocorrer em metade das vezes dos incêndios de 5 hectares. Os incêndios de 20 hectares deveriam ocorrer em um quarto das vezes dos incêndios de 5 hectares. Os incêndios de 50 hectares deveriam ocorrer em um décimo das vezes, etc.[4]

Esse padrão, chamado lei de potência, é uma previsão surpreendente – uma pista matemática de que a floresta está à beira da explosão.

O padrão foi encontrado em outros lugares. Como discutiremos adiante, o padrão da lei de potência não é visto apenas em modelos de incêndios florestais, mas também nos mercados financeiros e nos ataques terroristas.

No entanto, mais uma década se passaria até que esses três sistemas aparentemente não relacionados se unissem. Fora do mundo dos incêndios florestais, o interesse pela teoria da percolação de Hammersley e Broadbent começou a enfraquecer. Os matemáticos exploraram variações do quebra-cabeça: pôr árvores nos nós de uma rede quadrada (quatro vizinhos por nó), numa rede hexagonal (como o desenho da bola de futebol; três vizinhos por nó), em redes cúbicas de 19 dimensões (38 vizinhos) e, em seguida, tentaram descobrir com que densidade de árvores o incêndio explodiria. Depois de analisadas dezenas dessas variações e com a maioria das grandes perguntas respondida, a teoria se afastou aos poucos para uma velhice respeitosa. Ficou jogando xadrez em silêncio com outras teorias idosas, raramente visitadas pelos jovens.

O renascimento surpreendente da teoria da percolação começou em janeiro de 1996. Quatro décadas depois de Simon Broadbent fazer a John Hammersley uma pergunta esquisita sobre máscaras de gás, um jovem australiano chamado Duncan Watts fez ao professor de matemática Steven Strogatz uma pergunta esquisita sobre grilos.

SEIS GRAUS DE KEVIN GRILO

Em meados da década de 1990, Watts, de 24 anos, formado pela Academia da Força de Defesa Australiana e instrutor de alpinismo nas horas vagas, era um inquieto aluno de pós-graduação de matemática na Universidade Cornell, entediado com a vida de universitário. Ele buscava um orientador de tese adequado quando conheceu Strogatz, de 36 anos, que entrara recentemente para o corpo docente de matemática aplicada. Strogatz era especializado em aplicações esquisitas de técnicas matemáticas avançadas (certa vez, escreveu um artigo sobre a matemática de *Romeu e Julieta*). Na época ele se esforçava para entender a sincronia na natureza: como milhões de células cardíacas batem no mesmo ritmo? Como milhares de vaga-lumes piscam ao mesmo tempo? Watts ficou curioso e se inscreveu como aluno. Depois de buscar um problema para trabalharem juntos, eles escolheram um enigma dos insetos: como gigantescos grupos de grilos sincronizam seu canto?

Watts e Strogatz começaram recolhendo grilos e colocando-os em caixinhas individuais minúsculas e à prova de som no laboratório, cada uma delas com microfones e alto-falantes embutidos. A ideia era tocar sons de outros grilos pelos alto-falantes. O ajuste de quem ouvia quem poderia testar as teorias da sincronização.

Como os grilos se harmonizam?

    Enquanto perambulava pelos pomares do campus recolhendo grilos, Watts se perguntava como as ligações entre os grilos se formavam no meio ambiente, fora do miniestúdio de gravação para grilos. Os grilos escutam seus vizinhos mais próximos? Escutam todos os vizinhos até determinada distância? Haveria um maestro de grilos?

    A peça da Broadway *Seis graus de separação* tinha popularizado recentemente a ideia de que todo mundo estava a algumas amizades de distância de todas as outras pessoas da sociedade. Três universitários começaram um jogo chamado "Seis graus de Kevin Bacon", classificando atores de cinema com base na mesma ideia: um grau era ter participado de um filme com Bacon; dois graus, estar num filme com alguém que tivesse participado de um filme com Bacon, e assim por diante. Espantosos *1,9 milhão* de atores estão ligados a Bacon por três ou menos graus. O que os "Seis graus de Kevin Grilo" mostrariam?[5]

    Como na pergunta de Simon Broadbent sobre máscaras de gás, a pergunta de Watts sobre grilos abriu a porta para uma questão muito maior. Todos os tipos de rede tinham sido explorados no problema da percolação, como já mencionado. Redes quadradas, hexagonais, com mais dimensões. Mas e uma rede social? Onde amigos (grilos, seres humanos ou o que seja) pudessem fazer amizade com outros mais distantes?

Os primeiros modelos de percolação faziam sentido para estudar a propagação do fogo ou de uma doença contagiosa entre objetos que não se movem, como árvores numa floresta. Mas os grilos têm certa fama de pular por aí. Como os seres humanos. Ninguém fica em casa interagindo apenas com os vizinhos que moram à direita, à esquerda, na frente ou atrás. No decorrer do dia, você pode conversar com outros pais quando deixa os filhos na escola. No escritório, pode papear sobre notícias ou esportes com os colegas das mesas próximas ou ao lado do bebedouro. No supermercado, na volta para casa, pode encontrar amigos e parar para saber deles. E às vezes, durante o dia, ou talvez algumas vezes por semana, você pode entrar em contato com um amigo no outro lado do país. E esse amigo viaja num círculo cotidiano muito diferente do seu.

O padrão de muitas conexões dentro de uma comunidade fechada, marcada por laços ocasionais com comunidades distantes, descreve uma enorme variedade de sistemas. Em geral, os neurônios do cérebro se conectam dentro de um aglomerado de neurônios, mas às vezes seus axônios se estendem até muito longe, até outro aglomerado totalmente diferente. As proteínas da célula geralmente interagem com um grupo funcional, mas às vezes se interligam com receptores bem distantes. Sites na internet geralmente se conectam dentro de um grupo fechado (sites de notícias sobre celebridades ligados a outros sites de notícias sobre celebridades; sites de biologia ligados a outros sites de biologia), mas às vezes um site se conecta bem longe de seu aglomerado (o TMZ se liga a um estudo sobre neurociência). O jogo de Kevin Bacon mostrou que nesse tipo de rede, surpreendentemente, há poucos passos entre quaisquer dois nós (atores). Assim, Watts e Strogatz chamaram um sistema com conexões geralmente locais mas às vezes laços distantes de "rede de pequeno mundo".

De volta aos grilos, Watts se perguntou se a percolação já tinha sido estudada numa rede de pequeno mundo. Ele supôs que uma questão tão básica já houvesse sido resolvida e foi à biblioteca procurar a resposta. Ninguém fizera aquela indagação. Então perguntou a Strogatz, que sabia que ninguém estudara a questão, e percebeu que tinham encontrado algo maior do que a musicologia dos insetos.

Se um vírus de computador se propaga loucamente pela internet ou some depressa; se um minúsculo disparo neuronal errado é inofensivo ou se transforma numa convulsão que envolve todo o cérebro; se uma ideia se espalha explosivamente por uma população ou logo desaparece – tudo isso é governado por uma dinâmica semelhante: a percolação numa rede de pequeno mundo.

O artigo de Watts e Strogatz foi publicado em junho de 1998. Até meados de 2018, foi citado 16.505 vezes. Dos 1,8 milhão de artigos publicados em revistas científicas sobre o tópico das redes, seu artigo sobre pequeno mundo está em primeiro lugar. Foi mais citado do que os artigos de Einstein sobre relatividade, do que o artigo de Dirac sobre o pósitron e do que qualquer artigo da história publicado sobre física "fundamental".[6]

★ ★ ★

Antes vimos Sherlock Holmes apresentar o axioma da emergência: embora os indivíduos sejam enigmas, o homem, no conjunto, "se torna uma certeza matemática". Holmes buscava um ladrão naquela cena de *O signo dos quatro*, calculava as probabilidades e explicava ao Dr. Watson sua teoria da classe criminosa.

Um século depois de Arthur Conan Doyle escrever essas palavras, um físico da Universidade de Oxford começou a perseguir terroristas. Ele aplicou o princípio dos aglomerados percolantes dos incêndios florestais prestes a explodir a aglomerados percolantes de redes de pequeno mundo prestes a explodir.

Sua estratégia para rastrear terroristas se baseava numa certeza matemática.

O PODER DA CAUDA

Há um número limitado de faláfeis que se pode comer numa semana. Assim, no fim da década de 1980, quando fazia pós-graduação em física em Harvard, às vezes Neil Johnson abandonava o caminhão de faláfel na rua diante do laboratório de física Jefferson e almoçava na lanchonete da faculdade de direito, ao lado. Lá ele conheceu Elvira Restrepo, colombiana que estudava para ser advogada. Eles se casaram logo depois e moraram algum tempo em Bogotá até Johnson ser nomeado professor de Oxford, em 1992, e o casal se mudar para a Inglaterra.

O trabalho de Johnson sobre guerrilha e terrorismo se inspirou numa observação estranha. "Íamos à Colômbia para visitar a família", me contou ele, "e as notícias [da guerra civil que durou décadas nesse país] eram mais ou menos assim: três mortos hoje. Oito mortos hoje. Dois mortos hoje."

Johnson é um britânico louro de riso ávido e um leve toque de populista na ciência. Imagine um jovem Tony Blair (quando ele era popular) explicando cálculo e você terá Neil Johnson. Mas, quando descreveu os noticiários, o riso desapareceu. O relato trouxe lembranças. "Cresci em Londres, onde era assim: eis as notícias da Irlanda do Norte. Dois mortos hoje. Nenhum morto hoje. Quatro mortos hoje."

Durante seu tempo em Oxford, Johnson se especializou em usar as técnicas da física para encontrar padrões ocultos em números que pareciam aleatórios. Assim, quando começou a segunda guerra do Iraque em 2003 e o número diário de baixas novamente chegou às manchetes, Johnson começou a se perguntar: haveria um padrão naqueles trágicos números diários?

Ele conseguiu acesso a dados detalhados sobre as baixas na guerra civil em andamento na Colômbia. E descobriu que as baixas seguiam um padrão visto, mas nunca explicado, no mercado de ações.

Os livros sobre o comportamento dos mercados de ações costumam começar, como a Bíblia, com uma declaração de fé. No princípio, havia mercados eficientes. Os mercados capturam todas as informações em seu preço; os desvios dos preços eficientes são aleatórios. Maus atores podem estragar o espetáculo (uso de informações privilegiadas, manipulação), mas, com bom comportamento e aplicação adequada das normas, os mercados voltarão à forma pura, com eficiência perfeita. Boa parte da moderna teoria financeira, inclusive as estimativas de risco e o cálculo de preço de opções, se baseia nessa crença.

No entanto, parece que os mercados reais não funcionam assim. Movimentos de preço que deveriam acontecer uma vez por ano acontecem diariamente. As bolsas de valores de Nova York, Londres, Paris e Tóquio mostram todas o mesmo padrão. Supostamente, a curva que mede a frequência dos movimentos de preço teria uma cauda minúscula, correspondente aos raros valores extremos. No mundo real, essas caudas não são minúsculas. Quando resultados extremos acontecem com muito mais frequência do que se espera, a distribuição da probabilidade desenvolve o que os estatísticos chamam de "cauda gorda".

Os físicos adoram caudas gordas. Sistemas aleatórios sem nenhuma conexão oculta, como tirar cara ou coroa, têm caudas magras. São meio chatos.

As caudas gordas indicam uma dinâmica interessante na rede. Pode ser uma rede de árvores pela qual se propaga um incêndio. Ou pode ser uma rede de pessoas negociando ações, pela qual se propaga uma ideia – em outras palavras, um mercado financeiro. Físicos como Johnson estudam as caudas gordas dos mercados financeiros há anos, tentando entendê-los. As quedas do mercado (as "raríssimas exceções" de Greenspan), os colapsos dos fundos *hedge* e a quebra súbita de bancos costumam ser causados por caudas gordas, ou pelo menos estar associados a elas.

Em 2003, Johnson foi um dos autores de um livro sobre a física das finanças – a aplicação das técnicas da física estatística aos mercados. A publicação continha uma sugestão pouco convencional. A maioria dos pesquisadores tentava resolver o problema da cauda gorda estudando o comportamento de investidores individuais. Johnson, em vez disso, olhou os aglomerados. Ele perguntou o que aconteceria se supuséssemos que os investidores agem em panelinhas: pequenos grupos cujos membros se comportam todos da mesma maneira, isto é, tomam a mesma decisão de comprar ou vender. (Os indícios de pensamento grupal nos mercados, da mania das tulipas à bolha da internet, são fortes.) Os aglomerados não precisam ser permanentes. Assim como os grupinhos do ensino médio, os integrantes vêm e vão, as panelinhas do mercado se formam e se dissolvem, se fundem com outras ou se dividem.

Imagine pôr uma panela com água no fogo. Pouco antes do ponto de fervura, surgem bolhas. Essas bolhas crescem ou se desfazem, se fundem com outras bolhas ou se fragmentam, enquanto novas bolhas se formam. Johnson propôs que as panelinhas de investidores agem como essas bolhas percolantes.

Ao construir um modelo que era *simples mas não simplista* – ou seja, que registrava a essência do mercado de ações sem se perder nos detalhes –, Johnson demonstrou que esse modelo das panelinhas de investidores explicava bastante bem a distribuição da cauda gorda do mercado financeiro. Essa cauda gorda assumia um formato característico: uma lei de potência. Havia 32 vezes menos panelinhas de 40 pessoas do que panelinhas de 10. Havia 32 vezes menos panelinhas de 160 pessoas do que panelinhas de 40. E assim por diante. O número de panelinhas se reduzia com o tamanho da panelinha por uma potência incomum: 2,5.[7]

Os dados das baixas das décadas de guerra civil na Colômbia também mostraram uma lei de potência quase perfeita. Havia 32 vezes menos ataques com 40 baixas do que ataques com 10 baixas. Havia 32 vezes menos ataques com 160 baixas do que ataques com 40 baixas. O número de ataques registrados se reduzia com o número de baixas pela mesma potência incomum: 2,5.

A semelhança entre os dados do mercado de ações e um conjunto de dados da guerrilha de um único país poderia ser coincidência. Mas seria uma coincidência estranha. Uma lei de potência tão bem ordenada é rara. Assim, Johnson e seus colaboradores começaram a examinar outros conflitos. O extraordinário foi que os dados das guerras do Iraque e do Afeganistão mostraram o *mesmo* padrão: as baixas dos ataques seguiam a mesma forma da lei de potência, com o mesmo expoente de 2,5. Nos três anos seguintes eles recrutaram ajuda e dados de um conjunto maior de pesquisadores do mundo inteiro e acabaram montando um banco de dados com 54.679 eventos violentos em nove guerras (ou "conflitos insurgentes"): Senegal, Peru, Serra Leoa, Indonésia, Israel e Irlanda do Norte, além das três originais – Iraque, Colômbia e Afeganistão. O padrão persistiu: uma lei de potência com expoente 2,5.

Enquanto Johnson e seu grupo compilavam seus dados, outro grupo de pesquisadores, sediado em Santa Fé, no Novo México, fez um relatório sobre baixas de ataques terroristas globais usando o maior banco de dados disponível de ataques terroristas, com registro de mais de 28.400 eventos em mais de 5 mil cidades de 187 países. Os eventos cobriam quatro décadas, de 1968 a 2006. Quer analisando apenas as mortes, quer os ferimentos somados às mortes, os dados mostravam um padrão estatístico surpreendentemente forte: uma lei de potência com expoente de cerca de 2,5.

O padrão comum era uma pista, mas não uma prova definitiva de aglomerados percolantes: grupos que se formam e se dissolvem, se fundem e se fragmentam, num ciclo interminável. Há muitas explicações possíveis para as leis de potência (embora pouquíssimas que venham naturalmente com um expoente de 2,5). Johnson precisava de indícios mais fortes.

Nas florestas, coletamos evidências tirando fotografias aéreas e acompanhando o progresso dos incêndios no decorrer do tempo. Os aglomerados de fogo se formam e se extinguem, se fundem ou se fragmentam. No entanto, a fotografia aérea não ajuda a acompanhar panelinhas de gente. E pedir a terroristas que preencham questionários sobre seus hábitos sociais não parecia uma estratégia adequada à pesquisa. Johnson e sua equipe estavam presos a uma pista curiosa porém inconclusiva.

Até 2014, quando surgiu o Estado Islâmico e Johnson decidiu fazer uma busca na internet.

QUANDO O TERROR VIRALIZA

Acompanhar o interesse pela atividade terrorista de usuários individuais nas mídias sociais – postagens ou tuítes favoráveis a determinados acontecimentos, por exemplo – mostrou-se um mau previsor de ataques futuros. No entanto, os dados de Johnson indicavam a análise de *aglomerados* em vez de indivíduos. Assim, ele procurou sinais de aglomeração on-line.

Johnson e sua equipe logo descobriram que os seguidores interessados no Estado Islâmico (EI) estavam formando grupos no Vkontakte, a maior rede social russa. Eles se encontravam conectando-se a uma página virtual comunitária (equivalente a uma *fan page* do Facebook para uma marca ou empresa). O Facebook derruba imediatamente as páginas pró-EI. Já o site russo, que tinha 350 milhões de usuários na época, não faz isso. Como o grupo fica aberto para atrair novos seguidores, Johnson e sua equipe puderam acompanhar de perto as páginas pró-EI. Os seguidores usavam essa página comunitária para postar notícias de batalhas em tempo real, ensinar habilidades práticas de sobrevivência (como fugir de ataques de drones), requisitar recursos (para combatentes que quisessem viajar para a Síria mas não tivessem dinheiro) e, é claro, recrutar.

Amostra de conteúdo de uma célula terrorista on-line ensinando a sobreviver a um ataque por drone

Esses grupos on-line – células terroristas virtuais – não são eixos fixos no sentido conhecido de uma estação rodoviária, por exemplo, onde as pessoas se reúnem para pegar ônibus. Todo mundo sabe onde fica a rodoviária. Ela estava lá ontem e estará lá amanhã. A rodoviária não se materializa de repente, cresce, se dissolve, se funde a outra rodoviária nem se divide em rodoviárias menores.

As células terroristas on-line, por sua vez, fazem tudo isso. Exatamente como os grupinhos do ensino médio. Ou de investidores nos mercados financeiros.

No mundo off-line é extremamente difícil identificar e acompanhar as células terroristas. Johnson e sua equipe logo perceberam que as células terroristas virtuais, ao contrário, são fáceis de acompanhar. Algoritmos simples de computador podem perceber e registrar quando novos usuários se ligam a uma célula virtual, quando seguidores se desconectam e saem, quando as células se fundem, quando se dividem, quando são caçadas por agentes on-line e rapidamente se dissolvem, quando esses seguidores voltam a se reunir em novas células e assim por diante.

Desde o surgimento do Estado Islâmico em 2014 até o fim de 2015, a equipe de Johnson coletou dados minuto a minuto sobre o comportamento on-line de 108.086 seguidores vinculados a um total de 196 dessas células terroristas virtuais. Talvez seja o maior conjunto publicamente disponível de dados digitais já reunido sobre o comportamento terrorista.

A figura ao lado mostra um instantâneo da rede, no qual os seguidores individuais são os pontos menores e as páginas por meio das quais se conectam, as células terroristas virtuais, são os pontos maiores.

A análise dos dados confirmou o palpite de Johnson: as células terroristas virtuais se comportavam como aglomerados percolantes. Cresciam, se fundiam, se dividiam ou se desfaziam como incêndios numa

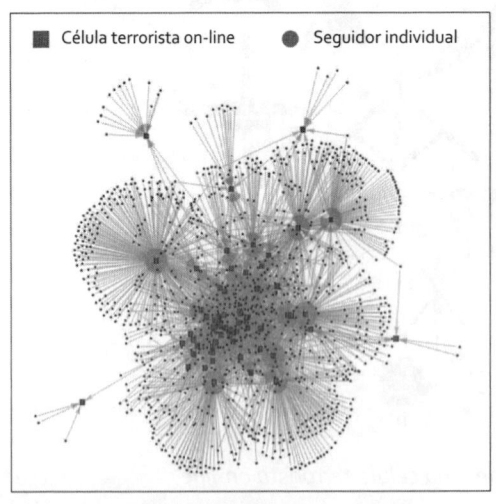

Mapa de uma rede terrorista on-line

floresta. Nas florestas, os dois parâmetros de controle são a densidade das árvores e a probabilidade de que o fogo se propague de árvore em árvore ("viralidade"), como já mostrado no diagrama de fase dos incêndios florestais neste capítulo. Abaixo do limiar decisivo, os incêndios pequenos se apagam. Acima desse limiar, eles explodem num grande incêndio florestal.

A equipe de Johnson identificou parâmetros de controle semelhantes nas células terroristas virtuais do site russo. O número de aglomerados era como a densidade das árvores. A taxa com que um seguidor ligado a um nó inspira outro seguidor a se ligar a um nó – a "infecciosidade" da causa – equivalia à taxa com que o fogo pula de árvore em árvore, a "viralidade".

A partir do modelo dos incêndios florestais, Johnson e sua equipe então conseguiram prever quando esses parâmetros de controle cruzariam um limiar decisivo e a rede explodiria. Em outras palavras, quando um ataque era iminente.

Para testar a teoria, a equipe de Johnson, além de analisar dados de ataques terroristas, trabalhou com autoridades nacionais e usou as mesmas técnicas para estudar grupos on-line de protestos civis na América Latina. Descobriram que os sinais característicos de ataques incipientes e de protestos em massa apareciam com semanas de antecedência. A figura abaixo mostra uma medição de como a rede terrorista cresce exponencialmente antes de explodir, um sinal que poderia prever a época de um ataque com dias de diferença.

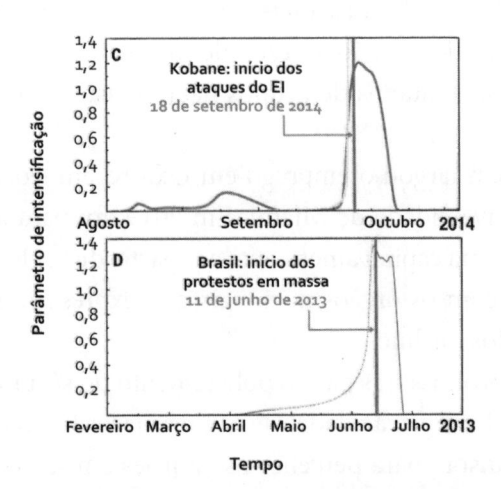

Prever quando o conflito explodirá medindo o crescimento de células terroristas on-line

Aplicar esses modelos de percolação a células terroristas virtuais abriu a porta para novos métodos de detecção e previsão e também para novas estratégias.

Primeiro, os resultados indicam que, em vez de monitorar atentamente milhões de comportamentos individuais on-line, concentrar-se no comportamento de um pequeno número de células, que podem ser dezenas ou centenas, é um uso melhor de tempo e recursos.

Segundo, técnicas matemáticas recentemente desenvolvidas podem identificar "superpropagadores": os aglomerados com maior influência. (Nem sempre são aqueles com maior número de conexões.) As redes de pequeno mundo encontradas por toda parte e descritas no artigo de Watts-Strogatz têm uma característica curiosa. São, *ao mesmo tempo*, incomumente robustas e incomumente frágeis. São robustas contra ataques ou fracassos aleatórios. E é por isso que a derrubada aleatória de servidores, por exemplo, tem pouco efeito sobre o tráfego na internet. Mas são especialmente vulneráveis a ataques contra os nós com maior influência, como se viu nos ataques à internet. Identificar e derrubar os superpropagadores on-line é uma estratégia para combater a propagação das redes terroristas.

Uma terceira estratégia é aumentar a taxa de fragmentação – o ritmo em que os aglomerados se dissolvem. A meta é afastar a rede terrorista da transição de contágio, como os incêndios prescritos afastam a floresta da transição de contágio. (Os autores que escrevem sobre esses tópicos relutam em discutir especificidades.) Muitas mais dessas estratégias estão sendo desenvolvidas. E as técnicas estão se estendendo além do EI e chegando a tiroteios em escolas, atentados de grupos nacionalistas e outras formas de conflito violento.[8]

Em 2007, Johnson largou o emprego em Oxford em troca de um cargo de professor na Universidade de Miami. Em 2019, foi para a Universidade George Washington, na capital americana, em parte, disse ele, para trabalhar mais intimamente com os órgãos nacionais que expressaram interesse em aplicar esses métodos on-line.

As técnicas são promissoras para o policiamento do século XXI: proteger populações sem violar a privacidade. "Não é preciso saber nada sobre os indivíduos", disse Johnson, para perceber os padrões em seu comportamento coletivo on-line.

Essa é a mágica da emergência.

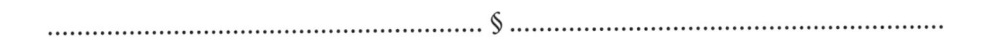

O CABO DE GUERRA MICROSCÓPICO

Os sistemas mudam de repente – os líquidos congelam, o tráfego engarrafa, florestas ou redes terroristas explodem subitamente – quando o fluxo vira uma batalha microscópica. Duas forças competem e a bandeira da vitória troca de lado.

A bolinha de gude é atraída para o fundo de sua cavidade na embalagem de ovos. Mas sacudir a embalagem com força suficiente faz a bolinha balançar e sair da cavidade. Isso é energia de ligação versus entropia.

O motorista quer viajar depressa. Mas freia para não atingir o carro à frente. Isso é velocidade versus segurança.

Os incêndios se propagam de árvore em árvore, mas o combustível pode se exaurir ou a chuva pode molhar as árvores. Causas violentas podem se espalhar, mas as ideias podem estagnar ou agentes on-line podem derrubar células terroristas virtuais. Ambos são exemplos de viralidade crescente versus viralidade decrescente.

Ao atuar sobre um único átomo ou indivíduo, as forças só provocam uma mudança gradual. Mas, multiplicada mil ou um milhão de vezes, a mudança se torna o estalo súbito do sistema: uma transição de fase.

Agora vejamos como aplicar essas ideias ao comportamento das equipes, das empresas ou de qualquer tipo de grupo com uma missão.

7

Transições de fase II:
O número mágico 150

Por que tamanho é documento

No capítulo anterior vimos que um cabo de guerra entre duas forças rivais pode provocar uma transição de fase. Conforme a temperatura da água cai, as moléculas vibram mais devagar até chegarem a uma temperatura decisiva, e nesse ponto sua energia de ligação excede a entropia e elas se cristalizam na ordem rígida do gelo. Essa é a transição da fase líquida para a sólida.

Neste capítulo mostrarei como algo parecido acontece dentro das organizações. Quando um grupo cresce, o equilíbrio dos incentivos passa de estimular os indivíduos a se concentrarem em metas coletivas a estimulá-los a se concentrarem na carreira e em promoções. Quando o tamanho do grupo excede um limiar decisivo, o interesse na carreira triunfa. É quando as equipes começarão a desdenhar as missões lunáticas e só os projetos de franquia – a próxima continuação do filme, a próxima estatina, o próximo giro da roda das franquias – sobreviverão.

Ainda mais importante, veremos como *controlar* essa transição: como mudar o número mágico.

MÓRMONS, MORTE E MACACOS

Na tarde de 27 de junho de 1844, uma turba se reuniu diante de uma cadeia minúscula em Carthage, no estado americano de Illinois. Os dois irmãos lá dentro tinham escapado meia dúzia de vezes de turbas iradas e da lei de quatro estados. Dessa vez as chances não pareciam boas. Antes, naquela manhã, Joseph Smith, o irmão mais novo, escreveu à esposa, Emma: "Estou muito resignado com meu destino, sabendo que tenho uma justificativa legítima e que fiz o melhor possível."

O carcereiro era amistoso, então os irmãos pediram a um visitante que buscasse uma garrafa de vinho. "Foi relatado por alguns", escreveu anos depois John Taylor, colega de cela, "que pedir o vinho foi tomado como sacramento. Não foi nada disso; nosso estado de espírito geral estava sombrio e pesado, e ele foi pedido para nos reanimar."

Os irmãos pediram uma música a Taylor. Ele escolheu um hino espiritual sobre um homem pesaroso que perambulava e foi parar na prisão, "condenado a encontrar de manhã o destino dos traidores".

"Estava muito de acordo com nossos sentimentos na ocasião", escreveu Taylor. O homem que perambulava se revela, no fim da canção, como sendo o Salvador.

Alguns minutos depois de Taylor terminar, eles ouviram tiros, seguidos de passos pesados. A porta da cela se escancarou; mosquetes atiraram; Joseph disparou uma pistola que fora contrabandeada para dentro da cela; Taylor tentou bater nos atacantes com uma bengala. Minutos depois, os irmãos estavam mortos. Taylor, atingido na perna, se escondeu embaixo da cama e foi resgatado.

Trinta e seis anos depois, Taylor se tornaria presidente da ordem religiosa que os dois irmãos tinham fundado, a Igreja de Jesus Cristo dos Santos dos Últimos Dias. A princípio, os seguidores foram chamados desdenhosamente de mormonitas e hoje, com orgulho, se intitulam mórmons.

★ ★ ★

Nos 20 anos passados desde as primeiras visões de Joseph Smith no início da década de 1820 numa cidadezinha rural no norte do estado de Nova York, a Igreja Mórmon cresceu para mais de 25 mil seguidores. Naquela época não era raro anunciar uma visão e organizar crentes na Nova Inglaterra. No Maine, as visões de Ellen White deram origem aos Adventistas do Sétimo Dia. Em Nova York, as visões do Apocalipse inspiraram os seguidores de Jemima Wilkinson a construir uma cidade chamada

Jerusalém. Na Escola de Teologia de Harvard, o poeta Ralph Waldo Emerson (filho de pastor) ensinava que a verdadeira mensagem do Jesus vivo era que qualquer um podia ter visões espirituais e despertar os outros: "Lançai para trás toda conformidade e apresentai os homens em primeira mão à Divindade."[1]

Esses outros visionários permaneceram em seu local. As visões de Smith, por sua vez, o conduziram para oeste, para buscar uma Nova Jerusalém para seu povo. Em toda parte aonde Smith e seus seguidores iam e construíam cidades – Kirtland, em Ohio; Jackson County, no Missouri; Hancock County, em Illinois –, sua alteridade, assim como a crescente influência econômica e política, ameaçava os habitantes mais antigos. O governador do Missouri baixou um decreto executivo para que os mórmons fossem "exterminados ou expulsos do estado". (O general da milícia do Missouri que cercou a cidade deles e confiscou seus pertences explicou que, se não partissem imediatamente, seriam mortos.) A cidade de Carthage adotou resolução semelhante. Como outra tribo nômade milhares de anos antes, essa se viu primeiro rejeitada, depois usada como bode expiatório.

No início de 1844, desapontado com a incapacidade dos partidos políticos existentes de proteger seu povo, Smith se declarou candidato independente à presidência dos Estados Unidos. A candidatura elevou o nível de sua ameaça aos líderes civis. Uma dúzia de testemunhas que prestaram depoimento confirmou o plano de matar Smith na cadeia de Carthage.

Um ano depois do assassinato na cadeia, o julgamento de seis líderes antimórmons e membros de uma milícia local, identificados por testemunhas como os assassinos, resultou em absolvição total. O governador de Illinois temia que a retaliação mórmon armada se transformasse numa guerra civil. Ele insistiu que Brigham Young, o sucessor de Smith, e seus seguidores saíssem do estado. Logo a insistência ficou mais contundente: saiam ou serão expulsos à força. Young concordou em partir.

Agora ele enfrentava um grave desafio organizacional. Como planejar um êxodo? Como deslocar milhares de famílias e seus cavalos, mulas, bois, ovelhas, porcos, galinhas, cães, gatos, gansos e cabras ao mesmo tempo que se procura um lar permanente? Young ruminou o problema, debateu com seus assessores e finalmente, em 14 de janeiro de 1847, anunciou que o Senhor falara com ele. A Igreja se dividiria em pequenos grupos, cada um com um único comandante, e iria para oeste.

Young liderou o primeiro grupo de 149 pessoas. Sua jornada de 1.500 quilômetros além das Montanhas Rochosas terminou quando ele viu uma planície vazia cercada de montanhas e riachos (hoje, Salt Lake City) e anunciou: "Aqui é o lugar certo." Outros 14 grupos partiram nos 12 meses seguintes. Tamanho médio desses grupos: 150 pessoas.

★ ★ ★

Um século depois, Robin Dunbar, pesquisador do Departamento de Antropologia da University College London especializado nos hábitos sociais dos macacos-de-coração-em-sangue, também chamados de geladas, publicou um artigo incomum.

Para contextualizar, Dunbar não é um primatologista comum. Veja-o falando dos hábitos de limpeza dos macacos:

> Ser limpo por um macaco é vivenciar emoções primordiais: o frisson inicial de incerteza num relacionamento não testado, a rendição gradual aos dedos ávidos de outrem agitando-se com habilidade sobre a pele nua, o leve beliscar, catar e debicar da carne enquanto mãos curiosas se movem com surpresa de uma sarda a outra pinta recém-descoberta. A dor momentaneamente desconcertante da pele beliscada dá lugar, imperceptivelmente, a uma sensação calmante de prazer, que se esgueira calorosa para fora a partir do centro de atenção.
>
> Você começa a relaxar na pura intensidade da coisa, cedendo deliciosamente ao vaivém dos sinais neurais que giram de seu jeito fugaz da periferia ao cérebro, percutindo seu leve tamborilar na consciência da mente, em algum ponto do profundo âmago do ser.

Esse trecho me fez, por um breve instante, querer ser um macaco.

Em seu artigo de 1992, Dunbar listou as medidas do volume cerebral e do tamanho médio do grupo social de 38 espécies de lêmures e macacos grandes e pequenos. Ele mostrou que, se você puser num gráfico a medida do volume do cérebro (tamanho do neocórtex) e o tamanho do grupo social, os pontos parecerão formar uma linha reta: quanto maior o cérebro, maior o grupo.

Assim, Dunbar propôs uma ideia nova: o tamanho do cérebro da espécie determina o tamanho ótimo de seus grupos sociais. A manutenção dos relacionamentos, defendia Dunbar, exige potência cerebral. Mais relacionamentos exigem mais neurônios. Ao extrapolar sua linha reta do cérebro dos primatas para o cérebro humano, ele constatou que o tamanho ótimo do grupo humano, caso essa hipótese fosse verdadeira, seria um número interessante: 150.

Apesar do dom óbvio de Dunbar para escrever sobre macacos, o artigo atraiu pouca atenção. Então, em 2000, Malcolm Gladwell publicou *O ponto da virada*, um best-seller que incluía um capítulo intitulado "150, o número mágico". O capítulo resumia os resultados do primatologista sobre o cérebro dos macacos e o tamanho dos grupos, além das observações de Dunbar de que o tamanho médio dos grupos de algumas sociedades de caçadores-coletores e as "menores unidades independentes" dos exércitos profissionais se aglomeram em torno desse número. Gladwell acrescentou o exemplo interessante da Gore Associates, fabricante do tecido Gore-Tex, que limita quantas pessoas trabalham juntas no mesmo prédio. "Dividimos o estacionamento em 150 vagas", disse o presidente Bill Gore. "Quando as pessoas começam a estacionar na grama, é hora de construir um novo prédio."

A ideia de um recorte programado de 150 relações humanas determinado pelo volume do cérebro humano viralizou. Dave Morin, ex-funcionário do Facebook, consultou Dunbar e criou um novo tipo de rede social, o Path, baseado na ideia de limitar todo mundo a 150 amigos. Minerva, a universidade on-line de elite recentemente lançada, estabelece grupos de 150 alunos citando Dunbar. Blogs populares de administração e sociologia continuam a disseminar a ideia do "Número de Dunbar".

Como era de esperar, tudo isso gerou uma reação contrária dos cientistas. Dunbar previu uma objeção em seu artigo original: extrapolar uma correlação em linha reta bem além do alcance do conjunto original dos dados é cientificamente questionável. Metade das espécies de macaco da amostra de Dunbar pesa menos do que uma abóbora pequena. Para os cientistas, extrapolar de macacos do tamanho de uma abóbora para seres humanos é como analisar um automóvel Mini Cooper para prever o comportamento de um caminhão-tanque totalmente carregado. Também não há biologia que sustente a ideia. Na melhor das hipóteses, o vínculo entre o número dos neurônios e o comportamento dos primatas é dúbio, assim como o vínculo entre o número de genes e o comportamento. As cebolas, por exemplo, têm cinco vezes mais DNA que os seres humanos. Para os biólogos, analisar o volume do cérebro de minimacacos para explicar o comportamento humano não faz sentido.

Antropólogos e sociólogos fizeram objeção ao número específico. Muitos observaram que tribos de caçadores-coletores e unidades militares se organizaram com eficácia em grupos com grande variedade de tamanhos. No mundo dos negócios, algumas equipes e empresas tiveram sucesso e se mantiveram inovadoras em tamanho muito maior.

No entanto, só porque uma *teoria* é meio maluca não significa que não haja algo na *observação*. Na linguagem da física, você pode ter a observação certa mas a teoria errada. Dezenas de teorias da supercondutividade, por exemplo, vieram e se foram; a observação nunca mudou. Bem antes da teoria de Dunbar e de outros modelos sociais, Bill Gore e Brigham Young limitaram os grupos a 150 pessoas. Entendemos, intuitivamente, que algo muda dentro das equipes e empresas quando elas atravessam determinado limiar de tamanho. Mas o volume de nosso neocórtex pode não ter nada a ver com isso.

Vejamos como a ciência da emergência oferece uma explicação alternativa – e muito mais.

O MACHADO INVISÍVEL

Imagine que você seja um gerente de nível médio da Pfizer e vá a uma reunião da comissão que avalia um projeto, um novo medicamento em estágio inicial. Como todo projeto em estágio inicial, ele tem defeitos. Algumas experiências importantes não foram feitas ou foram malfeitas. A ciência dessa área não está na moda. Os palestrantes principais de grandes conferências desdenham a área inteira. Mas você gosta da ideia. Algo nela desperta sua imaginação. O que você faz?

Primeira opção. Você pode socar a mesa, defender a ideia e começar a jornada longa e arrastada por uma série de comissões, fazendo a mesma defesa, socando a mesma mesa em cada reunião de cada comissão. Você pode ser rejeitado. Mas suponhamos que vença a primeira batalha e as próximas. Que consiga chegar até o fim da série e receba sinal verde para continuar. Os próximos sete anos serão gastos lutando para sobreviver às Três Mortes da missão lunática. Cada vez que o projeto tropeçar, como será inevitável, os sorridentes que lhe deram tapinhas nas costas e desejaram tudo de bom no começo mudarão de atitude e tentarão enterrar você e seu projeto. Vão querer seu orçamento. E vão querer você fora do caminho.

A probabilidade de que essa missão lunática tenha sucesso – que o medicamento funcione e as pessoas queiram tomá-lo – é de, mais ou menos, 1 em 10. Um medicamento extraordinário pode atingir 500 milhões de dólares em vendas anuais nos primeiros anos após o lançamento. Isso significa que o sucesso moverá a agulha de sua empresa de 100 mil funcionários e 50 bilhões de dólares em 1%. Se o projeto for bem-sucedido, mesmo com esse benefício percentual minúsculo, você pode contar com 99.999 pessoas correndo para reivindicar o crédito. Se fracassar, você pode contar com 99.999 pessoas recuando e lhe apontando o dedo. Vão mencionar todos aqueles defeitos iniciais que você ignorou de forma tão temerária. Sua carreira será manchada. Você pode ser demitido.[2]

Segunda opção. Você pode ridicularizar o projeto da missão lunática, destacar suas falhas, cutucar os defeitos. Pode explicar por que o mundo está se afastando exatamente desse tipo de ideia, por que nenhum palestrante principal de grandes conferências jamais o mencionará. Você anuncia a todos na sala sua inteligência, a amplidão de seu conhecimento e sua boa capacidade de avaliação. Por uma feliz coincidência, seu resumo de para onde vai o setor concorda exatamente com aquilo em que seu chefe, e talvez o chefe dele, acreditam. Eles riem junto e acenam com a cabeça.

No lugar da missão lunática, você propõe um passo modesto numa direção favorecida de pesquisa. É um projeto de franquia, uma quantidade conhecida. É fácil ir até o topo com luz verde. Todo mundo entende. Se continuar no jogo político com inteligência e falar bem nas reuniões – ridicularizações engraçadas, resumos sábios das tendências do setor –, pode ser que você consiga ficar com o emprego de seu chefe. Talvez até no ano que vem. O que aumentaria seu salário em 30%, sem falar que dobraria seu prestígio e sua influência. E a melhora do cargo e do salário poderia ajudá-lo a obter um emprego ainda mais bem pago em outra empresa quando começasse a procurar. Só no caso de algo dar errado.

Então, qual caminho você escolhe? Dedica sua energia e sua ambição à primeira opção, a missão lunática com sete anos de labuta, 1% de retorno e grande probabilidade de fracasso? Ou à segunda opção, o projeto de franquia e a politicagem com probabilidade decente de um aumento de 30% do salário no ano que vem?

Desdenhar a missão lunática a favor do projeto de franquia é a opção racional.

Agora imagine que você trabalha numa pequena empresa de biotecnologia, ou numa pequena produtora fomentando o projeto de um filme, ou em qualquer empresa iniciante numa área com cronogramas dilatados e baixa taxa de sucesso. Em vez de 100 mil funcionários, talvez haja 50. A receita anual, em vez de 50 bilhões de dólares, pode ser zero. O sucesso da missão lunática aumentaria a receita não em um ou dois pontos percentuais, mas numa porcentagem infinita (ou muito grande).

Se você for dono de parte do negócio – capital acionário real –, a recompensa financeira poderá valer milhões. E haveria outros tipos de recompensa também – o reconhecimento de seus pares, amigos, família. Podemos chamar de capital *afetivo* essa aposta não financeira no resultado. Você apostou e ganhou. Fez diferença. Só você e um pequeno time de azarões. Essa vitória será sua para sempre.

Nesse caso, parecer inteligente em reuniões ou tomar o emprego do chefe é irrelevante. O que importa é a sobrevivência da missão lunática: juntar o grupo para resgatá-la das Três Mortes e levá-la à glória.

Unirem-se para sustentar o projeto da missão lunática é a opção racional.

Conforme o tamanho da empresa vai aumentando, acabará chegando a um ponto de equilíbrio no qual os dois incentivos, que puxam em sentidos opostos, são iguais. Acima desse tamanho, surge ao longo da organização um comportamento que favorece matar as missões lunáticas e sustentar as franquias. Vamos chamar esse comportamento de Machado Invisível.

O aparecimento súbito desse Machado Invisível é uma transição de fase.

★ ★ ★

O exemplo que acabei de dar é o que os físicos chamam de *Gedankenexperiment*, ou experimento mental. Serve de aquecimento mental para nos ajudar a ter uma ideia das forças em ação.

Parte da bênção ou da maldição de uma formação avançada em física é a incapacidade de deixar quieto um bom experimento mental. A equação da página 218 resulta de um modelo matemático simples de como o experimento mental citado pode realmente se desenrolar no mundo real, como veremos a seguir.

O CABO DE GUERRA

No capítulo anterior descrevi um passo importante do desenvolvimento de novas noções sobre incêndios florestais: criar um modelo que fosse *simples mas não simplista*. Ernest Hemingway escreveu que "a dignidade do movimento de um iceberg se deve ao fato de apenas um oitavo dele estar acima d'água". Ele a chamou de Teoria da Omissão. O poder da bela prosa vem do que se deixa de fora. Na ciência, é a mesma coisa. O poder de um belo modelo vem do que escolhemos omitir.

Nesse espírito, para entender o que causa a transição de fase dentro das organizações, precisamos de um modelo simples de organização, que transmita só o suficiente para ilustrar a ideia básica. Mais tarde podemos acrescentar mais detalhes e construir teorias mais sofisticadas.

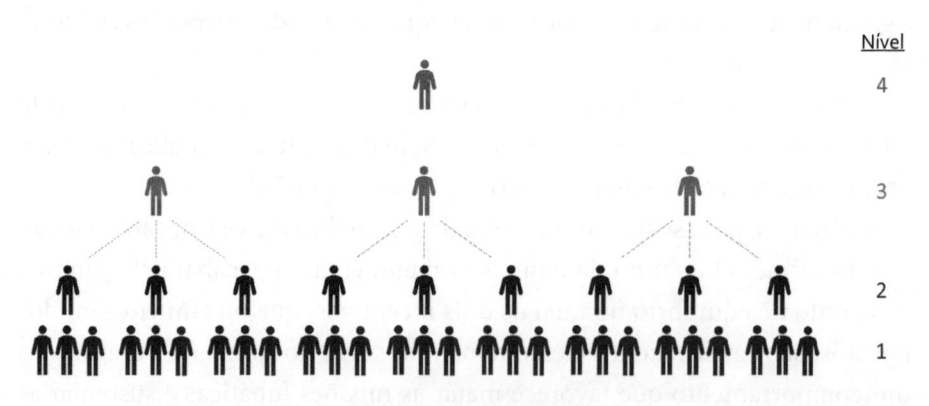

Amplitude administrativa = 3

Aqui temos a figura de um modelo simples de organização. O administrador supersênior no alto da pirâmide, que pode ser o vice-presidente de uma empresa real, tem três subordinados diretos. Cada um desses gestores logo abaixo do vice-presidente tem três subordinados, e assim por diante até o nível mais baixo. O número de subordinados diretos se chama "amplitude administrativa". Nas empresas americanas, a amplitude administrativa média ficou muitos anos entre cinco e sete, embora estudos recentes indiquem que chegou até 10. (Mostro uma amplitude de três para a figura caber na página.)

Agora precisamos interligar as pessoas a algo pelo qual os clientes paguem, fontes de valor. Nas empresas de profissionais liberais – escritórios de advocacia, firmas de consultoria, bancos de investimento, agências de publicidade, escritórios de design –, os clientes costumam pagar por projeto. Os clientes de bancos e escritórios de advocacia podem pagar por serviço numa transação (uma fusão ou oferta pública de ações). Os clientes de firmas de consultoria podem pagar por um estudo de pesquisa de mercado. Clientes de agências de publicidade, por uma campanha de marketing. E assim por diante.

O trabalho é feito por uma equipe de projeto. Num escritório de advocacia, um punhado de advogados juniores (nível 1, abaixo) faz a pesquisa; um advogado mais experiente (nível 2) supervisiona. Firmas de consultoria, bancos, agências de publicidade, escritórios de design e outros prestadores de serviço usam modelos semelhantes. Em empresas de produção, que fazem coisas em vez de oferecer serviços, as equipes de projeto podem desenvolver ou vender um pequeno produto (uma cafeteira) ou parte de um produto grande (o sistema de ignição de um carro).

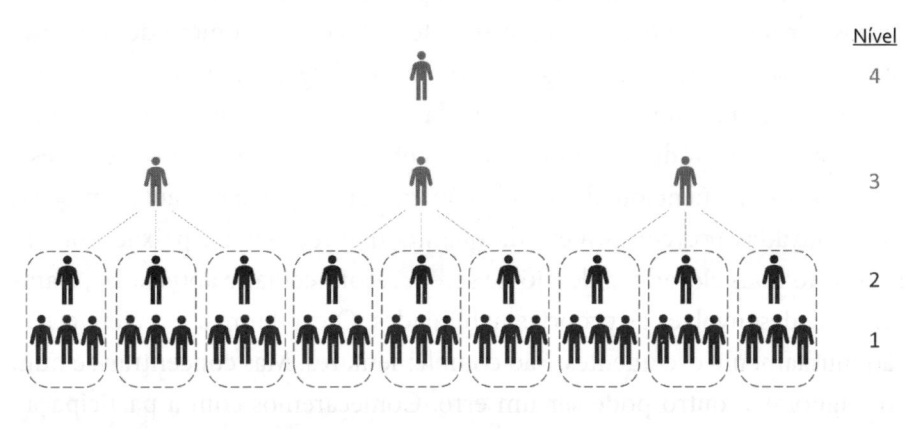

Nove equipes de projeto

Onde quer que você esteja na pirâmide, precisa fazer uma escolha, como mostrado na figura da próxima página. Digamos que você cumpra uma jornada de oito horas, das 9h às 18h, e sejam 17h. Você precisa decidir se passará a última hora do dia (a) numa tarefa que pode aumentar o valor de seus projetos (melhorar a apresentação para o cliente; pesquisar projetos de máquinas de café) ou (b) fazendo networking e se promovendo dentro da empresa (tentando cair nas graças do chefe, do chefe do chefe ou de outros gestores influentes).

Aumentar o valor de meus projetos

Fazer networking e me promover

Trabalhar no projeto

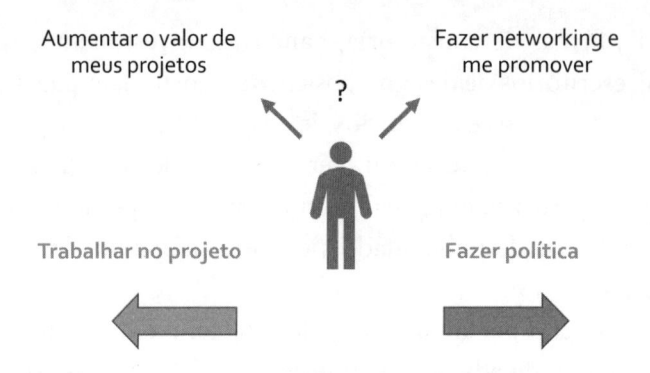

Fazer política

Qual você vai escolher? Para registrar quantitativamente as ideias do experimento mental acima, vamos analisar seus incentivos.

As duas principais formas de incentivo oferecidas aos funcionários têm muitos nomes e roupagens. Vamos usar os termos mais comuns: salário e participação no capital. O salário-base é um exemplo do primeiro. Com o segundo, quero dizer qualquer forma de pagamento que conceda aos funcionários participação no sucesso dos projetos. Opções de compra de ações são um exemplo, mas qualquer pagamento "de risco" ligado ao resultado do projeto serve – por exemplo, ações vinculadas, participação nos lucros ou bônus.

A participação "dura" ou monetária, como opções de compra de ações e bônus, como já mencionado, não é o único tipo de participação. As pessoas são motivadas por coisas além da quantia que recebem: a paixão por um propósito mais elevado, o desejo de serem reconhecidas e apreciadas, a ambição de desenvolver as próprias habilidades. O capital real e o afetivo não são mutuamente excludentes. São complementares. Mas concentrar-se num só e ignorar o outro pode ser um erro. Começaremos com a participação monetária e voltaremos aos fatores menos tangíveis no próximo capítulo.

Parâmetros do projeto (C, A, P)

Em nosso modelo simples de organização, cada funcionário tem um salário-base que depende de seu nível na hierarquia (os níveis à direita nos diagramas das páginas anteriores: 1, 2, 3 e 4). Para manter tudo simples, vamos supor que o salário-base aumente na mesma porcentagem a cada nível. Chamemos isso de *crescimento de salário C*. Se, em média, as promoções aumentam o salário-base em 12%, então C é 12%.

É fácil ver como a taxa de crescimento do salário afeta a decisão de como passar aquela hora a mais. Imagine uma organização onde cada promoção traga um aumento de salário de 200%. Isso seria incrível! Investir uma hora por dia para garantir que todas as pessoas influentes saibam exatamente quem você é, como seu trabalho é bom, como o trabalho dos outros é inferior e como você se encaixa perfeitamente na próxima vaga no degrau acima pode ser um excelente uso do tempo.

No entanto, se as promoções trouxerem um crescimento de 2%, quem se importa? Será melhor investir sua energia no projeto, em que algum esforço a mais poderia lhe garantir um bônus maior ou aumentar o valor de sua participação no sucesso da empresa.

A *amplitude administrativa*, que chamaremos de A, é um segundo parâmetro do projeto. Para ter uma ideia da amplitude administrativa, vamos pensar numa empresa com cerca de mil funcionários. Se a amplitude for muito pequena e cada gestor supervisionar três pessoas ($A = 3$), haverá *cinco* camadas entre o presidente executivo e o nível mais baixo. Se a amplitude for muito maior, 10 subordinados diretos em média ($A = 10$), haverá apenas *duas* camadas intermediárias.

Também é fácil ver de que modo a amplitude afeta sua escolha. Imagine uma organização com enorme amplitude, mais de 100 subordinados diretos (discutiremos um exemplo desses no próximo capítulo). As promoções acontecem tão raramente que não vale a pena dedicar tempo algum a fazer política. No entanto, com amplitude de dois você está em competição constante com seu colega. A ascensão na carreira estará sempre em sua mente. Há tantas camadas que, assim que recebe uma promoção, você começa imediatamente a pensar na próxima. A obsessão por promoções nunca acaba.

A amplitude também afeta de outra maneira o equilíbrio entre os incentivos. Nas organizações mais planas, se todos os outros fatores forem iguais, os gestores têm uma participação maior no sucesso geral da empresa. Possuem um pedaço maior da torta e isso os incentiva a se concentrarem mais no resultado do projeto e menos em fazer política.

O terceiro parâmetro de projeto é a *fração de participação*, que chamaremos de P. A participação amarra diretamente o salário à qualidade do trabalho. Se você desenvolver uma cafeteira, a empresa venderá mais cafeteiras e o valor de sua participação vai crescer. Se você escrever uma apresentação melhor para o cliente, este poderá contratar sua empresa outra vez e falar bem do serviço a outros. Sua participação nessa renda futura vai crescer. Quanto maior for sua fração de participação, mais provável será que você escolha o projeto em vez da política.[3]

Parâmetros de adequação organizacional (*O*)

Os três parâmetros de projeto descritos são diretos. Qualquer um no RH (recursos humanos) deve ser capaz de informar rapidamente a média de *C*, *A* e *P* da empresa. Mas dois parâmetros mais sutis também moldam seus incentivos.

Vamos supor que você seja super-hábil em seu trabalho ou, pelo menos, nos projetos que lhe atribuíram. Você é tão competente que uma hora a mais por dia investida em seus projetos pode dobrar ou triplicar o valor deles. Talvez você projete a melhor cafeteira da história, que venderia mais do que todas as outras máquinas do setor. Nesse caso, puxar o saco do chefe e fazer networking com outros gestores influentes dentro da empresa é irrelevante, porque o triunfo de sua cafeteira falará por si.

Imaginemos, por outro lado, que você não seja muito qualificado para os projetos que lhe designaram. Uma hora a mais não importa; você projetará a mesma cafeteira ruim. Nesse caso, talvez você invista essa hora a mais em lobby e política. O esforço extra pode ajudá-lo a obter uma promoção.

Quanto maior for sua habilidade nos projetos que lhe designaram, o que podemos chamar de *adequação entre habilidades e projeto*, mais provável será que você escolha trabalhar no projeto. Quanto menor essa adequação, mais provável será escolher a política.

É difícil medir esse parâmetro de controle de adequação final, mas todo funcionário o sente. Vamos chamá-lo de *retorno da política*: até que ponto a política importa nas decisões sobre promoções. Elas são decididas puramente (ou quase totalmente) com base no mérito? Ou o jogo de influências, o networking e a autopromoção fazem muita diferença?

É claro que a resposta vai variar entre os gestores. Alguns são mais suscetíveis ao lobby e ao puxa-saquismo; outros, menos. Mas, assim como a altura varia entre os indivíduos mas todo país tem um nível médio, a importância da política varia entre os gestores mas toda empresa tem algum nível médio. Quando falamos casualmente de uma empresa que é mais "política" do que outra, é isso que queremos dizer.

Algumas organizações buscam ativamente reduzir a importância da política nas promoções investindo bastante em avaliações minuciosas e independentes (como veremos no próximo capítulo). Outras são administradas como clubinhos de velhos amigos. Alguns gestores de alto nível se reúnem em torno de uma mesa e decidem quem permitirão que entre no clube. O segundo tipo de empresa provavelmente será mais político do que o primeiro.

Para nossos propósitos, o que importa, em nosso modelo simples de organização, é a razão entre *adequação entre habilidades e projeto* e *retorno da política*. Chamaremos essa razão, que é uma medida da "adequação" organizacional geral da organização, de O. Em empresas com adequação organizacional elevada, os sistemas de recompensa desestimulam a politicagem e os funcionários se adequam bem a seu papel. Em consequência, ficam ansiosos para dedicar seu tempo aos projetos – projetar a melhor cafeteira. Nas empresas com adequação baixa, a política influencia muito as decisões sobre promoções e os funcionários não se adequam bem a seus projetos. Em consequência, tendem a dedicar seu tempo a fazer política.

Eis uma descrição mais quantitativa: se um funcionário passar 10% a mais de seu tempo trabalhando no projeto, quanto aumentará, em média, o valor esperado desse projeto? Em 1%, 10% ou 100%? (O valor esperado se refere ao significado usual comercial-financeiro: o valor da receita futura ajustado à probabilidade.) Em empresas onde os funcionários têm pouquíssimo treinamento ou são designados para projetos de forma descuidada, sem muita consideração sobre até que ponto o projeto se adequa a suas habilidades, essa medida de *adequação entre habilidades e projeto* será baixa. Nas organizações que investem muito em treinamento, no recrutamento dos mais talentosos e em gerenciar cuidadosamente as tarefas, ela será alta.

O *retorno da política* pode ser definido de maneira semelhante. Se o funcionário passar 10% a mais de seu tempo fazendo lobby e networking, quanto, em média, aumentará sua probabilidade de ser promovido? Em 1%, 10% ou 100%? Quanto maior a probabilidade, mais alto o retorno da política.

O NÚMERO MÁGICO

Quando examinamos a combinação de salário e incentivos de participação em nível individual, vemos que há um tamanho decisivo da organização, um número mágico *M*, acima do qual o equilíbrio passa a favorecer a política em vez do trabalho no projeto.

Abaixo desse limiar, os incentivos estimulam os funcionários a se unirem para tornar as missões lunáticas bem-sucedidas. Acima dele, as considerações sobre a carreira ficam mais importantes e a politicagem aparece de repente. As missões lunáticas têm mais probabilidade de ser desdenhadas a favor das franquias. Embora cada pessoa, individualmente, possa acreditar com entusiasmo na inovação, coletivamente surge o Machado Invisível.

E qual é esse número mágico? No Apêndice B mostro que

$$M = \frac{P A^2 O}{C}$$

P   Fração de participação
A   Amplitude administrativa
O   Adequação organizacional
C   Taxa de crescimento do salário na hierarquia

Vejamos como isso funciona. Como a fração de participação *P* está no numerador, conforme *P* aumenta, o número mágico *M* fica maior. Isso significa que um grupo cada vez maior de pessoas pode trabalhar junto, sem politicagem, na fase da missão lunática. E faz sentido, como discutimos antes, já que uma participação maior estimula a aplicação do tempo nos projetos, e não na política. A amplitude administrativa *A* também está no numerador (elevada ao quadrado). O aumento da amplitude administrativa reduz o número de camadas, o que, por sua vez, reduz a importância da política. Isso também aumenta a participação do funcionário no resultado do projeto. E esses dois favorecem a concentração nas missões lunáticas, e não no interesse na carreira.

No entanto, conforme aumenta o crescimento do salário *C*, o oposto acontece. Incrementos maiores de salário estimulam a politicagem, pois os funcionários competem para conquistar favorecimento e ganhar aumentos salariais enormes. Isso reduz o número máximo de pessoas, *M*, que podem trabalhar juntas na fase da missão lunática.

O último fator é a adequação organizacional *O*. Quando as empresas criam sistemas de avaliação que as protegem da politicagem, investem no desenvolvimento das habilidades dos funcionários e fazem um bom serviço ao combinar funcionários e projetos que permitam que essas habilidades brilhem, elas aumentam a probabilidade de alimentar missões lunáticas.

Então, qual é esse número mágico M no mundo real?

No caso da amplitude administrativa, usemos o meio da faixa já mencionada, 6. E vamos determinar um crescimento do salário típico nas promoções de por volta de 12%. Voltaremos mais tarde aos valores típicos de P e O, mas, por enquanto, consideremos uma empresa bem equilibrada na qual participação e salário sejam frações iguais do pagamento (50% cada) e os pesos de habilidade e de política sejam iguais ($O = 1$).

Calculando esses números, encontramos:

$$M \approx \frac{50\% \times 36}{12\%} = 150$$

Interessante.[4]

Mencionei que estudos recentes encontraram amplitudes administrativas maiores.

Em 2014, uma pesquisa com 248 empresas realizada pela Deloitte (uma das Quatro Grandes da contabilidade global) encontrou uma amplitude administrativa média entre 9 e 11. Com esse aumento da amplitude e da responsabilidade, é claro, vem um crescimento maior do salário. Vamos determinar uma amplitude administrativa de 10 e um crescimento médio do salário, agressivo mas não ofensivo, de um terço (33%). Teremos:

$$M \approx \frac{50\% \times 100}{33\%} = 150$$

Também muito interessante.

Brigham Young, Bill Gore, Malcolm Gladwell e Robin Dunbar talvez tenham encontrado alguma coisa. Para valores típicos dos parâmetros de controle no mundo real há, realmente, uma mudança súbita de incentivos por volta do número mágico 150. Nesse tamanho, o equilíbrio de forças do cabo de guerra muda e de repente o sistema que favorecia o foco nas missões lunáticas passa a favorecer o foco na carreira.

No entanto, os métodos de Young *et al.* – oração, estacionamento e primatologia – não nos dizem o que (e se) é possível fazer para *mudar* esse número mágico de modo que grupos maiores possam evitar esse destino e ter sucesso ao nutrir missões lunáticas. Você nunca verá, numa lista de próximos passos ou lições para a ação, algo como "Aumente o volume do neocórtex de seus funcionários".

A ciência da emergência, por outro lado, sugere algumas coisas práticas que podemos fazer. Ajustamos os parâmetros de controle para administrar transições. Como já mencionado, polvilhamos sal na calçada antes da nevasca porque o sal baixa a temperatura de congelamento da água. Queremos que a neve derreta, não que endureça como gelo.

No capítulo anterior vimos que os diagramas de fase registram a essência das transições de fase do fluxo do tráfego e dos incêndios florestais e nos servem de guia para administrar essas transições. Então como é o diagrama de fase neste caso e o que ele nos diz?

Abaixo do limiar decisivo, o número mágico da equação, os incentivos estimulam os indivíduos a se unirem em torno de missões lunáticas. Quando o tamanho do grupo ultrapassa aquele número mágico, os incentivos passam a favorecer o foco na carreira: a política da promoção (1 → 2 no diagrama abaixo). Em estruturas de grupo típicas, esse número pode ficar em torno

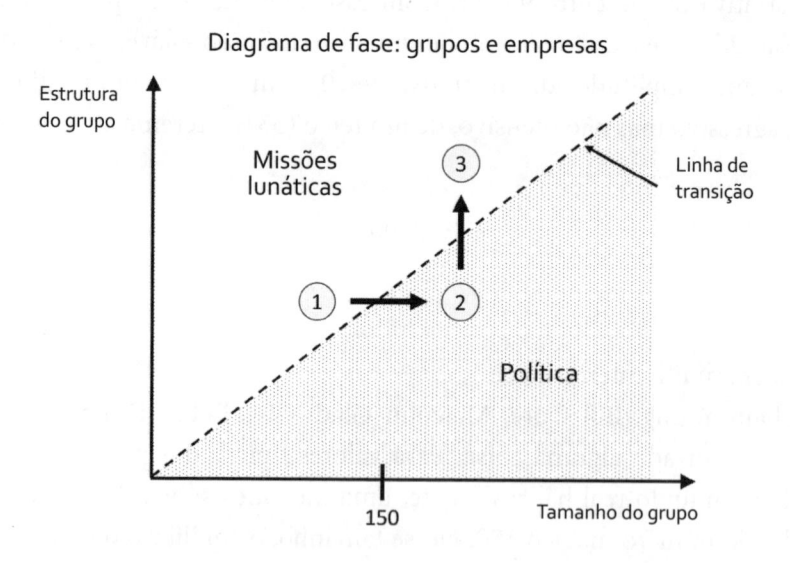

Quando o tamanho do grupo excede o número mágico (1 → 2), os incentivos, em vez de estimularem o foco nas missões lunáticas, passam a promover o foco na carreira: a política da promoção. O ajuste da estrutura pode restaurar o foco nas missões lunáticas (2 → 3)

de 150. Mas, se ajustarmos os parâmetros de estrutura – fração de participação, adequação organizacional, amplitude administrativa, taxa de crescimento da remuneração –, podemos aumentar esse número mágico (e por isso a linha tracejada está inclinada; se não pudéssemos ajustar o número, a linha tracejada seria puramente vertical). Outra maneira de dizer a mesma coisa: grupos muito maiores do que 150 pessoas que estejam presos na fase de política de carreira (2 no diagrama) podem restaurar o foco nas missões lunáticas ajustando sua estrutura (2 → 3).

Como já mencionado, as ideias não se aplicam só a equipes pequenas que queiram permanecer empreendedoras enquanto crescem, mas também a grandes organizações que desejem criar equipes poderosas para nutrir missões lunáticas internamente.

Vejamos como uma organização com *2 milhões* de pessoas criou um grupo de missões lunáticas cujo recorde de inovação radical talvez não tenha sido igualado por nenhuma outra no último meio século.

8

A quarta regra

Aumente o número mágico

Desde 1958, um grupo de pesquisa formado por 200 pessoas, dentro de uma empresa imensa, gerou a internet, o GPS, os nanotubos de carbono, a biologia sintética, as aeronaves não pilotadas (drones), elefantes mecânicos, a assistente Siri dos iPhones e muito mais. Ex-integrantes desse grupo comandaram, ou seus princípios de gestão inspiraram, muitas entidades de pesquisa lendárias dos Estados Unidos, inclusive quase todos os casos mencionados neste livro.

Esses princípios de gestão são exemplos – alguns, exemplos extremos – do ajuste de parâmetros descrito no capítulo anterior para aumentar o número mágico. Trata-se de mudanças que intensificam a produção criativa de qualquer equipe de missões lunáticas.

Antes de mergulharmos nisso, vale a pena ter em mente que acelerar o motor criativo para disparar em velocidade mais alta – nutrir mais missões lunáticas, com mais produtividade e eficiência – significa mais ideias e mais experimentos, o que também implica, inevitavelmente, mais experimentos fracassados. Essa não é a escolha certa para todas as equipes. Quem faz parte de um grupo que monta aviões, por exemplo, não vai querer lançar 10 aviões para ver quais 8 caem do céu. A fabricação e montagem de aviões pertence ao grupo das franquias. O grupo de missões lunáticas é indicado para desenvolver as novas tecnologias malucas que podem ir parar dentro desses aviões.

Agora falaremos sobre aquele criadouro de missões lunáticas de 200 pessoas. Tudo começou com um bipe constante vindo de uma bola de metal brilhante no espaço.

A TEIA DA DARPA

Vannevar Bush criou o Escritório de Pesquisa e Desenvolvimento Científico (OSRD), descrito no Capítulo 1, para desenvolver tecnologias não comprovadas que os militares não se dispunham a financiar. Pouco depois do fim da Segunda Guerra Mundial – para continuar de onde aquele capítulo terminou –, o órgão foi dissolvido sem deixar sucessores. A agência nacional de pesquisa que Bush vislumbrou em *The Endless Frontier* foi vetada primeiro pelo presidente Truman e, em seguida, adiada por causa de brigas políticas no Congresso. Depois de perder essas batalhas, Bush escreveu que "as tensões finalmente me atingiram e então me rendi e saí de circulação". Ele nunca mais se dedicaria integralmente ao serviço público.

Em 1950, os conflitos tinham sido resolvidos e o Congresso criou a espinha dorsal do extenso sistema atual de laboratórios nacionais de pesquisa. A Fundação Nacional de Ciência (NSF), os Institutos Nacionais de Saúde (NIH) e órgãos semelhantes apoiam a ciência de interesse público: estudos sobre disseminação de doenças, purificação da água, previsão de terremotos, etc. Essas agências também financiam a pesquisa em áreas que podem ser chamadas de "fracassos de mercado": campos cujo futuro comercial é tão incerto ou distante que nenhuma empresa pode se dar ao luxo de investir neles. Era o caso da engenharia genética, por exemplo, 50 anos atrás. E da fusão nuclear hoje.

A NSF e os NIH são órgãos civis. Nenhum laboratório semelhante de missões lunáticas substituiu o OSRD de Bush nas Forças Armadas, nem quando a Guerra Fria se intensificou. Em 1949, os soviéticos explodiram sua primeira arma nuclear. Em 1950, a Guerra Fria esquentou na Coreia. Em 1952, Eisenhower fez campanha eleitoral com base na ameaça soviética e na força de seu histórico militar ("Se eleito, irei à Coreia") e venceu. Em novembro de 1955, os soviéticos testaram com sucesso sua primeira bomba de hidrogênio. Ela era 100 vezes mais potente do que a bomba usada em Hiroshima (em 1960, eles explodiram uma bomba *3 mil* vezes mais potente do que a de Hiroshima). Uma bomba de hidrogênio poderia varrer do mapa a região costeira do leste dos Estados Unidos.

Eisenhower e seus assessores militares logo decidiram que a demonstração de força soviética deveria ser respondida com uma demonstração de força ainda maior: aumentando o arsenal de mísseis americanos. Mais, maiores, mais velozes. Projetos de franquia. As lições de Vannevar Bush e seu departamento nacional de missões lunáticas tinham se apagado.

Então, em outubro de 1957, os soviéticos puseram em órbita uma esfera de alumínio de 56 centímetros de diâmetro, polida para ficar mais visível da Terra. Qualquer um com um par de binóculos poderia olhar o céu e ver o satélite soviético, chamado *Sputnik 1*, quando passava sobre os Estados Unidos. Radioamadores conseguiam ouvir a irritante torrente de bipes.

Lançamento do Sputnik em outubro de 1957

Nos primeiros dias após o lançamento do *Sputnik*, Eisenhower deu de ombros. O único propósito daquilo era aparecer. Ele sabia que os foguetes americanos poderiam ter posto satélites em órbita bem antes do *Sputnik*, mas não tinha interesse em acrobacias caras. Os adversários de Eisenhower, porém, perceberam a oportunidade. O senador Lyndon Johnson disse que os soviéticos "lançarão do espaço bombas sobre nós como garotos no alto do viaduto jogando pedras nos carros". Outro senador anunciou: "O que está em jogo é, nada mais, nada menos, que nossa sobrevivência." Os meios de comunicação perceberam o furo. O *The New York Times* declarou o triunfo do comunismo; o *Newsday* anunciou: "A Rússia vence a corrida espacial"; o *The Washington Post* afirmou que um relatório secreto "retrata os Estados Unidos na situação mais perigosa de sua história". Entrevistado na televisão, Edward Teller, o pai da bomba de hidrogênio, disse que o lançamento era um desastre ainda maior do que Pearl Harbor.

O secretário de Defesa de Eisenhower tinha anunciado sua aposentadoria naquele ano. Seu substituto, Neil McElroy, que assumiu apenas cinco dias depois do *Sputnik*, foi recebido pelo turbilhão dos meios de comunicação. Como Vannevar Bush, McElroy vinha de fora, era um "forasteiro". Ao contrário de Bush, porém, não tinha experiência técnica nem militar. Começou a carreira na Procter & Gamble e, trabalhando na área de marketing, teve a ideia de criar programas de TV para as donas de casa que a P&G usaria para transmitir seus anúncios diretamente à sala de estar delas. "O problema de melhorar o gosto literário é das escolas", explicou. "As novelas vendem muito sabonete."

Sua missão lunática fez a P&G ganhar bilhões. McElroy também foi o pai da gestão de marcas, a ideia de equipes pequenas concentradas em marcas específicas (Ivory, Tide, Joy). "Gerentes de marca" jovens e inteligentes comandariam essas equipes como negócios independentes. Logo McElroy reproduziria a ideia num contexto muito diferente.

Eisenhower e McElroy entendiam a resistência a ideias radicais dentro de grandes organizações. McElroy vencera a resistência à sua ideia maluca das novelas. Durante a longa carreira militar, o presidente vira em primeira mão que a rivalidade entre as instituições militares retardava o progresso e se queixava disso em público e em particular. E foi por isso que Eisenhower escolheu McElroy para o cargo. Ele queria alguém de fora, sem laços anteriores com as Forças Armadas ou com o Governo Federal, livre para sacudir o sistema. A publicidade em torno do *Sputnik* criou oportunidade para algumas sacudidelas.

Em 20 de novembro de 1957, um mês após o lançamento do *Sputnik*, McElroy propôs um novo órgão que se reportaria diretamente a ele e financiaria ideias "extremas" de pesquisa. Em outras palavras, um grupo para desenvolver tecnologias não comprovadas que os militares não se dispunham a financiar.

Os líderes das Forças Armadas detestaram a ideia. Reagiram exatamente como seus antecessores à proposta semelhante de Bush no início da Segunda Guerra Mundial. O comandante da Força Aérea, depois de receber de McElroy um esboço do estatuto do novo órgão, escreveu de volta: "A Força Aérea estima que as propostas sejam sugestões." McElroy respondeu explicando que aquelas não eram sugestões.

McElroy tinha ajudado a desenvolver o laboratório de pesquisa de produtos de consumo mais bem-sucedido do país. Ele compreendia que as tecnologias enterradas no laboratório que não se transferem para a área ou os laboratórios que deixam de responder rapidamente ao feedback da área são inúteis. Em outras palavras, McElroy compreendia e incluiu no estatuto de seu novo órgão a essência das duas primeiras regras de Bush-Vail: a separação de fases e o equilíbrio dinâmico.

A semelhança com o OSRD não era coincidência. Tanto Eisenhower quanto McElroy, sem nenhuma experiência científica, eram intimamente assessorados por cientistas que tinham trabalhado com Bush, como James Killian, o presidente do MIT, e Ernest Lawrence, ganhador do Prêmio Nobel que ajudou a lançar tanto o radar de micro-ondas quanto o Projeto Manhattan.

Em 7 de fevereiro de 1958, o novo órgão de McElroy começou oficialmente a funcionar. Chamava-se Agência de Projetos de Pesquisa Avançados (ARPA).

O OSRD de Bush tinha renascido.

UM GIGANTESCO SUPOSITÓRIO NUCLEAR

As histórias de missões lunáticas financiadas ou, pelo menos, levadas a sério pela ARPA (rebatizada de DARPA em 1996 com o acréscimo de "Defesa") são lendárias. Uma de minhas favoritas, e não sei direito o que isso diz a meu respeito, foi uma ideia apresentada como um supositório nuclear gigante.

No início da década de 1960, no ápice do temor nuclear da Guerra Fria, um físico autodidata e muito respeitado, conhecido por suas ideias loucas, propôs usar um gigantesco feixe de partículas para derrubar mísseis soviéticos. Nicholas Christofilos viera de Atenas, onde trabalhou como técnico de elevadores e estudou física nas horas vagas, para o Laboratório Nacional Livermore, especializado em pesquisa de armas. Nos 40 anos passados desde que Nikola Tesla chegou às manchetes com seu raio da morte, a tecnologia avançou até o ponto em que Christofilos podia discutir a ideia a sério, ou meio a sério, numa sala cheia de físicos. Uma objeção que fizeram foi o custo impraticável de construir túneis gigantes para abrigar o aparelho que geraria o feixe.[1]

"Há um jeito melhor de fazer isso", disse Christofilos. Usar armas nucleares para construir os túneis.

"Pensem nisso como um supositório", explicou ele referindo-se ao novo uso que propunha para uma arma nuclear. "A gente o enfiaria na pedra. Enquanto entra, ele derrete a pedra e isso cria um tubo perfeito. Só é preciso continuar empurrando para ficar quente a ponto de derreter a pedra."

A maioria dos físicos ficou sem fala diante de suas ideias. O projeto do supositório não recebeu financiamento.

É claro que muitos projetos lunáticos da DARPA receberam financiamento e depois fracassaram. Um elefante mecânico para levar equipamento militar pela selva do Vietnã. Uma superbomba feita com o elemento háfnio, descoberto, supostamente, por um físico que fazia experiências com uma máquina de raio X odontológico. Um plano para obter a fusão nuclear com bolhas que se desfaziam rapidamente dentro de líquidos (foi usado um fluido de limpeza modificado). Um mercado de previsões no qual os investidores poderiam apostar na localização do próximo evento terrorista para aproveitar a "sabedoria da multidão". (O projeto foi descartado, por assim dizer, devido ao mau gosto.)

Outras missões lunáticas da DARPA transformaram setores ou criaram novas disciplinas acadêmicas. A antiga rede de computadores ARPANET evoluiu para a internet. Um sistema de geolocalização baseado em satélites evoluiu primeiro para o GPS militar e depois para o GPS de consumo, usado em quase todos os carros e telefones celulares. Um projeto para auxiliar soldados com um software capaz de entender comandos de voz gerou a Siri, hoje encontrada em todos os iPhones. Um sistema mundial de sensores sísmicos, instalado pela DARPA para distinguir terremotos de testes nucleares, possibilitou o primeiro tratado de proibição de testes nucleares. (Outros ramos militares insistiam que detectar explosões nucleares por tremores de terra era impossível. O tratado de proibição dos testes era inútil, argumentavam, e não deveria ser celebrado, porque nunca poderia ser verificado.

Eles desdenharam a pequena equipe da DARPA que trabalhava na ideia da sismologia como "um monte de incompetentes".) Como efeito secundário, o projeto de sismologia reviveu e, depois, validou a teoria das placas tectônicas. Essa teoria mudou permanentemente a geologia.

A DARPA financiou a criação do primeiro grande centro de computação gráfica, escolhendo a Universidade de Utah para isso. O grupo de Utah, descrito no Capítulo 5, tinha como um dos gestores Ivan Sutherland, ex-gerente de programa da DARPA. Sutherland supervisionou a tese de doutorado em computação gráfica de Ed Catmull, fundador da Pixar, que se disse "profundamente influenciado" pelo modelo da agência para estimular a criatividade. A DARPA financiou outro engenheiro, Douglas Engelbart, que construiu o primeiro mouse de computador, as primeiras telas com mapas de bits (primeiras interfaces gráficas) e os primeiros links em hipertexto.

Em 1970, boa parte da equipe de Engelbart saiu para entrar num grupo de pesquisa recém-criado comandado por Bob Taylor, outro ex-gerente de programa da DARPA. Era o Xerox PARC – o berçário de boa parte dos projetos do setor de computadores pessoais. Taylor disse que usou como modelo daquele lendário grupo de pesquisa "os princípios de gestão desenvolvidos na DARPA".

Hoje, ex-gerentes de programa ou ex-diretores da DARPA lideram ou lideraram recentemente grupos de pesquisa no Facebook, no Google, na Microsoft, na IBM, no Draper Laboratory e nos MIT Lincoln Labs. Os princípios de gestão desse pequeno grupo se espalharam pela pesquisa dos Estados Unidos, tanto no setor privado quanto no público, e formaram uma teia extensa da DARPA.

Vejamos como esses princípios se conectam com os parâmetros de controle descritos no capítulo anterior – as variáveis da equação de nosso número mágico. Veremos como aumentar o número mágico pode intensificar a inovação radical.

SEIS GRAUS DE BALÕES VERMELHOS

Reduza o retorno da política

Nas estruturas tradicionais, ascender na hierarquia da empresa é a maior das iscas. Atinja essa meta, receba uma sala maior, um salário mais alto, mais gente na equipe e assim por diante. É claro que essa mesma isca que leva a subir degrau após degrau incentiva a disseminação da erva daninha da política.

A DARPA é administrada como uma coletânea frouxa de pequenas startups (empresas iniciantes com atividades inovadoras) sem degraus hierárquicos. Cada um dos cerca de 100 gerentes de programa comanda um projeto ou área de pesquisa. Todos recebem um grau extraordinário de autonomia e visibilidade, não muito diferente dos gerentes de marca de McElroy. Por exemplo, em setembro de 2009, Doug Wickert, piloto de testes da Força Aérea americana, fez um rodízio pela DARPA como parte de um programa de intercâmbio com as organizações militares. Regina Dugan, doutora em engenharia mecânica pelo Caltech, tinha sido nomeada recentemente diretora da DARPA. Na primeira reunião de Wickert com Dugan, ela lhe disse que voltasse com sua equipe dali a duas semanas e a convencesse de uma ideia, "exatamente como qualquer outro gerente de programa".

Na época, Dugan e outros na DARPA procuravam um modo de comemorar o quadragésimo aniversário do início da internet, reconhecido nos círculos computacionais como o lançamento da ARPANET em 1969. (Essa rede remota começou a funcionar em 29 de outubro de 1969, quando o computador de Charley Kline, no campus de Los Angeles da Universidade da Califórnia, se comunicou com um computador no Instituto de Pesquisa de Stanford, em Menlo Park, também na Califórnia. Kline digitou o "l" e o "o" de "login" e os computadores deram pau.)

A ideia de Wickert foi testar o poder da internet para unir pessoas do país inteiro na solução de um problema urgente. E ele apresentou a ideia de um novo desafio: a DARPA colocaria 10 balões meteorológicos vermelhos em 10 parques públicos não revelados espalhados pelo país para ver com que rapidez seriam encontrados. "A princípio, foi meio que uma piada", contou-me Wickert, "mas então se transformou em outra coisa."

Um mês depois, em 29 de outubro de 2009, aniversário da internet, Dugan anunciou o Desafio do Balão Vermelho da DARPA. Os balões seriam postos nos parques, amarrados a árvores ou bancos, na manhã de 5 de dezembro, um sábado. A primeira equipe a encontrar todos os 10 balões ganharia um prêmio de 40 mil dólares. O prazo curto – apenas 37 dias entre o anúncio e a competição – foi intencional, para dar às equipes pouco tempo para se prepararem, como aconteceria com equipes semelhantes numa crise real.

Às 10 horas da manhã de sábado, 5 de dezembro, os balões subiram em parques de todo o país, da Flórida ao Oregon. A DARPA planejava recolhê-los ao fim do dia e repetir o processo durante uma semana. Mas, em apenas 8 horas, 52 minutos e 41 segundos, uma equipe do MIT achou todos os 10 locais. Ainda mais espantoso: a equipe só tinha ficado sabendo do desafio quatro dias antes.

A solução da equipe fora criar uma rede com um sistema criativo de recompensas. Um prêmio total de 4 mil dólares seria atribuído a cada balão. Se Susan avistasse um balão vermelho e avisasse ao website da equipe do MIT, ganharia metade do prêmio: 2 mil dólares. Se Greg tivesse falado do jogo a Susan, ganharia metade do que restava: mil dólares. Se Karen é que tivesse contado a Greg, ganharia metade do que restava: 500 dólares. E assim por diante, de modo que todo mundo na cadeia de transmissão receberia uma parte (o que restasse dos 4 mil dólares quando a cadeia terminasse seria doado à caridade).

A genialidade do sistema era que até pessoas que nunca saíam de casa e não poderiam avistar um balão tinham razões para participar e ajudar o MIT a ganhar. Os elos eram todos rastreados pelo site da equipe (construído em dois dias). Em geral, os caçadores de balões recorreram a amigos nas redondezas. Mas, às vezes, entraram em contato com conexões distantes. Em outras palavras, era uma rede de pequeno mundo: seis graus de balões vermelhos. A equipe recrutou 4.400 pessoas em apenas 36 horas.

A equipe do Georgia Tech, que ficou em segundo lugar, teve três semanas de antecedência para começar e trabalhou avidamente, "movida a rosquinhas, pizza e adrenalina", para criar uma página no Facebook e um número do Google Voice, além de um site otimizado para classificação de buscas. Mas só conseguiu recrutar 1.400 pessoas. O grupo apostou no altruísmo. Se vencessem, seus membros prometeram que doariam o prêmio inteiro à caridade.

No fim das contas, o Desafio do Balão trouxe muitas lições surpreendentes que nenhum dos participantes originais poderia prever, além do ensinamento – coerente com o tema destes dois capítulos – de que incentivos têm mais importância do que pensamos. Muitas dessas lições foram publicadas em revistas científicas de prestígio. Elas são importantes para entender como usar as redes modernas para mobilizar grupos e resolver problemas urgentes: encontrar uma criança ou um soldado perdido, por exemplo, ou reunir recursos para a recuperação após desastres. E continuam a ser testadas em novos desafios. O Departamento de Estado dos Estados Unidos, por exemplo, realizou recentemente o chamado Tag Challenge (algo como "desafio do pega-pega"). As equipes tinham 12 horas para localizar cinco "ladrões" (atores), escondidos em cinco cidades dos Estados Unidos e da Europa, identificados apenas por uma foto de delegacia. (A mesma equipe do MIT venceu.)

Uma das razões para o sucesso de projetos malucos como o Desafio do Balão Vermelho dentro da DARPA é não haver degraus hierárquicos. Os gerentes de projeto são contratados por períodos fixos, geralmente de dois a quatro anos (seus crachás têm impressa a data de validade). A estrutura da DARPA eliminou o benefício de dedicar qualquer tempo que seja à política, de tentar parecer inteligente nas reuniões e rebaixar os colegas destacando os defeitos de suas missões lunáticas malucas para cair nas graças dos superiores e conquistar promoções.

A equipe da DARPA se prepara para o Desafio do Balão Vermelho

Use o capital afetivo

A DARPA substitui a isca tradicional da ascensão hierárquica por outra. Os gerentes de projeto são identificados publicamente e muito conhecidos em sua comunidade. Recebem autoridade para escolher seus projetos, negociar contratos, gerenciar cronogramas e estabelecer metas. A combinação de visibilidade com autonomia cria uma força motivadora poderosa: a pressão dos pares.

Quando pensamos em participação no capital, costumamos nos lembrar das opções de compra de ações, dos bônus ou de algo semelhante que amarre financeiramente os funcionários ao sucesso do projeto. Essas são formas tangíveis de participação. O reconhecimento dos pares é uma forma de capital *intangível* ou *afetivo*. Não pode ser medido pelo valor das ações nem pelo fluxo de caixa. Mas pode ser um motivador igualmente forte, ou até mais forte.

"O soldado", disse Napoleão, "lutará mais e por mais tempo em troca de um pedacinho de fita colorida." No caso dos soldados corporativos de nível médio com visibilidade e autonomia, a fita colorida é o reconhecimento de pares respeitados. Imagine um pioneiro da computação gráfica chamado ao pódio de uma conferência do setor para receber um troféu, deliciando-se com a admiração dos colegas.

Esse intangível pode se tornar tangível rapidamente. Se seu trabalho é fazer parcerias com pares externos para desenvolver ideias novas e se você é reconhecido por eles como um bom gestor, cientistas, inventores e outros criadores vão querer trabalhar com você, e não com seus concorrentes. Ficarão mais dispostos a levar a próxima grande missão lunática deles a você, e não a seu concorrente. Isso pode fazer uma enorme diferença em sua carreira. E, é claro, ser conhecido e bem-visto entre os pares cria o benefício óbvio de futuras ofertas de emprego.[2]

As parcerias também reduzem de outra maneira o retorno da política. É mais provável que os pares externos sejam juízes imparciais, não suscetíveis à politicagem. Esse ponto de vista imparcial dos sucessos e fracassos é fundamental para uma forte mentalidade de sistema, como discutido no Capítulo 5. O programa fracassou porque a tecnologia subjacente não deu certo (fracasso da hipótese) ou porque a pessoa que gerenciava o projeto estragou tudo (fracasso operacional)? O programa foi bem-sucedido porque a pessoa fez um trabalho incrível ou essa pessoa cometeu vários erros graves mas teve sorte mesmo assim? Os fãs que assistem a uma partida de futebol reconhecem a diferença entre o jogador que marca um gol de placa e o que marca com um chute horrível que, por acaso, o goleiro deixou passar entre as pernas.

Os princípios da DARPA – autonomia e visibilidade elevadas; foco nas melhores ideias externas em vez de nas internas – não se aplicarão da mesma maneira a todas as empresas (a maioria delas não enfrenta problemas que possam ser resolvidos por um supositório nuclear gigante). Mas toda organização pode encontrar oportunidades para aumentar a autonomia, a visibilidade e o capital afetivo.

Um exemplo é a prática crescente da inovação aberta. Nela, as empresas desenvolvem novas ideias, tecnologias ou novos mercados junto com os clientes (em geral, os primeiros a adotar ou os superfãs) ou os parceiros comerciais (por exemplo, fornecedores e outros vendedores). O Desafio do Balão Vermelho é um exemplo de organização que recruta as melhores mentes de todo o país para ajudar a pensar sobre um problema importante da teoria das redes: como mobilizar grupos rapidamente.

A prática é comum no mundo tecnológico. Empresas de software compartilham de forma rotineira produtos inacabados com comunidades integradas de desenvolvedores para gerar feedback rapidamente. É comum as firmas de biotecnologia trabalharem intimamente com cientistas universitários (e, numa tendência crescente, com grupos de pacientes)[3] para desenvolver produtos. Recentemente a ideia se espalhou para além da tecnologia. A inovação aberta ajudou a Coors Brewing Company a desenvolver uma lata de cerveja ativada pelo frio: a montanha da logomarca impressa na lata passa de branca a azul quando a cerveja atinge a temperatura ideal para ser consumida. (De acordo com a Coors, 6ºC a 10ºC.) A prática ajudou a Kraft Foods a desenvolver um chocolate que resiste ao derretimento.

A inovação aberta traz um bônus duplo. As empresas ganham acesso a ideias novas, geralmente do mesmo tipo de entusiasta que quer envolver, como os garotos alimentados a rosquinhas e adrenalina da equipe do Balão Vermelho do Georgia Tech ou os improvisadores brilhantes da equipe do MIT. Ao mesmo tempo, também aumentam o capital afetivo: o reconhecimento dos pares. Essas vantagens precisam ser sopesadas em relação ao desejo de proteger segredos competitivos.

Com a aceleração do ritmo das pesquisas, muitas empresas decidiram que o duplo bônus da inovação aberta, principalmente o ganho a longo prazo de uma organização mais ágil, tem mais peso agora do que o modelo fechado e mais sigiloso.

★ ★ ★

Se a DARPA realizou uma cirurgia radical no projeto de organização tradicional, a cirurgia da McKinsey & Company foi mais limitada, embora ainda eficaz. A empresa se parece com uma casa de triagem para acadêmicos que dão os primeiros passos fora do campus (trabalhei três anos lá, pouco depois de largar a física e antes de entrar na biotecnologia). Com 27 mil funcionários e mais de 10 bilhões de dólares de receita anual, ela dominou o mundo da consultoria empresarial durante décadas, mesmo enquanto esse mundo mudava rapidamente.

A ascensão hierárquica é um motivador poderoso na McKinsey, como na maioria das empresas. Mas, na maioria delas, as sedes locais ou as práticas funcionais decidem as promoções. A filial da Califórnia, por exemplo, tomará a decisão em relação aos candidatos da Califórnia; um grupo da indústria automobilística decidirá por um dos seus. Na McKinsey, quando há decisões sobre promoções importantes, chama-se um associado sênior, escolhido pela pouca superposição com a prática e o cargo do candidato, para realizar uma avaliação independente.

A distância reduz a influência da política local. Se Tom, de São Francisco, por exemplo, estiver cotado para sócio, Marianne, de Bruxelas, pode ser recrutada para entrevistar até duas dúzias de colegas e clientes sobre o desempenho de Tom. O processo pode levar até três meses. A investigação é minuciosa: certa vez um associado me explicou que o avaliador acaba conhecendo os pontos fortes e fracos do candidato melhor que a mãe dele. O tempo perdido é caro; ele é subtraído do trabalho para os clientes, que gera receita.

Mas o custo a curto prazo é um investimento a longo prazo na força da organização. Os líderes que ordenam a seus funcionários que sejam mais inovadores sem antes investir na boa forma organizacional são como os corredores ocasionais que ordenam ao corpo que corra uma maratona. Não vai dar certo e é provável que a experiência provoque muita dor. Há um processo demorado para preparar o corpo para uma maratona. Se investir no processo, em melhorar a forma física aos poucos, mesmo que comece bem abaixo da média, você cruzará a linha de chegada.

O modelo da DARPA é extremo: reduzir a política de carreira eliminando a carreira. A McKinsey aborda a mesma meta de um modo menos extremado. Mantém as carreiras, mas investe muito para reduzir a subjetividade das decisões sobre promoções.

UM PROBLEMA DE PASTA DE DENTES

Melhore a adequação entre habilidades e projeto

Não surpreende que a capacidade de inovar bem esteja ligada às habilidades dos funcionários. O mais interessante é *como* isso é importante. A adequação entre habilidades e projeto mede as competências do funcionário em relação aos *projetos a ele designados*. Se um funcionário gasta um pouco mais de tempo num projeto, ele aumenta em nada, pouco ou muito o valor desse projeto? Se esse valor for baixo em sua equipe ou empresa, uma possibilidade óbvia é que tenha funcionários fracos. Se você tem uma empresa de aparelhos para cozinha e ninguém consegue projetar uma boa cafeteira, talvez esteja fazendo um mau serviço ao atrair talentos, ao treinar seu pessoal ou ambos.

No entanto, outra possibilidade é que o nível de habilidades seja bom mas sua empresa não esteja se saindo bem ao *combinar* funcionários e projetos.

Em meu primeiro ou segundo ano trabalhando como consultor na McKinsey, fui designado para um projeto de quatro pessoas que trabalhavam com uma empresa de bens de consumo que vendia produtos encontrados em qualquer supermercado: sabonete, pasta de dentes, creme para a pele, etc. Minha experiência profissional anterior fora com físicos, engenheiros de software e corretores de bancos de investimento. Os produtos de higiene pessoal nunca tinham atraído muito a minha curiosidade e eu não sabia nada sobre marketing. Alguns gerentes de projeto se interessam em mostrar a uma pessoa nova áreas e habilidades novas. O meu gerente, não. O projeto foi um desastre. Acrescentei pouco valor, me senti péssimo e pensei em ir embora.

Em muitas empresas, se você fizer um trabalho muito ruim num projeto e receber um relatório negativo do supervisor, será demitido. Em outras, pouco antes da demissão alguém pode pensar em intervir para saber se o funcionário merece outra oportunidade num papel diferente. A McKinsey, por sua vez, dedica uma equipe em tempo integral à gestão da adequação entre habilidades e projeto. A pessoa encarregada procura encaixes ruins e interfere para salvar uma má situação, como fez em meu caso. Ele me tirou daquele projeto e daquele gerente e me pôs onde minhas competências eram mais bem aproveitadas. Recuperei a autoestima e me saí bem pelo restante de meu período na empresa.

Meu projeto de pasta de dentes foi um exemplo de subcombinação: habilidades ou experiência que não estão à altura da tarefa. Mas a má adequação entre habilidades e projeto também pode resultar da *superqualificação*: habilidades tão acima da necessidade do projeto que o funcionário fica estagnado na contribuição que pode dar. Imagine designar o projeto da cafeteira a um jovem Frank Lloyd Wright. Ele fará um bom serviço, é claro, mas dali a algumas horas estará entediado. Os funcionários que não são desafiados pelos projetos a eles atribuídos têm pouco a ganhar se dedicarem mais tempo a esses projetos.

Voltemos ao desenho do capítulo anterior com o bonequinho que precisa escolher se gasta a última hora do dia no projeto ou na política (pág. 214). Se não houver mais nada que Frank Lloyd possa fazer para aumentar o valor de seu projeto, provavelmente gastará o tempo explicando aos superiores que ele é perfeito para uma grande promoção e destacando o débil esforço de seu concorrente na outra sala. A qualificação muito acima do necessário reduz a adequação entre habilidades e projeto.

A meta é uma corda que não está nem esticada nem frouxa demais: os funcionários, em média, não são exigidos de mais nem de menos em seus papéis. Dedicar uma pessoa em tempo integral a manter essa corda esticada sai caro. Como no esforço para reduzir a política mencionado antes, a despesa é um investimento a longo prazo na boa adequação: é fazer os treinos de corrida semanais para atingir um desempenho em nível de maratona. Mas o investimento também traz um bônus imediato: ajuda a atrair talentos.

Suponha que você tenha acabado de sair da faculdade e examine ofertas de emprego. A empresa A oferece o pacote típico: trabalhe para essa pessoa ou aquele grupo com um salário de tanto. A empresa B oferece um pacote semelhante, mas também uma pessoa ou equipe dedicada a encontrar o projeto certo para você, separado de qualquer chefe ou outros tipos de política. Ter gente dedicada a assegurar que você combina bem com seu novo papel reduz o risco de sua carreira – o risco de fracassar por causa da má adequação e ser demitido por um chefe decepcionado ou vingativo – e aumenta a probabilidade de encontrar algo que o empolgue, e isso, a longo prazo, ajudará sua carreira. Mesmo com salário e oportunidade iguais, será melhor você ir para a empresa B.

A importância da adequação entre habilidades e projeto também muda nosso modo de pensar sobre o treinamento. Em geral, os gestores investem em treinar funcionários com a meta de obter produtos melhores ou vendas maiores. Mande o projetista de cafeteiras a um workshop sobre design de produtos e você terá cafeteiras melhores. Mande o gerente de vendas a um seminário de marketing e suas vendas aumentarão. Mas treinar os funcionários tem outro benefício. O projetista que aprendeu novas técnicas quer praticá-las. O marqueteiro com novas habilidades quer experimentá-las. Treinar incentiva a dedicação de mais tempo aos projetos, o que reduz o tempo passado fazendo lobby e contatos. Em outras palavras, melhora a boa adequação organizacional.

O mesmo princípio se aplica a todos os níveis de liderança. Os líderes bem treinados na dinâmica de grupo provavelmente passarão mais tempo com suas equipes. É divertido trabalhar com equipes de alto desempenho que nos apreciam. É menos divertido passar o tempo com equipes disfuncionais que nos odeiam com todas as forças.

O PROBLEMA DE RASGAR EM PEDACINHOS

Corrija o meio

Na seção anterior vimos que a DARPA usa capital *afetivo*: participação não financeira no sucesso dos projetos, como o reconhecimento dos pares. A maioria das empresas grandes ou médias, além de só raramente aproveitar o poder do capital afetivo, faz um péssimo serviço no uso do capital comum (financeiro): opções de compra de ações ou bônus. As grandes empresas, por exemplo, costumam usar uma curva acentuada de concessão de capital: dão grandes bônus em dinheiro ou opções de ações aos níveis mais altos (até 100% do salário-base) e quantias minúsculas aos níveis inferior e médio (menos de 10%). Isso cria exatamente o incentivo errado para a parte mais vulnerável da organização – o perigoso meio.

Nos níveis inferiores da organização, onde uma pessoa supervisiona um produto ou serviço sem depender de muitas outras, as avaliações não são muito difíceis. A cafeteira ficou ótima ou não. O aplicativo de jogo atrai usuários ou não. Os clientes adoraram ou detestaram a apresentação.

No nível mais alto, o presidente executivo e a diretoria podem ficar de olho nas batalhas internas e intervir diretamente, quando necessário, para separar as pautas pessoais dos interesses coletivos. Eles abarcam a empresa inteira e têm menos a ganhar com disputas territoriais.

É a perigosa parte do meio entre esses dois níveis que corre mais risco na batalha entre política e missões lunáticas. As avaliações são mais complexas do que no nível mais baixo: não há somente uma cafeteira, mas muitos produtos ou serviços que dependem de dezenas de fatores internos e externos, e só alguns deles estão sob o controle dos gerentes. Esses mesmos gerentes estão longe dos olhos atentos do presidente executivo ou da diretoria e os pequenos incêndios das pautas políticas fumegam em silêncio sem ninguém para apagá-los. A quer o orçamento de B; B quer tirar C do caminho; D quer o efetivo de A; e assim por diante. A curva acentuada de concessão de participação no capital – grandes bônus no nível mais alto, bônus minúsculos nos níveis mais baixos – só aumenta a aposta nessas batalhas. Os grandes bônus estão a apenas um ou dois degraus dos gerentes intermediários como A, B, C e D – tão perto que eles conseguem sentir o cheirinho. A curva acentuada cria uma versão do programa *Survivor* na gerência intermediária: um prêmio gigantesco para os que conseguirem esmagar os colegas e continuar vivos.

Se o prêmio da promoção não fosse tão alto – se o sucesso num projeto lhe desse o prêmio de seus sonhos, e a promoção, apenas um lenço de papel usado –, as batalhas não seriam tão ferozes. As pessoas passariam muito mais tempo criando ótimos produtos ou nutrindo missões lunáticas e muito menos tempo se esfaqueando pelas costas. Fazer as recompensas tenderem mais para os projetos e menos para as promoções significa exaltar os resultados, e não o cargo. Exemplos de exaltação do cargo incluem, além de um aumento grande do salário-base, qualquer tipo de privilégio especial: vaga no estacionamento, um lugar exclusivo para refeições, viagens ao Havaí para "seminários executivos", etc.

Na linguagem do capítulo anterior, exaltar os resultados, e não o cargo, se traduz em aumentar a fração de participação P e reduzir o crescimento do salário C. E ambas as ações *aumentam* o número mágico. Em outras palavras, tornarão mais provável que grupos grandes inovem bem. Estudos acadêmicos recentes chegaram a uma conclusão semelhante. Um grupo observou que "o aumento da dispersão [salarial] está associado a menor produtividade, menos cooperação e aumento da rotatividade". Tradução: um grande C é ruim.[4]

É difícil passar a recompensa mais para os projetos e menos para a promoção – assim como as já mencionadas mudanças necessárias para reduzir o retorno da política. Exige muito dos gestores. É fácil preencher o cheque do bônus de 10% do salário-base para todos os membros de um grupo num ano bom e não dar nada num ano ruim. Um sistema com participação e variabilidade maiores – uma pessoa ganha 60% pela cafeteira triunfante, outra ganha zero por um fracasso – é muito mais difícil. As metas fáceis de medir e entender precisam ser elaboradas com cuidado e ter a concordância de todos. O desempenho deve ser avaliado com equanimidade para evitar discussões violentas no fim do ano. As mensagens difíceis têm que ser transmitidas com sugestões práticas, de modo que o funcionário veja claramente o caminho a percorrer para obter uma recompensa maior no futuro.

Porém, a tarefa *mais* difícil no reprojeto dos incentivos pode ser o equivalente do juramento de Hipócrates no mundo dos negócios: em primeiro lugar, não causar dano. É surpreendentemente fácil criar incentivos perversos sem querer.

Eis um exemplo num contexto um pouco diferente. Quando os Pergaminhos do Mar Morto foram descobertos por pastores beduínos numa caverna no deserto perto do mar Morto, na Israel de hoje, os arqueólogos se ofereceram para pagar aos pastores por cada pedacinho novo que encontrassem. Isso incentivou os pastores a rasgar em pedaços pequenos os pergaminhos que achavam. Os arqueólogos tiveram a ideia certa na teoria, mas não pensaram no incentivo perverso na prática.

Rasgando os Pergaminhos do Mar Morto

O mesmo acontece o tempo todo no mundo dos negócios. Pague a empreiteira por hora e os problemas se multiplicarão. Recompense as vendas e o lucro desaparece (os clientes podem ser comprados). Recompense o número de produtos lançados ou o número de medicamentos que entram em estudos clínicos e os *recalls* e experimentos fracassados vão explodir. *Parece* uma boa ideia dar grandes bônus ao nível mais alto e bônus minúsculos ao nível inferior, mas isso transforma o vulnerável nível médio numa luta por poder e sobrevivência no estilo de *O Senhor das Moscas*.

A análise dos efeitos inesperados de metas bem-intencionadas não recebeu muita atenção. Uma exceção é o artigo "Goals Gone Wild" (As metas saíram do controle), da *Harvard Business Review*, que liga alguns desastres empresariais famosos a metas mal construídas. Na década de 1960, por exemplo, a Ford Motor Company estava ansiosa para competir com os carros menores e mais baratos do Japão. Assim, o presidente executivo anunciou uma meta radical e empolgante: a empresa produziria um novo carro que custaria menos de 2 mil dólares e pesaria menos de uma tonelada: o Ford Pinto. Infelizmente, a meta e o prazo curto não deixaram muito tempo para as verificações de segurança. O tanque de combustível foi colocado logo atrás do eixo traseiro, com apenas 25 centímetros de espaço para deformação. Essa falha de projeto, como mostraram processos posteriores na justiça, causou uma nova característica nada desejável: com o impacto, o carro podia explodir.

Sistemas de incentivo perfeitos não existem, mas é fácil encontrar sistemas péssimos, como descobriram os arqueólogos dos Pergaminhos do Mar Morto.

Mais comum ainda é um sistema inútil, no qual são distribuídas recompensas que de nada adiantam. Ainda me espanto com a frequência com que as grandes empresas recompensam funcionários de nível básico ou intermediário com base na sua receita. Se seu projeto só faz a receita aumentar uma fração minúscula, como é que um bônus sobre a receita vai motivá-lo? Seria melhor dedicar sua energia a tirar o pé do acelerador e enganar seu chefe para que pense que você é indispensável enquanto aproveita a carona na recompensa caso a receita aumente.

Leve um revólver à briga de faca

Seria muito melhor empregar o dinheiro gasto em bônus sobre a receita da empresa nas pessoas e nos processos necessários para ajudar os gestores a pensar nas sutilezas dos incentivos. Grupos de RH maiores geralmente têm um especialista em remuneração, mas esse papel costuma ser ocupado por burocratas que aplicam fórmulas prontas.

Rotineiramente as empresas nomeiam diretores de TI, especialistas em tecnologia de boa reputação, para criar as mais modernas redes de computadores. Imagine nomear um diretor de incentivos, bem treinado nas sutilezas do alinhamento de valores, concentrado apenas em obter o sistema de incentivos mais avançado. Quanto a política se reduziria e a criatividade aumentaria se a recompensa de equipes e indivíduos se aproximasse e se alinhasse a uma medida genuína da realização?

Recompensar uma pessoa por projetar uma cafeteira é um exemplo simples. Em algum lugar entre a recompensa simples a uma só pessoa e recompensas desperdiçadas com caroneiros por serem dadas a todos há um ponto valioso e importantíssimo: recompensar as equipes pelo resultado coletivo. Elaborar uma recompensa para equipes é complicado. Exige pensar cuidadosamente tanto nos benefícios quanto nos possíveis incentivos perversos de muitas opções diferentes. A análise vai além da experiência normal de um burocrata especializado em folha de pagamento. Em outras palavras, exige um diretor estratégico de incentivos.

Um bom diretor de incentivos também é capaz de poupar dinheiro. Ele pode identificar bônus desperdiçados (por exemplo, o bônus dos caroneiros sobre a receita mencionado acima) e aproveitar o poder das recompensas não financeiras: reconhecimento dos pares, horários de trabalho flexíveis, escolha de projetos e assim por diante. Essa é outra razão para pensar no cargo como algo estratégico: um diretor de receita (chefe de vendas) busca o máximo de vendas com um dado orçamento. Um bom diretor de incentivos também buscará o máximo retorno de um recurso limitado: as equipes mais motivadas com um dado orçamento de remuneração.

A ciência de entender como as pessoas reagem a mudanças sutis do ambiente cresceu rapidamente na última década (veja o Pós-escrito no fim do capítulo). Provavelmente, as empresas que tiverem excelentes diretores de incentivos – especialistas que entendam a psicologia complexa do viés cognitivo, sejam habilidosos no uso tanto do capital tangível quanto do intangível e consigam perceber incentivos perversos – farão um serviço melhor que as concorrentes para atrair, manter e motivar ótimos funcionários. Em outras palavras, criarão uma vantagem estratégica.

Muitas organizações são pequenas demais para contratar uma pessoa para esse tipo de papel em horário integral. Quando abrimos minha empresa, não podíamos pagar um diretor financeiro nem um diretor de tecnologia em tempo integral e assim, como muitas outras pequenas empresas, contratamos especialistas em meio período. As pequenas organizações podem também aproveitar um especialista nas sutilezas dos incentivos por meio período. Na batalha com os concorrentes por talentos e missões lunáticas, os incentivos são uma arma. Se todos os concorrentes usarem facas, talvez seja bom arranjar um revólver.

Ajuste a amplitude

Embora a discussão do viés cognitivo ainda não seja comum nos departamentos de remuneração, há décadas se fala da amplitude administrativa (o número de subordinados diretos por gestor). O problema da maior parte da literatura sobre a amplitude administrativa correta para as empresas é o mesmo problema da pergunta "Qual é a temperatura certa do chá?". A resposta à pergunta do chá, tirada a média de uma grande amostra de gente, pode ser a temperatura ambiente. É a pergunta errada com uma resposta inútil. Metade gosta de chá quente, metade prefere gelado.

A resposta à pergunta da amplitude administrativa é um caso semelhante. Amplitudes maiores (15 ou mais subordinados diretos por gestor) estimulam controle mais frouxo, independência maior e mais experiências de tentativa e erro – o que também leva a mais experimentos fracassados. Amplitudes menores (cinco ou menos subordinados por gestor) permitem controle mais rígido, mais verificação de redundâncias e métricas precisas – o que leva a menos fracassos.[5] Não há resposta certa calculando a média de uma empresa inteira: ajustamos as ferramentas à fase. Quando montamos aviões, queremos um controle rígido e uma amplitude menor. Quando inventamos tecnologias futuristas para esses aviões, queremos mais experimentos e amplitude maior.

É a um controle frouxo que Bill Coughran quer se referir quando explica que comandaria equipes "segurando as rédeas o suficiente para não degenerarmos no caos". Coughran liderou a pesquisa em computação da Bell Labs durante 20 anos e então foi para a Costa Oeste e entrou numa pequena startup. Dois anos depois, os fundadores do Google o recrutaram para comandar o grupo de engenharia da empresa. Eles tinham acabado de remover quase todos os gerentes do grupo, mas, alguns meses depois, Coughran disse que "eles perceberam que talvez não tivesse sido a melhor decisão do universo [...]. Portanto, fui uma das pessoas contratadas para fornecer supervisão adulta".

O grupo de engenharia, que acabou incluindo mais de 5 mil pessoas, era responsável pelo armazenamento dos dados. Quando Coughran entrou, o Google fazia backups diários da internet. Pouco depois, a empresa acrescentou bilhões de e-mails (Gmail, 2004) e vídeos (YouTube, 2006). Os modelos tradicionais de armazenamento de dados não serviriam; Coughran precisava de soluções radicais. Ele organizou sua equipe de modo que mais de 100 engenheiros estivessem diretamente subordinados a ele; em determinado momento, o total chegou a 180. Cada um dos diretores de engenharia de seu grupo geria cerca de 30 pessoas. A amplitude era grande e o controle era frouxo. Ele incentivava experiências e nutria missões lunáticas. Suas equipes tiveram sucesso: desenvolveram as soluções de armazenamento radicais que o Google usa para guardar bilhões de vídeos e e-mails. Alguns grupos competiram, testando soluções diferentes, mas no final os engenheiros se uniram para apoiar uns aos outros quando essas missões lunáticas inevitavelmente tropeçaram.

Isso nos leva a outra razão pela qual a grande amplitude administrativa ajuda a nutrir missões lunáticas: ela estimula o feedback construtivo entre os pares. No Xerox PARC, por exemplo, todo o laboratório de pesquisa computacional, com 40 a 50 pessoas, era diretamente subordinado a Bob Taylor. A estrutura, segundo um engenheiro, "oferecia uma forma contínua de revisão por pares. Os projetos empolgantes e desafiadores obtinham mais do que apoio financeiro ou administrativo: eles recebiam ajuda e participação de outros pesquisadores [do laboratório]. Em consequência, o trabalho de qualidade prosperava e o trabalho menos interessante tendia a minguar". Mais camadas "promoveriam distrações organizacionais e levariam os pesquisadores a se preocupar mais com títulos e status do que com a solução de problemas".

Taylor e Coughran entenderam sobre engenheiros o que Catmull entendeu sobre diretores de cinema: o talento criativo reage melhor ao feedback de outro talento criativo. Pares em vez de autoridade. Catmull projetou um sistema em que um grupo de diretores de cinema se reunia regularmente em torno de um projeto e dava conselhos ao diretor – feedback sincero de colegas em vez de ordens do dia de marqueteiros ou produtores. Os criadores desconfiam de quem não compartilha a mesma fé. É parecido com a descoberta de medicamentos: biólogos e químicos reagem melhor a críticas vindas de sua espécie e muito pior a sugestões de gente com MBA.

Uma amplitude maior incentiva os criadores, sejam diretores de cinema, desenvolvedores de softwares ou químicos, a se unirem e ajudarem o colega a resolver um problema. Uma amplitude de dois, por outro lado, estimula a sabotagem do colega para ganhar a promoção.

AUMENTE O NÚMERO MÁGICO – UM RESUMO

- *Reduza o retorno da política:* Dificulte a pressão por remuneração e decisões de promoção. Encontre maneiras de tornar essas decisões menos dependentes do gestor do funcionário, fazendo com que sejam avaliadas de forma independente.
- *Use o capital afetivo:* Identifique e aplique as recompensas não financeiras que fazem muita diferença. Por exemplo: reconhecimento dos pares, motivadores intrínsecos.
- *Melhore a adequação entre habilidades e projeto:* Invista em pessoas e processos que detectem a má adequação entre as habilidades dos funcionários e os projetos em que estão alocados. Ajuste os papéis ou transfira funcionários entre grupos quando encontrar erros de encaixe. A meta é não desafiar os funcionários nem de mais nem de menos em seus papéis.
- *Corrija o meio:* Identifique e corrija os incentivos perversos, as consequências imprevistas de recompensas bem-intencionadas. Preste atenção especial no nível perigoso da gerência intermediária, o ponto mais fraco da batalha entre a política e as missões lunáticas. Afaste-se de incentivos que estimulem batalhas por promoção e aproxime-se de incentivos centrados em resultados. Exalte os resultados, não o cargo.
- *Leve um revólver à briga de faca:* Na batalha por talentos e missões lunáticas, os concorrentes podem estar usando sistemas de incentivo superados. Contrate um especialista nas sutilezas da arte – um diretor de incentivos.

- *Ajuste a amplitude:* Aumente a amplitude administrativa nos grupos de missão lunática (mas não nos grupos de franquia) para incentivar um controle mais frouxo, mais experimentos e solução de problemas entre colegas.

.... PÓS-ESCRITO ....

DE PRÊMIOS NOBEL E EMPURRÕES AO CULTIVO DE MISSÕES LUNÁTICAS

Uma área em rápido crescimento chamada economia comportamental se especializa no modo como os incentivos e as deixas do ambiente em questão influenciam o comportamento. As influências estudadas pelos economistas comportamentais costumam ser sutis, ou por estarem ocultas, ou por se basearem em peculiaridades da psicologia chamadas vieses cognitivos. Um exemplo de viés cognitivo: num estudo, pediu-se a juízes experientes que jogassem dados antes de decidir a pena. As penas de prisão que impuseram foram 60% maiores depois de obterem um número alto do que depois de obterem um número baixo.[6]

O exemplo dos juízes é bizarro, mas está no contexto de um experimento controlado. Um exemplo perturbador de influência oculta em ação no mundo real é a escolha do tipo de parto feita por médicos e pacientes. Desde 1980, a taxa de cesarianas dobrou nos Estados Unidos. Hoje, quase um de cada três nascimentos acontece por cesariana; ela se tornou o procedimento cirúrgico mais comum no país. No Brasil, a taxa é de 55%, ainda mais alta do que a faixa de 10% a 15% aconselhada pela Organização Mundial da Saúde.

A cirurgia aumenta o risco de muitas complicações graves para a mãe, mas estudos recentes de economistas comportamentais mostraram que os incentivos financeiros desvirtuados contribuem para esse excesso. Os médicos e hospitais costumam receber mais pela cesariana do que pelo parto vaginal. Um estudo constatou que quanto maior a diferença, maior a taxa de cesarianas. O resultado levou à mudança da política de alguns hospitais, que exigem pagamento igual para ambos os tipos de parto.[7]

Essa exigência não *diz* aos médicos e pacientes qual tratamento escolher, ao contrário, por exemplo, de uma lei sobre cintos de segurança que determine que é preciso usá-los. Mas elimina um incentivo perverso. Mudanças simples que estimulam mas não impõem comportamentos que gostaríamos de ver têm sido chamadas de *nudges*, ou "empurrões". Em seu livro com esse título, Cass Sunstein e Richard Thaler apresentam uma série de exemplos normativos que vão dos mais sérios (um plano para melhorar a taxa de poupança para a aposentadoria dos funcionários) aos menos sérios mas igualmente eficazes (foi demonstrado que pintar uma mosca nos mictórios reduz em 80% a urina espirrada nas bordas). Por esse trabalho que ajudou a lançar a área da economia comportamental, Thaler recebeu o Prêmio Nobel de 2017.[8] Pelo trabalho que inspirou a obra de Thaler de levar a psicologia da tomada de decisões individual – o estudo dos vieses cognitivos – à economia, Daniel Kahneman ganhou o Prêmio Nobel de 2002.

Então, qual é a ligação entre esses prêmios Nobel, os empurrões e as ideias dos capítulos anteriores para cultivar missões lunáticas com mais eficácia?

O que eles têm em comum é a análise cuidadosa de como incentivos e meio ambiente influenciam o comportamento, às vezes de maneira oculta ou inesperada. O que há de diferente é que, até agora, a economia comportamental estudou de que modo o ambiente influencia a tomada de decisões *individual*. Esses últimos capítulos descrevem como o ambiente pode influenciar a tomada de decisões *coletiva* – por que equipes e empresas rejeitam missões lunáticas.

Por exemplo, juízes que dão penas mais longas depois de obterem um número alto nos dados *parecem* irracionais. Mas sob essa aparente irracionalidade há uma regra sobre como o cérebro toma decisões que evoluiu para nos ajudar a cumprir tarefas comuns com eficiência. (Condenar criminosos depois de jogar dados não é uma tarefa comum.) Do mesmo modo, a equipe que rejeita missões lunáticas valiosas que, individualmente, todos apoiam *parece* irracional. O que fizemos foi explorar as razões racionais pelas quais as equipes chegam a essa decisão. Em outras palavras, por que equipes e empresas, não só indivíduos, são "previsivelmente irracionais".

Em ambos os casos, entender o comportamento pode nos ajudar a administrá-lo. Num caso, talvez queiramos projetar ambientes que ajudem os indivíduos a tomar decisões melhores. No outro, desejamos ajudar grupos grandes a inovar melhor.

A diferença entre estudar o individual e estudar o coletivo remonta ao lema de Phil Anderson "Mais é diferente". Anderson ganhou seu

Prêmio Nobel por explicar por que alguns materiais podem mudar repentinamente de metais (bons condutores de eletricidade) para isolantes (maus condutores), na chamada transição de fase metal-isolante. Ele também ajudou a explicar por que alguns materiais mudam subitamente de metais comuns a supercondutores, nos quais toda a resistência elétrica desaparece. Ambos são exemplos de comportamentos *coletivos*. Os elétrons lá dentro são os mesmos. Não há como entender nenhuma dessas transições examinando somente o comportamento de elétrons *individuais* e isolados.

O que estamos fazendo é combinar prêmios Nobel: aplicar os princípios dessas duas disciplinas separadas ao mesmo problema. Estamos identificando de que modo mudanças sutis nos incentivos influenciam a tomada *coletiva* de decisões.

Não há como entender por que equipes e empresas que inovavam bem passam repentinamente a inovar mal analisando somente comportamentos individuais e isolados. A capacidade de inovar bem é um comportamento *coletivo*. Esse é outro exemplo de "Mais é diferente".

★ ★ ★

Uma última nota. Tudo que foi dito antes pode ser considerado elementos de *estrutura* para projetar de que modo indivíduos em equipes ou grupos trabalham juntos, em contraste com as já mencionadas montanhas de textos escritos sobre *cultura*.

No entanto, o fato de uma palavra sofrer tanto abuso que perde o sentido não significa que deva ser totalmente desprezada. Os sistemas complexos – termo que significa muitos agentes em interação, sejam compradores e vendedores nos mercados, funcionários e gestores nas empresas ou os átomos e moléculas de um rio turbulento – mereceram esse nome por uma razão. Suas questões mais interessantes raramente têm respostas simples. No sistema complexo do organismo humano, por exemplo, alguns genes tornam diabetes ou câncer mais prováveis. Mas o estilo de vida também tem importância. Tomar litros de refrigerante açucarado pode provocar diabetes. Fumar maços e maços de cigarro torna o câncer de pulmão mais provável. Os genes e o estilo de vida são *ambos* importantes. E é assim com equipes e grupos: estrutura e cultura são *ambas* importantes.

O objetivo deste livro não é *substituir* a ideia de que determinados padrões de comportamento são úteis (comemorar vitórias, por exemplo) e outros, nem tanto (gritar), mas *complementá-la*.

Na Primeira Parte vimos que as lições sobre estrutura de Bush e Vail e uma ideia emprestada de um campeão de xadrez podem nos ajudar a derrotar o caos, a estagnação e a Armadilha de Moisés. Na Segunda Parte vimos como a ciência das transições de fase cria novos insights sobre a construção de grupos mais inovadores. E vimos de que modo essas ideias se uniram, numa série de exemplos, para vencer guerras, curar doenças e transformar setores.

Agora, para encerrar, vamos a outro pequeno tópico: a história de nossa espécie.

TERCEIRA PARTE

A MÃE DE TODAS AS MISSÕES LUNÁTICAS

Quando a gente aprende a explicar as coisas mais simples e, portanto, aprende o que é realmente uma explicação, aí pode avançar para questões mais sutis.

– Richard Feynman

9

Por que o mundo fala inglês

A PERGUNTA DE NEEDHAM

Num dia ensolarado de agosto de 1937, no campus da Universidade de Cambridge, na Inglaterra, uma visitante de 33 anos bateu à porta de um bioquímico renomado. Os três volumes do estudo de Joseph Needham sobre como os embriões se formam e crescem tinham sido comparados pelos críticos a *A origem das espécies*, de Darwin. Gwei-djen Lu saiu de Xangai e viajou dois meses e 13 mil quilômetros para conhecer e talvez trabalhar com o lendário Dr. Needham e sua esposa, Dorothy Needham, bioquímica igualmente talentosa.

Lu esperava "um velho de barba branca espessa". Em vez disso, encontrou um homem de 30 e poucos anos, alto e magro, cuja voz forte tinha uma "suavidade, quase um ceceio", que ela achou hipnótica. Lu logo descobriu que Needham tinha uma variedade incomum de interesses: era religioso devoto, participava com entusiasmo da natação naturista e era um praticante ávido do amor livre. Com o conhecimento de Dorothy, Needham começou um caso com Lu.

Certa noite, vários meses depois, de acordo com seu diário, Needham e Lu estavam na cama, fumando, quando de repente ele se virou para ela e lhe pediu que o ajudasse a escrever em seu diário os caracteres chineses que significavam "cigarro". Juntos, eles escreveram:

香煙

Lu recordou que Needham estudou a linda caligrafia e anunciou que tinha que aprender chinês. Ela seria sua professora.

O interesse de Needham pela língua logo se estendeu à história chinesa. Lu já lhe dissera muitas vezes que cientistas e estudiosos ocidentais desconsideravam a quantidade de invenções e tecnologias que surgiram primeiro na China.

No verão de 1942, Needham rabiscou uma anotação numa folha de papel: "Ciência em geral na China – por que não se desenvolve?" Se tantas ideias tinham aparecido primeiro ali, perguntou a Lu, por que a Revolução Científica ocorreu na Europa ocidental e não na China?

Ela não tinha resposta. Needham decidiu visitar o país dela, investigar a questão e resumir seus achados num ensaio curto.

Ele nunca mais voltou à bioquímica. Vinte e sete volumes, 15 mil páginas e 3 milhões de palavras depois – descritas por um crítico como "talvez o maior ato isolado de síntese histórica e comunicação intercultural já empreendido por um só homem" –, Needham mudou permanentemente o entendimento do Oriente pelo Ocidente. Ele constatou exatamente o que Gwei-djen Lu tinha afirmado: um número imenso de avanços tecnológicos, militares e políticos surgiu primeiro na China. Em alguns casos, séculos antes. Em outros, mais de mil anos antes.[1]

Mas ele nunca respondeu de verdade à pergunta com que começou. Por que a Revolução Científica não aconteceu na China, apesar de todas as vantagens históricas? Essa pergunta se tornou conhecida, nos círculos de história do mundo, como a Pergunta de Needham.[2]

★ ★ ★

Se você fosse um visitante alienígena lendo a história da espécie humana na Terra como um romance, desde o início com nossa semelhança com os macacos e passando pela transformação de caçadores-coletores a agricultores domésticos, virando as páginas, se perguntando ansioso quando e onde a revolução da ciência e da indústria apareceria, quase com certeza apostaria na China ou na Índia.

Durante mil anos, de meados do primeiro milênio depois de Cristo a meados do segundo, a China e a Índia dominaram a economia mundial. Durante esse período, elas obtiveram juntas, em média, mais da metade do PIB do planeta. Em comparação, os cinco maiores Estados-nações da Europa ocidental tinham em média algo entre 1% e 2%. O papel e a impressão apareceram na China séculos antes de na Europa. A bússola, a pólvora, os canhões, o eixo de manivela, a perfuração de poços profundos, o ferro fundido, o papel-moeda, os observatórios astronômicos sofisticados: China. Os exames imperiais para o serviço público – mais de um milhão faziam a prova todo ano, menos de 1% era aprovado – criaram uma classe de elite acadêmica na China quase mil anos antes de as primeiras universidades abrirem as portas na Europa. As estimativas de alfabetização na China dessa época chegam a 45%. Na Inglaterra, eram de quase 6%. Na primeira parte do século XV, a Marinha chinesa navegou até o norte da África, ida e volta, com a maior frota e as maiores embarcações já vistas – 28 mil homens e 300 navios, o maior deles pesando cerca de 3.100 toneladas. Algumas décadas depois, Cristóvão Colombo zarpou em três navios pequenos, o maior pesando cerca de 100 toneladas.

O Golias chinês era muito maior, mais rico e tecnologicamente mais avançado do que qualquer um dos Davis europeus muito menores.

Mas algo singular aconteceu no decorrer daquele longo período. O gigante chinês se voltou para dentro, para grandes projetos que exigiam imensos recursos. Uma nova capital (Pequim). A Grande Muralha. O Grande Canal. Projetos de franquia. Os líderes chineses superaram seu interesse por ideias malucas facilmente desdenhadas. Como o movimento dos planetas, por exemplo, ou as propriedades dos gases. Missões lunáticas.

Quando os britânicos abordaram a China para expandir o comércio no século XVIII, o imperador Qianlong escreveu ao rei George III: "Não há nada que nos falte. Nunca tivemos grande quantidade de objetos estranhos ou engenhosos nem precisamos de mais manufaturas de seu país."

Pouco depois, uma dessas ideias estranhas e engenhosas chegou ao litoral da China movendo o navio britânico *Nemesis*. Em semanas, a frota britânica destruiu os antigos e desatualizados juncos de madeira da Marinha chinesa. O Império Chinês nunca se recuperou.

A funda de Davi foi o motor a vapor.

Nesse período, a Índia era governada pelos chefes mogóis, herdeiros de um reinado de sultões e imperadores do século VI. Eles também se deleitavam com grandes projetos de franquia. O Taj Mahal, por exemplo. Como os imperadores chineses, passaram a desdenhar as missões lunáticas. Em 1764, uma companhia comercial britânica tomou o controle da Índia. Em 1857, a Índia se tornou uma colônia britânica.

Aqueles objetos estranhos e engenhosos da Europa ocidental, que superaram os impérios muito maiores e mais ricos da China e da Índia, apareceram em consequência de uma jornada transcultural de 2 mil anos – de bispos católicos que contratavam judeus em Toledo para traduzir para o latim críticas árabes de textos gregos a serem lidas por alemães, de importação de tecnologias chinesas, matemática indiana e astronomia islâmica, de filósofos e papas, de óculos, ímãs, relógios e sangue. Essa jornada culminou numa nova ideia: por trás de tudo que vemos há verdades universais que podem ser determinadas por meio de medição e experimentos. Em outras palavras, as leis da natureza.

Hoje consideramos esse conceito algo natural. Mas, durante toda a história humana até aquela época, as autoridades religiosas, os governantes divinos ou os grandes filósofos decretavam o que era verdadeiro e o que era falso. A ideia de que a verdade poderia se revelar a qualquer um era radical. Subversiva. Muitas vezes seus defensores foram tidos como desequilibrados.

Essa ideia, hoje conhecida pelo nome mais moderno de "método científico", é justificadamente a mãe de todas as missões lunáticas.

Os imperadores chineses e mogóis descobriram a mesma lição que surpreendeu tantos de seus descendentes industriais séculos depois: deixar de ver missões lunáticas pode ser fatal.

CRIADOUROS DE MISSÕES LUNÁTICAS EM SETORES ECONÔMICOS E NA HISTÓRIA

Este livro vem tratando da criação de condições que estimulem as missões lunáticas *dentro* das organizações. Podemos responder à pergunta de Needham – por que a Europa e não a China, a Índia nem qualquer outro lugar do mundo, aliás – olhando o modo como esses princípios se aplicam *entre* organizações. Primeiro veremos como os criadouros de missões lunáticas se formam nos setores econômicos, entre as empresas. Depois ampliaremos essa ideia: veremos de que modo se pode formar um criadouro de missões lunáticas entre *países*.

Veremos por que a Europa ocidental, com suas centenas de cidades-estados e pequenos reinos independentes, entre eles a Inglaterra, foi para os grandes impérios da China e da Índia o que o mercado apinhado de empresas de biotecnologia de Boston foi para a Merck e a Pfizer, e o que o enxame de pequenas produtoras de Hollywood foi para a Paramount e a Universal. Veremos por que Tycho Brahe teve sucesso e por que seu igual e antecessor na China, cinco séculos antes, chegou perto mas não conseguiu. Veremos por que a Europa ocidental se tornou o próspero criadouro de missões lunáticas de seu tempo – e o que isso significa para os países de hoje que desejam evitar o destino daqueles antigos impérios.

Vamos começar dando uma olhada melhor naquela mãe de todas as missões lunáticas.

OITO MINUTOS QUE MUDARAM O MUNDO

O caminho até a ideia das leis da natureza – e o método científico para revelá-las – espelhou, por boas razões, o caminho até o heliocentrismo: a noção de que a Terra se move em torno do Sol, e não o contrário. Se os governantes divinos podiam estar errados quanto às questões mais elementares do céu e da terra, então precisávamos de um novo modo de definir e buscar a verdade.

A ideia heliocêntrica surgiu primeiro no século IV a.C. e periodicamente ressurgiu e foi sufocada, às vezes com brutalidade, ao longo de 2 mil anos. No século VI, o astrônomo indiano Ariabata sugeriu que a Terra gira em torno de seu eixo a cada 24 horas, o que explicaria a rotação celeste diária das estrelas e do Sol. Sugestões de teorias que incorporavam o movimento da Terra apareceram tanto na Europa cristã quanto em postos avançados do Império Islâmico nos séculos XIV e XV.

Na Polônia, num pequeno folheto terminado por volta de 1510 que rodou por círculos privados, Nicolau Copérnico, cônego profundamente religioso da Igreja Católica, descreveu com detalhes um sistema no qual a Terra gira em torno do Sol. Ele se esforçou para explicar por que suas ideias não entravam em conflito com a religião. Intrigado, o Vaticano incentivou Copérnico a publicar o trabalho (o conflito com a Igreja só começou um século depois, quando Galileu ridicularizou seus líderes). Copérnico resistiu, sensível não só ao que seus pares e outros membros da Igreja poderiam pensar, mas também à sua incapacidade de responder às falhas óbvias da teoria: se a Terra gira em torno de seu eixo a cada 24 horas em alta velocidade, por que os pássaros não são arrancados do ninho? Se corremos em torno do Sol, por que a Lua não fica para trás? Em outras palavras, como todas as missões lunáticas, sua teoria chegou cheia de defeitos.

Incentivado por um discípulo ansioso, três décadas depois Copérnico finalmente publicou o trabalho, em seu leito de morte, em 1543. Poucos levaram suas ideias a sério. Exatamente como temia, a maioria riu dos defeitos e desdenhou a coisa toda. Em 1589, Giovanni Magini, o mais destacado astrônomo italiano, escreveu sobre as ideias de Copérnico: "Suas hipóteses são rejeitadas como absurdas por praticamente todo mundo." Um historiador só identificou cinco estudiosos em toda a Europa nessa época, cinco décadas depois da morte de Copérnico, que acreditavam em seu mundo centrado no Sol.[3]

Um desses cinco era um professor da Universidade de Tübingen, na Alemanha, chamado Michael Maestlin, cujas aulas sobre movimento planetário impressionaram um aluno de 17 anos chamado Johannes Kepler. Eis Kepler descrevendo a si mesmo em seu diário:

> Sua aparência é a de um cãozinho de colo. O corpo é ágil, esguio e bem proporcionado. Até seus apetites se assemelham: ele gostava de roer ossos e cascas de pão seco [...].
> Ele se entedia com a conversa, mas recebe os visitantes como um cãozinho; no entanto, quando a última coisa lhe é arrancada, inflama-se e rosna [...]. Ele odeia muitas pessoas com exagero e elas o evitam, mas seus mestres gostam dele.

Kepler ficou fascinado pelas ideias de Copérnico. Reconheceu as muitas falhas e coisas desconhecidas. Entendeu que a teoria era tão complicada quanto o antigo sistema grego, com dezenas de ciclos e epiciclos (círculos sobre círculos) necessários para descrever as órbitas. E não era nem um pouco mais precisa – e, portanto, nem um pouco mais útil – do que o sistema centrado na Terra amplamente usado.

Foi a pura elegância da ideia que convenceu Kepler, que era um tanto romântico e mais do que um tanto místico. O mundo centrado no Sol explicaria de forma muito mais natural os movimentos dos planetas interiores (por que Mercúrio e Vênus nunca se afastavam muito do Sol), além do ordenamento incomum dos períodos planetários. Os planetas mais próximos do Sol completam sua órbita rapidamente; os mais distantes levam mais tempo.[4]

Aos 24 anos, Kepler publicou um livro cheio de visões de pirâmides e cubos gigantescos no céu configurando a órbita dos planetas. Ele apresentou sua obra com grande entusiasmo: "Pela primeira vez torno esse tema amplamente conhecido da humanidade [...] aqui vemos de que modo Deus, como um arquiteto humano, abordou a fundação do mundo!" Todas as suas ideias estavam erradas. Mais tarde ele voltou atrás em muitas delas. Mas o brilho de Kepler como matemático se deixou ver. Ele mandou o livro a Tycho Brahe, principal astrônomo europeu, que imediatamente o contratou como assistente. Tycho tinha sua própria teoria do movimento planetário e queria a ajuda do jovem Kepler para confirmá-la.

Ele deu ao jovem a tarefa de analisar o movimento de Marte. Kepler começou seus cálculos supondo um movimento circular, única forma considerada perfeita o bastante para objetos celestes. Todos os observadores de planetas anteriores – dos babilônios, gregos, árabes e europeus até Copérnico e Tycho – começaram da mesma maneira. Mas, apesar de cinco anos de análise obsessiva, Kepler não conseguia se livrar de uma pequena discrepância entre o lugar onde seus cálculos previam que Marte apareceria no céu e o que via através dos instrumentos de Tycho. Era um erro de oito minutos de arco, menos de um vigésimo de 1%.[5] Por mais que acrescentasse todas as formas de ciclos, epiciclos, equantes e excêntricos (truques matemáticos usados pelos astrônomos gregos, islâmicos e europeus até então), ele não conseguia fazer aquela diferença minúscula sumir. Então Kepler decidiu rejeitar "o que só existe na mente e que a Natureza se recusa terminantemente a aceitar": o pressuposto do movimento circular.

O ato de Kepler provocou um incêndio. Em sua *Nova astronomia* (1609), ele anunciou: "Como não poderiam ter sido ignorados, esses oito minutos e apenas eles terão aberto o caminho da reforma de toda a astronomia."

Na medicina, na biologia ou na zoologia, a enorme variedade de objetos de estudo e a gama de seus comportamentos deixam pouco espaço para leis gerais. Não há teoria universal dos rins nem dos gatos. No entanto, os planetas repetem as mesmas órbitas, ano após ano, durante milênios. Uma verdade universal pode ser proposta – e cuidadosamente testada.

As ideias de Kepler para as verdades universais eram radicais. A ideia de órbitas elípticas (e até a ideia de órbita); a ideia de uma força do Sol que move os planetas; a ideia de que leis naturais governam esses movimentos; a ideia de que deveríamos inferir essas leis com base em medições cuidadosas – tudo isso Kepler lançou, tudo era novo. Ele rompeu com o passado de forma muito mais violenta do que Newton, que (principalmente) unificou os princípios então existentes com a meta de explicar as órbitas de Kepler.

Em espírito, Kepler estava mais próximo de Einstein, 300 anos depois, que também rompeu radicalmente com o passado. Primeiro Einstein rejeitou a ideia de éter, um sistema único de referência do universo ao qual tudo poderia ser comparado. (Sua teoria da relatividade especial dizia que as leis da física são as mesmas em qualquer sistema de referência; nenhuma é especial.) Depois Einstein rejeitou a gravidade da ação a distância de Newton, a ideia de que um planeta pode exercer uma força atrativa misteriosa sobre um objeto distante. (Sua teoria da relatividade geral explicava essas forças mostrando que a matéria curva o espaço em torno de si.)

Einstein viu em Kepler uma "alma semelhante" que superou perseguição religiosa, pobreza, tragédias pessoais, público descrente e uma herança de pensamento místico. "A obra da vida de Kepler só foi possível", escreveu Einstein, "quando ele conseguiu se libertar em grande medida das tradições intelectuais nas quais nasceu."[6]

Almas semelhantes: Albert Einstein e Johannes Kepler

Ao contrário de Kepler, Einstein se beneficiou de uma comunidade científica grande e bem estabelecida. Como já mencionado, o eclipse de 1919 confirmou a teoria da gravidade de Einstein quatro anos depois de publicada. A confirmação das ideias de Kepler aconteceu de forma muito mais gradual. Nas décadas decorridas depois que ele publicou "Guerra a Marte", os astrônomos, astrólogos e navegadores foram percebendo aos poucos que o sistema de Kepler funcionava muito melhor do que todas as teorias geocêntricas. Junto com a descoberta das luas de Júpiter por Galileu, as experiências de William Gilbert com ímãs, as especulações de Robert Hooke sobre a gravitação universal e, finalmente, as leis unificadoras de Newton, as ideias radicais de Kepler culminaram com a aceitação generalizada não só de uma nova astronomia como também de um novo modo de pensar: verdades julgadas pelo resultado de experimentos, e não pelo martelo da autoridade.[7]

A ascensão e a disseminação explosiva do método científico na Europa ocidental durante o século XVII, nas décadas depois da morte de Kepler, e a revolução das ferramentas do setor que isso permitiu provocaram um ritmo e uma escala de mudança diferentes de tudo na história humana.[8]

Durante 10 mil anos, a expectativa de vida mal se alterou. Entre 1800 e 2000, dobrou. Do ano 1 d.C. a 1800, a população global cresceu menos de 0,1% ao ano. Em meados do século XX, crescia a uma taxa *20 vezes maior*. A produção econômica média do mundo por pessoa foi quase constante durante 2 mil anos – entre 450 e 650 dólares, em valores de 1990. Desde 1800, aumentou 1.000%.

Os minúsculos Estados-nações da Europa ocidental, principalmente a Inglaterra, conduziram essa missão lunática até a dominação global – a principal razão para o idioma global dos negócios de hoje ser o inglês e não o chinês, o árabe ou o hindi.

TRÊS CONDIÇÕES PARA UM CRIADOURO DE MISSÕES LUNÁTICAS

E isso nos leva de volta à pergunta de Needham: por que a Europa ocidental?

Comecemos separando duas questões que geralmente são agrupadas mas não deveriam ser. O porquê de algumas economias crescerem e outras declinarem nos dois últimos séculos costuma se misturar à pergunta de Needham. Mas Needham faz uma pergunta sobre criação, sobre *primeira aparição*. As disparidades recentes são uma questão de *adoção*: por que alguns países adotam essas novas ideias de ciência e indústria mais depressa do que outros?

A economia do Haiti, por exemplo, declinou durante boa parte do século XX. O PIB per capita da República Dominicana quintuplicou no mesmo período. E são duas metades da mesma ilha. A história não permite provas, mas algumas explicações não são difíceis demais de *refutar* ou, pelo menos, de descartar. A experiência natural do Haiti e da República Dominicana nos permite descartar diferenças de raça, cultura, clima ou geografia – explicações-padrão durante três séculos. Diferenças nas instituições políticas e econômicas são uma explicação muito mais natural.[9]

A pergunta de Needham *não* trata de disparidades recentes como entre o Haiti e a República Dominicana. Ela trata de uma missão lunática – a mãe de todas. Por que essa missão lunática apareceu e se propagou rapidamente na Europa ocidental no século XVII, ou alguns anos antes ou depois, se os impérios da China, da Índia e do Islã lideraram o mundo em riqueza, comércio, estudo organizado e início da ciência e da tecnologia durante *mil* anos?

O Império Islâmico, por exemplo, durante vários picos nos séculos IX ao XV, superou tanto o Ocidente quanto a China em matemática, astronomia, óptica e medicina, além de em bibliotecas, hospitais, protouniversidades e observatórios que deram origem à ciência ocidental. Copérnico tomou emprestados diretamente dos astrônomos árabes muitos de seus passos matemáticos mais importantes. Em 1025, o médico e estudioso persa Ibn Sina (chamado de Avicena no Ocidente) escreveu o *Cânone da medicina*. Durante sete séculos, esse foi o livro-texto médico mais usado na Europa.

Podemos novamente pôr de lado as antigas explicações de cultura, clima e geografia, assim como fizemos na questão da *adoção*. Se a cultura, o clima ou a geografia da Europa ocidental eram tão mais favoráveis ao progresso do que os das terras da China, do Islã e da Índia, como é que esses antigos impérios dominaram a inovação econômica e tecnológica mundial (papel, impressão, bússola, pólvora, canais com eclusas, técnicas avançadas de mineração, etc.) durante tantos séculos? Sua cultura não mudou de repente. A altura de suas montanhas não mudou de repente.

Para as respostas, como já mencionado, comecemos olhando as condições que incentivam as missões lunáticas dentro dos setores. Os setores mostrarão um padrão conhecido: *separação de fases* em dois mercados e *equilíbrio dinâmico* entre esses mercados. Então aplicaremos esse padrão aos países. Veremos por que a *estrutura* foi mais importante do que a cultura, o clima ou a geografia para a ascensão do Ocidente e o declínio do resto.

★ ★ ★

Para um criadouro de missões lunáticas prosperar – dentro de uma empresa ou de um setor –, três condições devem ser satisfeitas:

1. *Separação de fases:* separar os grupos de missões lunáticas e de franquias.
2. *Equilíbrio dinâmico:* troca sem percalços entre os dois grupos.
3. *Massa crítica:* um grupo de missões lunáticas com tamanho suficiente para entrar em ignição.

Aplicadas às empresas, as duas primeiras são as regras de Bush-Vail discutidas na Primeira Parte. A terceira, massa crítica, está ligada a comprometimento. Se não houver dinheiro para contratar um bom pessoal nem financiar os estágios iniciais de ideias e projetos, o grupo de missões lunáticas vai definhar, por mais bem projetado que seja. Para prosperar, o grupo precisa de uma reação em cadeia. Um laboratório de pesquisa que produza um medicamento bem-sucedido, um produto de sucesso ou projetos que ganhem prêmios atrairá os melhores talentos. Os inventores e criadores vão querer contribuir com ideias novas e surfar na onda de uma equipe vencedora. O sucesso justificará mais financiamento. Mais projetos e mais financiamento aumentam a probabilidade de mais acertos – o circuito de feedback positivo da reação em cadeia.

Quantos projetos são necessários para atingir massa crítica? Vamos supor que a probabilidade de sucesso de qualquer missão lunática seja de 1 em 10. A massa crítica para provocar aquela reação com alta confiança exige investir em, pelo menos, duas dúzias dessas missões lunáticas (um portfólio diversificado de 10 delas tem 65% de probabilidade de produzir pelo menos uma vitória; de duas dúzias, 92% de probabilidade).[10]

Para ver como essas três condições se aplicam aos setores – *entre* empresas em vez de *dentro* de uma empresa –, comecemos com o cinema. Veremos como o Governo Federal americano ajudou a separar as fases (número 1).

CINEMA

No início dos anos 1900, jovens imigrantes da Europa, sucateiros, negociantes de peles e mascates com sobrenomes como Zukor, Mayer, Goldwyn, Loew, Cohn, Warner, Fox – na maioria judeus, alguns católicos – embarcaram na nova invenção do cinema de Thomas Edison. Compraram seu equipamento, alugaram seus curtas e os exibiram em pequenos teatros cobertos e salões de jogos. Em 1931, um escritor comparou essas novas imagens em movimento à luz elétrica, ao telefone e até ao motor a vapor:

> Nenhuma outra invenção da era mecânica criou espanto e interesse tão generalizados [...]. Essa coisa nova – essa coisa da "imagem viva" – não era uma ferramenta prosaica para reduzir o trabalho ou poupar tempo; não era um instrumento para criar mais luxo e conforto para os abastados. Era um aparelho romântico para levar entretenimento ao povo comum.

Os mascates embarcaram nessa onda de deslumbramento pelo país, não dando muita atenção às patentes de Edison ao longo do caminho. Construíram cinemas e contrataram roteiristas, atores e diretores para fazer seus próprios filmes e encher aqueles espaços. Edison tentou controlá-los ou eliminá-los por meio de sua empresa de patentes sediada em Nova Jersey e contratou bandidos para quebrar os equipamentos e queimar os salões. Então eles se mudaram para oeste, perto da fronteira mexicana, por onde poderiam fugir rapidamente com seu equipamento pirata sempre que Edison aparecesse com a polícia das patentes. Criaram uma cidade própria: Hollywood.

Nas três décadas seguintes, esses filhotes dos salões de jogos se transformaram em leões donos de estúdios. Paramount, Universal, MGM, Warner Brothers, Columbia controlavam tudo, dos cinemas aos terrenos para produção de externas e aos contratos de longo prazo com os talentos. O oligopólio era glorioso se você fosse dono de um estúdio, um contrato faustiano se você fosse um astro e um alvo apetitoso se você fosse um advogado antitruste do governo. O Departamento de Justiça começou a processar os estúdios na década de 1920. Parou na Grande Depressão, voltou, parou de novo na Segunda Guerra Mundial e, finalmente, em 1948, com a decisão da Suprema Corte no processo *Estados Unidos contra Paramount*, que dividiu este e os outros estúdios. Ninguém que produzisse filmes poderia ser dono de cinemas também.

O mercado recém-liberado catalisou um circo de apropriações. Os estúdios foram comprados e vendidos por uma empresa de peças para carros, duas de bebidas, uma de hotéis, uma agência de talentos, cerca de meia dúzia de conglomerados diferentes e um trapaceiro italiano que trabalhava com um banco do governo francês. A dança das cadeiras chegou ao ponto máximo quando a Warner Brothers se fundiu à Time Inc., que valsaram juntas para os braços do AOL e se tornaram a maior megafusão fracassada de todos os tempos, num total de 186 bilhões de dólares.[11]

Quando a música desacelerou, o setor de cinema se separou em dois mercados. As Grandes de hoje – Warner, Universal, Columbia, Fox, Paramount e Disney – adquirem e gerenciam franquias ou projetos bem desenvolvidos. Elas concorrem lançando esses produtos pelo máximo possível de canais até o máximo lucrativamente possível de clientes. Especializam-se na escala e nos relacionamentos necessários para se orientarem pela noite de estreia em Nova York, pela alavancagem financeira com o Citibank, pelo lançamento na Coreia, pelo sistema sob demanda na Netflix, pelos games com a Nintendo, pelos brinquedos com o Walmart, pelas negociações de parques temáticos no Japão e assim por diante.

Nas assembleias de balanço trimestral com analistas e investidores (grandes fundos mútuos como Fidelity e T. Rowe Price), elas discutem itens de orçamento vultoso, como o futuro da franquia *Homem de Ferro* ou como os surtos de sarampo podem afetar a receita dos parques temáticos. Os analistas especulam sobre a receita do trimestre seguinte e as tendências do mercado global. As Grandes não discutem – e seus analistas e investidores não estão muito interessados em conhecer – roteiros novos recém-adquiridos. Assim como o time dos Yankees não discute – e seus fãs e jornalistas não estão muito interessados em conhecer – jogadores de segunda linha em Trenton. Os mercados da Major League se especializam em adquirir e gerenciar franquias.

O segundo mercado é uma rede muito fragmentada de centenas de pequenas produtoras independentes que reúnem roteiros, talentos e investidores e os conduzem pelo longo túnel escuro até o filme completo. Elas competem com seus pares pelo acesso a material novo, ao talento mais criativo, ao reconhecimento em festivais de cinema e ao financiamento escasso. Fidelity e T. Rowe Price nunca investirão nelas. O dinheiro vem de indivíduos ricos e administradores de recursos privados dispostos a apostar em projetos de filmes malucos, aqueles que foram rejeitados pelos grandes estúdios. Um espião britânico metrossexual, por exemplo, que salva o mundo de homens maus com mísseis de longo alcance e gatos fofos (James Bond). Ou um menino das favelas de Mumbai que aparece num programa de perguntas e respostas (*Quem quer ser um milionário*, oito Oscars). Ou répteis que adoram espadas e pizza (*As Tartarugas Ninja*, 1,2 bilhão de dólares de bilheteria). Esse é um mercado para criar, nutrir e comercializar missões lunáticas.

O setor sobrevive e prospera por causa da teia de parcerias que interliga os dois mercados (equilíbrio dinâmico, número 2). Sem a certeza das franquias, a taxa elevada de fracassos das missões lunáticas levaria o setor à falência. Mas as franquias perdem a graça. Sem missões lunáticas frescas, as Grandes desapareceriam.

A maior parte dessas parcerias é de acordos isolados. Uma produtora pequena monta um filme e solicita lances das Grandes pelos direitos de distribuí-lo.[12] Outras parcerias são mais amplas. A Universal, por exemplo, fez uma parceria com a Imagine Entertainment durante três décadas e 50 filmes. A Imagine achava os roteiros e fazia os filmes. A Universal distribuía. Entre seus filmes conjuntos estão os ganhadores do Oscar *Apollo 13* e *Uma mente brilhante*.

Os dois mercados do cinema, interligados por uma teia de parcerias, são exemplos de separação de fases e equilíbrio dinâmico dentro de um *setor* em vez de dentro de uma empresa. O mercado de centenas de pequenas produtoras que procuram, financiam e desenvolvem pequenos projetos malucos de filmes é um exemplo de criadouro de missões lunáticas num *setor*.[13]

A intervenção do governo – a quebra do oligopólio dos estúdios – deflagrou a separação de fases no cinema.

No mundo biomédico, a fagulha foi uma nova tecnologia.

MEDICAMENTOS

Um pequeno número de grandes empresas farmacêuticas globais (Pfizer, Merck, Abbott, Roche, Eli Lilly) dominou o setor de medicamentos durante a década de 1980, da mesma maneira que os estúdios antigos de Hollywood dominaram o setor cinematográfico na década de 1940. Em ambos os setores, o desenvolvimento de produtos começa valendo-se do trabalho criativo feito fora do setor. Histórias publicadas em livros ou revistas oferecem o material inicial dos filmes (o herói de Ian Fleming transformou-se na franquia de 007; a revista em quadrinhos *Flash Gordon* inspirou *Star Wars*). Do mesmo modo, a pesquisa de universidades ou laboratórios nacionais oferece o ponto de partida de novos medicamentos. A pesquisa sobre colesterol de Konrad Bloch, Michael Brown, Joseph Goldstein e outros, por exemplo, inspirou as estatinas.

Até meados da década de 1980, era assim o setor de desenvolvimento de medicamentos: os acadêmicos cuidavam da ampla área da pesquisa; a indústria farmacêutica global aproveitava essa pesquisa para criar medicamentos (produção) e vendê-los aos clientes (distribuição). Como os grandes estúdios de Hollywood, os grandes da indústria farmacêutica controlavam a produção e a distribuição. Até que um jovem médico que cuidava de um menino de 14 anos criou um tipo de medicamento inteiramente novo.

A maioria dos remédios que usamos vem da natureza – plantas, animais ou micróbios. Os ingredientes ativos desses medicamentos extraídos de produtos naturais são moléculas relativamente pequenas: a aspirina da casca do salgueiro tem apenas 21 átomos; a morfina da papoula do ópio, 40; a estatina de Akira Endo, tirada de um mofo, tem 62. Eles combatem as doenças atuando sobre proteínas, moléculas muito maiores que fazem a maior parte do trabalho dentro da célula. Quando as proteínas não funcionam direito, as células saem do controle, causando doenças. Os medicamentos feitos a partir de produtos naturais funcionam se enfiando em fissuras minúsculas das proteínas hiperativas, detendo-as como uma pequena chave inglesa inserida nas entranhas de um robô gigante e descontrolado. A aspirina bloqueia as proteínas envolvidas na inflamação. A morfina bloqueia as proteínas que assinalam a dor. As estatinas bloqueiam uma proteína que regula o nível de colesterol. As quimioterapias bloqueiam proteínas (ou outras moléculas muito grandes) necessárias para a divisão celular. Quase todos os medicamentos desenvolvidos do século XIX até o fim do XX são desse tipo.

O nascimento de um novo tipo de medicina começou com um menino do Canadá. Em 2 de dezembro de 1921, Leonard, de 14 anos, foi internado num hospital de Toronto pesando 30 quilos, letárgico, o cabelo caindo, com acetona na urina e glicemia perigosamente elevada. Ele era uma das muitas crianças nos estágios finais da doença hoje chamada de diabetes tipo 1. O tratamento mais avançado era uma dieta de fome. A expectativa de vida era de alguns meses. Vinte e cinco anos antes, o cientista polaco-alemão Oskar Minkowski descobriu que remover o pâncreas dos animais provocava sintomas de diabetes. Minkowski e muitos outros tentaram ministrar pâncreas animal moído como tratamento, porém, depois de mais de 20 anos de tentativas fracassadas, o principal pesquisador americano do diabetes escreveu num livro: "Todas as autoridades concordam [...] que injeções de preparados de pâncreas se mostraram inúteis e prejudiciais. O fracasso começou com Minkowski e continuou até o presente sem interrupção."

Enquanto isso, um cirurgião canadense de 29 anos, sem experiência em pesquisa e sem recursos (ele se sustentava extraindo amígdalas e vendendo instrumentos médicos), leu um artigo sobre o pâncreas. Curioso, decidiu trabalhar com o problema, por ser corajoso diante de todos aqueles fracassos ou – mais provavelmente – porque não lia livros de referência e não sabia deles. Ele teve uma nova ideia para extrair do pâncreas a substância misteriosa que poderia controlar a quantidade de açúcar no sangue. Com uma equipe em Toronto, experimentou seu preparado em alguns cães e viu resultados promissores. Em 11 de janeiro de 1922, ele o usou em Leonard. A equipe esperava ansiosamente no corredor. Nada aconteceu. O extrato parecia turvo e um especialista em bioquímica foi chamado para melhorá-lo. Doze dias depois, Leonard recebeu um preparado novo.

Em 24 horas a glicemia de Leonard caiu quase 80% e a acetona e o açúcar na urina, quase 90%. Ele "ficou mais atento, mais ativo, com aparência melhor e disse que se sentia mais forte", escreveu o cirurgião Fred Banting num relatório médico rapidamente publicado. O extrato de pâncreas era uma proteína. Banting a chamou de insulina. Ela salvou a vida de Leonard.[14]

A notícia do novo tratamento logo se espalhou. O Dr. Frederick Allen, principal pesquisador americano do diabetes, voou até Toronto para obter um frasco. Uma de suas enfermeiras escreveu sobre a noite em que ele voltou à clínica com aquele frasco:

A mera ilusão de nova esperança seduziu pacientes e mais pacientes a esperar uma nova vida. Diabéticos que não saíam da cama havia semanas começaram a caminhar debilmente, agarrando-se a paredes e móveis. Barriga grande, pescoço de pele e osso, rostos como caveiras, movimentos fracos, de todas as idades, ambos os sexos. Foi uma ressurreição, um tumulto rastejante como o de alguma vaga primavera [...].

Pude vê-los passando, calados como os fantasmas intumescidos com que se pareciam. Até olhar um para o outro teria traído dolorosamente algo da esperança intolerável que os trouxera. Então eles apenas se sentaram e esperaram, os olhos no chão.

Todos ouvimos seus passos virem pelo caminho coberto, passarem da entrada e chegarem aos corredores principais. A esposa estava com ele, as batidinhas de seus passos rápidos fazendo um contraponto estranho com os dele. O silêncio dos pacientes se concentrou naquele som.

Quando apareceu pela porta aberta, ele avistou toda a súplica de 100 pares de olhos. Isso o fez parar de repente. Até hoje tenho certeza de que se passaram minutos antes que ele lhes falasse, a voz misturando curiosamente a preocupação com os pacientes e a empolgação que tentava ao máximo não trair.

"Creio", disse, "que temos algo para vocês."

A insulina mudou a medicina. As proteínas não eram mais apenas os *alvos* dos medicamentos; elas podiam *ser* medicamentos. Em vez de bloquear um robô descontrolado com uma chave inglesa, substituíamos o robô inteiro.

Mas havia um problema. Colher pâncreas de animais para cada diabético é tão prático quanto derrubar salgueiros para fazer aspirina para cada paciente com febre. Levou 50 anos para se chegar a uma solução. Desenvolvida na década de 1970, a engenharia genética – que possibilitou produzir em laboratório quantidades imensas de proteínas humanas purificadas – transformou a descoberta da insulina de Banting numa terapia prática.

A maioria das Grandes do setor farmacêutico desdenhou a ideia de uma proteína criada em laboratório como um novo tipo de remédio. Mas a ideia de proteínas sintetizadas como medicamento não era maluca demais para um punhado de empreendedores do início da década de 1980, que abriram as chamadas empresas de biotecnologia. O sucesso de suas primeiras ofertas públicas – a mais famosa sendo a da Genentech, descrita no Capítulo 5 – criou um mercado para um novo tipo de empresa: sem receita, sem lucro, sem equipe de vendas e sem certeza de se e quando sua tecnologia se tornaria um produto. Esses primeiros empreendedores criaram o que era na época, e é ainda hoje, um mercado aberto de missões lunáticas.

Assim como a intervenção do governo decompôs o sistema dos estúdios de Hollywood, a engenharia genética decompôs o sistema farmacêutico. Separou a produção (os cientistas que inventam medicamentos) da distribuição (as empresas farmacêuticas que os vendem).

As Grandes farmacêuticas são um pequeno número de multinacionais (Novartis, Pfizer, Merck, Johnson & Johnson, Eli Lilly, etc.) com escala e relacionamentos para se orientarem pelo lançamento de produtos na Argentina, pela aprovação regulatória na França, pela fabricação em Porto Rico, pela alavancagem financeira com o J. P. Morgan, por diretrizes de reembolso no Japão e assim por diante. Nas assembleias de balanço trimestral com analistas e investidores (grandes fundos mútuos como Fidelity e T. Rowe Price), as Grandes discutem itens de orçamento vultoso, como o futuro de suas franquias de colesterol ou diabetes. Os analistas especulam sobre a receita do trimestre seguinte e as tendências globais do mercado. As Grandes do setor farmacêutico não discutem – e seus investidores e analistas não estão muito interessados em conhecer – vias moleculares nem candidatos a remédios em estágio inicial. É um mercado para adquirir e gerenciar franquias.

Os investidores e analistas que seguem as centenas de pequenas empresas do mercado de biotecnologia, no entanto, mergulham profundamente na ciência. Os produtos em geral ainda estão em estudos laboratoriais ou clínicos, sem aprovação pela FDA. Não há receita a discutir – só biologia, química e dados de estudos clínicos. As empresas de biotecnologia competem pelo material inicial (tecnologia de universidades ou laboratórios nacionais), o talento criativo (biólogos e químicos) e o financiamento escasso de investidores especializados. É um mercado para ideias fora de moda e rotineiramente desdenhadas pelas Grandes. A terapia genética 20 anos atrás. A imunoterapia 10 anos atrás. As células-tronco hoje.

Como no mundo do cinema, uma teia simbiótica de parcerias interliga os dois mercados. Muitas são isoladas. No Capítulo 5 vimos que um acordo isolado ajudou a Genentech a sobreviver em seus primeiros dias (uma parceria com a Eli Lilly), assim como um acordo isolado com a Disney ajudou a Pixar a sobreviver em seus primeiros momentos. Alguns acordos são muito mais amplos. A parceria de duas décadas entre a Roche, gigante farmacêutica com sede na Suíça, e a Genentech, com sede em São Francisco, produziu provavelmente a maior série de sucessos da biotecnologia já vista até hoje no setor. Entre eles está o Avastin, mencionado no Capítulo 2, inspirado na pesquisa de Judah Folkman, assim como o Herceptin, que transformou o tratamento do câncer de mama. As vendas anuais de seus projetos conjuntos – os recursos da farmacêutica suíça alimentando as missões lunáticas da empresa da Califórnia – excederam os 30 bilhões de dólares.

As centenas de empresas de biotecnologia, de capital aberto ou fechado, são o criadouro de missões lunáticas do mundo biomédico.

★ ★ ★

Tanto o setor do cinema quanto o da descoberta de medicamentos se separaram em dois mercados – o das Grandes que comercializam franquias e o dos pequenos especialistas que nutrem missões lunáticas. Esses dois mercados estão interligados por uma teia de parcerias. Essa separação e a conexão entre eles são exemplos das duas primeiras das três condições já descritas aplicadas a setores: separação de fases (número 1) e equilíbrio dinâmico (número 2).

A terceira condição, massa crítica, é mais bem ilustrada com um exemplo.

Na última década, quase todas as principais cidades dos Estados Unidos tiveram a ideia de se reinventar como um "eixo de biotecnologia". Agora suponha que você tenha acabado de fazer um doutorado em biologia ou química. Para qual cidade você tem mais probabilidade de se mudar em busca de uma carreira promissora: Detroit, que tem um punhado de empresas de biotecnologia, ou Boston, que abriga mais de 200 empresas, além de centenas de capitalistas de risco e empreendedores do setor abrindo dúzias de novas empresas todo ano? Boa parte das empresas de biotecnologia, como a maioria das missões lunáticas, luta para sobreviver. Você quer um plano B próximo, caso sua empresa dê com os burros n'água. Por razões semelhantes, os maiores investidores, vendedores e fornecedores acorrem a Boston. Todos querem opções e planos B próximos. Recentemente muitas das maiores empresas biomédicas do mundo transferiram sua sede de pesquisa para lá. Querem estar perto de empresas e produtos que possam adquirir. Mais aquisições significam mais dólares de risco, que significam mais empresas. É um ciclo que se alimenta de si mesmo e cresce – um círculo virtuoso.

Boston atingiu massa crítica e entrou em ignição. Detroit, não.

O DESTINO DOS IMPÉRIOS

Agora vamos estender as três condições aos países.

Para começar, comparemos o destino de dois homens. Um ajudou a Revolução Científica da Europa a entrar em ignição. O outro, com ideias semelhantes, abordagem semelhante e talento natural semelhante – ou maior – poderia ter feito o mesmo na China anos antes, mas não fez.

Cinco séculos antes de Tycho Brahe construir o melhor observatório astronômico da Europa, Shen Kuo assumiu o comando do melhor observatório astronômico da China. Tycho, um nobre dinamarquês, conquistou o apoio do rei da Dinamarca, que lhe concedeu a ilha de Hven e recursos para contratar uma grande equipe e comprar o melhor equipamento. Shen teve origem mais modesta e gabaritou o concurso público imperial para o serviço público. Estudava astronomia nas horas vagas, foi subindo na carreira e acabou conquistando o apoio do imperador, que o nomeou chefe do Escritório Imperial de Astronomia. (A astronomia era importante para os reis da Europa e os imperadores da China por razões similares: os sinais dos céus eram interpretados como presságios.)

Joseph Needham descreveu Shen como "talvez o personagem mais interessante de toda a história científica chinesa". Shen estudou, escreveu a respeito e, em muitos casos, contribuiu para uma variedade de campos estonteante: astronomia, matemática, geologia, meteorologia, cartografia, arqueologia, medicina, teoria econômica, estratégia militar, anatomia e ecologia. Ele foi o primeiro a descrever a bússola e a identificar a diferença entre o norte verdadeiro e o norte magnético (o que transformou a navegação). Desenvolveu na China os mais antigos exemplos conhecidos de trigonometria e matemática dos infinitesimais (precursora do cálculo). Personificava o que hoje chamaríamos de curiosidade científica. Eis Shen se perguntando por que o raio que atinge uma casa derrete o metal mas deixa a madeira intacta:

> Em certas estantes de madeira, certas vasilhas de laca com boca de prata foram atingidas pelo raio, de modo que a prata derreteu e pingou no chão, mas a laca não foi sequer chamuscada. Também uma espada valiosa feita do aço mais forte se derreteu como um líquido, sem que as partes vizinhas da casa fossem afetadas.
>
> Seria de se pensar que o sapê e a madeira se queimariam primeiro, mas aqui foram os metais a derreter, sem nenhum prejuízo ao sapê e à madeira.

Como Tycho, Shen ficou curioso pelo movimento bizarro dos planetas no céu (em geral, eles se deslocam para leste em relação ao fundo fixo de estrelas, mas em parte da órbita parecem se mover para trás, para oeste). Como Tycho, insistiu que só medições mais exatas poderiam trazer um entendimento mais profundo. Ele projetou as melhores ferramentas de medição astronômica de seu tempo, exatamente como Tycho. Propôs ao imperador um programa para medir a posição de cada planeta, com elevada precisão, três vezes por noite todos os dias durante cinco anos. Como Tycho, contratou assistentes brilhantes para completar o programa (Tycho recrutou Kepler; Shen recrutou o matemático cego Wei Pu).

Shen sabia que seu programa era caro. O financiamento exigia forte apoio político. Mas ele acabou perdendo esse apoio – igualzinho a Tycho. No caso do europeu, depois que o rei Frederico II da Dinamarca morreu, ele brigou com o filho, o novo rei de 19 anos. Tycho escreveu uma carta ao jovem rei Cristiano IV explicando exatamente por que deveria continuar apoiando o observatório e sua grande equipe. Afinal de contas, era um famoso intelectual europeu que trazia glória para a Dinamarca. O rei respondeu que estava espantado com a "audácia e falta de bom senso" de Tycho e com a forma como ele escrevera, "como se fosse nosso igual". Então cortou o financiamento do pesquisador, que perdeu sua ilha e foi forçado a se exilar. No caso de Shen, ele foi expulso do governo, vítima de reviravoltas e batalhas políticas semelhantes.

Shen Kuo: "Eu só tinha meu pincel de escrever e a pedra de pintar para conversar"

Mas eis aqui a diferença crucial: quando saiu da Dinamarca, Tycho rodou a Europa em busca de um novo patrono. Em Praga, o rei Rodolfo II ofereceu seu apoio. Tycho transferiu seu observatório para lá, levando Kepler, e continuou o trabalho que acabou originando a "Guerra a Marte" do colega e a sua "reforma de toda a astronomia".

Por outro lado, depois que saiu do governo, Shen não tinha para onde ir. Não havia outros governantes que pudessem financiar a astronomia. E o apoio privado à astronomia era ilegal; o estudo dos céus estava reservado ao imperador.[15] Assim, Shen passou a última década de sua vida recluso, no exílio, parte dela em prisão domiciliar. Sua obra mais famosa, que cobre 12 campos de estudo, se chamou *Conversas com o pincel* porque, como ele escreveu, "desde que me aposentei e vim morar na floresta, levo uma vida reclusa e cortei todos os laços sociais. Às vezes recordava conversas com meus hóspedes e escrevia um ou dois itens com meu pincel [...]. Eu só tinha meu pincel de escrever e a pedra de pintar para conversar".

Quando um roteiro é morto dentro da Paramount, da Universal ou de qualquer grande estúdio, ele permanece morto. Quando um projeto de medicamento em estágio inicial é morto dentro de uma grande farmacêutica global, ele permanece morto. Na China – ou nos vários postos avançados do Império Islâmico –, quando o supremo governante sufocava novas ideias promissoras sobre astronomia, como o imperador sufocou as de Shen Kuo, elas permaneciam mortas.[16]

Nos séculos XI e XII, época de Shen Kuo, a China da dinastia Song do Norte atingiu massa crítica. A produção de aço e ferro cresceu explosivamente. O papel-moeda, a impressão e as trocas no mercado proliferaram. As inovações tecnológicas da dinastia se espalharam das Forças Armadas (armas de fogo, canhões, bombas) ao transporte (canais com eclusas), à navegação (bússola, leme de cadaste) e à indústria (fiação de têxteis movida a água). O período foi chamado de "primeiro milagre industrial".[17] A produtividade e a inovação tecnológica não tiveram correspondente em outro lugar até seis séculos depois, na Europa.

Embora atingisse massa crítica (número 3), a China não entrou em ignição. Ela nunca criou a separação de fases (número 1) e o equilíbrio dinâmico (número 2). As batalhas políticas e os preconceitos do próprio imperador se sobrepunham regularmente às conclusões dos primeiros "cientistas". Sete anos depois de Shen começar a trabalhar num novo sistema astronômico, por exemplo, o imperador decidiu que já estava bom. Encerrou o projeto e demitiu o principal auxiliar de Shen. É como se Rodolfo II dissesse a Tycho que seu sistema era "bom o bastante" e demitisse Kepler.

O imperador deixou de isolar seu grupo de missões lunáticas (separação de fases) e de manter o equilíbrio dinâmico entre elas e as franquias. Em outras palavras, deixou de fazer exatamente o que Vannevar Bush se dispôs a realizar durante a Segunda Guerra Mundial.

Outra maneira de contar a mesma história, correndo o risco de um ricochete histórico e cultural: se os imperadores Song contratassem e ouvissem um Vannevar Bush chinês, as revoluções científica e industrial poderiam ter ocorrido cinco séculos antes. E todos falaríamos chinês.

O SUPORTE À VIDA NAS MISSÕES LUNÁTICAS

Um papel fundamental do criadouro é manter vivas as frágeis missões lunáticas durante os fracassos e as rejeições.

Na descoberta de medicamentos e no cinema, como já mencionado, os projetos que morrem dentro dos grandes estúdios e das grandes farmacêuticas geralmente permanecem mortos (ou se tornam zumbis: não muito mortos, mas não exatamente vivos). No entanto, no criadouro de missões lunáticas das pequenas empresas de biotecnologia de Boston ou das pequenas produtoras de Hollywood, um projeto encerrado ficará pairando até que um novo investidor se aventure. Por exemplo, a abordagem mais nova e empolgante para tratar o câncer – ativar o sistema imunológico do corpo para combater tumores – foi rejeitada por todas as grandes empresas farmacêuticas. Uma série de pequenas empresas de biotecnologia, trabalhando intimamente com acadêmicos de universidades e com os laboratórios nacionais, mantiveram a ideia viva. Boa parte dessas empresas fracassou. Algumas tiveram sucesso e mudaram o tratamento do câncer. A imensa maioria dos avanços mais importantes na descoberta de medicamentos pulou de degrau em degrau até vencer o último desafio. Só depois do último pulo essas ideias conquistaram ampla aclamação.

Quando perdeu o apoio do rei da Dinamarca e passou dois anos indo do castelo de um nobre a outro até chegar a Praga, Tycho também pulava de degrau em degrau. O próspero criadouro de missões lunáticas dos governantes locais dispostos a financiar pesquisas não convencionais (e pesquisadores meio detestáveis) não só salvou o observatório de Tycho como manteve viva a ideia de Copérnico de órbitas centradas no Sol. Uma escola de Wittenberg, na Alemanha, ensinou aspectos do sistema de Copérnico durante seis décadas, apesar de sua má reputação, até que Tycho e Kepler finalmente resgataram a teoria dele.

Mas a existência de um criadouro de missões lunáticas – a separação de fases (número 1) – não basta. As histórias eurocêntricas que descrevem o surgimento da ciência moderna na Europa ocidental costumam deixar de lado a importância do intercâmbio regular com os grandes impérios (equilíbrio dinâmico, número 2). Sem a matemática emprestada dos estudiosos indianos e dos astrônomos islâmicos não haveria teoria copernicana.[18] Sem a navegação, os transportes, as comunicações, a irrigação, a mineração e as tecnologias militares importados da China não haveria excedente de riqueza nem classe intelectual na Europa para sonhar teorias de movimentos celestes. Tudo isso concedeu à Europa ocidental os recursos para atingir a massa crítica (número 3).

E a massa crítica foi um ingrediente essencial: derrubar milênios de dogmas exigia uma série de missões lunáticas, não uma só. Algumas apareceram individualmente muito antes em outras sociedades. A ideia de planetas que orbitam o Sol, assim como os importantes precursores do cálculo, surgiu na escola de Kerala, na Índia, séculos antes de Kepler e Newton. Mas, como na China, esses precursores não entraram em ignição. A massa crítica da Europa, por outro lado, criou uma sinfonia pan-europeia de descobertas: telescópios (Países Baixos) apontados para o céu (Itália) confirmaram as órbitas elípticas (Alemanha) e o movimento da Terra (Polônia), que finalmente se combinaram com as ideias de inércia (Itália) e geometria (França) numa teoria unificada do movimento (Inglaterra). Isso é massa crítica.

Os impérios da China, do Islã e da Índia foram os Grandes dos Estados-nações. O cozido fervilhante das nações europeias ocidentais foi, na época, o criadouro das missões lunáticas das ideias novas, assim como as centenas de pequenas produtoras servem de criadouro para filmes novos e as centenas de pequenas empresas de biotecnologia servem de criadouros para novos medicamentos.

Em quase qualquer setor os pequenos podem crescer e virar grandes. A Disney começou como uma empresa de duas pessoas (Walt e o irmão), a menor das pequenas. Cresceu com base no sucesso inesperado de um camundongo de orelhas grandes e de uma princesa que faz amizade com sete anões e se tornou uma Grande, um dos cinco maiores estúdios. A Amgen começou como pequena empresa de biotecnologia, como já descrito. Cresceu com base no sucesso espantoso de seu primeiro medicamento e se tornou uma Grande. Hoje a Amgen vende mais de 20 bilhões de dólares por ano.

No mundo dos Estados-nações, um pequeno também pode se tornar grande. A Inglaterra começou minúscula, assim como a Disney e a Amgen. Exatamente como essas duas, cresceu com base no sucesso inesperado de uma missão lunática poderosa, a mãe de todas as missões lunáticas. O país embarcou nessa ideia para se industrializar, armar e evoluir até se tornar Grande, espalhando sua língua e seus costumes pelo mundo.

POR QUE A INGLATERRA?

Estamos examinando a questão da primeira aparição *global*: por que a ciência moderna apareceu primeiro na Europa ocidental e não nos impérios da China, do Islã ou da Índia? Mas há outra questão mais *local* da primeira aparição: por que a Inglaterra e não, digamos, a França, a Itália ou os Países Baixos?

A resposta não pode ser o monopólio de cientistas brilhantes. Cientistas de quase todos os países da Europa ocidental contribuíram com passos científicos fundamentais, como já foi mencionado.

A sorte e o momento certo sempre têm seu papel na criatividade e na invenção – a essência das histórias de primeira aparição. Branch Rickey foi o executivo do Hall da Fama do beisebol que criou o sistema de ligas para desenvolver novos talentos: os jogadores competem na Minor League e sobem para a Major se tiverem bom desempenho. Ele usou esse sistema para construir oito equipes da World Series, a final do campeonato da Major League. Foi Branch Rickey que criou a frase citada na Primeira Parte: "A sorte é subproduto do planejamento."

A Inglaterra fez uma coisa de maneira bem diferente – muito melhor que os vizinhos, o que a preparou para ter mais sorte que eles. Ela criou o exemplo mais antigo de criadouro bem-sucedido de missões lunáticas *dentro* de um só país.

A Royal Society de Londres, criada em 1660, reuniu quase todos os fundadores da ciência moderna na Inglaterra, como Robert Boyle, Robert Hooke e Isaac Newton. Ela ficou famosa pelo papel fundamental de ajudar e inspirar Newton. "Sem a Royal Society", como observou um historiador, "é improvável que houvesse os *Principia*."[19] Em outras palavras, o que chamamos hoje de Leis de Newton provavelmente teria outro nome – ou nomes. Gottfried Leibniz, por exemplo, desenvolveu o cálculo na Alemanha, de forma independente e mais ou menos ao mesmo tempo que Newton. Christiaan Huygens, nos Países Baixos, desenvolveu a ideia da força centrípeta, a teoria ondulatória da luz, a teoria moderna da probabilidade – e inventou o relógio de pêndulo. Daniel Bernoulli, na Suíça, Leonhard Euler, na Alemanha, Pierre-Simon Laplace, na França: todos foram gigantes da matemática e da física que vieram pouco depois de Newton.

A Royal Society ajudou Newton e a Inglaterra a vencerem a corrida contra o tempo, uma competição para descobrir as verdades da natureza. Mas a entidade não surgiu puramente para a pesquisa básica: "A ciência deveria ser nutrida e promovida como fio condutor para o aprimoramento do destino do Homem na Terra por facilitar a invenção tecnológica."

Em 1667, Thomas Sprat, primeiro historiador e promotor da entidade, escreveu sobre "invenções extraordinárias" como "relógios de pulso, cadeados ou armas de fogo" e "remédios [...] contra uma doença epidêmica" e declarou que o "público deveria ter direito a essas produções milagrosas". O propósito da Royal Society, escreveu ele, "vai à raiz de todas as nobres invenções e propõe uma trajetória infalível para fazer da Inglaterra a glória do mundo ocidental".

Robert Hooke, Robert Boyle e sua bomba de ar

Um manifesto feito com um pouco mais de ousadia do que o relatório de Vannevar Bush. Mas trata-se da mesma ideia básica, três séculos antes.

Enquanto Sprat escrevia essas palavras, Robert Boyle terminava suas experiências sobre a expansão e a compressão dos gases, realizadas por Hooke como seu assistente. Hooke construiu o aparelho de pesquisa que logo se tornaria um dos mais famosos da Europa: uma bomba de ar. Boyle usou o aparelho para descobrir a lei que hoje leva seu nome (a pressão de um gás é proporcional à sua densidade).

Depois de alguns anos trabalhando com Boyle, Hooke se ocupou com trabalho próprio (inventou o microscópio, propôs uma gravitação universal). Assim, em 1675 Boyle contratou um novo assistente, um médico francês chamado Denis Papin, que continuou as experiências com a bomba de ar, mas com um aperfeiçoamento. Ele ficou curioso e quis saber se conseguiria acrescentar um pistão à bomba e criar um ciclo atuante de compressão e descompressão.

Em 1687, Papin publicou um livro que descrevia como usar a bomba de ar de Hooke-Boyle para preparar alimentos. Chamou seu novo aparelho de "Digestor de Ossos", já que esmagava os ossos em pedacinhos comes-

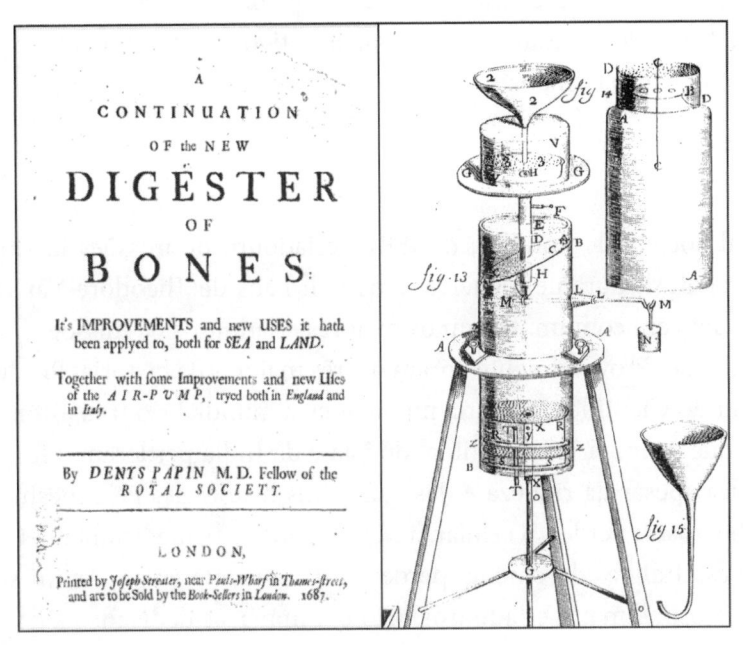

A descoberta de Denis Papin enterrada no final de um livro sobre utensílios de cozinha

tíveis. A obra foi uma continuação de seu primeiro livro sobre a invenção da atual panela de pressão e Papin a chamou de *Continuação do novo digestor de ossos*. Enterrada no final, depois de uma seção sobre como cozinhar chifres de boi e cobras secas, estava a resposta a como acrescentar um pistão à bomba de ar de Boyle. Ela descrevia os componentes principais de uma nova invenção: o motor a vapor.

Embora os estudiosos da Royal Society tenham dado pouca atenção às ideias de Papin, principalmente por virem no final de um livro de cozinha, elas não passaram despercebidas a um artesão de Dartmouth, na Inglaterra, chamado Thomas Newcomen. Ele tinha pouco interesse por filosofia, mas muito tempo para dispositivos úteis, como panelas de pressão.

Em 1712, Newcomen transformou o pistão móvel dentro da bomba de Papin no primeiro motor a vapor prático e que funcionava. Sua invenção se espalhou rapidamente pela Inglaterra. No século seguinte, os inventores continuaram a aumentar sua eficiência. O motor logo elevou a produção de recursos e mercadorias muitíssimo além dos limites impostos pela potência humana ou animal, limites que haviam mantido as sociedades humanas do mundo inteiro num nível fixo de produção durante milhares de anos. A mudança, que começou na Inglaterra e logo se espalhou pelo resto do continente, alimentou a rápida ascensão da Europa ocidental a potência global, a derrota de impérios muito maiores e mais antigos e o crescimento exponencial da população humana.

★ ★ ★

A Royal Society de Londres; o OSRD, criadouro de missões lunáticas de Vannevar Bush durante a guerra; e os Bell Labs de Theodore Vail: os três tinham algo em comum. Foram os maiores criadouros de missões lunáticas de seu tempo. Provavelmente, foram os três maiores da história. Produziram a Revolução Científica, a vitória numa guerra mundial e o transístor.

Por que os impérios da China, do Islã e da Índia perderam a Revolução Científica apesar da riqueza e das vantagens históricas? Pela mesma razão que a Microsoft perdeu o celular, a Merck perdeu os medicamentos de proteína e as Grandes do cinema perderam *Casamento grego*. As missões lunáticas prosperam em criadouros, não em impérios dedicados a franquias. Ser bom em missões lunáticas e bom em franquias são fases de uma organização, seja esta uma equipe, uma empresa ou um país. É o que a ciência da emergência nos diz.

Para sobreviver à próxima revolução, seja ela qual for, os países e seus líderes deveriam dar atenção às lições de Vannevar Bush e Theodore Vail. Algumas podem ser encontradas nos primeiros capítulos, nas lições para equipes e empresas aplicadas a nações. Muitas podem ser encontradas no relatório *The Endless Frontier*, preparado em 1945 a pedido do presidente Roosevelt, que escreveu a Bush: "Novas fronteiras da mente estão diante de nós e, se formos pioneiros com a mesma visão, ousadia e ímpeto com que travamos a guerra, podemos criar empregos mais completos e frutíferos e uma vida mais completa e frutífera."

Com um pouco de ajuda e um pouco de ciência, podemos, cada um de nós, como indivíduos, como membros de equipes, como cidadãos de países, forçar nossas fronteiras sem fim.

Posfácio

Missões lunáticas versus disrupção

Este posfácio é destinado, principalmente, aos interessados em teoria da administração ou teoria da inovação que podem ter ouvido falar ou até usado às vezes a palavra *disruptivo* ou a expressão *inovação disruptiva*.

Primeiro, para tirar rapidamente um obstáculo: os dois tipos de missão lunática descritos no Capítulo 3 não têm relação com o que Louis Galambos chamou, em 1992, de inovações "adaptativas" e "formativas" nem com o que Clayton Christensen chamou, em 1997, de inovações "sustentadoras" e "disruptivas".

As missões lunáticas se dividem entre uma nova estratégia (tipo E) e um novo produto ou tecnologia (tipo P). Galambos e Christensen distinguem aprimoramentos de produtos existentes (sustentadores) e tecnologias que acabam por alterar de forma significativa algum mercado (disruptivas). Christensen enfatiza especificamente os produtos novos de empresas recém-chegadas que começam na "parte de baixo" do mercado, com qualidade inferior, e melhoram aos poucos até conquistarem os clientes de alto nível de um ocupante mais antigo do mercado.

Segundo essa definição, as missões lunáticas do tipo E e do tipo P podem ser disruptivas ou sustentadoras. E vice-versa: inovações disruptivas e sustentadoras podem ser do tipo E ou do tipo P. Elas descrevem propriedades diferentes e não relacionadas, como altura e cor do cabelo.

MISSÕES LUNÁTICAS (HOJE) X INOVAÇÕES DISRUPTIVAS (EM RETROSPECTO)

Uma missão lunática é uma ideia ou um projeto que a maioria dos líderes científicos ou empresariais acha que não vai dar certo ou, se der, que não terá importância (não dará dinheiro). Ela questiona o senso comum. Por outro lado, se a mudança é "disruptiva" ou não, isso tem a ver com o efeito de uma invenção sobre o mercado.

Este livro é sobre as primeiras, e não sobre as últimas, porque, como sabem os empreendedores experientes, muitíssimas ideias e tecnologias hoje reconhecidas como transformadoras começaram com praticamente nenhuma semelhança com o produto final para o qual evoluíram, nutridas por defensores que nunca imaginaram seu mercado final. Os projetos em estágio inicial nos mercados em rápida evolução se comportam como uma folha num tornado. Não dá para adivinhar onde aquela folha vai parar.

É fácil apontar, *em retrospecto*, depois que a folha pousou, tecnologias que causaram disrupção no mercado. Sabemos que o transístor iniciou a era da eletrônica. Sabemos que os computadores pessoais podem dar poder aos indivíduos e substituir mainframes ou minicomputadores. Sabemos que o Walmart cresceu astronomicamente e que seus concorrentes desapareceram. Sabemos que a biotecnologia produz medicamentos importantes. Mas como foi quando essas ideias começaram a tomar forma?

O TRANSÍSTOR

Os cientistas dos Bell Labs que, na década de 1940, trabalhavam com a teoria das bandas em sólidos, os semicondutores de germânio ou a ciência dos estados das superfícies poderiam dizer que trabalhavam com uma tecnologia disruptiva? Eles tinham recebido a meta vaga de melhorar o desempenho dos amplificadores e relés existentes que eram usados no sistema telefônico. Pelas definições acima, suas metas eram *sustentadoras*.

Mesmo vários anos depois da invenção do transístor de ponto de contato em 1947, ninguém sabia direito o que fazer com ele. A primeira aplicação comercial, em aparelhos de surdez, só apareceu no final de 1952. Os cientistas ou gestores que trabalhavam com o transístor começaram com a ideia de causar disrupção no mercado de aparelhos de audição? Não. Eles estavam construindo interruptores melhores.

O transístor veio de uma empresa nova, começou barato, na parte inferior do mercado? Não. Começou como inovação sustentadora da *maior* empresa do país. A princípio, era muito *mais* caro do que uma válvula (20 dólares contra 1 dólar). Foi vendido primeiro a clientes de *alto nível*, como as Forças Armadas.

Mais tarde, é claro, o transístor ficou mais barato e causou disrupção em quase todos os mercados.

BUSCA NA INTERNET

Avancemos algumas décadas: o Google, quando começou, poderia dizer que tinha desenvolvido uma inovação disruptiva? O PageRank, algoritmo aprimorado de Larry Page e Sergey Brin para priorizar os resultados de buscas na internet, ficava cada vez mais útil aos usuários do que os resultados dos muitos outros sites de busca então existentes. Era uma inovação "sustentadora" pelas definições anteriores.

WALMART

Quando Sam Walton abriu lojas em regiões rurais, longe das grandes cidades, estaria pensando que seria uma inovação estratégica e disruptiva?

"Eu estava decidido a me tornar dono de uma loja de departamentos de cidade grande", escreveu ele sobre a abertura de sua primeira loja. Ele queria St. Louis, mas a esposa anunciou: "Vou com você para qualquer lugar, contanto que não me peça para morar numa cidade grande. Dez mil pessoas me bastam." Ele acabou em Bentonville, no Arkansas, com população de 3 mil habitantes, em parte porque "queria ficar mais perto de boas caçadas de codorna e, com Oklahoma, Kansas, Arkansas e Missouri todos se juntando ali, eu tinha fácil acesso à temporada de codornas de quatro estados".

O resultado foi a folha no tornado.

"Acontece que a primeira grande lição que aprendemos", escreveu Walton anos depois, "foi que havia muito, muito mais negócios lá nas pequenas cidades dos Estados Unidos do que qualquer um, inclusive eu, poderia ter sonhado."

IKEA

Já que estamos no varejo, vamos falar de móveis.

Em 1948, um sueco de 22 anos chamado Ingvar Kamprad, dono de uma pequena empresa de venda de cartões de Natal, canetas, molduras e artigos do tipo pelo correio, resolveu incluir móveis na lista. Ele anunciava itens de projetistas locais. A empresa cresceu a ponto de ameaçar os donos das maiores lojas de móveis da Suécia. Proibiram-no de expor nas feiras comerciais (certa vez, um amigo que vendia tapetes o contrabandeou para dentro de uma feira na traseira de um Volvo cobrindo-o com um tapete).

Em resposta, Kamprad encheu um grande galpão vazio numa área rural sueca com amostras de seus móveis para os clientes verem antes de encomendar. Foi o primeiro showroom da IKEA. Um funcionário tentou enfiar uma mesa em seu Volvo e percebeu que pouparia espaço se removesse as pernas e as guardasse sob o tampo. Como o custo da remessa estava subindo, eles decidiram usar o mesmo truque no envio aos clientes. Os clientes aceitaram bem e assim nasceu a automontagem. Os pedidos aumentaram.

Os donos de lojas de móveis retaliaram proibindo os projetistas de trabalhar com Kamprad. Ele foi forçado a contratar projetistas próprios. Isso levou às marcas e ao estilo originais da IKEA – móveis que temos mas não conseguimos pronunciar: Poäng, Alvangen, Grundvattnet.

Depois que Kamprad começou a fabricar móveis, os donos de lojas proibiram seus fornecedores de madeira e outros fabricantes de trabalhar com ele. Então ele foi à Polônia e descobriu fornecedores de alta qualidade – pela metade do preço. E repassou os descontos aos clientes. É claro que os negócios cresceram. Anos depois, Kamprad escreveu: "Quem sabe se teríamos tanto sucesso se eles [os fabricantes de móveis suecos] houvessem nos oferecido uma luta justa?"

Em 1965, a IKEA abriu sua primeira loja em Estocolmo. Havia tantos clientes que o gerente deixou que fossem diretamente ao depósito nos fundos da loja e pegassem seus itens. E isso deu origem aos depósitos com autosserviço. Todas as lojas futuras foram projetadas para permitir que os clientes pegassem as mercadorias no depósito.

Em 2017, as vendas anuais da IKEA superaram os 44 bilhões de dólares. As visitas às 403 lojas em 49 países chegaram a quase 1 bilhão de pessoas.

Nenhum dos elementos que definem a loja de móveis que se tornou a maior do planeta começou com a ideia de "causar disrupção" num setor. Foram todos ideias pequenas e malucas aproveitadas por Kamprad e sua equipe na tentativa desesperada de sobreviver.

A VERDADE SOBRE A DESCOBERTA DE REMÉDIOS

Na descoberta de medicamentos, as estimativas do mercado para produtos em estágio inicial são pouco confiáveis e até cômicas em retrospecto. Esperava-se que o medicamento da Amgen para aumentar a produção de glóbulos vermelhos pelo organismo, mencionado na Introdução, ajudasse apenas uma pequena fração dos pacientes com doença renal, aqueles cujos rins produzem muito poucas hemácias. Quase todas as grandes empresas farmacêuticas avaliaram e rejeitaram as ofertas para adquirir a tecnologia ou a empresa, já que as projeções de mercado eram muito pequenas. Em certo momento, a Amgen quase ficou sem dinheiro. Mais tarde, pesquisadores descobriram que o mesmo medicamento ajuda pacientes com câncer que fazem quimioterapia e também sofrem de baixa contagem de hemácias. Milhões de pacientes se beneficiaram do medicamento. A Amgen se transformou numa empresa de 100 bilhões de dólares.

No início da década de 1980, os cientistas e o público ficaram fascinados com outro medicamento que poderia ajudar os pacientes com câncer, o interferon. Em experiências de laboratório, parecia que o medicamento interferia na atividade dos vírus, o que deu origem a seu nome e à esperança de que fosse uma poção mágica contra doenças infecciosas. Mas os estudos decepcionaram. A ideia de que os tumores eram causados por vírus era popular na época[1] e alguns pesquisadores decidiram testar se o interferon podia ajudar no tratamento do câncer. As manchetes trombetearam os primeiros resultados: "Remédio mágico salva menino! Interferon faz milagre!" Os estudos posteriores, tanto no câncer quanto nas doenças infecciosas, foram frustrantes. O interesse logo acabou.

Anos depois, alguns cientistas descobriram que o medicamento funcionava surpreendentemente bem para tratar a esclerose múltipla. Até hoje não sabem por quê. Os pesquisadores começaram os estudos porque acharam que a esclerose múltipla podia ser causada por um vírus. Como no episódio do câncer, não era o caso. Mesmo assim, o medicamento funciona. O produto se transformou numa franquia com mais de 6 bilhões de dólares de vendas anuais. Os cientistas que trabalhavam com o interferon poderiam declarar que desenvolviam uma "tecnologia disruptiva"? Para qual mercado?

A necessidade da esclerose múltipla acabou sendo muito maior do que se imaginava, mas não tão grande quanto a necessidade da artrite reumatoide (AR). Quase todas as grandes empresas farmacêuticas desdenharam novos medicamentos para tratar a AR quando foram desenvolvidos porque ela era considerada uma doença "de velhas", um mercado minúsculo. Hoje a principal categoria de medicamentos para tratar a AR vende pouco mais de 30 bilhões de dólares por ano.[2] Acontece que a AR grave era apenas uma variedade dos muitos transtornos autoimunes – como doença de Crohn, psoríase, colite ulcerativa e mais uma série deles – que poderiam ser tratados eficazmente com os novos medicamentos.

Alguns anos atrás, almocei com o presidente executivo recém-nomeado de uma grande empresa farmacêutica. Conforme subia pela hierarquia, ele nunca perdeu a desconfiança em relação aos marqueteiros. Quando surgiu o assunto de estimar o mercado de algum medicamento novo, ele me contou uma história. Ao ser nomeado CEO, pediu ao grupo de marketing que preparasse um resumo dos 20 lançamentos de produto mais recentes e calculasse até que ponto a venda real chegou ao dobro da projeção de vendas original. A resposta: zero.

Portanto, o que essas histórias e as histórias anteriores do livro nos dizem?

USE A "INOVAÇÃO DISRUPTIVA" PARA ANALISAR A HISTÓRIA; ALIMENTE MISSÕES LUNÁTICAS PARA TESTAR CRENÇAS

Num artigo a respeito da controvérsia recente sobre a noção de inovação disruptiva, Christensen explica por que a Uber não é disruptiva, segundo sua definição, e por que o iPhone também começou como inovação sustentadora.[3] No Capítulo 3 vimos que a American Airlines – uma grande empresa estabelecida, não uma empresa nova no mercado – liderou o setor aéreo depois da desregulamentação com algumas brilhantes inovações "sustentadoras" que visavam aos clientes de alto nível. Centenas de linhas aéreas novas, especializadas e de baixo custo, "inovadoras disruptivas", fracassaram.

Se o transístor, o Google, o iPhone, a Uber, o Walmart, a IKEA, os Big Data da American Airlines e outras ideias que transformaram setores foram todos, a princípio, inovações sustentadoras e se centenas de "inovadores disruptivos" fracassam, talvez a distinção entre sustentadora e disruptiva, embora interessante em termos acadêmicos ou em retrospecto, seja menos importante do que outras noções para guiar as empresas em tempo real.

Pelo menos, é por isso que não uso a distinção neste livro. Uso a distinção entre o tipo E e o tipo P porque as equipes e empresas, ou qualquer grande organização, desenvolvem crenças profundamente entranhadas, às vezes conscientes, em geral não, tanto sobre estratégias quanto sobre produtos – e as missões lunáticas são apostas contestadoras que questionam essas crenças. Talvez tudo aquilo de que você tem certeza sobre seus produtos seja verdadeiro ou talvez seu modelo de negócios esteja certo e as pessoas que lhe falam de alguma ideia maluca que questiona suas crenças estejam erradas. Mas e se não estiverem? Você não preferiria descobrir isso em seu próprio laboratório ou estudo-piloto em vez de ler a respeito na comunicação à imprensa de um de seus concorrentes? Quanto risco você está disposto a correr por desdenhar a ideia?

Queremos projetar nossas equipes, nossas empresas e nossos países para nutrir missões lunáticas – de um jeito que mantenha o equilíbrio delicado com nossas franquias – e assim não acabar como o imperador Qianlong. Aquele que desdenhou os "objetos estranhos ou engenhosos", os mesmos que voltaram anos depois nas mãos de seus adversários e condenaram seu império.

Apêndice A

As regras de Bush-Vail: um resumo

1. Separe as fases
- Separe artistas e soldados
- Ajuste as ferramentas à fase
- Tome cuidado com seu ponto cego: alimente *os dois* tipos de missão lunática

2. Crie equilíbrio dinâmico
- Ame igualmente seus artistas e seus soldados
- Gerencie a transferência, não a tecnologia; seja um jardineiro, não um Moisés
- Indique e treine defensores de projetos para transporem a divisória

3. Dissemine a mentalidade de sistema
- Não pare de perguntar *por que* a empresa fez as escolhas que fez
- Não pare de perguntar *como* o processo de tomada de decisões pode melhorar
- Identifique as equipes com mentalidade de resultado e ajude-as a adotar a mentalidade de sistema

4. Aumente o número mágico
- Reduza o retorno da política
- Use o capital afetivo (recompensas não financeiras)
- Melhore a adequação entre habilidades e projeto (procure as incompatibilidades)
- Corrija o meio (reduza os incentivos perversos para gerentes intermediários)
- Leve um revólver à briga de faca (empregue um diretor de incentivos)
- Ajuste a amplitude (maior para grupos de missões lunáticas; menor para grupos de franquia)

> **Para qualquer um defendendo missões lunáticas, em qualquer lugar:**
> - Atenção para o Falso Fracasso
> - Assimile o Fracasso com Curiosidade (AFC)
> - Adote a mentalidade de sistema, e não de resultado
> - Fique de olho no ERT: espírito, relacionamentos, tempo

As três primeiras regras são discutidas na Primeira Parte, Capítulos 1 a 5. A quarta regra é discutida na Segunda Parte, Capítulos 7 e 8.

1. **Separe as fases**
   - *Separe artistas e soldados:* Crie grupos separados de inventores e operadores: os que podem inventar o próximo transístor e os que atendem ao telefone; os que projetam armas radicalmente novas e os que montam aviões. Não se pode pedir ao mesmo grupo que faça as duas coisas, assim como não se pode pedir à água que seja sólida e líquida ao mesmo tempo.
   - *Ajuste as ferramentas à fase:* Grande amplitude administrativa, controle frouxo e métricas flexíveis (criativas) funcionam melhor em grupos de missões lunáticas. Amplitude administrativa menor, controle firme e métricas rígidas (quantitativas) funcionam melhor em grupos de franquia.
   - *Tome cuidado com seu ponto cego:* Cuide para que seu criadouro de missões lunáticas semeie os dois tipos, principalmente o tipo com o qual você se sente menos à vontade. As missões lunáticas do tipo E são as pequenas mudanças de estratégia que ninguém acha que vão fazer muita diferença. As missões lunáticas do tipo P são tecnologias que ninguém acha que vão dar certo.

2. **Crie equilíbrio dinâmico**
   - *Ame igualmente seus artistas e seus soldados:* Os artistas tendem a favorecer artistas; os soldados tendem a favorecer soldados. As equipes e empresas precisam de ambos para sobreviver e prosperar. Ambos precisam se sentir igualmente valorizados e apreciados.
   - *Gerencie a transferência, não a tecnologia:* Os líderes inovadores com alguns sucessos tendem a se nomear juízes e júris de missões lunáticas (a Armadilha de Moisés). Em vez disso, crie um processo natural para

que os projetos se transfiram do criadouro de missões lunáticas para o campo e para que o valioso feedback e as informações do mercado circulem do campo de volta para o criadouro. Ajude a gerenciar o momento da transferência: nem cedo demais (missões lunáticas frágeis serão permanentemente esmagadas) nem tarde demais (fazer ajustes será difícil). Só intervenha quando necessário, com mão gentil. Em outras palavras, seja um jardineiro, não um Moisés.

- *Indique e treine defensores de projetos para transporem a divisória:* Os soldados resistirão à mudança e só verão os defeitos das ideias dos artistas ainda na fase de bebês. Os artistas esperarão que todos apreciem o lindo bebê além dos defeitos. Podem não ter habilidade para convencer os soldados a experimentar e oferecer o feedback decisivo para o sucesso final. Identifique e treine especialistas bilíngues, fluentes em artistês e soldadês, para transporem a divisória.

3. **Dissemine a mentalidade de sistema**
   - *Não pare de perguntar* por quê: As equipes de nível 0 não analisam fracassos. As de nível 1 avaliam até que ponto as características do produto deixaram de satisfazer as necessidades do mercado (mentalidade de resultado). As de nível 2 sondam *por que* a organização fez as escolhas que fez (mentalidade de sistema). Elas analisam *tanto* sucessos *quanto* fracassos, porque reconhecem que bons resultados nem sempre significam boas decisões (foi sorte), assim como maus resultados nem sempre significam más decisões (foi uma boa aposta, de acordo com as probabilidades). Em outras palavras, analisam a qualidade das *decisões*, não só a qualidade dos *resultados*.
   - *Não pare de perguntar como o processo de tomada de decisões pode melhorar:* Identifique as influências principais – pessoas envolvidas, dados considerados, análises realizadas, como as escolhas foram concebidas, como as condições do mercado ou da empresa afetaram essa concepção – e também os incentivos, financeiros ou não, para os indivíduos e para a equipe como um todo. Pergunte como essas influências podem ser alteradas para melhorar o processo de tomada de decisões no futuro.
   - *Identifique as equipes com mentalidade de resultado e ajude-as a adotar a mentalidade de sistema:* Analisar um produto ou mercado pode

ser tecnicamente desafiador, mas é um exercício simples e conhecido. Analisar *por que* uma equipe chegou a uma decisão pode ser estranho e desconfortável. Exige autoconsciência dos membros da equipe; autoconfiança para admitir erros, principalmente os interpessoais; e franqueza e confiabilidade para dar e receber feedbacks delicados. Provavelmente o processo será mais eficiente e menos doloroso quando mediado por um especialista neutro de fora da equipe.

4. **Aumente o número mágico**
   - *Reduza o retorno da política:* Dificulte o poder de influência sobre remuneração e decisões de promoção. Encontre maneiras de tornar essas decisões menos dependentes do gestor de um funcionário, com mais avaliações independentes e calibradas de forma equânime em toda a empresa.
   - *Use o capital afetivo:* Identifique e aplique as recompensas não financeiras que fazem muita diferença. Por exemplo: reconhecimento dos pares, motivadores intrínsecos.
   - *Melhore a adequação entre habilidades e projeto:* Investir nas pessoas e nos processos identificará as incompatibilidades entre as habilidades dos funcionários e os projetos a eles designados e ajudará os gestores a ajustar papéis ou transferir funcionários de um grupo a outro. A meta é não desafiar de mais nem de menos os funcionários em seus papéis.
   - *Corrija o meio:* Identifique e corrija os incentivos perversos, as consequências imprevistas de recompensas bem-intencionadas. Preste atenção especial no perigoso nível da gerência intermediária, o ponto mais fraco da batalha entre a política e as missões lunáticas. Afaste-se de incentivos que estimulem batalhas por promoção e aproxime-se de incentivos centrados em resultados. Exalte os resultados, não o cargo.
   - *Leve um revólver à briga de faca:* Na batalha por talentos e missões lunáticas, talvez os concorrentes estejam usando sistemas de incentivo ultrapassados. Empregue um especialista nas sutilezas da arte – um diretor de incentivos.
   - *Ajuste a amplitude:* Aumente a amplitude administrativa nos grupos de missões lunáticas (mas não nos grupos de franquia) para incentivar um controle mais frouxo, mais experimentos e solução de problemas entre colegas.

```
Equilíbrio dinâmico
(intercâmbio contínuo)
         ▲
         │
Forte    │  Caos      │ Equilíbrio de
         │            │ Bush-Vail
         │────────────┼─────────────
Fraco    │ Estagnação │ Armadilha
         │            │
         └────────────┴─────────────▶  Separação de fases
           Fraco        Forte            (dois grupos)
```

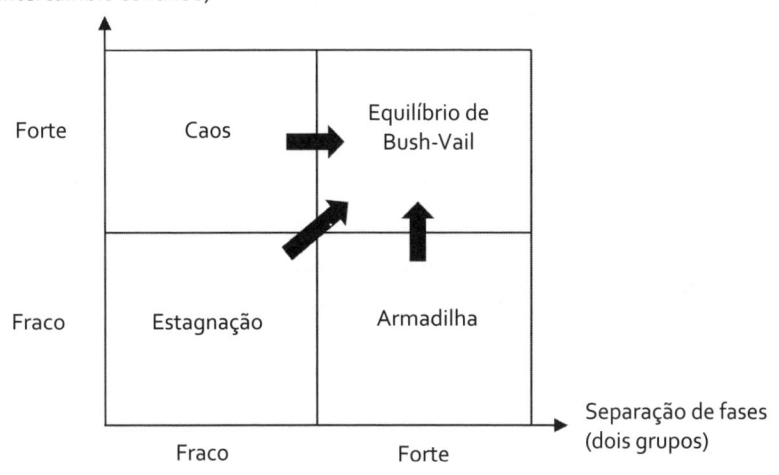

Para qualquer um defendendo missões lunáticas, em qualquer lugar:

- *Atenção para o Falso Fracasso:* Veja no Capítulo 2 o Falso Fracasso do Friendster (redes sociais) e das estatinas (os resultados espúrios em camundongos e cães). O resultado negativo se deve a uma falha da ideia ou do teste? Que dados você teria para acreditar que é uma falha do teste? Como avaliar essa hipótese?
- *Assimile o Fracasso com Curiosidade (AFC):* Depois de dar o sangue num projeto, você ficará tentado a discutir com os críticos e desdenhar quem o questionar. Sua probabilidade de sucesso aumentará se você deixar essa ânsia de lado e investigar, com curiosidade genuína, as razões subjacentes para um investidor declinar, um sócio cair fora ou um cliente escolher o concorrente. É difícil ouvir que ninguém gosta do seu bebê. É mais difícil ainda continuar perguntando por quê. (Capítulo 2)
- *Adote a mentalidade de sistema, e não de resultado:* Todo mundo errará o caminho em algum momento ao navegar pelo túnel comprido e escuro pelo qual passam todas as missões lunáticas. Você ganhará muito mais (e se sentirá muito melhor) se tentar entender o *processo* pelo qual chegou a essas decisões. Como se preparou? O que o influenciou? Como melhorar seu processo de tomada de decisões? (Capítulo 5)

- *Fique de olho no espírito, nos relacionamentos e no tempo (ERT):* Uma última colocação, que não está no texto principal. É um pensamento a mais para quem chegou até aqui.

Quando se defende uma missão lunática, é fácil perder de vista o que é importante, o porquê de você fazer o que está fazendo. Um pouco de obsessão pode ser bom. O excesso pode sair pela culatra.

O que algumas vezes me ajudou a criar um nível de obsessão mais produtivo e sustentável foi recuar para pensar em ERT: espírito, relacionamentos e tempo.

Espírito

Algumas pessoas encontram propósito em servir a um poder maior. Outras, em servir a seu país. Outras ainda, em cuidar da família, disseminar alegria ou ajudar os outros a terem vidas melhores e mais livres. Todo mundo tem uma missão ou um propósito nobre. William Faulkner, por exemplo, falou do nobre propósito do escritor e do poeta:

Acredito que o homem não resistirá meramente; ele prevalecerá. Ele é imortal, não porque só ele, dentre as criaturas, tem uma voz inexaurível, mas porque tem uma alma, um espírito capaz de compaixão, sacrifício e resistência.

O dever do poeta, do escritor, é escrever sobre essas coisas. É seu privilégio ajudar o homem a resistir elevando seu coração, lembrando-o da coragem, da honra, da esperança, do orgulho, da compaixão, da piedade e do sacrifício que foram a glória de seu passado.

Quando se mergulha fundo num projeto ou numa carreira, é fácil a cabeça e o coração se desviarem para coisas que não têm importância. Comecei no mundo acadêmico, no qual o nobre propósito é buscar a verdade. Passei para o mundo da biotecnologia, com a missão de melhorar a vida de pacientes em sofrimento. Ambos os mundos, como todas as ocupações, oferecem o ouro dos tolos e o ouro verdadeiro. Só voltando ao nobre propósito pude distinguir os dois.

O propósito alimenta o espírito, e o espírito é o motor que nos faz prosseguir. Ele nos firma para as batalhas adiante.

Relacionamentos

O apoio necessário para sobreviver ao longo túnel de ceticismo e incerteza não vem das coisas. Vem das pessoas. Vários anos atrás, um médico que trata doentes terminais compartilhou comigo um insight que mudou sua vida. Em centenas de conversas no fim da vida, ele nunca ouviu ninguém falar do tipo de carro que tinha na garagem nem do tamanho da garagem que possuía. Todos sempre falavam da família e dos entes queridos.

No limite da obsessão, os relacionamentos frequentemente são os primeiros a acabar. Mas em geral eles são nossa necessidade mais importante. Quando me pego cometendo esse erro, penso de novo naquelas conversas sobre o fim da vida.

Tempo

A ansiedade de defender uma ideia maluca, de questionar especialistas e de enfrentar a rejeição repetida pode levar ao preenchimento impensado da agenda. Terminar tarefas urgentes mas não importantes cria uma sensação de controle e realização. Mas o tempo é nosso recurso mais precioso, assim como os relacionamentos são nossa fonte mais preciosa de alegria e apoio.

Todos equilibramos muitas bolas, como gosta de dizer um amigo sábio chamado Philip Lader, mas o que faz toda a diferença é saber quais são de borracha e quais são de vidro. Para mim, as que preciso manusear com muito cuidado para que não caiam nem se percam de vez sempre foram espírito, relacionamentos e tempo.

Apêndice B

A equação da inovação

O modelo de empresa simplificado descrito no Capítulo 7 (os físicos o chamariam de *toy model* ou modelo de brinquedo) é útil para ilustrar a ideia da transição de fase dentro das organizações e derivar a equação mostrada no texto.

O projeto de organização é a árvore mostrada na figura do Capítulo 7, na seção sobre cabo de guerra, na página 212. A amplitude administrativa A é constante. No nível inferior da árvore (nível $\ell = 1$) estão a "gente que faz", os funcionários que executam o trabalho nos projetos (assistentes numa empresa que presta serviços a clientes, programadores numa empresa de software, etc.). O nível seguinte ($\ell = 2$) é a camada dos gerentes de projeto. O terceiro nível, o mais alto, são as camadas de gestores profissionais (gerentes de gerentes: supervisores regionais, supervisores funcionais, etc.). O número total de funcionários da empresa, portanto, é $N = (A^L - 1)/(A - 1)$, onde L é o número total de níveis. Quando $L = 2$, por exemplo, há dois níveis, o que é apenas um projeto, e o número de funcionários é $A + 1$.

Escreva a remuneração de cada funcionário como $S = S_B + S_P$, onde o primeiro componente é o salário-base e o segundo é a participação no capital sob a forma de unidades de capital – por exemplo, ações restritas ou opções de compra de ações. (Não é difícil acrescentar um bônus anual em *dinheiro*, mas comecemos com o modelo mais simples.) Suponha que o salário aumente numa fração constante c a cada nível, e o salário-base $S_B = S_{B0}(1 + c)^{\ell-1}$. Escreva o valor da participação no capital como porcentagem do valor nominal: $S_P = a\,N_{UC}(\ell)P_{ae}$, onde N_{UC} é o número de unidades de capital que se possui em média no nível ℓ; P_{ae} é o preço das ações da empresa; e a constante a (que não importará para a conclusão) é o mesmo percentual para todos os funcionários. Aproximar o valor da participação no capital como múltiplo simples do valor nominal é uma prática comum dentro das empresas quando os detalhes menores de modelos mais sofisticados, como o BlackScholes, não são essenciais. (A pesquisa Radford de remuneração de funcionários, muito usada, e as diretrizes para balanços de empresas de capital aberto seguem essa prática.) Em seguida, suponha que a posse de participação aumente na mesma fração do salário, de modo que $N_{UC}(\ell) = N_{C0}(1+g)^{\ell-1}$. Em outras palavras, quando $c = 15\%$, o salário-base de cada funcionário e sua participação no capital aumentam 15% a cada promoção.

Para interligar o esforço dos funcionários ao valor da empresa, suponha que o valor empresarial da organização V_{emp} é a soma do valor esperado dos projetos individuais (isto é, as contribuições que não sejam do projeto são pequenas) e suponha, para simplificar, que cada projeto tem o mesmo valor esperado V_0. Para interligar comportamento e incentivos, escreva x como a fração do tempo de trabalho que os funcionários do nível ℓ preferem passar maximizando o valor esperado dos projetos em sua amplitude de controle (V_{ac}) e y como a fração gasta na política (maximizando a probabilidade de promoção para o próximo nível administrativo, separada do trabalho no projeto). Suponha que o tempo total de trabalho seja fixo, de modo que $x + y = 1$.

Para um funcionário no nível ℓ com amplitude de projetos V_{ac}, a mudança do incentivo da remuneração obtida com o aumento da fração do tempo y gasta com política é:

$$\frac{d\ln S}{dy} = \tilde{c} R_p - \left(\frac{S_p}{S}\right)\left(\frac{V_{ac}}{V_{emp}}\right) R_H$$

Aqui, $\tilde{c} = \ln(1 + c)$; o *retorno da política* $R_p = (d\ell/dy)$ é a probabilidade de que o aumento da politicagem produza uma promoção; e o *retorno da habilidade técnica* $R_H = (d\ln V_{ac}/dx)$ é o aumento percentual do valor dos projetos designados em consequência do aumento incremental do tempo dedicado ao trabalho (chamado no texto de *adequação entre habilidades e projeto*). É uma equação bem complexa, pois envolve derivadas e logaritmos. Nesse modelo, a empresa com funcionários totalmente concentrados em seus projetos ($x = 1, y = 0$) permanecerá livre de politicagem enquanto a quantidade acima permanecer negativa. Em outras palavras, quando o termo da política (primeiro no lado direito) for menor do que o termo do projeto (segundo no lado direito), de modo que o aumento do tempo da política (*y*) reduz o incentivo da remuneração. Podemos chamar a desigualdade resultante de *condição sem política*.

Dentro do grupo de gestores profissionais, como a amplitude aumenta com o cargo, a política aparecerá primeiro na camada mais baixa ($\ell = 3$). Cada um desses gestores cobre *A* projetos. O número total de projetos na organização é $A^{L-2} \approx N/A$ (quando *A* é grande). Portanto, $(V_{ac}/V_{emp}) = A^2/N$ nessa camada.

Assim, a desigualdade que assegura que não haja política entre os gestores da organização se torna:

$$N < \frac{PA^2 O}{\tilde{c}}$$

Aqui, a fração de participação no capital é $P = S_p/S$; a adequação organizacional (como no texto), $O = R_H/R_p$; e $\tilde{c} = \ln(1+c) \approx c$ (quando *c* é pequeno). Isso dá a equação no texto.

★ ★ ★

Os especialistas reconhecerão que, no sentido matemático estrito, a ideia da transição de fase só é definida no limite termodinâmico de um número infinito de corpos em interação. Mas os cientistas frequentemente aplicam as ideias a sistemas não infinitos: carros numa estrada, por exemplo, ou seres humanos em shows de rock.

A edição de maio de 2013 da *Physical Review Letters*, a revista de comunicação rápida mais prestigiada do setor, publicou um artigo que analisava as transições de fase em shows de heavy metal. A análise revelou "um estado desordenado, semelhante ao dos gases, chamado *mosh pit*, e um estado ordenado, semelhante a um vórtice, chamado *circle pit* ou *roda punk*". Os autores identificaram a separação de fases nesses shows e mostraram um diagrama de fase com dois parâmetros para ajudar os leitores a visualizar a dinâmica (como fizemos com florestas e estradas no Capítulo 6).*

---

* A amostra de dados incluiu mais de 100 vídeos de shows no YouTube a que os autores assistiram e dos quais concluíram que *mosh pits* e *circle pits* são "robustos, reprodutíveis e bastante inde-

Embora às vezes pareça o contrário, na verdade o número de seres humanos em shows de heavy metal não é infinito. A ciência das transições de fase é usada para descrever sistemas finitos porque nos leva a entender como e por que grandes sistemas mudam de repente. Usamos essa compreensão para nos ajudar a administrar esses sistemas: como fonte de ideias para planejar florestas mais seguras, estradas melhores ou – como estamos fazendo aqui pela primeira vez – empresas mais inovadoras.

O pequeno efeito $1/N$ para um N finito, e não infinito, não importa muito para esse propósito (em sistemas com mais de 100 componentes, os efeitos do tamanho finito tenderão a ser menores do que 1%).

No entanto, os puristas talvez queiram que algum tipo de limite de N grande seja definido de modo que haja uma transição de fase no sentido estrito mais comum. É o caso do modelo da página anterior. Podemos considerar uma taxa de aumento da remuneração que se reduza com o aumento de N, de modo que $\tilde{c}N \to c_0$, onde c_0 é uma constante independente de N. Nesse caso, o sistema sofrerá uma transição no limite de N grande, com uma amplitude administrativa crítica (o declive da árvore organizacional) definida como $A^2_{crítica} = c_0/PO$. Um modelo diferente mas relacionado, sem o pressuposto de uma taxa decrescente de aumento da remuneração, também exibe uma transição bem definida no limite de N grande. Se supusermos uma fração de bônus constante *em dinheiro* (e não em participação no capital), encontramos uma condição sem política semelhante à anterior, mas com PA^2/N substituído pela fração de bônus B. Esse modelo também exibe uma transição bem definida no limite de N grande.

---

pendentes de fatores como o subgênero musical, a hora da apresentação, o tamanho do público, o tamanho da arena, sugestões do grupo musical, época do ano e condição socioeconômica dos participantes" (Silverberg *et al.*, "Collective Motion of Humans in Mosh and Circle Pits at Heavy Metal Concerts", *PRL* 110 [2013]).

Agradecimentos

Sou extremamente grato aos muitos amigos e especialistas que ajudaram a dar forma a este livro, respondendo com paciência a dezenas de perguntas, lendo e relendo com generosidade e, sobretudo, me explicando com delicadeza, de vez em quando, por que algo que eu achava engraçado não tinha graça nenhuma.

Pelas décadas de amizade e mentoria científica de alto nível: Lan Bo Chen, Steve Kivelson, Bob Laughlin, Bryan Lynn, Lenny Susskind, assim como os falecidos James Black e Judah Folkman. Pelo apoio nos negócios e nas finanças: há tanta gente boa que dedicou tantas horas e tanto coração a tantos projetos conjuntos e com quem aprendi tanto que eu não conseguiria fazer justiça à lista. Vocês sabem quem são, e agradeço por tudo.

Pelos comentários valiosos, conselhos práticos para escrever e ajuda com temas específicos para este livro: Christopher Bonanos, Christa Bourg, Dorie Clark, Susan David, Masaki Doi, Iman El-Hariry, Akira Endo, Alex Farman-Farmaian, Ben Feder, Josh Foer, Owen Gingerich, Matt Gohd, Joseph Goldstein, Nir Hacohen, Sue Halpern, Ken Howery, Neil Johnson, Manolis Kellis, Jonathan Leaf, Jennifer 8. Lee, Nimitt Mankad, Art McMahon, Doug Miller, Richard Miller, Robert Montgomery, Scott O'Neil, Richard Preston, Beth Rashbaum, Susan Schmidt, Kim Scott, Nathan Sivin, David Spergel, Steven Strogatz, Becky Sweren, Lauren Terry, Philipp Thornquidt, Ed Trippe, Greg Warner, Alex Wellerstein, Doug Wickert e Akira Yamamoto. Três heróis conseguiram percorrer todo o caminho através de rascunhos sem fim e deram sugestões inestimáveis em cada estágio: Paul Craig, John Thompson e, especialmente, Andrew Wright. Sou grato aos muitos orientadores sábios. A inclusão nesta lista só assinala minha gratidão, não concordância nem endosso. Todos os erros e omissões são só meus.

Um agradecimento especial a Bill Press por me recrutar para o PCAST; a Zic Rubin pela assessoria jurídica; a Paul Craig pelos muitos anos como meu generoso anfitrião em Nova York e por ser uma ponderada caixa de ressonância; a

Olivia Fox Cabane e a Dan Ariely por recomendarem Jim Levine; a Tim Harford por recomendar Andrew Wright; e a Dina Kraft por recomendar Chia Evers. Se eu tivesse encontrado Chia antes, este livro seria melhor. Ela aplicou seu soberbo talento de pesquisa a perseguir os fatos obscuros; a encontrar as referências obscuras; e a organizar e selecionar mais de 5 mil reportagens, capítulos de livro e fontes noticiosas, todos cheios de anotações, em dezenas de disciplinas sem ligação, numa bibliografia sensata, tudo isso tendo de decifrar anos de anotações minhas. Não faço ideia de como ela fez tudo isso sem nunca largar o sorriso nem perder a calma. Sou grato para sempre.

Freeman Dyson me incentivou desde o começo ("Ao contrário das previsões dos especialistas, os livros ainda são um meio eficaz de disseminar ideias"). Em *Origins of Life* (Origens da vida), Dyson apresenta gentilmente um modelo original de brinquedo como um novo jeito de pensar num problema antigo. Como em toda a sua carreira, ele faz isso sem se preocupar com o que os especialistas vão pensar de sua invasão da área deles. E isso me inspirou a fazer o mesmo.

As magníficas ilustrações em *scratchboard* ao longo do livro são obra de Antar Dayal. Antar transformou ideias vagas e bonequinhos de palito em visões loucamente inventivas e lindamente estilizadas, cheias de vida e humor.

Na St. Martin's Press, Tim Bartlett ficou à altura da fama de extraordinário editor, podador, desembaraçador e aconselhador gentil – um mestre do micro e do macro. Todo escritor com quem conversei me disse que eu tinha sorte de trabalhar com ele. Estavam certos. Obrigado também ao resto da equipe da SMP, principalmente Alan Bradshaw, Laura Clark, Katherine Haigler e Alice Pfeifer, especialistas impecáveis em cuidar tanto dos originais quanto dos escritores.

Com paciência, Jim Levine extraiu um livro completo de um ensaio minúsculo, me guiou com sabedoria por território desconhecido e me lembrou, exatamente quando eu precisava, da alegria e do deslumbramento das grandes ideias e das grandes histórias. Obrigado também a Elizabeth Fisher e Matthew Huff, que trabalham com Jim na agência LGR, pela ajuda generosa.

Os membros da família Bahcall deram o apoio e o incentivo que tornaram tudo isso possível. A Dan, Orli e minha mãe, devo muitíssimo. Minha mãe, Neta Bahcall, ofereceu ideias valiosas sobre a ciência, principalmente a história da astronomia, leu dezenas de rascunhos e só de vez em quando me perguntou sobre minha perspectiva de arrumar um emprego de verdade.

As palavras não podem descrever como Ethan, Julia e Magda transformaram e enriqueceram minha vida. O livro é dedicado a meu pai, minha inspiração. Eu sou dedicado a Magda, a luz que me guia, e a nossa vida e nossos filhos.

Glossário

Os termos inventados para este livro estão indicados abaixo com um asterisco (*).

Armadilha de Moisés*. Quando um líder todo-poderoso se torna juiz e júri para decidir o destino das missões lunáticas.

Comportamento (ou propriedade) emergente. Uma propriedade do todo que não pode ser definida nem explicada estudando-se isoladamente as partes. O comportamento emerge do modo como essas partes interagem *coletivamente*, e não de como interagem *individualmente*.

Exemplos: (1) **Água**: O gelo é rígido e se estilhaça quando golpeado; a água líquida é fluida e escorre quando despejada. Esse comportamento não pode ser definido nem explicado estudando-se a molécula de água isolada. (2) **Fluxo do tráfego**: Os carros na estrada podem fluir livremente, sem interrupções, ou se congestionarem em reação a pequenas descontinuidades. Esses comportamentos emergentes não dependem dos detalhes dos carros nem dos motoristas. (3) **Mercados**: Os preços se ajustam à demanda e os recursos tendem a ser alocados com eficiência, não importa o que os compradores estejam comprando ou os vendedores, vendendo.

Ao contrário das leis fundamentais, os comportamentos emergentes podem mudar de repente. Quando num mercado surgem monopólios ou cartéis, por exemplo, os preços podem não se ajustar mais à demanda e os recursos podem não ser mais alocados com eficiência.

Equilíbrio dinâmico. Quando duas fases coexistem em equilíbrio, trocando continuamente suas partes, e nenhum dos lados cresce ou encolhe às custas do outro. Por exemplo, quando blocos de gelo coexistem com poças d'água e as moléculas circulam de lá para cá entre os dois estados.

Falso Fracasso*. Quando uma hipótese válida gera um resultado negativo num experimento por causa de uma falha na elaboração do experimento.

Fase. Estado de um sistema complexo caracterizado por um conjunto específico de comportamentos emergentes.
    Exemplos: (1) **Água**: As moléculas podem se organizar numa trama rígida e ordenada (fase sólida) ou se movimentar aleatoriamente (fase líquida). (2) **Fluxo do tráfego**: pequenas interferências podem crescer exponencialmente num engarrafamento (fluxo congestionado) ou não ter efeito algum (fluxo livre). (3) **Mercados**: os compradores podem reagir predominantemente a algum valor justo estimado do produto de um vendedor (fase racional) ou predominantemente ao que os outros compradores estão fazendo (fase de bolha).

Fases da organização*. Quando uma organização é considerada um sistema complexo, podemos esperar que esse sistema exiba fases e transições de fase – por exemplo, entre uma fase que incentiva o foco nas missões lunáticas e outra que incentiva o foco na carreira.

Franquia. As iterações subsequentes ou versões atualizadas de um produto ou serviço original. Exemplos: a nona estatina; o 26º filme de James Bond; o iPhone X.

Missão lunar. Uma meta ambiciosa e cara que todos esperam que tenha grande importância. O *moonshot* é um destino (por exemplo, a meta de eliminar a pobreza). É nutrindo missões lunáticas que chegamos lá.

Missão lunática*. Um projeto negligenciado, que todos desdenham, com seu defensor descartado como maluco. Também chamado de *loonshot*.

Missão lunática do tipo E*. Uma nova *estratégia* ou modelo de negócios que ninguém acha que atingirá o objetivo.

Missão lunática do tipo P*. Um *produto* ou tecnologia novos que ninguém acha que vão dar certo.

Parâmetro de controle. Variável que pode alterar o estado de um sistema complexo.
    Exemplos: (1) **Água**: Uma pequena mudança de temperatura ou pressão pode provocar a transição da fase sólida para a fase líquida. (2) **Fluxo do trá-**

fego: Uma pequena mudança da densidade de carros numa estrada ou da velocidade média dos veículos pode provocar a mudança de fluxo livre para fluxo congestionado. (3) **Mercados**: O grau de influência do comportamento de um comprador sobre outro, ou *efeito manada*, pode mudar o mercado. Quando elevado, o efeito manada estimula a fase de bolha; quando reduzido, o efeito manada desestimula a fase de bolha.

Sistema complexo. Um todo formado por muitas partes cujas interações obedecem a determinadas regras ou princípios.

Exemplos: (1) A **água** é formada por muitas moléculas que se atraem e se repelem por meio de forças eletromagnéticas. (2) O **fluxo do tráfego** é formado por muitos motoristas que buscam atingir uma meta de velocidade sem bater em outros motoristas. (3) Os **mercados** são formados por compradores que querem o melhor produto pelo menor preço e vendedores que querem apurar o maior lucro.

Transição de fase. Mudança súbita entre duas fases, isto é, entre dois tipos de comportamento emergente.

Exemplos: entre sólidos e líquidos; entre fluxo livre e fluxo congestionado nas estradas; entre a fase racional e a fase de bolha nos mercados.

Vida no limite*. Vida no limite de uma transição de fase: quando um parâmetro de controle deixa um sistema complexo à beira da transição. Exemplo: ajustar a temperatura da água para 0ºC. As fases vão se separar e coexistir em equilíbrio dinâmico.

Créditos das imagens

18	Cientista e piranha: Antar Dayal, AntarWorks LLC.
23	Água, gelo e martelo: Antar Dayal, AntarWorks LLC.
24	Cabo de guerra: Antar Dayal, AntarWorks LLC.
37	A vida no limite: Antar Dayal, AntarWorks LLC.
42	A Batalha do Atlântico: Antar Dayal, AntarWorks LLC.
45	"Por meio da superioridade no campo da ciência": Antar Dayal, AntarWorks LLC.
50	Bush, Conant, Compton e Loomis na Universidade da Califórnia (Berkeley): © 2010 The Regents of the University of California, por meio do Lawrence Berkeley National Laboratory.
55	De gelo a água: Antar Dayal, AntarWorks LLC.
66	Primeira paciente a receber estatina: Akira Yamamoto.
78	Brown, Endo e Goldstein: Akira Endo.
90	Lindbergh e Trippe: Pan American World Airways, Inc. Records, Acervos Especiais, Bliblotecas da Universidade de Miami, Coral Gables, Flórida.
96	O *China Clipper*: Clyde Sunderland, acervo do SFO Museum.
98	Carta de Chang a Trippe (1947): Arquivo da família Trippe, cortesia da Pan Am Historical Foundation.
105	A Pan Am inicia a Era do Jato: Antar Dayal, AntarWorks LLC.
119	Plateia de filme 3-D: J. R. Eyerman/The LIFE Picture Collection/Getty Images.
120	Meroë Morse: Polaroid Corporation Records, Baker Library, Harvard Business School.
121	Land e a filha: Polaroid Corporation Records, Baker Library, Harvard Business School.

123 Edwin Land mostra a primeira foto com revelação instantânea: *The New York Times*, 22 de fevereiro, © 1947.

124 Fotografia Polaroid de William Wegman: © William Wegman.

124 Fotografia Polaroid de Andy Warhol: © Bill Ray.

124 *Life:* a SX-70: Co Rentmeester/The LIFE Picture Collection/Getty Images.

136 Land e suas máquinas Polavision: AP Photo/Bill Polo.

145 "E ele desceu da montanha com as tábuas": Antar Dayal, AntarWorks LLC.

148 *Tubby, a Tuba*: Antar Dayal, AntarWorks LLC.

157 Bond luta contra um macaco mau: Antar Dayal, AntarWorks LLC.

159 Garry Kasparov: Reuters/Jeff Christensen.

178 Nagoya Dome: Tadaki *et al.*, "Phase Transition in Traffic Jam Experiment", *New J. Phys.*, nº 15 (2013).

185 Humphrey Bogart: Yousuf Karsh.

193 Como os grilos se harmonizam?: Antar Dayal, AntarWorks LLC.

199 Amostra de conteúdo de uma célula terrorista on-line: *Science* nº 352 (17 de junho de 2016): p. 1.459. Reproduzido com permissão de AAAS.

200 Mapa de uma rede terrorista on-line: *Science* nº 352 (17 de junho de 2016): p. 1.459. Reproduzido com permissão de AAAS.

201 Prever quando o conflito explodirá: *Science* nº 352 (17 de junho de 2016): p. 1.459. Reproduzido com permissão de AAAS.

224 Lançamento do *Sputnik*: Com permissão da família Marcus. Bliblioteca do Congresso americano, Divisão de reproduções e fotografias, LC-DIG-ds-04944.

231 A equipe da DARPA se prepara: DARPA.

239 Rasgando os Pergaminhos do Mar Morto: Antar Dayal, AntarWorks LLC.

249 Richard Feynman: Tamiko Thiel, via Wikimedia Commons.

258 Einstein e Kepler: Antar Dayal, AntarWorks LLC.

271 Shen Kuo: Antar Dayal, AntarWorks LLC.

276 Hooke, Boyle e sua bomba de ar: Rita Greer, via Wikimedia Commons.

277 A descoberta de Papin: Domínio público.

Notas bibliográficas

Como muitas fontes não se superpõem entre os capítulos, a bibliografia é apresentada por capítulo para facilitar ao leitor o exame das citações.

INTRODUÇÃO

A piranha de Miller: *"escritório de advocacia com um remédio"*: Goozner, p. 128; conversas com pessoas do setor. *"sinônimo de sucesso"*: Baker. *"empresa menos hierárquica"* e *"nos divertirmos um pouco"*: Fox. *"Depois do lançamento de* O Rei Leão*"*: Catmull. *"mais é diferente"*: Anderson. Há boas pesquisas sobre o campo da emergência em Ball; Gell-Mann; Johnson; Laughlin; e Miller.

ANDERSON, P. W. "More is Different". *Science* 177 (1972), p. 393.
BAKER, Stephen *et al.* "Nokia: Can CEO Ollila Keep the Cellular Superstar Flying High?". *BusinessWeek*, nº 3.590, 1998, p. 54.
BALL, Philip. *Why Society Is a Complex Matter*. Springer, 2012.
BINDER, Gordon M., e BASHE, Philip. *Science Lessons*. Harvard, 2008.
CATMULL, Edwin e WALLACE, Amy. *Criatividade S.A.* Rocco, 2014.
CORD, David J. *The Decline and Fall of Nokia*. Schildts & Söderströms, 2014.
FOX, Justin. "Nokia's Secret Code". *Fortune*, nº 141, 2000, p. 160.
GELL-MANN, Murray. *O quark e o jaguar*. Rocco, 1996.
GOLDWASSER, E. "Erythropoietin: A Somewhat Personal History". *Persp. Biol. Med.*, nº 40, 1996, p. 18.
GOOZNER, Merrill. "The Longest Search: How Eugene Goldwasser and Epo Gave Birth to Biotech". *Pharm. Exec.*, nº 24, 2004, p. 112.
JOHNSON, Steven. *Emergência*. Zahar, 2003.
LAUGHLIN, Robert B. *Um universo diferente*. Gradiva, 2008.
MILLER, John H. *A Crude Look at the Whole*. Basic Books, 2016.

O'BRIEN, Kevin J. "Nokia's New Chief Faces a Culture of Complacency". *The New York Times*, 26 de setembro de 2010.

TROIANOVSKI, Anton e GRUNDBERG, Sven. "Nokia's Bad Call on Smartphones". *The Wall Street Journal*, 19 de julho de 2012.

WELTE, Karl. "Discovery of G-CSF and Early Clinical Studies". In: *Twenty Years of G-CSF*, organizado por G. Molineux *et al.*, 15, Springer, 2012.

CAPÍTULO 1

A Dra. Angelina Callahan, do History Office do Naval Research Laboratory, forneceu gentilmente transcrições de uma entrevista de 1953 com Leo Young.

Introdução e **O *Dorchester*:** *"guerra secreta [...] em vão"*: Churchill, *Finest Hour*, p. 337. *"havendo ou não neblina"*: Allison, p. 40. *"desde o avião"*: US Joint Board on SIP, p. 1. *"pode exceder"*: Allison, p. 116. *"um sonho louco"* e *"foi doloroso"*: Christman, pp. 49, 56.

Como não travar uma guerra: *"como não travar"*: Bush, *Action*, p. 74. *"casta inferior"*: Bush, *Arms*, p. 19. *"já tinha um químico"*: Greenberg, p. 58. *"fuzil e baioneta"*: US War Department, p. 474. *"malditos professores"*: Kevles, p. 133. *"tendência de travar a guerra"*: Bush, *Action*, p. 89. *"quase com assombro"*: *Time*, "Yankee". *"aguardaria sua conquista"*: Stewart, epígrafe.

Tempestade em formação: *"comandantes de navios"*: Zachary, p. 23. *"as asas do presidente"*: Kevles, p. 301. *"humanitários"* e *"pequenos milagres"*: Bush, *Action*, p. 35. *"OK – FDR"*: Zachary, p. 112; Bush, *Action*, p. 36. *"explorassem o bizarro"* e *"um artifício"*: Bush, *Action*, p. 102 e 31-2.

A vida a zero grau: *"organização rígida"*, *"colaboração íntima"*, *"maldito civil"* e *"o Exército não queria"*: Bush, *Action*, p. 28-30, 103, 104. *"descreva essa arma"*: Lovell, p. 15. *"melhor momento"*: Churchill, 1940. *"seria nula"*: Bungay, p. 334. *"espécime imundo"*: D. Kennedy, p. 443.

Massacre: *"sirvam-se!"* e *"navio-tanque"*: Dimbleby, p. 260, 246. *"nuvem em cogumelo"*: Gannon, *Drumbeat*, p. 216. *"massacre"*: Churchill, *Hinge*, p. 96. *"varreu o navio"*: Middlebrook, p. 252.

Um de cada vez: *"o tempo todo dentro d'água"* e outras mensagens de submarinos: Syrett, p. 130-134. *"um de cada vez"*: Gretton, p. 156-157. *"há alguns meses"*: Baxter, p. 46. *"perdemos a batalha"*: Doenitz, *Memoirs*, p. 341. *"espoleta esquisita"*: Baldwin, p. 279.

Fronteira sem fim e **Oito prêmios Nobel:** *"fiasco"*: Kenny. *"marca-passo"*: Bush, *Frontier*, p. 19. *"o método científico"*: *NY Times*, "Defense". *"Rússia soviética"*: Kaempffert. *"leitura obrigatória"*: BusinessWeek. *"uma semana para chegar aí"*: NY Times, "Phone".

As regras de Bush-Vail: *"embrionária"*: Bush, Action, p. 72. *"regimento de combate"*: Bush, Action, p. 26. *"alocação rígida de tarefas"*: Reich, "Bell Labs", p. 519. *"sem desequilibrar o todo"*: Vail, p. 351. *"associar aos militares"*: Bush, Action, p. 298. *"psicólogo infantil"* e *"que diabos"*: Bush, Action, p. 40, 111. *"Vi o novo"*: Kevles, p. 309. *"batata quente"*: Bush, Action, p. 45-46.

ALLISON, David K. *New Eye for the Navy*. Naval Research Lab, 1981.
ALVAREZ, Luis. "Alfred Lee Loomis". *Biog. Mem. vol. 51*. Nat. Acad., 1980.
BALDWIN, Ralph B. *The Deadly Fuze*. Presidio, 1980.
BAXTER, James Phinney. *Scientists Against Time*. Little Brown, 1946.
BERNSTEIN, Barton J. "American Conservatives Are the Forgotten Critics of the Atomic Bombing of Japan". *Merc. News*, 31 de julho de 2014.
BOWEN, E. G. *Radar Days*. Adam Hilger, 1987.
BRESLIN, Jimmy. *Branch Rickey*. Penguin, 2011.
BROWN, Louis. *A Radar History of World War II*. Institute of Physics, 1999.
BUDIANSKY, Stephen. *Blackett's War*. Knopf, 2013.
BUNGAY, Stephen. *The Most Dangerous Enemy: A History of the Battle of Britain*. Aurum, 2000.
BURNS, R. W. "Impact of Technology on the Defeat of the U-Boat September 1939-May 1943". *IEE Proc. Sci. Meas. Tech.*, nº 141, 1994, p. 343.
BUSH, Vannevar. *Science: The Endless Frontier*. 1945.
_____. *Modern Arms and Free Men*. Simon and Schuster, 1949.
_____. *Pieces of the Action*. Morrow, 1970.
BusinessWeek. "The Trend: 'Science – The Endless Frontier'". 21 de julho de 1945.
CHRISTMAN, Albert B. *Target Hiroshima*. Naval Institute, 1998.
CHURCHILL, Winston. *The Second World War, vol. II: Their Finest Hour*. 1986 [1949]; *vol. IV: The Hinge of Fate*. 1986 [1950]; *vol. V: Closing the Ring*. 1986 [1951]. Houghton Mifflin Harcourt.
_____. "Speech in the House of Commons". 30 de julho de 1934; 18 de junho de 1940.
CONANT, Jennet. *Tuxedo Park*. Simon and Schuster, 2002.
CSPO. "Science the Endless Frontier 1945-1995". Center for Science, Policy and Outcomes, Columbia, 1998.
DIMBLEBY, Jonathan. *The Battle of the Atlantic*. Viking, 2015.
DOENITZ, Karl. *Memoirs: Ten Years and Twenty Days*. World, 1959.
EINSTEIN, Albert. Carta a Franklin D. Roosevelt, datada de 2 de agosto de 1939; entregue em 11 de outubro de 1939.

ENGLAND, J. Merton. *A Patron for Pure Science*. NSF, 1983.

ERSKINE, Ralph. "Tunny Reveals B-Dienst Successes against the 'Convoy Code'". *Intel. Nat. Sec.*, nº 28, 2013, p. 868.

FISHER, David E. *A Race on the Edge of Time*. McGraw-Hill, 1987.

_____. *A Summer Bright and Terrible*. Shoemaker & Hoard, 2005.

GABEL, Richard. "The Early Competitive Era in Telephone Communication, 1893-1920". *Law Cont. Prob.*, nº 34, 1969, p. 340.

GALAMBOS, Louis. "Theodore N. Vail and the Role of Innovation in the Modern Bell System". *Bus. Hist. Rev.*, nº 66, 1992, p. 95.

GANNON, Michael. *Operation Drumbeat*. Harper & Row, 1990.

_____. *Black May*. HarperCollins, 1998.

GARDNER, W. J. R. *Decoding History*. Macmillan, 1999.

GERTNER, Jon. *The Idea Factory*. Penguin, 2012.

GOLDBERG, Stanley. "Inventing a Climate of Opinion: Vannevar Bush and the Decision to Build the Bomb". *Isis*, nº 83, 1992, p. 429.

GOLDSMITH, Harry S. *A Conspiracy of Silence*. iUniverse, 2007.

GREENBERG, Daniel S. *The Politics of Pure Science*. 1967, U. Chicago, 1999.

GRETTON, Peter. *Convoy Escort Commander*. Cassel, 1964.

GUERLAC, Henry. *Radar in World War II*. vol. 8, 1987, Am. Inst. Phys., 1946.

GUERLAC, Henry e BOAS, Marie. "The Radar War against the U-Boat". *Military Afairs*, nº 14, 1950, p. 99.

HARTCUP, Gordon. *The Efect of Science on the Second World War*. St. Martin's Press, 2000.

HASEGAWA, Tsuyoshi. *Racing the Enemy*. Harvard, 2005.

_____, org. *The End of the Pacific War*. Stanford, 2007.

HINDO, Brian. "At 3M, A Struggle between Efficiency and Creativity". *Bloomberg.com*, 11 de junho de 2007.

HODDESON, Lillian. "The Emergence of Basic Research in the Bell Telephone System, 1875-1915". *Tech. Cult.*, nº 22, 1981, p. 512.

JARBOE, Kenan e ATKINSON, Robert. "The Case for Technology in the Knowledge Economy". Prog. Pol. Inst., 1998.

JEWETT, F. B. "The 1943 Medalist". *Elec. Eng.*, nº 63, 1944, p. 81.

JONES, Reginald V. "Winston Leonard Spencer Churchill, 1874-1965". *Biog. Mem. Fell. Roy. Soc.* nº 12, 1966, p. 35.

_____. *Most Secret War*. Penguin, 2009.

KAEMPFFERT, Waldemar. "Dr. Bush Outlines a Plan". *The New York Times*, 22 de julho de 1945.

KELLY, Cynthia C., org. *Manhattan Project*. Black Dog & Leventhal, 2007.

KENNEDY, David M. *Freedom from Fear*. Oxford, 1999.

KENNEDY, Paul M. *Engenheiros da Vitória*. Companhia das Letras, 2014.

KENNY, Herbert. "At 80, Scientist Bush Looks Back at Eventful Years". *Boston Globe*, 20 de setembro de 1970.
KEVLES, Daniel J. *The Physicists*. Knopf, 1971.
LANE, Julia. "Assessing the Impact of Science Funding". *Science*, nº 324, 2009, p. 1.273.
LOMAZOW, Steven e FETTMANN, Eric. *FDR's Deadly Secret*. PublicAffairs, 2009.
LOVELL, Stanley P. *Of Spies & Stratagems*. Pocket Books, 1963.
MIDDLEBROOK, Martin. *Convoy SC.122 & HX.229*. Allen Lane, 1976.
MOORE, Kate e Imperial War Museum. *The Battle of Britain*. Bloomsbury, 2010.
MURRAY, Williamson. *Strategy for Defeat: The Luftwafe, 1933-1945*. Air Univ. Press, 1983.
NAS. *Rising above the Gathering Storm, Revisited*, Nat. Acad. Press, 2010.
The New York Times. "Phone to Pacific from the Atlantic". 26 de janeiro de 1915.
_____. "Tesla, At 78, Bares New 'Death Beam'". 11 de julho de 1934.
_____. "Research for Defense". 21 de julho de 1945.
PAGE, Robert M. *The Origin of Radar*. Anchor Books, 1962.
PAINE, Albert Bigelow. *In One Man's Life: Being Chapters from the Personal & Business Career of Theodore N. Vail*. Harper, 1921.
PCAST (President's Council of Advisors on Science & Technology). "Report to the President: Transformation and Opportunity; The Future of the U.S. Research Enterprise". 2012.
PERUTZ, M. F. "That Was the War". *The New Yorker*, 12 de agosto de 1985.
PHELPS, Stephen. *The Tizard Mission*. Westholme, 2010.
PRANGE, Gordon W. et al. *Pearl Harbor*. McGraw-Hill, 1986.
REICH, Leonard S. "Industrial Research and the Pursuit of Corporate Security: The Early Years of Bell Labs". *Bus. Hist. Rev.*, nº 54, 1980, p. 504.
_____. *The Making of American Industrial Research*. Cambridge, 1985.
RINZLER, J. W. *The Making of* Star Wars. Del Rey, 2007.
ROBERTS, Andrew. *A tempestade da guerra*. Record, 2012.
ROOSEVELT, Franklin D. Comunicação telegráfica com Winston Churchill, 4 de maio de 1941.
_____. Carta a Vannevar Bush, 17 de novembro de 1944.
ROSKILL, Stephen W. *The War at Sea, 1939-1945: vol. II*. HMSO, 1954.
ROHWER, Jürgen. *Chronology of the War at Sea, 1939-1945. vol. II: 1943-1945*. trad. para o inglês D. Masters, Ian Allen, 1974.
ROWE, Albert P. *One Story of Radar*. Cambridge, 1948.
SHERWOOD, Robert E. *Roosevelt e Hopkins*. Nova Fronteira, 1998.
SNOW, C. P. *Science and Government*. Harvard, 1961.
STEWART, Irvin. *Organizing Scientific Research for War*. Little, Brown, 1948.
SYRETT, David. *The Defeat of the German U-Boats*. U. South Carolina, 1994.

TIGHE, W. G. S. "Review of Security of Naval Codes and Ciphers, September 1939 to May 1945". Public Record Office, 1945.

Time. "Yankee Scientist". 3 de abril de 1944.

US Congress Joint Committee on the Investigation of the Pearl Harbor Attack, *Hearings before the Joint Committee.* USGPO, 1946.

US Joint Board on Scientific Information Policy. *Radar: A Report on Science at War.* 1945.

US War Department. *Annual Reports.* USGPO, 1920.

VAIL, Theodore N. *Views on Public Questions; a Collection of Papers and Addresses of Theodore Newton Vail, 1907-1917.* Edição particular, 1917.

WALKER, J. Samuel. "Recent Literature on Truman's Atomic Bomb Decision: A Search for Middle Ground". *Dipl. Hist.* nº 29, 2005, p. 311.

_____. Entrevista com Cindy Kelly, 16 de março de 2014.

_____. *Prompt and Utter Destruction.* 3ª ed., UNC, 2016.

WEINBERG, Gerhard L. *A Segunda Guerra Mundial: Uma história essencial.* Presença, 2019.

WIESNER, Jerome. "Vannevar Bush". *Biog. Mem.*, vol. 50. Nat. Acad., 1979.

WILLIAMSON, Gordon. *U-Boat Tactics in World War II.* Osprey, 2010.

YOUNG, Leo. Entrevista, 15 de outubro de 1953.

ZACHARY, G. Pascal. *Endless Frontier.* MIT, 1999.

CAPÍTULO 2

As Três Mortes: *"por cima do meu cadáver":* Wapner, p. 156. *"grandes gotas de suor":* Bohlen, p. 143-144. *"nada de repentino":* Lomazow, p. 9. *"mal teve lugar [...] tranquilidade, bebida alcoólica e ópio":* Heberden, p. 366-369.

Fungos não fogem: *"o homem que mais se envolveu":* Time. *"quanto lutadores de sumô":* Daida, p. 686.

Salvo pelo frango: *"milhares de químicos da gordura":* Mann, p. 645. *"Todos os estudos bem controlados":* McMichael, p. 173. *"pouco mais de zero":* Lancet, p. 605.

Uma "coincidência" de 90 bilhões de dólares: *"súbita", "inacreditável"* e *"a emoção da descoberta":* Vagelos, p. 134-135. *"efeito tão drástico":* Goldfine, p. 1.752. *"extratos de fungos":* Brown, "Tribute", p. 16.

Contando o número de flechas: *"ir ao banheiro"* e *"curou o câncer de novo":* Begley. *"palhaço":* Folkman, "Fine Line", p. 13. *"Talvez não tenhamos que morrer":* McAlary. *"Judah vai curar o câncer":* Kolata. *"sua carreira não seria prejudicada":* Ezzell.

"gostaria que": Cooke, "Progeny". *"flechas que tem na bunda"*: Cooke, *Folkman's War*, p. 154.

Lições da surpreendente fragilidade: *"revolucionar a indústria de armamentos"* e *"vendedor porta a porta"*: Christman, pp. 47, 49.

ALBERTS, Alfred W. "Discovery, Biochemistry and Biology of Lovastatin". *Am. J. Cardio.*, nº 62, 1988, p. J10.
BEGLEY, Sharon *et al*. "One Man's Quest to Cure Cancer". *Newsweek*, 18 de maio de 1998.
BOHLEN, Charles E. *Witness to History, 1929-1969*. Norton, 1973.
BROWN, Michael S. e Goldstein, Joseph L. "A Receptor-Mediated Pathway for Cholesterol Homeostasis". In: *Nobel Lectures Phys. Med. 1981-1990*, p. 284. World Scientific, 1993.
_____. "A Tribute to Akira Endo". *Athero. Supp.*, 2004, p. 13.
_____. "Scientific Side Trips". *J. Biol. Chem.*, nº 287, 2012, p. 22.418.
BRUENN, H. G. "Clinical Notes on the Illness and Death of President Franklin D. Roosevelt". *Ann. Int. Med.*, nº 72, 1970, p. 579.
CHRISTMAN, Albert B. *Target Hiroshima*. Naval Institute, 1998.
COLLINS, Rory *et al*. "Interpretation of the Evidence for the Efficacy and Safety of Statin Therapy". *The Lancet*, nº 388, 2016, p. 2.532.
COOKE, Robert. *A guerra contra o câncer*. Objetiva, 2001.
_____. "Dr. Folkman's Progeny". *Vector*, primavera (segundo trimestre) de 2008.
CORDES, Eugene H. *Hallelujah Moments*. Oxford, 2014.
COWLEY, Stacy e PEPITONE, Julianne. "Facebook's First Big Investor, Peter Thiel, Cashes Out". *CNNMoney*, 20 de agosto de 2012.
DAIDA, Hiroyuki. "Meet the History: The Discovery and Development of 'Statin,' the Penicillin of Arteriosclerosis", *Shinzo (Heart)*. nº 37, 2005, p. 681.
ENDO, Akira. "The Origin of the Statins". *Athero. Supp.* nº 5, 2004, p. 125.
_____. "A Gift from Nature: The Birth of the Statins". *Nat. Med.* nº 14, 2008, p. 1.050.
_____. "A Historical Perspective on the Discovery of Statins". *Proc. Jap. Acad. Series B*, nº 86, 2010, p. 484.
EZZELL, Carol. "Starving Tumors of Their Lifeblood". *Sci. Am.*, nº 279, 1998, p. 33.
FERRARA, Napoleone e ADAMIS, Anthony P. "Ten Years of Anti-Vascular Endothelial Growth Factor Therapy". *Nat. Rev. Drug Disc.*, nº 15, 2016, p. 385.
FERRARA, Napoleone *et al*. "Discovery and Development of Bevacizumab". *Nat. Rev. Drug Disc.*, nº 3, 2004, p. 391.
FOLKMAN, Judah. "Tumor Angiogenesis: Therapeutic Implications". *New Eng. J. Med.*, nº 285, 1971, p. 1.182.
_____. "The Fine Line between Persistence and Obstinacy in Research". Discurso feito em 1996, coleção Folkman, Harvard Medical Library, Countway Library of Medicine, Box 45, Folder 19.

_____. Academy of Achievement, entrevista, 28 de junho de 1999.

_____. "Is Angiogenesis an Organizing Principle in Biology and Medicine?". *J. Ped. Surg.* nº 42, 2007, p. 1; e *Nat. Rev. Drug Disc.*, nº 6, 2007, p. 273.

FORD, Earl S. *et al.* "Explaining the Decrease in U.S. Deaths from Coronary Disease, 1980-2000". *New Eng. J. Med.*, nº 356, 2007, p. 2.388.

Genentech, comunicação à imprensa. "Positive Results from Phase III Avastin Study in Metastatic Colorectal Cancer". 1º de junho de 2003.

GOLDFINE, Allison B. "Statins: Is It Really Time to Reassess Benefits and Risks?". *New Eng. J. Med.*, nº 366, 2012, p. 1.752.

GOLDSTEIN, Joseph L. e BROWN, Michael S. "A Century of Cholesterol and Coronaries". *Cell*, nº 161, 2015, p. 161.

HEBERDEN, William M. D. *Commentaries on the History and Cure of Diseases*. 1806, Luke Hansard, 1772.

JONES, David S. e GREENE, Jeremy A. "The Decline and Rise of Coronary Heart Disease". *Am. J. Pub. Health*, nº 103, 2013, p. 1.207.

KANNEL, William B. *et al.* "Factors of Risk in the Development of Coronary Heart Disease". *Ann. Int. Med.*, nº 55, 1961, p. 33.

KEYS, Ancel *et al.* "Lessons from Serum Cholesterol Studies in Japan, Hawaii and Los Angeles". *Ann. Int. Med.*, nº 48, 1958, p. 83.

KING Jr., Ralph T. "Human Test to Begin on Tumor Drug Despite Mixed Results of NCI Mice Tests". *The Wall Street Journal*, 13 de setembro de 1999.

_____. "Novel Cancer Approach from Noted Scientist Hits Stumbling Block". *The Wall Street Journal*, 12 de novembro de 1998.

KIRKPATRICK, David. *O efeito Facebook*. Intrínseca, 2011.

KOLATA, Gina. "A Cautious Awe Greets Drugs That Eradicate Tumors in Mice". *The New York Times*, 3 de maio de 1998.

LAHEY, Frank. "Memo Regarding the Health of Franklin Delano Roosevelt", 10 de julho de 1944. O memorando só foi revelado publicamente 63 anos depois, em Goldsmith, Harry S. *A Conspiracy of Silence*. iUniverse, 2007.

Lancet. "Can I Avoid a Heart-Attack?". nº 1, 1974, p. 605.

LEIBOWITZ, Joshua O. *The History of Coronary Heart Disease*. Wellcome, 1970.

LI, Jie Jack. *Triumph of the Heart*. Oxford, 2009.

LOMAZOW, Steven e FETTMANN, Eric. *FDR's Deadly Secret*. PublicAffairs, 2009.

MAHMOOD, Syed S. *et al.* "The Framingham Heart Study". *The Lancet*, nº 383, 2014, p. 999.

MANN, George V. "Diet-Heart: End of an Era". *New Eng. J. Med.*, nº 297, 1977, p. 644.

McALARY, Mike. "I Cling to This Hope for Life". *NY Daily News*, 6 de maio de 1998.

McMICHAEL, John. "Fats and Atheroma: An Inquest". *Br. Med. J.*, nº 1, 1979, p. 173.

MONMANEY, Terence. "The Triumph of Dr. Druker". *Smithsonian*, nº 42, 2011, p. 54.

NHLBI: National Heart Lung and Blood Institute. "Morbidity & Mortality: 2012 Chart Book on Cardiovascular, Lung, and Blood Diseases".

NIH: National Institutes of Health. "Heart Disease Fact Sheet", outubro de 2010.

NRC: National Research Council. NRC/1980: *Issues and Current Studies*. Nat. Acad. Sci., 1981.

ROSENFELD, Philip J. et al. "Ranibizumab for Neovascular Age-Related Macular Degeneration". *New Eng. J. Med.*, nº 355, 2006, p. 1.419.

STEINBERG, Daniel. *The Cholesterol Wars*. Academic Press, 2007.

STONE, Edwin M. "A Very Effective Treatment for Neovascular Macular Degeneration". *New Eng. J. Med.*, nº 355, 2006, p. 1.493.

STRICKLAND, Stephen P. *Politics, Science, and Dread Disease*. Harvard, 1972.

TAUBES, Gary. *Good Calories, Bad Calories*. Knopf, 2007.

THIEL, Peter. *The James Altucher Show*, 2 de outubro de 2014.

Time. "Medicine: The Fat of the Land", 31 de janeiro de 1961.

TOBERT, Jonathan A. "Lovastatin and Beyond". *Nat. Rev. Drug Disc.*, nº 2, 2003, p. 517.

TRUSWELL, A. Stewart. *Cholesterol and Beyond*. Springer, 2010.

VAGELOS, P. Roy e GALAMBOS, Louis. *Medicine, Science and Merck*. Cambridge, 2004.

VASELLA, Daniel. *Magic Cancer Bullet*. HarperBusiness, 2003.

WAPNER, Jessica. *The Philadelphia Chromosome*. The Experiment, 2013.

WINIK, Jay. *1944: FDR and the Year That Changed History*. Simon & Schuster, 2015.

WOODRUFF, H. Boyd. Exec. Adm. Merck Sharp & Dohme Research Laboratories Division. Cartas a Issei Iwai, diretor do Departamento de Planejamento de Produtos da Sankyo, 16 de abril de 1976 e 23 de setembro de 1977.

YAMAMOTO, Akira, SUDO, Hiroshi e ENDO, Akira. "Therapeutic Effects of ML-236B in Primary Hypercholesterolemia". *Athero*, nº 35, 1980, p. 259.

YANCOPOULOS, George D. "Clinical Application of Therapies Targeting VEGF". *Cell*, nº 143, 2010, p. 13.

CAPÍTULO 3

Doug Miller, da Pan Am Historical Foundation; Nicola Hellmann-McFarland, das University of Miami Libraries, Coral Gables, departamento de coleções especiais; e Ed Trippe permitiram gentilmente o acesso a material de arquivo.

Introdução e **Os dois tipos:** *"apenas um brinquedo"*: Paine, p. 98-99.

JT e Crando: *"gângster de Yale"*: Bender, p. 13. *"mais educado"*: Bender, p. 490. *"caso você não vença"* e *"Onde você estava?"*: Maxon. *"doida"*: Petzinger, p. 55. *"cabeças de ovo acadêmicos"*: Petzinger, p. 102 ("Crandall não recorda o comentário, mas não nega que o fez"). *"querosene no sangue"*: Rubin.

A indústria de tortas: *"guerra legalizada"*: Rubin. *"canibal"*: Zellner. *"na terça ou na sexta-feira"* e *"gestão da oferta"*: Petzinger, p. 304.

JT e Lindy: *"voo suave e rápido das gaivotas"*: Daley, p. 41. *"a carga passar"*, *"raça nórdica"*, *"garoto americano esguio"* e *"Nem mesmo Colombo"*: Berg. *"rapaz alto e magro de roupa formal"*: A. Lindbergh, p. 89. *"500 quilômetros"*: CAL, *AoV*, pp. 93-94. *"para me manter ocupado"*: Daley, p. 55.

O perigoso círculo virtuoso: *"barco voador"*, *"prestes a testemunharem"*, *"história gloriosa"* e *"todos nos abaixamos"*: Daley, p. 110, 169-174.

Guerras, missões lunáticas e relógios de cuco: *"escolas secundárias"* e *"lamenta o erro"*: *NY Times*, 13 de janeiro de 1920 e 17 de julho de 1969. *"ao próprio Dr. Goddard"*: Berg. *"manchou o mito"*: Arthur Schlesinger, citado em Olson, p. xv. *"Nosso próximo presidente"*: Berg. *"apaziguador"*: *NY Times*, "Lindbergh Quits". *"as asas daquele rapaz"*, *"de Jesus a Judas"*: Berg. *"pálido e trêmulo"*: CAL, *Journals*, p. 958.

A Era do Jato: *"era elisabetana"*: Verhovek, p. 10. *"vítima de terremoto"*: Bender, p. 475.

Mais um giro da roda: *"Se você comprar"*: Irving, p. 195.

Aeronautical Chamber of Commerce: *Aircraft Year Books 1929 e 1930*.
ANDERSON, Dale, et al. *Flight and Motion*. Sharpe, 2009.
BENDER, Marylin e ALTSCHUL, Selig. *The Chosen Instrument*. Simon and Schuster, 1982.
BENNETT, Robert A. "Pan Am's Disappearing Act". *The New York Times*, 18 de janeiro de 1987.
BERG, A. Scott. *Lindbergh: uma biografia*. Companhia das Letras, 2000.
BOYNE, Walter J. *The Messerschmitt Me 262*. Smithsonian, 1980.
Brentford and Chiswick Local History Society. "Finding Private Browning", 23 de setembro de 2004.
BUSH, Vannevar. *Modern Arms and Free Men*. Simon and Schuster, 1949.
CHANDLER, Alfred Dupont et al. *O século eletrônico*. Elsevier, 2003.
CHANG, Kia-ngau. Carta a Juan T. Trippe, 8 de setembro de 1947, e "Memorandum Re China," n.d., 1947 (Trippe Family Archive, cortesia da Pan Am Historical Foundation).
CHRISTENSEN, Clayton M. *O dilema da inovação*. M. Books, 2011.
CHPOSKY, James e LEONSIS, Ted. *Blue Magic*. Facts on File, 1988.
CLARY, David A. *Rocket Man*. Hyperion, 2003.
COHEN, Isaac. "American Airlines". In: *Strategic Management*, 10ª ed., organizado por C. Hill e G. Jones, Cengage Learning, 2013, C224.
CONANT, Jane Eshleman. "Dole Air Race – 1927". *SF Call-Bulletin*, 10 de outubro de 1955.

CONNOR, Roger. "Even Lindbergh Got Lost". *Air & Space Mag.*, acessado em 6 de outubro de 2017.
CRITTENDEN, Ann. "Juan Trippe's Pan Am". *The New York Times*, 3 de julho de 1977.
DALEY, Robert. *An American Saga*. Random House, 1980.
DAVEY, Helen. "Orphaned by Job Loss". *The Huffington Post*, 4 de abril de 2010.
DAVIES, R. E. G. *Pan Am: An Airline and Its Aircraft*. Orion, 1987.
DEMPSEY, Paul. "The Financial Performance of the Airline Industry Post-Deregulation". *Houston Law Rev.*, nº 45, 2008, p. 421.
DOERR, John. *Avalie o que importa*. Alta Books, 2019.
DUNLAP, David W. "Final Pan Am Departure". *The New York Times*, 4 de setembro de 1992.
FORD, Brian J. *Secret Weapons*. Bloomsbury, 2011.
GALAMBOS, Louis. "Theodore N. Vail and the Role of Innovation in the Modern Bell System". *Bus. Hist. Rev.*, nº 66, 1992, p. 95.
GANDT, Robert. *Skygods*. William Morrow, 1995.
IRVING, Clive. *Wide-Body: The Triumph of the 747*. William Morrow, 1993.
JACKSON, Joe. *Atlantic Fever*. Farrar, Straus and Giroux, 2012.
KING, Benjamin e KUTTA, Timothy. *Impact: The History of Germany's V-Weapons in World War II*. Sarpedon, 1998.
LESLIE, John C. Carta a Samuel F. Pryor, 25 de abril de 1974. (cortesia de Pan Am Records, Acervo Especial, Bibliotecas da Universidade de Miami, Coral Gables, Flórida.)
LESTER, Valerie. *Fasten Your Seat Belts*. Paladwr, 1995.
LINDBERGH, Anne M. *Bring Me a Unicorn: Diaries and Letters, 1922-1928*. HBJ, 1972.
LINDBERGH, Charles A. *The Wartime Journals of Charles A. Lindbergh*. HBJ, 1970.
_____. *Autobiography of Values*. HBJ, 1978.
MacDONALD, Charles. "Lindbergh in Battle". *Collier's*, nº 117, 1946.
MAXON, Terry. "Tales from the Beat: Robert L. Crandall". *Dallas News*, 6 de setembro de 2015.
MAY, Ernest R. "1947-48: When Marshall Kept the US out of War in China". *J. Mil. His.*, nº 66, 2002, p. 1.001.
McGREGOR, Jena. "The Biggest Mass Layoffs of the Past Two Decades". *The Washington Post*, 28 de janeiro de 2015.
NUGENT, Frank. "Warner's China Clipper". *The New York Times*, 12 de agosto de 1936.
OLSON, Lynne. *Those Angry Days*. Random House, 2013.
PAINE, Albert Bigelow. *In One Man's Life: Being Chapters from the Personal and Business Career of Theodore N. Vail*. Harper, 1921.
PAVELEC, Sterling Michael. *The Jet Race and the Second World War*. Praeger, 2007.
PETZINGER, Thomas. *Hard Landing*. Times Business, 1995.
PUSHKAR, Robert. "Comet's Tale". *Smithsonian*, junho de 2002.

PYLE, Mark. "December 4, 1991: The Last 'Clipper' Flight". *Airways Mag.*, 4 de dezembro de 2016.

REED, Dan. *The American Eagle*. St. Martin's Press, 1993.

RUBIN, Dana. "Bob Crandall Flies Off the Handle". *Texas Monthly*, agosto de 1993.

SANGER, David E. "IBM Sells Back Much of Intel Stake". *The New York Times*, 12 de junho de 1987.

The New York Times. "Lindbergh's to Take Four on Flight South", 18 de setembro de 1929.

_____. "Lindbergh Log Sent by Radio Operator", 23 de setembro de 1929.

_____. "Lindbergh Quits Air Corps; Sees His Loyalty Questioned", 29 de abril de 1941.

The Wall Street Journal. "Pan American Orders 25 Jet Planes", 14 de outubro de 1955.

VAN VLECK, Jenifer. *Empire of the Air*. Harvard, 2013.

VERHOVEK, Sam. *Jet Age*. Avery, 2010.

VISE, David A. e Malseed, Mark. *Google: a história do negócio de mídia e tecnologia de maior sucesso dos nossos tempos*. Rocco, 2007.

WALLACE, Max. *The American Axis*. St. Martin's Press, 2004.

WALTON, Sam. *Made in America*. Elsevier, 1993.

WEDEMEYER, general Albert C. *Wedemeyer Reports!*. Holt, 1958.

ZELLNER, Wendy e ROTHMAN, Andrea. "The Airline Mess". *BusinessWeek*, nº 3.273, 1992, p. 50.

CAPÍTULO 4

Introdução, a fuga de Han Solo e O sumiço do peixe: *"estonteante"*: Time, p. 81. *"notáveis"*: Cordtz, p. 85. *"não dá mais para parar de usar"*: Fortune, p. 31. *"quase impossível"*: Land, "Letter". *"liam a Bíblia"*, *"fazê-la em excesso"*, *"palavras obsoletas"*, *"o acontecimento mais empolgante"*, *"ver dentro de minha cabeça"*: McElheny, pp. 20, 34, 37, 60, 420. *"Depois que o carregador [...] nada como aquilo"*: Manchester, *New World*, p. 44. *"um em cada dois homens"*: *Life*, "Light Control", p. 72.

Da arte à guerra: *"mais belas do que as obras originais"*: Kennedy, p. 212. *"alma gêmea"*: McElheny, p. 219.

Uma pergunta óbvia: *"ver agora"* e *"de 1943 a 1972"*: McElheny, p. 163. *"me encontrar às cinco"* e *"telefone vermelho"*: Bonanos, p. 21. *"muito mais despesas"* e "Todos enlouqueceram": McCune. *"maiores avanços"*: Manchester, "60 Seconds", p. 167. *"que o Sr. Land fez"*: NY Times, "Does the Rest". *"Prêmios Nobel"*: Bernstein.

Polavision: *"uma segunda revolução"*: Czach. *"transformar em equipamento conceitos impossíveis"*: Ortner. *"o filme que acabara de fazer"*: Fantel. *"o ponto alto da carreira"*:

Shumacher. *"muito mais apelo científico e estético"*: Time, "Instant Movies". *"uso cruel e indevido da linguagem"*: McElheny, p. 433.

Fótons, elétrons e Richard Nixon: *"segundo mandato"*, *"passo cauteloso"*, *"salto quântico"*, *"apoio presidencial"* e *"desejo do presidente Nixon"*: Perry, p. 526-533. *"a influência que teve"*: Webster.

A paixão: *"animador de torcida"*: Czach. *"Ele era o chefe"*: Blout, p. 47. *"arrogância"*: Gonci.

ADAMS, Ansel. *Ansel Adams: An Autobiography*. Little, Brown, 1985.
BERNSTEIN, Jeremy. "I Am a Camera". *NY Rev. Books*, nº 35, 1988, p. 21.
BLOUT, Elkan. "Polaroid: Dreams to Reality". *Daedalus*, nº 125, 1996, p. 39.
BONANOS, Christopher. *Instant: The Story of Polaroid*. Princeton, 2012.
BOYLE, Willard e SMITH, George E. "Charge Coupled Semiconductor Devices". *Bell Sys. Tech. J.*, nº 49, 1970, p. 587.
BURROWS, William E. *Deep Black*. Berkley Books, 1986.
BusinessWeek. "Love Is Ammunition for a Texas Airline", 26 de junho de 1971.
CAMPBELL, F. W. "Edwin Herbert Land". *Biog. Mem. Fell. Roy. Soc.*, nº 40, 1994, p. 197.
CORDTZ, Dan. "How Polaroid Bet Its Future on the SX-70". *Fortune*, janeiro de 1974.
CZACH, Elizabeth. "Polavision Instant Movies". *Moving Image*, nº 2, 2002, p. 1.
EDISON, Thomas. Patent Caveat 110: Peephole Kinetoscope; Motion picture cameras, registrado em 8 de outubro de 1888.
ESTRIN, James. "Kodak's First Digital Moment". *The New York Times*, 12 de agosto de 2015.
FANTEL, Hans. "Instant Movies: Shoot Now, See Now". *Pop. Mech.*, agosto de 1977.
FIERSTEIN, Ronald K. *A Triumph of Genius*. Ankerwycke, 2015.
Fortune. "Dr. Land's Latest Fantasy", junho de 1972.
GONCI, Richard. "A Boston Story in 50 Words". *Boston Globe*, 17 de março de 2017.
Harvard University. "Kennedy, Clarence. Papers and Photographs, 1921-1958".
HOLT, D. D. "Three Living Leaders". *Fortune*, 23 de março de 1981.
KENNEDY, Clarence. "Photographing Art". *Magazine of Art*, abril de 1937.
LAND, Edwin H. "Experiments in Color Vision". *Sci. Am.*, nº 200, 1959, p. 84.
_____. "Chairman's Letter to Shareholders". *Polaroid Annual Report*, 1980.
LAURENCE, William L. "One-Step Camera Is Demonstrated". *The New York Times*, 22 de fevereiro de 1947.
Life. "Light Control: Polaroid Filters Make Enemy Targets Easier to See", 7 de fevereiro de 1944.
_____. "Unique Company Hits a Photographic Bonanza", 25 de janeiro de 1963.
MANCHESTER, Harlan. *New World of Machines*. Random House, 1945.

_____. "Pictures in 60 Seconds". *Sci. Am.*, abril de 1947.
McCUNE, William. História oral, Biblioteca Pública de Concord, 11 de julho de 1996.
McELHENY, Victor K. *Insisting on the Impossible*. Perseus, 1998.
MIDDELDORF, Ulrich. "Clarence Kennedy 1892-1972". *Art Journal*, nº 32, 1973, p. 372.
Newsweek. "General Patton", 26 de julho de 1943.
NORRIS, Pat. *Spies in the Sky*. Springer, 2008.
ORTNER, Everett H. "Instant Movies". *Pop. Sci.*, julho de 1977.
PERRY, Robert L. *A History of Satellite Reconnaissance*. Ed. James Outzen, NRO, 2012.
RICHELSON, Jeffrey. *The Wizards of Langley*. Westview, 2001.
SHUMACHER, Edward. "Polaroid Corp. Unveils Home Movie Camera". *The Washington Post*, 27 de abril de 1977.
SMITH, F. Dow. "The Vision and Color World of Edwin Land". *Optics & Phot. News*, outubro de 1994, p. 30.
SMITH, George E. História oral, 17 de janeiro de 2001.
TCP. "Report by the Technological Capabilities Panel". In: *Foreign Relations of the United States, 1955-1957, Nat. Sec. Pol.*, vol. XIX, GPO, 1955.
The New York Times. "The Camera Does the Rest", 22 de fevereiro de 1947.
_____. "Dr. Kennedy Dies: Art Historian, 79", 31 de julho de 1972.
Time. "Polaroid's Big Gamble on Small Cameras", 26 de junho de 1972.
TRIPSAS, Mary e GAVETTI, Giovanni. "Capabilities, Cognition, and Inertia: Evidence from Digital Imaging". *Strat. Man. J.*, nº 21, 2000, p. 1.147.
_____. "Photography: At Long Last, Land's Instant Movies". 9 de maio de 1977.
WANG, Zuoyue. *In Sputnik's Shadow*. Rutgers, 2008.
WEBSTER, William H. "Proposed Remarks by William H. Webster, Director of Central Intelligence, at the Security Affairs Support Association Dinner". Bolling Air Force Base, 25 de maio de 1988.
WENSBERG, Peter C. *Land's Polaroid*. Houghton Mifflin, 1987.

CAPÍTULO 5

Introdução e **Oito megabytes de satisfação sexual:** *"Jobs está de volta"* e *"Jobs é conhecido pelas"*: Pollock, "Star". *"Esta é uma revolução"* e *"Um de meus heróis"*: Jobs, apresentação do NeXT. *"devolveu o 'uau'"*: Newsweek. *"Vaticano II"*: W. Smith. *"mandar um cheque para a Sony"*: Hume. *"lata de tinta"*: Shore. *"satisfação sexual"*: San Francisco Examiner. *"gritando"*: Stross, p. 210. *"apostar nossa empresa"*: Jobs, apresentação do NeXT. *"O maior erro que cometi"*: Stross, p. 301. *"Jobs não é um deles"*: Pitta, p. 137.

Quando Moisés dobra a aposta: *"desequilibrar o todo"*: Vail, p. 351. *"gravar o nome dele"*: Sculley, p. 230.

Isaac Newton × Steve Jobs: *"temperamento estranho"*: Newton. *"um idiota de merda"*: Isaacson; Linzmayer, p. 74. *"a história fica muito complicada"* e *"tábuas"*: Schlender.

Operação Terra e **De Tubby a PIC:** *"desperdicei dois anos"*: Rubin, p. 130. *"escritório do futuro"*: Price, p. 20; A. Smith, p. 13-14. *"doido em Long Island"*: Rubin, p. 121. *"a casa de Utah"*: A. Smith, p. 17. *"é um mercado minúsculo"*: Miller. *"competir com a Apple"*: Catmull. *"Como a GM"*: Price, p. 73. *"no cinema"*: Wilson.

Os anos do hidrante e **Buzz e Woody salvam o dia:** *"explodirão"*: Linzmayer, p. 219. *"indústria de PCs em 1978"*: Wilson. *"mais emoção e humor"*: Schlender. *"até os tornozelos"*: Kahney. *"visualmente espantoso"*: Rechtshaffen. *"renascimento"*: Larsen. *"aurora"*: Ebert.

Filmes e remédios e **Equilibrar bebês feios e a Fera:** *"malformadas"*: Bacon, p. 387. *"originalidade é frágil"*: Catmull, pp. 131, 135. *"suficientemente bons"* e *"um motorista de caminhão inglês"*: Broccoli, pp. 128, 177.

Como ganhar no xadrez e **Operações de resgate:** *"Não sou cineasta"*: Schlender. *"espiral levógira"*: Winslow. *"Átila, o Huno"*: Schlender. *"melhor inovação"*: Isaacson. *"milagre"*: Baxter, p. 7.

As três primeiras regras: *"lixões de inovação"*: Elliot. *"teve que embarreirar"*: Hiltzik, pp. 264-265 (citando John Ellenby). *"estiagem"*: Catmull, pp. 130-131.

BACON, Francis. *Francis Bacon: The Major Works*. Ed. Brian Vickers. Oxford, 2008.
BALL, W. W. Rouse. *A Short Account of the History of Mathematics*. Dover, 1960.
BAXTER, James Phinney. *Scientists against Time*. Little, Brown, 1946.
BROCCOLI, Albert R. e ZEC, Donald. *When the Snow Melts*. Boxtree, 1998.
CATMULL, Edwin E. e WALLACE, Amy. *Criatividade S.A*. Rocco, 2014.
COHEN, I. Bernard. *The Newtonian Revolution*. Cambridge, 1980.
CRINGELY, Robert X. *Impérios acidentais*. Ediouro, 1995.
DEUTSCHMAN, Alan. *A segunda vinda de Steve Jobs*. Globo, 2001.
EBERT, Roger. "Toy Story". *RoberEbert.com*, 22 de novembro de 1995.
ELLIOT, Jay e Simon, William. *Steve Jobs: o estilo de liderança para uma nova geração*. Lafonte, 2011.
ELLIOTT, Andrea. "Jef Raskin, 61, Developer of Apple Macintosh, Is Dead". *The New York Times*, 28 de fevereiro de 2005.
ESTRIN, James. "Kodak's First Digital Moment". *The New York Times*, 12 de agosto de 2015.
FRASER, Laura. "The Paper". Genentech: www.gene.com/stories/the-paper.
GAL, Ofer e Chen-Morris, Raz. *Baroque Science*. U. Chicago, 2013.
HALL, A. Rupert. *Isaac Newton: Adventurer in Thought*. Cambridge, 1992.

HERTZFELD, Andy. *Revolution in the Valley*. O'Reilly, 2004.

HILTZIK, Michael. *Dealers of Lightning*. Harper, 1999.

HOOKE, Robert. *Philosophical Experiments and Observations of the Late Eminent Dr. Robert Hooke*. W. Derham, 1726.

HUGHES, Sally Smith. *Genentech*. U. Chicago, 2011.

HUME, Brit. "Steve Jobs Pulls Ahead of Microsoft Rival in Race for PC Supremacy". *The Washington Post*, 31 de outubro de 1988.

INWOOD, Stephen. *The Man Who Knew Too Much*. Macmillan, 2002.

ISAACSON, Walter. *Steve Jobs: a biografia*. Companhia das Letras, 2011.

JARDINE, Lisa. *The Curious Life of Robert Hooke*. Perennial, 2005.

JOBS, Steve. Vídeo: o lançamento do NeXT, São Francisco, 12 de outubro de 1988.

KAHNEY, Leander. "The Wilderness Years". *Newsweek*, 10 de outubro de 2011, p. 20.

KASPAROV, Garry e GREENGARD, Mig. *A vida imita o xadrez*. Gestão Plus, 2008.

LAMMERS, Susan M. *Programmers at Work*. Tempus, 1986.

LARSEN, Josh. "Toy Story". *Larsen on Film*, 10 de junho de 2010.

LEVY, Lawrence. *To Pixar and Beyond*. Houghton Mifflin Harcourt, 2016.

LINZMAYER, Owen W. *Apple Confidential 2.0*. No Starch Press, 2004.

LYCETT, Andrew. *Ian Fleming*. 1995.

MILLER, Michael W. "Producers of Computer Graphics for Hollywood Find New Opportunities in Science and Industry". *The Wall Street Journal*, 16 de setembro de 1985.

NAUENBERG, Michael. "Robert Hooke's Seminal Contribution to Orbital Dynamics". *Phys. Persp.* nº 7, 2005, p. 4.

Newsweek. "Mr. Chips: Steve Jobs Puts the 'Wow' Back in Computers". 24 de outubro de 1988.

NEWTON, Isaac. Carta a Edmond Halley, 20 de junho de 1686.

PITTA, Julia. "The Steven Jobs Reality Distortion Field". *Forbes*, 29 de abril de 1991, p. 137.

POLLACK, Andrew. "The Return of a Computer Star". *The New York Times*, 13 de outubro de 1988.

_____. "A Co-Founder of Next Is Quitting the Company". *The New York Times*, 4 de maio de 1991.

PRICE, David A. *A magia da Pixar*. Elsevier, 2009.

RECHTSHAFFEN, Michael. "Toy Story". *Hollywood Reporter*, 20 de novembro de 1995.

REIMER, Jeremy. "Total Share: 30 Years of Personal Computer Market Share Figures". *Ars Technica*, 15 de dezembro de 2005.

ROBBINS-ROTH, Cynthia. *From Alchemy to IPO*. Perseus, 2000.

RUBIN, Michael. *Droidmaker*. Triad, 2005.

SCHLENDER, Brent e TETZELI, Rick. *Como Steve Jobs virou Steve Jobs*. Intrínseca, 2015.

SCULLEY, John e BYRNE, John A. *Odisseia*. Best Seller, 1988.

SHORE, Joel e HEDLUND, Kristen. "NeXT Pulls No Punches". *Comp. Resell. News*, 4 de dezembro de 1989.
SMITH, Alvy Ray. "Digital Paint Systems". *IEEE Ann. Hist. Comp.*, nº 23, 2001, p. 4.
SMITH, Douglas K. e Alexander, Robert C. *Fumbling the Future*. William Morrow, 1988.
SMITH, Wes. "The Cult of Steve". *Chicago Tribune*, 23 de outubro de 1988.
STROSS, Randall E. *Steve Jobs and the NeXT Big Thing*. Macmillan, 1993.
The San Francisco Examiner. "Eight Megabytes of Sexual Satisfaction", 16 de outubro de 1988.
VAIL, Theodore Newton. *Views on Public Questions: A Collection of Papers and Addresses of Theodore Newton Vail, 1907-1917*. Edição particular, 1917.
WHITESIDE, D. T. "Before the Principia". *J. Hist. Astr.*, nº 1, 1970, p. 5.
WILSON, John W. "Look What Steve Jobs Found at the Movies". *BusinessWeek*, 17 de fevereiro de 1986, p. 37.
WINSLOW, Ron. "Genentech's Levinson Sets the Record Straight on DNA". *The Wall Street Journal*, 14 de janeiro de 2009.
WOZNIAK, Steve e SMITH, Gina. *iWoz*. Évora, 2010.

INTERLÚDIO

Citações: *"raríssimas exceções"*: Greenspan. *"Alemanha praticamente em paz"*: Buchanan, p. 45. *"leis supremas"*: Greene. *"clichê não discutido"*: Laughlin, "Theory", p. 30. *"ir para outro mundo"*: Rae, p. 435. *"cadeias invisíveis"* e *"a maior descoberta"*: Smith, "Astronomy". *"piada levemente irônica"*: Kennedy, p. 239; Rothschild.

CAPÍTULO 6

Introdução, Jane Austen, física e **Diagramas de fase:** *"entender coisas simples"*: Feynman, p. 230.

Das máscaras de gás aos incêndios florestais, Como ser simples e **Seis graus de Kevin Grilo:** *"Os mais antigos"*: Scott, p. 342.

ANDERSON, Philip W. *More and Diferent*. World Scientific, 2011.
BACAËR, Nicolas. *A Short History of Mathematical Population Dynamics*. Springer, 2011.
BALL, Philip. *Critical Mass*. Farrar, Straus and Giroux, 2004.
BOHORQUEZ, Juan C. et al. "Common Ecology Quantifies Human Insurgency". *Nature* nº 462, 2009, p. 911.
BROADBENT, S. R. e HAMMERSLEY, J. M. "Percolation Processes". *Math. Proc. Camb. Phil. Soc.* nº 53, 1957, p. 629.

BROWN, Laurie M. e CAO, Tian Yu. "Spontaneous Breakdown of Symmetry". *Hist. Stu. Phys. Bio. Sci.*, nº 21, 1991, p. 35.

BROWN, Timothy J. et al. *Coarse Assessment of Federal Wildland Fire Occurrence Data*. Nat. Wildfire Coordinating Group, 2002.

BUCHANAN, Mark. *Forecast*. Bloomsbury, 2013.

CARROLL, Sean M. *A partícula no fim do universo*. Gradiva, 2014.

CLAUSET, Aaron et al. "On the Frequency of Severe Terrorist Events". *J. Conflict Resolution*, nº 51, 2007, p. 58.

COOPER, Leon N. e FELDMAN, Dimitri, orgs. *BCS: 50 Years*. World Scientific, 2011.

FARMER, J. Doyne e GEANAKOPLOS, John. "The Virtues and Vices of Equilibrium and the Future of Financial Economics". *Complexity*, nº 14, 2009, p. 11.

FEYNMAN, Richard P. *Perfectly Reasonable Deviations*. Basic Books, 2005.

GABAIX, Xavier. "Power Laws in Economics: An Introduction". *J. Econ. Persp.*, nº 30, 2016, p. 185.

GELL-MANN, Murray. *O quark e o jaguar*. Rocco, 1996.

GREENE, Brian. *O Universo elegante*. Companhia das Letras, 2001.

GREENSPAN, Alan. "How Dodd-Frank Fails to Meet the Test of Our Times". *The Financial Times*, 30 de março de 2011.

GRIMMETT, Geoffrey e WELSH, Dominic. "John Michael Hammersley". *Biog. Mem. Fell. Roy. Soc.*, nº 53, 2007, p. 163.

GRINHAM, T. "How Do Dimples on Golf Balls Affect Their Flight?". *Sci. Am.*, nº 290, 2004, p. 111.

HAMMERSLEY, J. M. "Origins of Percolation Theory". In: DEUTSCHER, G. et al., *Percolation Structures and Processes*. Ann. Israel Phys. Soc., nº 5, 1983, p. 47.

HAMMERSLEY, J. M. e MORTON, K. W. "Poor Man's Monte Carlo". *J. Royal Stat. Soc. B*, nº 16, 1954. p. 23.

HANTSON, Stijn et al. "Global Fire Size Distribution". *Int. J. Wildland Fire*, nº 25, 2016, p. 403.

HELBING, Dirk. "Traffic and Related Self-Driven Many-Particle Systems". *Rev. Mod. Phys.*, nº 73, 2001, p. 1.067.

HETHERINGTON, Norriss S. "Isaac Newton's Influence on Adam Smith's Natural Laws in Economics". *J. Hist. Ideas*, nº 44, 1983, p. 497.

HODDESON, Lillian, org. *The Rise of the Standard Model*. Cambridge, 1997.

JOHNSON, Neil F. et al. "New Online Ecology of Adversarial Aggregates: ISIS and Beyond". *Science*, nº 352, 2016, p. 1.459.

_____. *Financial Market Complexity*. Oxford, 2003.

KENDALL, David. "Toast to John Hammersley". In: *Disorder in Physical Systems*. GRIMMETT, G. e WELSH, D., orgs. 1, Oxford, 1990.

KENNEDY, Gavin. "Adam Smith and the Invisible Hand". *Econ. Journal Watch*, 2009, p. 63.

KRUGMAN, Paul. *The Self-Organizing Economy*. Blackwell, 1996.

LAUGHLIN, R. B. e PINES, David. "The Theory of Everything". *PNAS*, nº 97, 2000, p. 28.

_____. *A Diferent Universe*. Basic Books, 2005.

LEDERMAN, Leon e TERESI, Dick. *The God Particle*. Houghton Mifflin Harcourt, 1993.

MALAMUD, Bruce D. *et al.* "Forest Fires: An Example of Self-Organized Critical Behavior". *Science*, nº 281, 1998, p. 1.840.

MANDELBROT, Benoit B. e HUDSON, Richard L. *Mercados financeiros fora de controle*. Campus, 2004.

McLEAN, Iain. *Adam Smith: Radical and Egalitarian*. Edinburgh, 2006.

MIROWSKI, Philip. *More Heat Than Light*. Cambridge, 1989.

MONTES, Leonidas. "Newtonianism and Adam Smith". In: *The Oxford Handbook of Adam Smith*. BERRY, C. *et al.*, orgs. 36, Oxford, 2013.

NAGEL, Kai *et al.* "Still Flowing: Approaches to Traffic Flow and Traffic Jam Modeling". *Op. Res.*, nº 51, 2003, p. 681.

NEWMAN, M. E. J. *Networks: An Introduction*. Oxford, 2010.

PASTOR-SATORRAS, R. *et al.* "Epidemic Processes in Complex Networks". *Rev. Mod. Phys.*, nº 87, 2015, p. 925.

RADICCHI, Filippo e CASTELLANO, Claudio. "Leveraging Percolation Theory to Single out Influential Spreaders in Networks". *Phys. Rev. E*, nº 93, 2016.

RAE, John. *Life of Adam Smith*. Macmillan, 1895.

ROMILLY, Samuel. "Letter LXXI, To Madam G–", 20 de agosto de 1790. In: *Memoirs of the Life of Sir Samuel Romilly*, org. por seus filhos, vol. I, 1840, p. 404.

ROSS, Ian S. *Adam Smith: uma biografia*. Record, 1999.

ROTHSCHILD, Emma. *Sentimentos econômicos*. Record, 2003.

SCHOFIELD, Robert E. "An Evolutionary Taxonomy of Eighteenth-Century Newtonianisms". *Stu. Eighteenth-Cent. Cult.*, nº 7, 1978, p. 175.

SCOTT, Andrew C. *et al. Fire on Earth: An Introduction*. Wiley, 2014.

SMITH, Adam. *A riqueza das nações*. Nova Cultural, 1996.

_____. "História da astronomia". In: *Ensaios filosóficos,* Unesp, 2019.

SOLÉ, Ricard V. *Phase Transitions*. Princeton, 2011.

SORNETTE, Didier. "Physics and Financial Economics (1776-2014)". *Rep. Prog. Phys.*, nº 77, 2014.

STROGATZ, Steven H. *Sync: The Emerging Science of Spontaneous Order*. Hyperion, 2003.

SULLIVAN, A. L. "A Review of Wildland Fire Spread Modelling, 1990-2007. 2: Empirical and Quasi-Empirical Models". *Int. J. Wildland Fire*, nº 18, 2009, p. 369.

TADAKI, Shin-ichi *et al.* "Phase Transition in Traffic Jam Experiment on a Circuit". *New J. of Physics,* nº 15, 2013.

TREIBER, Martin e KESTING, Arne. *Traffic Flow Dynamics*. Springer, 2013.

TSINOBER, A. *An Informal Conceptual Introduction to Turbulence*. Springer, 2009.
WATTS, Duncan J. *Seis graus de separação: a evolução da ciência de redes em uma era conectada*. Leopardo, 2009.
WATTS, Duncan J. e STROGATZ, Steven H. "Collective Dynamics of 'Small-World' Networks". *Nature*, nº 393, 1998, p. 440.
WEIR, John. "Probability of Spot Fires during Prescribed Burns". *Fire Mgmt. Today*, 64, nº 2, 2004, p. 24.
WIGHT, Jonathan B. "The Treatment of Smith's Invisible Hand". *J. Econ. Educ.*, nº 38, 2007, p. 341.
WITTEN, Edward. "Phil Anderson and Gauge Symmetry Breaking". In: *PWA90*, CHANDRA, P. *et al.*, org., WSPC, 2016.
ZINCK, Richard D. e GRIMM, Volker. "Unifying Wildfire Models from Ecology and Statistical Physics". *Am. Naturalist*, nº 174, 2009, p. E170.

CAPÍTULO 7

Mórmons, morte e macacos: *"resignado com meu destino"*: Roberts, VI, p. 605. *"para nos reanimar"* e *"nossos sentimentos na ocasião"*: Roberts, VII, p. 101. *"Lançai para trás"*: Brodhead, p. 57 (citando o discurso de Emerson de 1838). *"exterminados"*: Roberts, III, p. 192. *"o lugar certo"*: Ostling, p. 44. *"Ser limpo"*: Dunbar, Grooming, p. 1. *"menores unidades independentes"*: Dunbar, "Constraint", p. 686. *"Dividimos o estacionamento"*: Gladwell, p. 179.

ANDREW, R. J. *et al*. "Open Peer Commentary on 'Coevolution of Neocortical Size, Group Size and Language in Humans'". *Behav. Brain Sci.*, nº 16, 1993, p. 681.
BENNETT, Drake. "The Dunbar Number". *Bloomberg BusinessWeek*, 14 de janeiro de 2013, p. 52.
BOWMAN, Matthew Burton. *The Mormon People*. Random House, 2012.
BRODHEAD, Richard H. "Prophets in America ca. 1830". *J. Mormon Hist.*, nº 29, 2003, p. 43.
Church Historian's Press. "Brigham Young Vanguard Company (1847)". *Mormon Pioneer Overland Travel, 1847-1868*.
DE VANY, Arthur S. e WALLS, W. David. "Motion Picture Profit". *J. Econ. Dyn. Control*, nº 28, 2004, p. 1.035.
DUNBAR, Robin. "Neocortex Size as a Constraint on Group Size in Primates". *J. Hum. Evol.*, nº 22, 1992, p. 469.
_____. "Coevolution of Neocortical Size, Group Size and Language in Humans". *Behav. Brain Sci.*, nº 16, 1993, p. 681.
_____. *Grooming, Gossip, and the Evolution of Language*. Harvard, 1996.

EPSTEIN, Edward Jay. *The Hollywood Economist 2.0*. Melville, 2012.
FOST, Joshua. "New Look at General Education". In: *Building the Intentional University*. KOSSLYN, Stephen M. e NELSON, Ben, orgs. MIT, 2017.
GLADWELL, Malcolm. *O ponto da virada*. Sextante, 2009.
LEIPZIG, Adam. "Sundance 2014". *Cultural Weekly*, 22 de janeiro de 2014.
O'LEONARD, Karen e KRIDER, Jennifer. "Leadership Development Factbook 2014". Bersin by Deloitte, 2014.
OSTLING, Richard N. e OSTLING, Joan K. *Mormon America*. HarperCollins, 2007.
RAJAN, Raghuram G. e WULF, Julie. "The Flattening Firm". *Rev. Econ. Stat.*, nº 88, 2006, p. 759.
ROBERTS, Brigham H. *History of the Church of Jesus Christ of Latter-day Saints*. Deseret News, vol. III (1905); vol. VI (1912); vol. VII (1932).
SPARVIERO, Sergio. "Hollywood Creative Accounting". *Media Ind. J.*, nº 2, 2015.
WICKS, Robert Sigfrid e FOISTER, Fred R. *Junius and Joseph*. Utah State, 2005.
WONG, Chi H. *et al.* "Estimation of Clinical Trial Success Rates and Related Parameters". *Biostat*, 2018.
YOUNG, Brigham. *The Complete Discourses of Brigham Young*. vol. 1. WAGONER, R. S. Van, org. Smith-Pettit, 2009.

CAPÍTULO 8

A teia da DARPA: *"saí de circulação"*: Bush, p. 63. *"no alto do viaduto"*: Weinberger, p. 34. *"nossa sobrevivência"*: Mieczkowski, p. 16. *"situação mais perigosa"*: Roberts. *"muito sabonete"* e *"as propostas sejam sugestões"*: Hafner.

Um gigantesco supositório nuclear: *"supositório"* e *"monte de incompetentes"*: Weinberger, *Imagineers*, pp. 96, 101. *"profundamente influenciado"*: Catmull. *"desenvolvidos na DARPA"*: Hiltzik, p. 145.

Seis graus de balões vermelhos e **Um problema de pasta de dentes:** *"movida a rosquinhas"*: Trewhitt. *"um pedacinho de fita colorida"*: atribuído a Napoleão Bonaparte, falando ao comandante do HMS *Bellerophon* em 15 de julho de 1815.

O problema de rasgar em pedacinhos: *"aumento da dispersão [salarial]"*: Wade, p. 528. *"segurando as rédeas"*: Hill. *"não tivesse sido a melhor decisão"*: entrevista. *"tendia a minguar"*: Hiltzik, p. 152. *"distrações organizacionais"*: Smith, p. 77 (citando Charles Thacker, líder do projeto do computador pessoal Alto; coinventor da Ethernet).

Pós-escrito: ver as notas 6 e 7 na página 348.

ALLIN, Sara *et al*. "Physician Incentives and the Rise in C-Sections". *NBER Working Paper*, 1º de março de 2015.

ARIELY, Dan. *Previsivelmente irracional*. Sextante, 2020.

BANDIERA, Oriana *et al*. "Matching Firms, Managers, and Incentives". *J. Labor Econ.*, nº 33, 2015, p. 623.

Bersin & Associates. "High-Impact Leadership Development". 2011.

BLOOM, Matt e MICHEL, John G. "The Relationships among Organizational Context, Pay Dispersion, and Managerial Turnover". *Acad. Mgmt.*, nº 45, 2002, p. 33.

BOCK, Laszlo. *Um novo jeito de trabalhar*. Sextante, 2015.

BRZEZINSKI, Matthew. *Red Moon Rising*. Times Books, 2007.

BUSH, Vannevar. *Pieces of the Action*. Morrow, 1970.

CATMULL, Edwin E. e WALLACE, Amy. *Criatividade S.A.* Rocco, 2014.

CERF, Vinton G. "The Day the Internet Age Began". *Nature*, nº 461, 2009, p. 1.202.

CSASZAR, Felipe A. "An Efficient Frontier in Organization Design". *Org. Sci.*, nº 24, 2013, p. 1.083.

DARPA. "Breakthrough Technologies for National Security". março de 2015.

DAYE, Derrick. "Neil McElroy Memo". *Branding Strategy Insider*, 12 de junho de 2009.

DRURY, Allen. "Missiles Inquiry Will Open Today". *The New York Times*, 25 de novembro de 1957.

DUGAN, Regina E. e Gabriel, Kaigham J. "'Special Forces' Innovation". *Harv. Bus. Rev.*, 1º de outubro de 2013.

GELL-MANN, Murray. *O quark e o jaguar*. Rocco, 1996.

HAFNER, Katie e LYON, Matthew. *Onde os magos nunca dormem*. Red Tapioca, 2019.

HERN, Daniela. "The Mother of All Demos, 1968". *WIRED*, 13 de dezembro de 2013.

HILL, Linda A. *et al*. "Collective Genius". *Harvard Business Review*, junho de 2014.

HILTZIK, Michael A. *Dealers of Lightning*. HarperCollins, 1999.

JACOBSEN, Annie. *The Pentagon's Brain*. Little, Brown, 2015.

KAHNEMAN, Daniel. *Rápido e devagar: duas formas de pensar*. Objetiva, 2012.

LEVITT, Steven D. e DUBNER, Stephen J. *Freakonomics*. Elsevier, 2007.

MARTINEZ, Marian Garcia, org. *Open Innovation in the Food and Beverage Industry*. Woodhead, 2013.

MERVIS, Jeffrey. "What Makes DARPA Tick?". *Science*, nº 351, 2016, p. 549.

MEYER, Josh. "Trading on the Future of Terror". *Los Angeles Times*, 29 de julho de 2003.

MIECZKOWSKI, Yanek. *Eisenhower's Sputnik Moment*. Cornell, 2013.

Newsday. "Russia Wins Space Race". 5 de outubro de 1957.

NPW (National Partnership for Women and Families). "Why Is the US Cesarean Section Rate So High?". Agosto de 2016.

ORDÓÑEZ, Lisa *et al*. "Goals Gone Wild". *Acad. Mgmt. Persp.*, nº 23, 2009, p. 6.

PICKARD, Galen *et al*. "Time-Critical Social Mobilization". *Science*, nº 334, 2011, p. 509.

ROBERTS, Chalmers M. "Enormous Arms Outlay Is Held Vital to Survival". *The Washington Post and The Times Herald*, 20 de dezembro de 1957.

RUBIN, Michael. *Droidmaker*. Triad, 2006.

SAH, Raaj K. e STIGLITZ, Joseph E. "The Architecture of Economic Systems: Hierarchies and Polyarchies". *Amer. Econ. Rev.*, nº 76, 1986, p. 716.

SAKALA, Carol *et al*. "Maternity Care and Liability". *Women's Health Issues*, nº 23, 2013, p. e7.

SCHWARTZ, Harry. "A Propaganda Triumph". *The New York Times*, 6 de outubro de 1957.

SMITH, Douglas K. e ALEXANDER, Robert C. *Fumbling the Future*. William Morrow, 1988.

TALEYARKHAN, R. P. *et al*. "Evidence for Nuclear Emissions during Acoustic Cavitation". *Science*, nº 295, 2002, p. 1.868.

TANG, John *et al*. "Reflecting on the DARPA Red Balloon Challenge". *Comm. ACM*, nº 54, 2011, p. 78.

THALER, Richard H. *Misbehaving: a construção da economia comportamental*. Intrínseca, 2019.

TRAVIS, John. "Interview with Michael Goldblatt". *Biosec. and Bioterr.*, nº 1, 2003, p. 155.

TREWHITT, Ethan. Acessado em 20 de julho de 2018: <https://cacm.acm.org/blogs/blog-cacm/76324-preparing-for-the-darpa-network-challenge>.

WADE, James *et al*. "Overpaid CEOs and Underpaid Managers: Fairness and Executive Compensation". *Org. Sci.*, nº 17, 2006, p. 527.

WEINBERGER, Sharon. "Scary Things Come in Small Packages". *The Washington Post*, 28 de março de 2004.

_____. *The Imagineers of War*. Knopf, 2017.

CAPÍTULO 9

A pergunta de Needham: *"Quando a gente aprende"*: Feynman, p. 230. *"barba branca espessa"*: Lu, p. 2. *"quase um ceceio"* e *"por que não se desenvolve"*: Winchester, pp. 37, 57. *"talvez o maior ato"*: Finlay, p. 265. *"Não há nada que nos falte"*: Maddison, p. 164.

Oito minutos que mudaram o mundo e **Três condições para um criadouro de missões lunáticas:** *"rejeitadas como absurdas"*: Voelkel, p. 22. *"cãozinho de colo"*: Koestler, p. 236. *"Pela primeira vez"*: Kepler, "Letter" (trad.: Baumgardt, pp. 31-32). *"só existe na mente"*: Kepler, *Astronomy*, p. 234 (trad. Koestler). *"esses oito minutos"*: Kepler, *Astronomy*, p. 286. *"alma semelhante"*: Cohen, "Kepler", p. 27. *"se libertar"*: Einstein.

Cinema, Medicamentos e **O destino dos impérios:** *"Nenhuma outra invenção"*: Hampton, p. 13. *"inúteis e prejudiciais"*: F. Allen, pp. 813-815. *"se sentia mais forte"*: Banting, p. 144. *"Foi uma ressurreição"*: Kienast, pp. 14-15. *"o personagem mais interessante"*:

Needham, vol. 1, p. 135. *"Em certas estantes de madeira"*: Needham, vol. 3, p. 482. *"audácia"* e *"nosso igual"*: Thoren, p. 380. *"desde que me aposentei"*: Sivin, "Shen", p. 10; Zuo, 211 (Sivin traduz a última frase como *"to chat with"* em vez de *"to talk to"*; ambas significam "conversar").

O suporte à vida nas missões lunáticas e **Por que a Inglaterra:** *"A ciência deveria ser nutrida"*: Merton, p. 234. *"é improvável"*: Cohen, *Modern Science*, p. 72. *"invenções extraordinárias [...] glória do mundo ocidental"*: Sprat, pp. 74-79.

ACEMOGLU, Daron e ROBINSON, James. *Por que as nações fracassam*. Elsevier, 2012.
ALITO, Samuel A., Jr. "The Origin of the Baseball Antitrust Exemption". *J. Supreme Court Hist.*, nº 34, 2009, p. 183.
AL-KHALILI, Jim. *The House of Wisdom*. Penguin, 2011.
ALLEN, Frederick M. *Studies Concerning Glycosuria and Diabetes*. Harvard, 1913.
ALLEN, Robert C. *História econômica global*. L&PM, 2017.
BANTING, F. G. et al. "Pancreatic Extracts in the Treatment of Diabetes Mellitus". *Can. Med. Assoc.*, nº 12, 1922, p. 141.
BAUMGARDT, Carola. *Johannes Kepler: Life and Letters*. Philosophical Library, 1951.
BLISS, Michael. *The Discovery of Insulin*. 25th Anniv. Ed. U. Chicago, 2007.
BRANDT, Loren et al. "From Divergence to Convergence: Reevaluating the History behind China's Economic Boom". *J. Econ. Lit.*, nº 52, 2014, p. 45.
CHRISTIANSON, J. R. *On Tycho's Island*. Cambridge, 2000.
COHEN, H. Floris. "The Rise of Modern Science as a Fundamental Pre-Condition for the Industrial Revolution". *Öst. Zeit. Ges.*, nº 20, 2009, p. 107.
COHEN, I. Bernard. "Kepler's Century: Prelude to Newton's". *Vistas in Astr.*, nº 18, 1975, p. 3.
_____. "Introduction", em *Puritanism and the Rise of Modern Science*. COHEN, I. B., org. pp. 1-111. Rutgers, 1990.
DALY, Jonathan W. *Historians Debate the Rise of the West*. Routledge, 2014.
_____. *The Rise of Western Power*. Bloomsbury, 2014.
DIAMOND, Jared M. e Robinson, James A., org. *Natural Experiments of History*. Harvard, 2011.
DREYER, Edward L. *Zheng He*. Pearson Longman, 2007.
DUTTA, Amartya. "Āryabhata and Axial Rotation of Earth". *Resonance*, nº 11, 2006, p. 51.
EASTON, Carol. *The Search for Sam Goldwyn*. U. Mississippi, 2014.
EASTWOOD, Bruce e MARTIN, Hubert. "Michael Italicus and Heliocentrism". *Greek, Roman, Byz. Stud.*, nº 27, 1986, p. 223.
EINSTEIN, Albert. *Escritos da maturidade*. Nova Fronteira, 1994.
ELMAN, Benjamin. *A Cultural History of Civil Examinations in Late Imperial China*. U. California, 2000.

FEYNMAN, Richard P. *Perfectly Reasonable Deviations*. Basic Books, 2005.
FINLAY, Robert. "China, the West, and World History". *J. World Hist.*, nº 11, 2000, p. 265.
GABLER, Neal. *An Empire of Their Own*. Crown, 1988.
GIL, Alexandra. "Breaking the Studios". *NYU J. Law & Liberty*, nº 3, 2008, p. 83.
GINGERICH, Owen. "The Great Martian Catastrophe and How Kepler Fixed It". *Phys. Tod.*, nº 64, 2011, p. 50.
GINGERICH, Owen e WESTMAN, Robert S. "The Wittich Connection". *Trans. Am. Phil. Soc.*, nº 78, 1988, p. i.
GOLDSTONE, Jack A. *Why Europe?*. McGraw-Hill, 2009.
GOLINSKI, Jan. *British Weather and the Climate of Enlightenment*. U. Chicago, 2007.
GRIBBIN, John. *The Fellowship*. Allen Lane, 2005.
HAMPTON, Benjamin Bowles. *A History of the Movies*. Covici, Friede, 1931.
HOBSON, John M. *The Eastern Origins of Western Civilization*. Cambridge, 2004.
HODGSON, Marshall G. S. *The Venture of Islam*. U. Chicago, 1974.
HUGHES, Sally Smith. *Genentech*. U. Chicago, 2011.
JACOB, Margaret C. *Scientific Culture and the Making of the Industrial West*. Oxford, 1997.
JARAMILLO, Laura e SANCAK, Cemile. "Why Has the Grass Been Greener on One Side of Hispaniola?". *IMF Staf Papers*, nº 56, 2009, p. 323.
JOSEPH, George G. *The Crest of the Peacock*. 3ª ed., Princeton, 2011.
KEPLER, Johannes. *New Astronomy*. trad. William H. Donahue, Cambridge, 1992.
_____. "To the Baron von Herberstein and the Estates of Styria", 15 de maio de 1596.
KIENAST, Margate. "I Saw a Resurrection". *Sat. Eve. Post*, nº 211, 2 de julho de 1938, p. 14.
KOESTLER, Arthur. *O homem e o universo*. Ibrasa, 1989.
LIN, Justin Y. *Demystifying the Chinese Economy*. Cambridge, 2012.
LINDBERG, David C. e SHANK, Michael H. *The Cambridge History of Science: vol. 2, Medieval Science*. Cambridge, 2013.
LINTON, C. M. *From Eudoxus to Einstein*. Cambridge, 2004.
LU, Gwei-Djen. "The First Half-Life of Joseph Needham". In: *Explorations in the History of Science and Technology in China*. LI, G. et al., orgs. Xangai, 1982, pp. 1-38.
LUNDE, Paul e BILKADI, Zayn. "Arabs and Astronomy". *Saudi Aramco World*, jan./fev. de 1986, p. 4.
MADDISON, Angus. *Contours of the World Economy, 1-2030 AD*. Oxford, 2007.
McCLINTICK, David e Faircloth, Anne. "The Predator". *Fortune*, 9 de julho de 1996.
MERTON, Robert K. *The Sociology of Science*. U. Chicago, 1973.
METCALF, Barbara D. e METCALF, Thomas R. *História concisa da Índia moderna*. Edipro, 2013.
MOKYR, Joel. *A Culture of Growth: The Origins of the Modern Economy*. Princeton, 2016.
MORRIS, Ian. *O domínio do Ocidente*. Bertrand, 2013.

NEEDHAM, Joseph. *Science and Civilization in China*. Cambridge, 1954-2015.

_____. "Foreword". In: ZILSEL, Edgar. *The Social Origins of Modern Science*. Kluwer, 2003.

PADMANABHAN, T. et al., orgs., *Astronomy in India*. Springer, 2010.

PAPIN, Denis. *A Continuation of the New Digester of Bones: Its Improvements, and New Uses It Hath Been Applyed to, Both for Sea and Land: Together with Some Improvements and New Uses of the Air-Pump*. J. Streater, 1687.

PLOFKER, Kim. *Mathematics in India*. Princeton, 2009.

RAGEP, F. Jamil. "Tūsī and Copernicus: The Earth's Motion in Context". *Sci. Context*, nº 14, 2001, p. 145.

_____. "Copernicus and His Islamic Predecessors". *Hist. Sci.*, nº 45, 2007, p. 65.

RAMASUBRAMANIAN, K. et al. "Modification of the Earlier Indian Planetary Theory by the Kerala Astronomers". *Curr. Sci.*, nº 66, 1994, p. 784.

ROBBINS-ROTH, Cynthia. *From Alchemy to IPO*. Perseus, 2000.

ROSTON, Tom. "'Slumdog Millionaire' Shoot Was Rags to Riches". *Hollyw. Rep.*, 4 de novembro de 2008.

RUSSELL, Thaddeus. *A Renegade History of the United States*. Simon and Schuster, 2011.

SALIBA, George. *Islamic Science and the Making of the European Renaissance*. MIT, 2007.

SHAPIN, Steven. *A Social History of Truth*. U. Chicago, 1994.

SHAPIN, Steven e SCHAFFER, Simon. *Leviathan and the Air-Pump*. Princeton, 2011.

SIVIN, Nathan. "Shen Kua." In *Science in Ancient China*. Aldershot, 1995.

_____. "Why the Scientific Revolution Did Not Take Place in China – or Didn't It?". *Chinese Science*, nº 5, 1982, p. 45 (revisto em 2005).

SNEADER, Walter. *Drug Discovery: A History*. Wiley, 2005.

SPRAT, Thomas. *The History of the Royal Society of London*. Londres, 1734 [1667].

SUN, Xiaochun. "State and Science: Scientific Innovations in Northern Song China, 960-1127". Tese de Ph.D. U. Pennsylvania, 2007.

THOREN, Victor E. *The Lord of Uraniborg*. Cambridge, 1990.

VOELKEL, James R. *The Composition of Kepler's Astronomia Nova*. Princeton, 2001.

WALSH, Judith E. *A Brief History of India*. 2ª ed., Facts on File, 2011.

WEINBERG, Steven. *Para explicar o mundo*. Companhia das Letras, 2015.

WESTMAN, Robert S. *The Copernican Question*. U. California, 2011.

WINCHESTER, Simon. *O homem que amava a China*. Companhia das Letras, 2009.

WOOTTON, David. *A invenção da ciência*. Temas e debates, 2017.

XU, Ting e REZAKHANI, Khodadad. "Reorienting the Discovery Machine: Perspectives from China and Islamdom". *J. World Hist.*, nº 23, 2012, p. 401.

ZUO, Ya. "Capricious Destiny: Shen Gua (1031-1085) and His Age". Tese de Ph.D. Princeton, 2011.

POSFÁCIO

Citações: "*caçadas de codorna*" e "*pequenas cidades dos Estados Unidos*": Walton, pp. 41, 64. "*luta justa*": Torkekull, p. 84. "*remédio mágico*": Edelhart.

BARTHÉLEMY, Jérôme. "The Experimental Roots of Revolutionary Vision". *MIT Sloan Mgmt. Rev.*, outubro de 2006.
BINDER, Gordon M. e BASHE, Philip. *Science Lessons*. Harvard, 2008.
CHRISTENSEN, Clayton M. *O dilema da inovação*. M. Books, 2011.
CHRISTENSEN, Clayton M. et al. "What Is Disruptive Innovation?". *Harvard Business Review*, dezembro de 2015.
COLLINS, Lauren. "House Perfect". *The New Yorker*, 3 de outubro de 2011.
EDELHART, Michael. "Putting Interferon to the Test". *The New York Times Magazine*, nº 130, 26 de abril de 1981, p. 32.
GALAMBOS, Louis. "Theodore N. Vail and the Role of Innovation in the Modern Bell System". *Bus. Hist. Rev.*, nº 66, 1992, p. 95.
GERTNER, Jon. *The Idea Factory*. Penguin, 2012.
GOOZNER, Merrill. "The Longest Search: How Eugene Goldwasser and Epo Gave Birth to Biotech". *Pharm. Exec.*, nº 24, 2004, p. 112.
JACOBS, Lawrence e JOHNSON, Kenneth P. "A Brief History of the Use of Interferons as Treatment of Multiple Sclerosis". *Arch. Neur.*, nº 51, 1994, p. 1.245.
KING, Andrew A. e BAATARTOGTOKH, Baljir. "How Useful Is the Theory of Disruptive Innovation?". *MIT Sloan Mgmt. Rev.*, setembro de 2015.
KRISTOFFERSSON, Sara. *Design by IKEA*. Bloomsbury, 2014.
LEPORE, Jill. "What the Gospel of Innovation Gets Wrong". *The New Yorker*, 16 de junho de 2014.
PIETERS, Toine. *Interferon*. Routledge, 2005.
RIORDAN, Michael e HODDESON, Lillian. *Crystal Fire*. Norton, 1997.
TORKEKULL, Bertil. *The IKEA Story*. Trad. Joan Tate, Litopat, 2011 [1998].
WALTON, Sam. *Made in America*. Elsevier, 1993.

Notas finais

Introdução

1 Às vezes são usados ligantes irreversíveis em experimentos de laboratório para examinar o funcionamento de proteínas diferentes. Eles se agarram fortemente a essas proteínas e com isso facilitam a detecção do papel delas no funcionamento comum da célula.

2 As vendas globais dos agentes estimuladores da eritropoiese da Amgen e da J&J (Epogen, Aranesp, Procrit, Eprex) chegaram a 9,8 bilhões de dólares em 2006. Entre 1989 (lançamento do Epogen) e 2004 (lançamento do Sensipar), a Amgen lançou dois produtos secundários e derivados e um agente estimulador de leucócitos (G-CSF), descobertos no Sloan Kettering Cancer Center. Fontes: receita dos produtos: declarações obrigatórias à SEC (Securities and Exchange Commission, a comissão de títulos e valores mobiliários dos Estados Unidos); história do G-CSF: Welte; papel de Goldwasser: Goozner, Goldwasser; o início da Amgen: Binder, conversas com diretores da Amgen e da J&J.

3 Assim como qualquer relatório de um só caso de um novo tratamento, nunca podemos saber com certeza que papel nosso medicamento teve na recuperação de Alex. Seu câncer reagiu ao tratamento (os tumores encolheram de forma significativa), mas um grande estudo subsequente sobre melanoma com nosso medicamento não teve sucesso e não houve estudos clínicos subsequentes sobre o sarcoma de Kaposi.

4 Os aços mais resistentes são feitos de ferro misturado com vários metais de transição (titânio, cromo, manganês, cobalto, níquel) e quantidades mínimas de outros elementos. A ciência de ajustar a resistência à tração com pequenas mudanças de estrutura é muito mais complexa do que a ciência de ajustar a temperatura de fusão. O ponto de fusão de um material é governado principalmente pelas forças de ligação entre as moléculas. Essas forças de ligação são muito mais fortes no ferro do que na água e por isso o ferro se funde a 1.538°C e o gelo, a 0°C. A resistência à tração de um material, que é a quantidade de tensão que ele consegue suportar antes de se romper, é muito sensível a um elemento *diferente* da estrutura: o arranjo de seus átomos. É difícil prever esses arranjos e o modo como afetarão a fratura, e é por isso que a ciência da resistência à tração é tão complexa.

Capítulo 1

1 O termo "RADAR" foi cunhado depois, em 1939, e em geral se refere a aparelhos que usam um sinal pulsante de um transmissor, e não um sinal contínuo, como descrito aqui. Embora ambos dependam da reflexão das ondas de rádio, a descoberta de Young e Taylor seria descrita com mais exatidão como detecção por interferência de ondas de rádio (o método do "ritmo").

2 No discurso de sua segunda cerimônia de posse, Roosevelt alertou que "homens cegamente egoístas" tinham transformado a ciência num "mestre implacável da humanidade". O sentimento popular culpava as tecnologias que poupavam mão de obra pelo desemprego elevado da Grande Depressão. (Roosevelt, 20 de janeiro de 1937.)

3 Mais tarde, Bush, que assessorou sete presidentes, descreveu Hopkins como o melhor chefe de gabinete que qualquer presidente já teve: "Acho que o que mais me atraiu foi sua lealdade absoluta ao seu superior e a supressão completa da ambição pessoal." Na época em que se conheceram, Hopkins também vinha trabalhando para montar um conselho de inventores comunitários e suas ideias se superpuseram. Ver Kenny; Sherwood; Bush, *Action*, p. 35.

4 O grupo acabou incluindo quase 2 mil pessoas e nove futuros ganhadores de prêmios Nobel.

5 O radar é uma variação do sonar, desenvolvido durante a Primeira Guerra Mundial. Os detectores de sonar emitem pulsos de som e esperam os ecos. Podem ser úteis em distâncias submarinas relativamente pequenas, onde há pouco ruído de fundo, ou no ar em noites escuras e silenciosas (baleias, golfinhos e morcegos usam o sonar). Os detectores de radar emitem pulsos de luz em vez de pulsos de som e medem a luz refletida que volta. Como no ar as ondas de luz vão muito mais longe do que as de som (podemos ver aviões distantes, mas não ouvi-los), o radar é melhor para distâncias maiores.

A luz usada no radar vem em diversos comprimentos de onda, assim como o som vem em diversas frequências. A corrente elétrica das antenas maiores gera luz de comprimento de onda maior (espectro do rádio); a corrente das antenas menores gera luz de comprimento de onda menor (espectro de micro-ondas). Portanto, as torres de rádio têm dezenas de metros de altura, enquanto as antenas de micro-ondas cabem na mão.

Pode ser confuso que a palavra "rádio" também se refira ao aparelho (agora encontrado principalmente nas salas de estar de filmes antigos) que converte a luz com comprimento de onda de rádio em sons de um alto-falante. Mas a onda de rádio, ao contrário do aparelho de rádio, só se refere à luz cujo comprimento de onda fica, mais ou menos, na faixa de 1 metro a 100 quilômetros.

6 Em julho de 1934, no Hotel New Yorker, em Manhattan, Nikola Tesla, então com 78 anos, anunciou o que considerava a invenção mais importante de sua carreira: um método para enviar pelo ar feixes de partículas que poderiam destruir 10 mil aviões inimigos voando a 400 quilômetros de distância. O feixe faria "exércitos de milhões caírem mortos de repente", sem deixar vestígios. A ameaça de aniquilação daria fim

a todas as guerras. Naturalmente, a manchete do *The New York Times* anunciava um "raio da morte". Ninguém nos Estados Unidos o levou a sério.

Mais ou menos na mesma época, no Reino Unido, Churchill vinha alertando para a ascensão da Alemanha e afirmava que Londres era "o maior alvo do mundo, um tipo de imensa vaca gorda [...] amarrada para atrair os predadores". Churchill estava em seus anos de isolamento, fora do governo e muitas vezes desdenhado como maluco. Conseguira ver um memorando interno de Albert Rowe, físico do Ministério do Ar, que afirmava que, "a menos que a ciência desenvolvesse algum método novo para auxiliar nossa defesa, provavelmente perderíamos a próxima guerra se começasse dentro de 10 anos". De acordo com David Fisher, físico e historiador do radar, Churchill chamou H. E. Wimperis, chefe de pesquisa do Ministério do Ar, e insistiu que examinasse os raios da morte. Diante dos protestos de Wimperis, Churchill lhe recordou em voz alta que o tanque, que ofereceu uma vantagem fundamental na Primeira Guerra Mundial, foi desdenhado por planejadores militares no início daquela guerra até que ele (Churchill) resgatasse a ideia. Pouco depois da ligação de Churchill, Wimperis entrou em contato com Robert Watson-Watt, engenheiro de rádio, "para que o aconselhasse sobre a praticidade de propostas do tipo coloquialmente chamado de 'raio da morte'". Watson-Watt e seu assistente logo concluíram que os raios da morte eram impossíveis, mas que feixes de radiação eletromagnética – ondas de luz – podiam ser usados na detecção. Em fevereiro de 1935, um comitê do Ministério do Ar criou uma pequena equipe para investigar a ideia de Watson-Watt. Quatro anos depois, o resultado foi o sistema de radar Chain Home.

E foi assim que os raios da morte salvaram a Inglaterra.

(Ver Fisher, *Summer,* pp. 54-68; Churchill, 1934.)

7 Também foram fundamentais o desenvolvimento de novas técnicas matemáticas e um sistema de gestão de dados sofisticado e em tempo real (o sistema Dowding) para processar os dados do radar. Essas técnicas deram origem ao que hoje chamamos de pesquisa de operações (Budiansky; Hartcup, pp. 100-121).

8 Em 28 de setembro de 1940, os britânicos entregaram a Loomis um gerador de energia do tamanho da palma da mão, necessário para criar o radar de micro-ondas portátil. Esse aparelho, chamado de magnétron, foi descrito por um historiador militar americano como "a carga mais valiosa já trazida à nossa costa" (Baxter, p. 142; Conant, pp. 179-208; Phelps).

9 Anos depois Churchill escreveu que "a Batalha do Atlântico foi o fator dominante durante toda a guerra. Nunca, nem por um momento, poderíamos esquecer que tudo que acontecia em outros lugares, em terra, no mar ou no ar, dependia, em última análise, de seu resultado [...]. A única coisa que realmente me assustou durante a guerra foi o perigo dos submarinos" (*Ring*, p. 6; *Finest Hour*, p. 529). Roosevelt concordava. Num telegrama de maio de 1941 a Churchill, ele escreveu que a guerra seria vencida ou perdida no Atlântico.

10 A história dos cientistas britânicos que decifraram os códigos Enigma alemães no programa Ultra já foi bem contada. No entanto, o Ultra teve pouco impacto sobre a Batalha do Atlântico. Isso se deveu, primariamente, ao sucesso ainda maior dos

alemães na quebra dos códigos britânicos (uma história que não foi bem contada): a espionagem alemã decifrou uma fração elevada das mais importantes mensagens navais aliadas do verão de 1938 ao fim de 1943. Numa análise confidencial, suprimida durante muito tempo no pós-guerra, o horrorizado comandante britânico da inteligência observou: "Esse recorde deplorável de realizações inimigas está substanciado, além de qualquer dúvida, em (a) interrogatórios de oficiais navais alemães de alta patente [...] e (b) exame dos diários de bordo alemães que contêm nossas mensagens decifradas." Ver a análise em Tighe e em Syrett, pp. 96-180, com uma descrição viva de como a espionagem de mensagens se desenrolou em tempo real. Resumos da espionagem de mensagens britânica e alemã: Erskine; Gardner, pp. 210-218; P. Kennedy, pp. 23, 35, 61-63.

11 Os Aliados construíram estações com antenas ao longo da costa norte-americana e canadense, além da Groenlândia e da Islândia, para dar cobertura a todo o Atlântico. A princípio, o sistema se chamou LRN, Loomis Radio Navigation (navegação a rádio Loomis), e depois, a pedido de Loomis, foi alterado para LORAN, de LOng--RAnge Navigation (navegação de longo alcance). O LORAN permitiu que aviões e navios determinassem sua localização com exatidão de 1% a até 2.250 quilômetros de uma estação. Amplamente usado até a década de 1990, o sistema foi então substituído pelo GPS. Ver Baxter, pp. 150-152; Conant, pp. 231-234, 265-267.

12 Os decodificadores alemães que interceptavam o tráfego pelo rádio se espantaram ao descobrir que apenas um ou dois aviões aliados protegiam o comboio. Em seu diário de guerra, Doenitz concluiu: "O radar do inimigo dificilmente errava uma embarcação" (Syrett, p. 134).

13 Antes, as granadas de artilharia usavam espoletas de tempo. Depois de estimar a olho o tempo de voo até o alvo, o artilheiro atirava e torcia para que a espoleta disparasse em algum ponto perto do alvo, o que era especialmente difícil com alvos móveis. As espoletas com radar, também chamadas de espoletas de proximidade ou de tempo variável, eliminaram o palpite e melhoraram drasticamente a eficiência de fogo. As espoletas de proximidade transformaram a capacidade de navios e bases se protegerem da chegada de aviões e ofereceram à artilharia em terra um poder de fogo muito mais devastador. Pouco depois da Batalha das Ardenas, um oficial americano recordou: "Os relatórios de prisioneiros de guerra são unânimes ao caracterizar o fogo de nossa artilharia como o mais desmoralizante e destrutivo já encontrado" (Baldwin, p. 280).

14 Em 11 de outubro de 1939, o economista Alexander Sachs levou a Roosevelt uma carta de Albert Einstein. Conhecida como carta de Einstein-Szilárd, avisava sobre trabalhos recentes que indicavam que "o elemento urânio pode ser transformado numa nova e importante fonte de energia" e que "bombas extremamente poderosas de um novo tipo podem, portanto, ser construídas".

15 Veja uma descrição detalhada do papel de Bush no lançamento do programa nuclear em Goldberg, "Bush and the Decision".

O Projeto Manhattan realizou a primeira explosão nuclear controlada em 16 de julho de 1945, dois meses após a rendição da Alemanha. A primeira bomba foi detonada sobre Hiroshima em 6 de agosto; a segunda, sobre Nagasaki, em 9 de agosto. O Japão se rendeu pouco depois.

Ensaios de Stimson e outros, publicados pouco depois da guerra, afirmaram que o uso das armas nucleares deu fim mais cedo à guerra com o Japão e salvou até um milhão de vidas americanas. Esses ensaios foram bastante propagados e aceitos pelo público. Na época, porém, muitos líderes militares importantes discordaram publicamente do ponto de vista oficial. (O general Curtis LeMay, por exemplo, que supervisionou os ataques de bombardeio ao Japão, afirmou: "A bomba atômica nada teve a ver com o fim da guerra." Todas as principais cidades japonesas já tinham sido dizimadas por bombardeiros aliados; o país estava sob embargo; sua Marinha acabara; o suprimento de petróleo e comida quase terminara; e o único aliado do Japão se rendera.)

O historiador Sam Walker disse recentemente que a decisão de usar a bomba contra o Japão "foi, em termos de longevidade e amargura, a questão mais controversa da história americana". A controvérsia gira em torno das razões por trás da rendição japonesa (o uso da bomba versus a declaração de guerra da Rússia ao Japão em 8 de agosto, que deu fim à última esperança de uma rendição mediada); da exatidão das justificativas no pós-guerra (que os historiadores de todos os lados concluíram que foram inventadas); e das motivações de Truman. Há um excelente livro de história que incorpora fontes só disponíveis em 1989, depois da morte do imperador japonês da época da guerra, e do colapso da União Soviética, em 1991: Hasegawa, *Racing the Enemy*. Veja um resumo recente e equilibrado do debate em Walker, *Destruction*; e os ensaios de Kelly, pp. 319-422, e Hasegawa, *Pacific*. LeMay: Bernstein.

Quase todos os historiadores concordam que os registros mostram pouca discussão entre Truman e seu pequeno círculo de assessores sobre os méritos de usar a bomba depois de pronta. A decisão de bombardear cidades densamente povoadas por civis fora tomada anos antes pelas potências aliadas e do Eixo. (Mais civis morreram no bombardeio de Tóquio em março do que em Hiroshima ou Nagasaki em agosto.)

Churchill pode ter articulado mais claramente a opinião da época quando disse a um ansioso Niels Bohr, em 1944, que não havia por que temer um mundo nuclear no pós-guerra: "Afinal de contas, essa nova bomba só será maior do que nossas bombas atuais e não envolve nenhuma diferença nos princípios da guerra" (Jones, "Churchill", p. 88). Só em retrospecto essa opinião mudou.

16 Numa conferência para comemorar o quinquagésimo aniversário de *The Endless Frontier*, um historiador observou que o relatório atingiu "status bíblico" nos círculos da política científica, amplamente examinado e interpretado, muitas vezes com conclusões contraditórias. A Fundação Nacional de Ciência, os Institutos Nacionais de Saúde e muitas outras agências de pesquisa americanas seguem o modelo dos princípios descritos no relatório de Bush. Veja mais sobre a época imediatamente posterior no Capítulo 8. Há relatos do impacto a longo prazo de *The Endless Frontier* em CSPO, pp. 1-35; England, pp. 3-110; Greenberg, pp. 68-148; Kevles, pp. 267-321; e Zachary, pp. 240-260. Veja resenhas recentes do impacto econômico da política científica federal em Lane; Jarboe; PCAST; e NAS.

17 A frase é atribuída a Branch Rickey, executivo do Hall da Fama do beisebol, que criou nesse esporte o sistema de ligas escalonadas (Major e Minor); construiu oito times da World Series, a final do campeonato nacional; e achou, contratou e lançou Jackie Robinson, o primeiro jogador de beisebol afro-americano (Breslin, p. 73).
18 Veja mais sobre cinema e medicamentos, inclusive a missão lunática Bond-Connery, no Capítulo 5. O título completo do quarto esboço do roteiro de *Star Wars* de 1976, usado quando as filmagens começaram, era "The Adventures of Luke Starkiller as Taken from the 'Journal of the Whills'" (As aventuras de Luke Starkiller contadas no "Diário dos Whills"). O tratamento inicial rejeitado em 1973 chamava-se "The Star Wars" (Rinzler).

Veja mais sobre criadouros de missões lunáticas em *setores* (descoberta de medicamentos; cinema) em vez de *empresas* no Capítulo 9. Esse capítulo também descreve um princípio adicional necessário para o sucesso de um criadouro de missões lunáticas, que ficaria muito fora do tema neste capítulo: o princípio da massa crítica.
19 Bush continuou: "Os militares aprendem a arte de comandar; ela está no centro de toda a sua carreira profissional. Também aprendem a se comportar bem em grupos fechados [...], é um oficial incorrigível, realmente, aquele que não apresenta uma atitude excessivamente atraente de cortesia em lugares onde a cortesia é exigida" (Bush, *Action*, p. 298).
20 Na biotecnologia, criar um medicamento novo é tão complexo que exige equipes imensas de artistas e soldados: biólogos, químicos, médicos, profissionais de marketing, especialistas em regulamentação. Os grupos geralmente desconfiam uns dos outros. Os biólogos podem considerar a química mais magia do que ciência; a medicina, sem ciência alguma; e os empresários, alienígenas de um planeta cruel. Os químicos tendem a se ver como os únicos verdadeiros desenvolvedores de medicamentos. Os médicos podem se considerar os únicos que têm importância no final e basta. Os empresários pensam em si como cuidadores calmos de um asilo de lunáticos. Para que um medicamento seja aprovado e distribuído aos pacientes, é preciso que todos esses grupos cooperem. Quem gerenciar a iniciativa terá que aprender a superar a desconfiança entre os grupos. Isso começa com a superação da preferência pessoal por seus iguais. Em outras palavras, para ter sucesso na biotecnologia, como Bush mostrou nas Forças Armadas e Vail e Jobs, nas empresas de tecnologia, é preciso aprender e praticar o respeito às oportunidades iguais.
21 Em contraste, o equivalente a Bush na Grã-Bretanha adotou a abordagem oposta. Frederick Lindemann, assessor científico de Churchill, defendia com paixão sua ideia de usar minas flutuantes no céu para se defender de aviões inimigos. Seu comportamento político burlesco retardou perigosamente o programa britânico do radar. Churchill também era incapaz de resistir a mergulhar fundo – muito fundo – em missões lunáticas. Por exemplo, ele insistiu no projeto secreto de construir uma ilha flutuante de 2 milhões de toneladas feita de gelo para transportar aviões. E ofereceu instruções específicas, como o tipo de gelo a escolher e de que modo borrifar o gelo. A ideia chegou a Roosevelt, que fez perguntas sobre ela a Bush. A breve resposta de

Bush: a esse custo, pode-se construir um porta-aviões que "não vai derreter". Roosevelt abandonou o assunto. (Snow, pp. 10-38; Bush, *Action*, pp. 123-125; Perutz.)

Capítulo 2

1 As recomendações foram controversas na época. Nenhum estudo controlado mostrou que reduzir a gordura na alimentação melhoraria a saúde, o que levou o presidente da Academia Nacional de Ciências a afirmar, numa sessão do Congresso americano: "Que direito tem o Governo Federal de propor que o povo americano realize uma vasta experiência nutricional, consigo mesmo como participante, com base em tão poucos indícios?" Os grandes estudos clínicos subsequentes não encontraram provas a favor dos benefícios à saúde da dieta pobre em gordura. No entanto, as diretrizes sobre baixo teor de gordura persistiram até bem recentemente. Ver Taubes, pp. 3-88; NRC, p. 10.
2 Numa troca de e-mails recente, o Dr. Yamamoto observou que a paciente S. S. foi finalmente curada aos 23 anos, com uma combinação de tratamento com estatinas, duas cirurgias de ponte de safena e plasmaferese, que permitiram uma gestação aos 26 anos. Foi o efeito consistente do tratamento com a estatina de Endo, em dose baixa, numa série de pacientes subsequentes com HF heterozigótica (mais moderada) que convenceu os doutores Yamamoto, Endo e outros pesquisadores de que o medicamento era eficaz.
3 O composto da Merck (chamado de MK-803, lovastatina, mevinolina ou Mevacor) e o de Endo (chamado de ML-236B, compactina ou mevastatina) são idênticos, com exceção de um átomo de hidrogênio num anel lateral da mevastatina, substituído por um grupo metila (um átomo de carbono e três de hidrogênio) na lovastatina. Ver, por exemplo, Alberts, "Lovastatin".
4 Outros relatos de cientistas da Merck: Alberts; Cordes; Tobert; Vagelos. As cartas que documentam a conversa entre a Merck e a Sankyo, de abril de 1976 a outubro de 1978, foram gentilmente oferecidas ao autor por Akira Endo. As cartas entre a Merck e a Sankyo foram trocadas, principalmente, entre H. Boyd Woodruff (administrador executivo dos Merck Research Labs) e o Dr. Issei Iwai (diretor do Departamento de Planejamento de Produtos da Sankyo), embora uma tivesse sido endereçada diretamente a Endo, outra diretamente ao Dr. Ko Arima (supervisor de Endo, chefe dos Sankyo Central Research Labs). Em 16 de abril de 1976, Woodruff escreveu a Iwai: "As propriedades do composto [ML-236B] são muito interessantes, e os bioquímicos de nosso laboratório gostariam de avaliá-lo [...]. Esperamos que, como resultado desse intercâmbio, encontre-se um produto adequado para licenciamento e retorno de royalties." Uma carta da Merck datada de 23 de setembro de 1977 resumiu o trabalho conjunto: "Seu composto ML-236B tem propriedades notáveis [...]. Parece evidente que uma aplicação terapêutica prática se desenvolverá a partir do programa de pesquisa do Dr. Endo."
   Em suas memórias, Vagelos, que entrou na Merck em 1975, descreve a Sankyo como "seguindo nossos passos" (p. 137). Endo descobriu a primeira estatina em

1973; pediu a patente em nome da Sankyo em junho de 1974; demonstrou a atividade da estatina em modelos animais no início de 1976; a pedido da empresa, revelou à Merck dados exclusivos de 1976 a 1978; e iniciou os primeiros estudos clínicos em seres humanos em 1978, demonstrando que as estatinas podem ajudar os pacientes. Tudo isso aconteceu antes que a Merck iniciasse seu programa de estatinas, que, de acordo com a empresa, começou em outubro de 1978.

5 Vagelos descreve ter pedido várias vezes à Sankyo, em 1980, o resultado do estudo em cães e diz que se surpreendeu quando eles se recusaram a atender. "Pensei que esse tipo de pedido direto teria sucesso, porque a Merck & Co., Inc. tinha laços fortes com o setor farmacêutico japonês", escreve ele. Vagelos descreve a falta de resposta da Sankyo como "uma questão ética" (Vagelos, pp. 149-150).

6 Veja histórias excelentes sobre a controvérsia do colesterol e as estatinas em Steinberg; Goldstein. Há revisões recentes dos benefícios, riscos e impacto das estatinas em Goldfine; Collins.

7 A franquia da Merck inclui as vendas de Mevacor (lançado em 1987); da versão melhorada Zocor (lançada em 1990); e do Vytorin (produto combinado: Zocor combinado ao Zetia da Schering-Plough, lançado em 2004). A receita líquida do Vytorin foi dividida com a Schering-Plough. Os números são dos balanços das empresas. As duas outras principais estatinas até hoje são Lipitor e Crestor. As vendas acumuladas do Lipitor (desenvolvido por cientistas da Warner-Lambert, hoje comercializado pela Pfizer) excederam os 140 bilhões de dólares. As vendas acumuladas do Crestor (desenvolvido por cientistas da Shionogi, hoje comercializado pela Astra-Zeneca) passaram dos 50 bilhões.

8 A mudança do valor de mercado da Genentech entre o primeiro anúncio de resultados positivos no câncer de cólon, em 19 de maio de 2003, e a aprovação pela FDA, em 26 de fevereiro de 2004, foi de 38 bilhões de dólares. A mudança de um dia a partir do anúncio em 19 de maio foi de 9 bilhões.

Em 2006, um grande estudo clínico de um derivado do Avastin chamado Lucentis mostrou que ele pode reverter um tipo de cegueira. (Demonstrou-se que injeções de Avastin trazem benefício semelhante.) O editorial a respeito no periódico *The New England Journal of Medicine* descrevia o resultado como "milagroso", expressão que o *NEJM* só aplicou a resultados de estudos em uma única ocasião nos últimos 20 anos (cirurgia bariátrica). Ver Stone; Rosenfeld.

9 Por causa de certa superposição entre suas patentes nos Estados Unidos e as patentes que Endo e Sankyo tinham pedido no Japão, a Merck acabou forçada a licenciar para a Sankyo determinados direitos territoriais do Mevacor.

Capítulo 3

1 A participação máxima da AT&T no valor do mercado de capitais americano chegou a 13% (1932); Apple, Microsoft e GE tiveram cada uma, no máximo, menos de 4% do valor total do mercado. Dados: University of Chicago Center for Research in Security Prices, US Stock Database (nov. 2017).

2 Para os jovens demais para se lembrar do auge da obra de Sylvester Stallone, a referência é a *Rambo*.
3 O Sabre acabou se tornando uma empresa independente e não faz mais parte da American Airlines.
4 Truman enviou o general Albert Wedemeyer à China para investigar. Apesar do relato coerente do general e de sua recomendação de aumentar a ajuda a Chiang Kai-shek, Truman se recusou, agindo segundo os conselhos do secretário de Estado, George Marshall. Em 1949, Mao derrotou Chiang e assumiu o controle da China. Chiang e os nacionalistas fugiram para Formosa (Taiwan). Na década de 1950, o resultado levou ao debate amargo nos Estados Unidos sobre "quem perdeu a China" (Wedemeyer; May).
5 O Me-262 se chamava *Schwalbe*, "engolir" em alemão. Hitler não gostou do nome, que foi trocado para *Sturmvogel*, "Pássaro da Tempestade".

Em motores comuns, a água fervente ou as explosões de gás fazem pistões se moverem para a frente e para trás dentro de um cilindro para girar um torno, um eixo ou uma hélice. Todos os aviões antes da Segunda Guerra Mundial voavam com hélices e motores a pistão. No motor a jato, a exaustão de uma explosão controlada de combustível cria o impulso à frente. Um jato "que respira ar", ou seja, que mistura o combustível com ar, move os aviões a jato. Os foguetes não inspiram ar; a mistura química dentro do foguete queima para produzir a exaustão.
6 Goddard morreu de câncer em agosto de 1945, cedo demais para ver os Estados Unidos porem suas ideias em prática mas a tempo de examinar a tecnologia alemã capturada e reconhecê-la como sua.

Depois da Segunda Guerra Mundial, os Estados Unidos recrutaram os cientistas de foguetes alemães que estudaram o trabalho de Goddard para ajudar a desenvolver o programa espacial americano. Em 1959, a NASA deu a seu maior centro de pesquisas em voos espaciais o nome de Goddard. Em 1960, o governo admitiu que seu programa de foguetes infringia as patentes originais de Goddard e pagou aos herdeiros 1 milhão de dólares.

Vannevar Bush não viu o potencial dos motores a jato, seu erro mais grave durante a guerra. A V-2 percorria mais de 3.200 quilômetros por hora sem ser tocada pelo fogo antiaéreo, rápida demais para ser interceptada por aviões. Felizmente para os Aliados, os jatos e foguetes alemães chegaram tarde demais para fazer diferença no resultado da guerra. Eles foram neutralizados pela avassaladora superioridade aérea dos Aliados em 1944, que lhes permitia bombardear as pistas usadas pelos jatos e os locais de lançamento de foguetes (Boyne; Bush, *Arms*, pp. 71-89; Clary; Pavlec; King).
7 Vários biógrafos recentes escreveram bastante sobre a controvérsia que cercou o retrato de Lindbergh como antissemita e simpatizante dos nazistas. Os defensores observam que Lindbergh visitou a Alemanha na década de 1930 a pedido das Forças Armadas e do Departamento de Estado americanos; fez um relatório aos líderes políticos e militares americanos e britânicos, a pedido deles, sobre a capacidade da Força Aérea alemã; e que sua avaliação do poderio da Luftwaffe foi fundamental

para mobilizar as forças americanas e britânicas. Os defensores também observam que a opinião antibélica de Lindbergh na época se alinhava à da maioria dos americanos e era motivada pela opinião dele de que Stalin era uma ameaça maior do que Hitler; e que sua opinião sobre o regime nazista, como a de muitos outros na época, mudou depois de chegarem notícias do imenso pogrom da *Kristallnacht*, organizado pelos nazistas contra os judeus no fim de 1938. (Lindbergh abandonou seu plano de se mudar para a Alemanha e escreveu que "não desejava dar um passo que parecia apoiar a ação alemã em relação aos judeus".) Outros observam a simpatia de Lindbergh, no período anterior à guerra, pela opinião extremada sobre raça e eugenia compartilhada por alguns amigos e mentores seus (Alex Carrel, Truman Smith, Henry Ford) e argumentam que sua avaliação errada do poderio da Força Aérea alemã foi fundamental para o pacto de apaziguamento de Munique em 1938.

Quase todos os biógrafos concordam que Lindbergh era politicamente ingênuo e que permitiu que sua fama fosse usada por líderes políticos de todos os lados a favor de interesses próprios. (Até Albert Speer, importante autoridade nazista, descreveu Lindbergh, anos depois da guerra, como "ingênuo".) A escolha de Lindbergh de evitar comentários públicos sobre a campanha contra sua pessoa, apesar dos ataques factualmente incorretos, corroeu ainda mais sua imagem pública. Depois de Pearl Harbor, Lindbergh tornou-se muito favorável à guerra, mas sua imagem pública nunca se recuperou. (Ver Berg, pp. 355-458; Olson; Wallace. Speer citado em Wallace, p. 193; Lindbergh citado em Berg, p. 380.)

8 Lindbergh acabou arranjando contratos de consultoria com dois fabricantes de aviões e conseguiu convencer um esquadrão aéreo dos Fuzileiros Navais, baseado no Pacífico em 1944, a contratá-lo como consultor industrial, ostensivamente para avaliar o desempenho dos aviões. Como civil, Lindbergh pilotou 50 missões de combate contra os japoneses, o que tecnicamente era ilegal. Um piloto recordou: "Lindbergh era infatigável. Fez mais missões do que se esperaria normalmente de um piloto de combate regular. Fez bombardeios de mergulho sobre posições inimigas, afundou balsas e patrulhou nossas forças de desembarque na ilha Noemfoor. Foi alvejado por quase todos os canhões antiaéreos [...] a oeste da Nova Guiné." Lindbergh ensinou aos pilotos suas técnicas de voo de longa distância: baixando as rotações por minuto dos motores e usando mais pressão na tubulação, era possível poupar combustível e aumentar o tempo de voo e o raio de combate em até 50%. A autonomia aumentava a segurança dos aviões e permitia ao esquadrão surpreender o inimigo bem mais fundo em seu território. O general MacArthur ouviu falar disso, mandou chamar Lindbergh e lhe disse que sua técnica era uma "dádiva dos céus". Ele pediu a Lindbergh que ensinasse a outros esquadrões e lhe deu permissão de pilotar o avião que quisesse. (Um piloto recordou: MacDonald; MacArthur citado em Berg, p. 452.)

Capítulo 4

1 Para visualizar a polarização, imagine prender a ponta de uma corda (raio de luz) a uma parede, na altura do quadril, e se afastar da parede segurando a outra ponta

até esticar a corda. Bater a corda de cima para baixo cria uma onda com polarização vertical. Bater a corda de um lado para outro cria uma onda com polarização horizontal. Os raios de luz são a propagação de vibrações de campos elétricos e magnéticos. O movimento da corda corresponde às oscilações do campo elétrico.

2 A analogia com o drone não é perfeita, já que a luz age como uma onda. A luz polarizada a 45 graus é uma mistura homogênea de ondas polarizadas na horizontal e na vertical. Mais exatamente, o filtro polarizado na horizontal isola apenas a parte horizontal da onda.

3 Muitas discussões culpam as montadoras de automóveis por não adotarem a ideia por causa da despesa adicional. No entanto, cobrir o para-brisa com o polarizador poderia reduzir em até 50% a visibilidade. A redução da visibilidade é uma preocupação de segurança bastante grande, principalmente em condições de pouca luz.

4 Por ser polarizada, a luz das telas de LCD pode ser bloqueada por filtros polarizadores. (Você pode testar segurando óculos polarizados diante de uma tela e girando-os até os 90 graus.) A dificuldade de ler visores de LCD com óculos de sol polarizados reduziu o uso desses óculos.

5 O filme fotográfico usa a cor *subtrativa*: produtos químicos no filme armazenam o oposto de uma cor (ciano em vez de vermelho, magenta em vez de verde, amarelo em vez de azul). As transparências usam a cor *aditiva* e armazenam a cor original.

6 Os chips CCD, na verdade, são dispositivos analógicos, e não digitais. Os sensores produzem uma voltagem *contínua* (analógica), e não *discreta* (digital), que corresponde à intensidade da luz que atinge um pixel, exatamente como um balde que recolhe chuva mede um nível de água contínuo, e não discreto. Mais tarde, acrescentaram-se aos CCD conversores de análogo a digital para que a saída pudesse ser armazenada em chips de memória digital. Embora outros nomes usados na época para os aparelhos CCD ("imagens eletro-ópticas" ou "aparelhos semicondutores") sejam mais exatos, a expressão "fotografia digital" passou a distinguir o processo fotoelétrico do fotoquímico. Uso o nome no sentido atual mais comum.

7 Killian era amigo e colega de Land e acabou como membro do conselho da Polaroid. Killian e Land trabalhavam juntos e, em geral, se reuniam juntos com Eisenhower e, mais tarde, com Kennedy, Johnson e Nixon. (Killian presidia o grupo maior, o Technological Capabilities Panel, ou comissão de capacidade tecnológica.)

8 Em 2012, o historiador oficial do NRO observou que o órgão nunca recebeu, nem antes nem depois, cronogramas referentes aos ciclos eleitorais (Perry, p. 526).

9 A batalha entre as entidades se desenrolou entre a Força Aérea (scanners de filmes) e a CIA e Land (digital). Land desenvolveu a proposta de usar sensores digitais e ajudou a criar e orientar a Diretoria de Ciência e Tecnologia (Directorate of Science and Technology, DST) dentro da CIA, que apoiou formalmente a proposta digital; também foi ele que apresentou a ideia ao presidente. Num memorando confidencial, o diretor do NRO observou: "Se a EOI [*electro-optical imaging*, ou imagem eletro-óptica] for uma evolução movida a tecnologia, o Dr. Land é o principal motor" (Perry, p. 527). Veja o papel de Land no desenvolvimento da DST dentro da CIA,

além de protegê-la quando Kennedy quis dizimar a CIA depois da Baía dos Porcos, em Richelson, pp. 67-72.
10 A PSA, que funcionou de 1949 até ser comprada pela USAir em 1986, foi a primeira grande empresa aérea de baixo custo e, a princípio, só voava na Califórnia. O nariz dos aviões era pintado para parecer um rosto sorridente. A empresa serviu de modelo para a Southwest Airlines, que sobrevive até hoje e começou a funcionar em 1971. Lamar Muse, presidente fundador da Southwest, observou: "Não nos incomodamos de copiar uma operação como aquela" (*BusinessWeek*, "Love").
11 Os físicos chamam de estado "metaestável" aquele em que a transição de fase é temporariamente impedida, como na água super-resfriada.

Capítulo 5

1 Uma reportagem de primeira página do *The Wall Street Journal* citava Wozniak dizendo que o Apple II "foi ignorado na esperança de que morresse e sumisse" (Bellew; 7 de fevereiro de 1985).
2 Newton descreveu os pensamentos iniciais sobre gravidade e movimento planetário uma década antes, em seus cadernos de 1666 a 1668, mas no contexto da teoria dos "vórtices" de Descartes. Ele tinha abandonado a mecânica e a gravidade e estudava alquimia quando Hooke fez contato com ele em 1679. Hooke sugeriu a ideia essencial de que o movimento planetário deveria ser decomposto num componente inercial linear e uma força de atração centrípeta voltada para o Sol. A ideia é o ponto de partida, a Proposição 1, dos *Principia* de Newton. (Um historiador descreve as tentativas de Newton de revisar a data de prioridade de sua teoria e negar a contribuição de Hooke como "história falsa"; outro, como "conto de fadas".) Mais tarde, já presidente da Royal Society, Newton tentou apagar Hooke da história e quase conseguiu. O papel de Hooke só foi redescoberto e avaliado pelos historiadores nas últimas décadas.

Veja mais sobre Kepler no Capítulo 9. Há bons resumos da controvérsia entre Hooke e Newton em Cohen, pp. 223-279; Gal, pp. 161-230; Jardine, pp. 1-19; e Nauenberg. Quanto a Newton e o cálculo: "Prenúncios dos princípios e até da linguagem do cálculo [infinitesimal] podem ser encontrados nos textos de Napier, Kepler, Cavalieri, Pascal, Fermat, Wallis e Barrow. Foi sorte de Newton vir numa época em que tudo estava maduro para a descoberta, e sua habilidade lhe permitiu construir quase de imediato um cálculo completo" (Ball, p. 347). Sobre os outros antecessores de Newton, ver Hall; Whiteside. Quanto às asas, sapatos de mola e experiências com maconha de Hooke: Inwood, pp. 21, 334, 398. História falsa: Cohen, p. 248; conto de fadas: Whiteside, p. 14. Embora os relatos da controvérsia entre Hooke e Newton costumem se concentrar na prioridade de derivar a forma conhecida da gravidade com o inverso do quadrado da distância, muitos combinaram a lei periódica de Kepler com a força centrífuga de Huygens para derivar a mesma coisa (passo de uma linha).
3 De *An Account of the Plant call'd Bangue [Gange by the Moors], before the Royal Society, Dec. 18. 1689* (Hooke, p. 210): "É uma certa planta que cresce muito comumente na Índia [...]. Esse pó, ao ser mastigado e engolido ou deglutido com um

pequeno copo d'água, consegue, em pouco tempo, tirar bastante da Memória e do Entendimento; de modo que o paciente não entende nem recorda coisa alguma que viu, ouviu ou fez, naquele êxtase, mas se torna, por assim dizer, um mero natural, sendo incapaz de dizer uma palavra que faça sentido; mas está muito alegre, e ri, e canta, e fala palavras sem nenhuma coerência, sem saber o que disse ou fez; mas não está tonto nem bêbado, mas anda e dança, e mostra muitos truques estranhos; depois de algum tempo, adormece, e dorme muito profunda e silenciosamente; e, quando acorda, encontra-se muito restaurado e com fome excessiva."

4 Edmond Halley escreveu o prefácio (inscrição de abertura) dos *Principia*:
Ó vós que vos alegrais alimentando-vos do néctar dos deuses do céu
Uni-vos a mim para cantar louvores a NEWTON [...]
Mais perto dos deuses nenhum mortal chegará.
Voltaire escreveu: "O catecismo revela Deus às crianças, mas Newton o revelou aos sábios!"

5 Numa rápida aparição sem crédito, por assim dizer, foi o trabalho de Catmull e Smith com Schure e seus animadores de *Tubby, a Tuba* que ajudou a convencer a Disney (Price, p. 93).

6 A parceria foi com a Eli Lilly. A meta era uma versão sintética da insulina humana para tratar o diabetes. No meio século anterior, a Lilly e outros fornecedores tinham que moer pâncreas de porco ou vaca para extrair insulina. A engenharia genética permitiu fazer insulina em laboratório. Ver Hughes, pp. 75-106.

7 Receita baseada apenas nas vendas nos Estados Unidos (excluindo os royalties de vendas fora do país) no último ano completo antes da aquisição da Genentech pela Roche (relatório anual da Genentech em 2008).

Interlúdio

1 Em *The Self-Organizing Economy*, que descreve as conexões entre a economia e a ciência da emergência, Paul Krugman, Prêmio Nobel de economia, observou: "Quando Adam Smith escreveu sobre a maneira como o mercado conduz seus participantes, 'como se por uma mão invisível', a resultados que ninguém pretendia, o que ele descrevia senão uma propriedade emergente?"

Em reação ao comentário de Greenspan, Krugman escreveu no *The New York Times* que ficou "sem fala" com a falta de consciência de Greenspan sobre seu papel como causador da crise. "Alan Greenspan continua a se esforçar para cimentar sua reputação de pior ex-presidente do Fed da história" (30 de março de 2011).

2 A história de por que os mercados sempre cairão é um pouco mais complicada, mas envolve o mesmo princípio subjacente de duas forças adversárias.

3 Smith escreveu: "Tudo por nós e nada pelos outros é uma máxima vil" (citado em McLean, p. ix). Veja mais sobre as más interpretações de Smith em Kennedy, pp. 251-259; McLean, pp. viii-ix, 82-98; Rothschild, pp. 2-5, 116-156; Wight.

Sobre a preferência de Smith, de um contemporâneo: "Não se deve ficar muito surpreso se o público não faz justiça às obras de A. Smith, uma vez que ele mesmo não lhes fazia justiça, mas sempre considerou sua *Teoria dos sentimentos morais* uma obra muito superior a *A riqueza das nações* (Samuel Romilly, carta a Madame G–, 20 de agosto de 1790). Romilly lamentava "quão pouca impressão sua morte [de Smith] causou aqui. Quase não se percebeu, ao passo que por mais de um ano no total, após a morte do Dr. Johnson, nada se ouvia senão panegíricos a ele".

4 Ovídio, Shakespeare, Voltaire e Defoe usaram a expressão, assim como muitos escritores contemporâneos. Smith ensinou retórica antes de se tornar professor de filosofia e deu aulas sobre o uso das metáforas por Shakespeare; ele conheceria bem o uso (sua biblioteca continha muitos livros que usavam a expressão). O economista Gavin Kennedy observa: "Se Samuelson [o autor do livro-texto] tivesse lido *Sentimentos morais* e *A riqueza das nações*, em suas muitas edições e traduções até a década de 1970, em vez de recordar o que seus professores lhe ensinaram em Chicago e depois transmitindo o mesmo erro a centenas de milhares de leitores de economia, muitos dos quais se tornaram também professores, a epidemia atual de ideias enganosas sobre mãos invisíveis poderia ter sido contida." Ver também, pp. 2-5, 116-156; Wight, "Smith."

5 Veja uma história da inter-relação entre física e economia em Mirowski, principalmente no Capítulo 7: "The Ironies of Physics Envy". Sobre Newton e Smith: Montes; Hetherington. Newton foi muito menos dogmático sobre leis fundamentais do que muitos de seus discípulos. Ele considerava sua lei gravitacional uma aproximação até que surgisse algo melhor (Montes, pp. 41-42; Schofield, p. 177: "Newton não era newtoniano").

6 Citação completa: "Que o papel essencial representado por princípios organizativos mais elevados na determinação do comportamento emergente continue a ser negado por tantos cientistas físicos é um comentário pungente sobre a natureza da ciência moderna. Para os químicos e físicos do estado sólido, instruídos na mecânica quântica e que lidam com isso todo dia [...] a existência desses princípios é tão óbvia que é um clichê não discutido em companhia bem-educada. No entanto, para outros tipos de cientista a ideia é considerada perigosa e ridícula, pois discorda fundamentalmente das crenças reducionistas no centro de boa parte da física. Mas a segurança que vem de admitir apenas os fatos de que se gosta é fundamentalmente incompatível com a ciência. Mais cedo ou mais tarde, será varrida pelas forças da história." (Laughlin, "Theory", p. 30.)

Capítulo 6

1 Em certos metais, toda a resistência elétrica some de repente abaixo de uma temperatura muito reduzida – a fricção metálica comum simplesmente desaparece. A mudança súbita marca a transição de metal comum a *supercondutor*. Albert Einstein, Niels Bohr, Werner Heisenberg e Richard Feynman inventaram a teoria da relatividade, a mecânica quântica e a física de partículas hoje praticadas. Todos tentaram e não conseguiram explicar a supercondutividade. O mistério da supercondutividade continuou sem solução durante 46 anos, desde sua descoberta em 1911 até 1957, quando um trio de físicos mostrou que, abaixo de um limiar decisi-

vo de temperatura, os elétrons dentro do metal formam pares: como se indivíduos solitários que vagam pela pista de dança de repente ouvissem música e corressem para encontrar seu par. Phil Anderson, já mencionado, mostrou que o rompimento da simetria associado a esses pares de elétrons explica por que a resistência elétrica cai exatamente a zero.

Alguns físicos de partículas aplicaram as ideias de Anderson para resolver outro mistério duradouro: como pensar sobre a origem da massa no universo. Em conjunto, eles chegaram à ideia do chamado bóson de Higgs. (Murray Gell-Mann, que cunhou o nome "quark" e ajudou a criar o modelo-padrão da física de partículas – e por isso ganhou o Prêmio Nobel em 1969 –, defendeu que o nome deveria ser bóson de Anderson-Higgs.)

Histórias da supercondutividade: Schmalian; Cooper. Histórias populares da busca de Higgs: Carroll, pp. 135-162; Gell-Mann, pp. 193-194; e Lederman. Histórias técnicas do mecanismo de Anderson-Higgs: Brown; Hoddeson, pp. 478-522; Anderson, pp. 4-49, 115-119; Witten.

2 No fim da década de 1970 e início da de 1980, os matemáticos provaram formalmente a equivalência entre os modelos de percolação e os modelos de disseminação de doenças.

3 Mais exatamente, o que importa é a razão entre a taxa de ignição e a taxa de rebrotamento das árvores. Quando a taxa de ignição é baixa comparada à de rebrotamento, a densidade de árvores na floresta aumenta aos poucos até atravessar o limiar de contágio. Para os caçadores de fatos sobre incêndios: a maioria dos incêndios dos Estados Unidos é causada por pessoas. Um estudo de 2002 com 538.809 incêndios florestais no país de 1970 a 2000 constatou que 57% deles foram causados por pessoas e 43%, por eventos naturais, geralmente raios (Brown, p. 15).

4 As razões são os exemplos mais simples de uma distribuição da lei de potência, na qual a frequência varia na proporção inversa exata do tamanho. Modelos sofisticados de incêndio florestal preveem um expoente mais próximo de 1,15 do que de 1,0. Veja resenhas em Hantson; Zinck.

5 De acordo com o site Oracle of Bacon, em outubro de 2018, dos 2,9 milhões de atores de seu banco de dados, um total de 2,3 milhões tinha um vínculo com Bacon. Desses, 3.452 (0,1%) tinham um grau de distância; 403.920 (17%), dois graus; e 1.504.560 (64%), três graus.

6 O artigo de Watts-Strogatz de 1988 é seguido de perto pelo artigo de Barabási-Alberts de 1999, que propunha um conceito semelhante, acrescentando a ideia de "apego preferencial": nós com mais ligações fazem mais amizades. Em outras palavras, os garotos populares são mais amados. (O mesmo princípio está por trás do algoritmo de busca PageRank, do Google.) De acordo com a lista filtrada mantida pelo banco de dados INSPIRE de física de alta energia, os dois artigos mais citados de física "fundamental" (excluindo a ciência de materiais e as técnicas de cálculo) são o artigo de 1967 de Steven Weinberg sobre o modelo-padrão da física de partículas (5.905 citações) e o de 1999 de Juan Maldacena sobre a teoria das cordas (4.651 citações). As citações não refletem necessariamente a importância; os artigos

de Einstein, por exemplo, são raramente citados hoje porque as ideias já estão muito integradas. Todos os números de citações são de Web of Science Core Collection.

7 Quatro elevado a 2,5 é 32. Como as árvores da floresta se limitam a infectar somente as árvores com proximidade física mas as pessoas podem disseminar informações rapidamente num grupo grande, a forma das leis de potência é diferente nos dois casos. Para os especialistas: o expoente de 2,5 é o que se obtém na teoria da percolação quando o número de vizinhos cresce (uma rede de dimensão infinita).

8 Veja mais sobre a aplicação de técnicas da física estatística à ciência das redes e aos conflitos humanos nas referências das Notas bibliográficas.

Capítulo 7

1 "A afirmação de Jesus de ser o Cristo ou o Messias nunca se quis excludente, afirma Emerson", escreveu Richard Brodhead em 2003. "A mensagem do Jesus vivo era exatamente o oposto [...]. Ele convida [seus seguidores] não para o papel de ministro, detentor de um cargo oficial numa igreja institucional, mas para o papel de profeta-pregador: aquele que desfruta com orgulho de acesso ao divino e que desperta os outros para seus poderes comparáveis." (Brodhead, pp. 56-57.)

2 Na descoberta de medicamentos, a probabilidade de que um medicamento que entre em estudos clínicos percorra todo o caminho até a aprovação pela FDA tem ficado numa média constante, segundo muitos estudos, de cerca de 10%. (Varia de 1 em 5 a 1 em 20, dependendo da área da doença e do tipo de medicamento.)

No setor de cinema, uma estatística muito citada afirma que menos de um em cinco filmes lançados gerará retorno positivo. No entanto, ao contrário da descoberta de medicamentos, a produção de cinema não é muito regulamentada e, portanto, é quase impossível confirmar os dados. As vendas secundárias (por exemplo, *streaming* de vídeo) podem aumentar essa proporção. No entanto, apesar de algum benefício das vendas secundárias, a regra dos 20% mede apenas o percentual de filmes *lançados*. Há muito mais filmes terminados do que lançados: milhares de filmes são produzidos por ano e só algumas centenas chegam aos cinemas. A razão reduzidíssima de projetos de filmes terminados em relação a filmes começados, como no caso dos medicamentos, faz com que seja baixíssima a probabilidade de o investidor no projeto inicial de um filme obter retorno positivo. (Descoberta de medicamentos: Wong. Cinema: Sparviero; Epstein.)

3 Esses exemplos se referem à participação no sentido comum, de participação geral no sucesso da empresa (por exemplo, ações, opção de compra de ações ou participação nos lucros). Ela também pode estar diretamente ligada ao sucesso do projeto e separada do sucesso da empresa, o que é discutido adiante.

4 Se a razão entre adequação habilidade-projeto e retorno da política (O) ficar muito fora de esquadro, as organizações tendem a se rearranjar para que essa razão volte a se aproximar de um. Por exemplo, os funcionários que resolvem facilmente seus projetos atuais – uma razão de habilidade muito alta – podem ser promovidos até que sua gama de projetos se torne mais desafiadora.

Capítulo 8

1. Ver a nota 6 do Capítulo 1.
2. Algumas empresas escondem seus melhores funcionários exatamente por essa razão: medo de que o talento seja roubado. Essas empresas nunca atrairão nem manterão grandes talentos. Os astros encontrarão o caminho de concorrentes que não tenham medo de deixá-los brilhar diante de seus pares.
3. A Leukemia and Lymphoma Society, a Multiple Myeloma Foundation e a Cystic Fibrosis Foundation, associações de pacientes e de conscientização, formaram parcerias eficazes com empresas de biotecnologia que resultaram em novos medicamentos importantes. Os dois fármacos inovadores da Vertex Pharmaceuticals para tratar a fibrose cística, por exemplo, foram desenvolvidos com o apoio da Cystic Fibrosis Foundation.
4. Bloom; Wade. (Citação: Wade, p. 528.) Na economia, o modelo da "teoria dos torneios", no qual o pagamento dos funcionários é determinado por classificações relativas, pode fazer sentido num mundo imaginário em que cada um trabalhe sozinho nos projetos. No mundo real, ele exacerbará o problema descrito neste capítulo: inflamará as batalhas que destroem a coesão e estimulam a política. Nutrir missões lunáticas frágeis exige que os indivíduos se unam em torno de uma meta grande e empolgante em comum, e não que compitam para se destruir uns aos outros.
5. Ver uma análise dessas duas opções feita por economistas em Sah e Stiglitz; Csaszar.
6. Veja mais sobre a economia comportamental em *Rápido e devagar*, de Daniel Kahneman (de onde foi tirado o exemplo da pena de prisão); na série de vídeos *Predictably Irrational*, de Dan Ariely; ou no blog e na coleção *Freakonomics*, de Steven Levitt e Stephen Dubner. Há um resumo recente e uma história divertida em *Misbehaving: a construção da economia comportamental*, de Richard Thaler.
7. Ver em Allin uma análise econômica recente e em NPW uma avaliação das razões prováveis e dos mitos comuns por trás do aumento acentuado da taxa de cesarianas. Embora a pressão jurídica tenha sido frequentemente citada como fator contributivo do aumento, estudos recentes mostraram que ela teve um papel pequeno (Sakala).
8. Thaler observa que, embora a área tenha sido chamada de economia comportamental, "não é uma disciplina diferente; ainda é economia, mas economia feita com fortes injeções de boa psicologia e outras ciências sociais" (Thaler, p. 9).

Capítulo 9

1. O livro inicial de Needham evoluiu para uma série com outros autores, que evoluiu para um instituto de pesquisa em Cambridge que continua a lançar publicações. Até hoje, a série contém 27 livros separados, dos quais Needham é autor ou coautor de 14.
2. Anos depois, Needham escreveu sobre a visita de Lu e seus dois colegas, que chegaram ao mesmo tempo: "O fato de que, como mentes científicas, eles eram tão parecidos comigo despertou de forma muito viva em minha consciência o problema histórico de por que a ciência moderna se originou só na Europa, e não na China ou

na Índia." Há uma bibliografia sobre Needham e a Pergunta de Needham no verbete de Nathan Sivin nas *Oxford Bibliographies*; veja resenhas em Finlay; Sivin.

3 Só cinco acadêmicos: Westman, p. 309. Mais ou menos na mesma época de Magini, Tycho Brahe, então o maior astrônomo da Europa, também desdenhou publicamente as ideias heliocêntricas de Copérnico. Ele apresentou a própria teoria do movimento planetário com o título "Novo esboço de um sistema mundial recentemente inventado pelo Autor, no qual a antiga desgraciosidade ptolomaica e [...] o novo absurdo físico copernicano do movimento da Terra são eliminados" (Gingerich e Westman, p. 19)

4 Mercúrio, 2,9 meses; Vênus, 7,4 meses; Terra, 1 ano; Marte, 1,9 ano; Júpiter, 12 anos; Saturno, 30 anos. Urano, Netuno e Plutão eram desconhecidos na época.

5 Um grau tem 60 minutos e o arco do céu tem 360 graus. Em "The Great Martian Catastrophe and How Kepler Fixed It", Gingerich mostra que primeiro Kepler teve que resolver várias falhas importantes do modelo copernicano antes que a discrepância de oito minutos se revelasse.

6 Kepler foi abandonado pelo pai quando pequeno; foi perseguido pela crença protestante em terras católicas; sofreu a morte da primeira esposa e de três de seus filhos; e foi forçado a ver sua mãe de 74 anos, que gostava de curar com ervas e poções, ser acusada de bruxaria, presa e ameaçada de tortura. (Kepler liderou sua defesa e conseguiu finalmente sua absolvição.)

7 Bernard Cohen, historiador da ciência e principal biógrafo da Revolução Científica, escreveu: "A evolução mais significativa da ciência no século XVII pode ter sido o reconhecimento de que as leis da natureza não são escritas apenas na linguagem da matemática, mas da matemática superior, e que essas relações matemáticas têm que exprimir causas físicas, cuja natureza e cujo modo de ação devem ser elucidados pelo estudo dos fenômenos em relação a tais causas. Hoje esse aspecto 'newtoniano' da ciência moderna é considerado inicialmente kepleriano" (Cohen, "Kepler", p. 25). O filósofo francês Voltaire foi mais conciso: "Antes de Kepler, todos os homens eram cegos. Kepler tinha um olho; Newton, dois."

Numa excelente história recente da Revolução Científica, Steven Weinberg, físico ganhador do Prêmio Nobel, escreveu: "Os dois personagens que se tornaram mais conhecidos pelas tentativas de formular um novo método para a ciência são Francis Bacon e René Descartes. Em minha opinião, eles são os dois indivíduos cuja importância na Revolução Científica é mais exagerada." Os cientistas praticantes preferem quem faz a quem fala; teorias que funcionam a declarações de opinião. Kepler era alguém que fazia e cujas ideias funcionavam. Bacon e Descartes eram filósofos (Weinberg, p. 201).

8 Veja uma discussão extensa sobre a conexão entre a revolução da ciência e a da indústria em H. F. Cohen; Jacob; Mokyr; Goldstone, pp. 136-162; Lin, pp. 22-54; Xu e nas bibliografias que oferecem.

9 Veja pesquisas recentes sobre o surgimento do debate ocidental em Acemoglu, pp. 45-69; em ambos os livros de Daly; e em Mokyr. Acemoglu sintetiza os argumentos sobre o papel das instituições políticas e econômicas na explicação das disparidades modernas. Quanto ao experimento natural do Haiti e da República Dominicana, ver Jaramillo; e Diamond, pp. 120-141, que oferece muitos exemplos adicionais.

Os debates datam pelo menos do século XVIII, quando o Ocidente começou a crescer e muitas explicações foram inventadas para o fato. A teoria de Cachinhos de Ouro, por exemplo – a noção de que os povos de países quentes são muito preguiçosos e temperamentais; os de países frios, muito rígidos e lentos –, foi popularizada pelo filósofo Montesquieu em 1748. O filósofo David Hume defendeu, mais ou menos na mesma época, que as ideias de Montesquieu eram absurdas e que a verdadeira causa era a raça inerentemente superior do Ocidente (Golinski, pp. 175-178). Ambas as ideias, juntamente com variações (cultura superior, religião, etc.) persistiram durante mais de 200 anos.

10 Um portfólio diversificado de *10* missões lunáticas, cada uma com probabilidade de sucesso de 1:10, tem probabilidade de 65% de produzir pelo menos uma vitória, porque a probabilidade de que todas as 10 fracassem é de 0,9 elevado à décima potência: 35%. Um portfólio de *duas dúzias* tem probabilidade de 92% de produzir pelo menos uma vitória, porque a probabilidade de que todas as 24 fracassem é de 8%. Para a regrinha maceteada de 1 em 10 (no cinema e na descoberta de medicamentos), veja a nota 2 do Capítulo 7.

11 A Paramount foi adquirida pela Gulf + Western, empresa de peças de automóvel; a Columbia Pictures, pela Coca-Cola, que a dividiu cinco anos depois; a MGM, pelo magnata hoteleiro Kirk Kerkorian, depois por Giancarlo Parretti, com ajuda do banco francês Credit Lyonnais, e depois faliu (Parretti, descrito num relato como "magnata italiano de vulgaridade espantosa e encanto astuto", foi condenado por fraude); a Universal foi adquirida por uma agência de talentos, que acabou vendendo-a ao conglomerado japonês Matsushita, que voltou atrás e a vendeu cinco anos depois à fabricante de bebidas Seagram, que a vendeu cinco anos depois à Vivendi, que a repassou quatro anos depois à GE, que a fundiu com a NBC e depois entregou ambas ao dono atual, a Comcast. (Parretti: ver McClintick.)

12 Acordos isolados: por exemplo, duas produtoras pequenas obtiveram a opção de comprar os direitos do livro *Sua resposta vale um bilhão*, de Vikras Swarup. Elas chamaram o diretor Danny Boyle, levantaram financiamento e fizeram *Quem quer ser um milionário*. (Boyle baseou boa parte da história visual do filme em *Maximum City*, de Suketu Mehta.) Pouco antes da estreia do filme num festival de cinema, a Fox entrou com o dinheiro para o marketing e a distribuição em troca de participação igual nos lucros. Dois dias depois de assinado o acordo – dois anos depois de quase todos os estúdios dizerem não –, o filme estreou e foi aplaudido de pé. Seis meses depois, ganhou o Oscar de Melhor Filme. A estrutura é típica dos acordos isolados. Raramente o momento é tão bom. (Roston; N. Mankad, comunicação particular.)

13 Nem todo setor tem um criadouro próspero de missões lunáticas como os de cinema ou da descoberta de medicamentos. Naqueles que têm, as empresas maiores, as Grandes, têm opções: investir num grupo interno de missões lunáticas, investir em parcerias com o criadouro externo de missões lunáticas ou ambos. Há um argumento forte a favor de ambos (eles se complementam). Esse é o tema de uma discussão mais longa (e um livro maior).

14 No ano seguinte, Banting recebeu o Prêmio Nobel por sua descoberta.

15 "Um édito imperial de 1004 proibiu o estudo privado de astronomia e todos os tipos de previsão astrológica", com exceção das pessoas cegas (Sun, p. 61).
16 Por exemplo: o astrônomo Taqi al-Din construiu um observatório moderníssimo na capital do Império Otomano. Quatro anos depois, o sultão o fechou. O avistamento de um cometa deveria trazer boas notícias e não trouxe (Lunde).
17 Hobson, pp. 50-59; Brandt, pp. 49-50. O historiador Marshall Hodgson descreveu a Revolução Industrial europeia como "herdeira inconsciente da revolução industrial abortada da China Song" (Hodgson, p. 197).
18 Copérnico e todos os estudiosos que usavam matemática avançada na Europa do início da Era Moderna recorriam à álgebra, à trigonometria e ao sistema numérico moderno desenvolvido na Índia e no Império Islâmico e amplamente disseminado pela Europa (juntamente com os avanços médicos de Avicena). O desafio mais recente para a história eurocêntrica do "gênio solitário" foi a descoberta pelos historiadores, a partir do fim da década de 1950, de semelhanças espantosas entre teoremas fundamentais usados por Copérnico e a obra dos astrônomos islâmicos al-Dīn al-Urdī (m. 1266), Nasīr al-Dīn al-Tūsī (m. 1274), Ibn al-Shātir (m. 1375) e Ali Qushjī (m. 1474). Noel Swerdlow e Otto Neugebauer, importantes historiadores do início da astronomia, descreveram Copérnico como "o último astrônomo Marāgha", referindo-se à tradição de astronomia islâmica do observatório de Marāgha (Saliba, p. 209). Ver também Al-Khalili; Lindberg, pp. 27-167; Ragep, "Predecessors" e "Tūsī".
19 "É quase certo que Newton não teria escrito seus *Principia* se não tivesse havido a discussão pelos virtuosos londrinos da Royal Society sobre a possível força responsável pelo observado movimento kepleriano dos planetas. Foi como resultado dessa discussão (de Hooke, Wren e Halley) que este último foi a Cambridge visitar Newton e explorar o tópico com ele. O incentivo subsequente de Halley a Newton e a ratificação da Royal Society foram fatores significativos que forçaram Newton a terminar suas pesquisas e escrevê-las para publicação sob o selo da entidade. Sem a Royal Society, é improvável que houvesse os *Principia*" (I. B. Cohen, *Puritanism*, p. 72).

Posfácio

1 Hoje sabemos que a imensa maioria dos cânceres é causada pelo acúmulo de mutações genéticas sem relação com infecções virais (as toxinas da fumaça do cigarro, por exemplo, danificam o DNA das células que revestem o pulmão, o que pode provocar câncer). As exceções bem estudadas são as infecções pelos vírus do papiloma humano (HPV), que podem aumentar o risco de câncer de colo de útero; e pelos vírus da hepatite (HBV, HCV), que podem aumentar o risco de câncer de fígado.
2 Os inibidores do fator de necrose tumoral alfa (TNF-alfa) são Enbrel, Remicade, Humira e Cimzia.
3 Christensen; King; Lepore.

Para saber mais sobre os títulos e autores da Editora Sextante,
visite o nosso site e siga as nossas redes sociais.
Além de informações sobre os próximos lançamentos,
você terá acesso a conteúdos exclusivos
e poderá participar de promoções e sorteios.

sextante.com.br